Die Eifel

aus
Übersichtskarte
1 : 500 000

Herausgeber: Institut für Angewandte Geodäsie und
Amt für Militärisches Geowesen
Frankfurt am Main (IfAG) – 3. Auflage – 1994

Kartengrundlage: Kartenblätter der Serie 1404, World 1 : 500 000
Institut für Angewandte Geodäsie, Frankfurt am Main,
Genehmigung Nr. 16/00 vom 24.05.2000

Maßstab 1 : 500 000

10 20 30 40

10 20

Heinz Renn · DIE EIFEL

Heinz Renn

DIE EIFEL

Wanderung durch 2000 Jahre Geschichte, Wirtschaft und Kultur

EIFELVEREIN

seit 1888

3. Auflage 2000
Herausgeber: EIFELVEREIN e. V., Hauptgeschäftsstelle, Stürtzstraße 2–6, 52349 Düren
Telefon (0 24 21) 1 31 21, Fax (0 24 21) 1 37 64, E-Mail: post@eifelverein.de
Internet: www.eifelverein.de
Umschlagmotiv: Ausschnitt aus einem Gemälde von Fritz von Wille, Abdruck mit freundlicher Genehmigung von Herrn Konrad von Wille
Gesamtherstellung: Paulinus-Druckerei GmbH, Trier
ISBN 3-921805-23-6

Zum Geleit

Mit großer Freude gibt der Eifelverein das vorliegende Werk: „Die Eifel – Wanderung durch 2000 Jahre Geschichte, Wirtschaft und Kultur“ heraus. Denn eine so umfassende Chronik, aus der Hand eines einzigen Autors geschrieben, fehlte uns. Die vorhandenen geschichtlichen Abrisse über die Eifel sind inzwischen schon mehrere Jahrzehnte alt. Die Zeit war überfällig für eine neue und aktuelle Darstellung von Geschichte und Kultur der Eifel. Um so dankbarer sind wir, daß der Autor dieses Werk noch kurz vor seinem Tode fertigstellen konnte.

Der Autor, Dr. Heinz Renn, ist wie kaum ein anderer mit dem Thema seines hier vorliegenden Werkes verbunden. Im Eifelort Baasem hat er seine Jugend verbracht, in Schmidtheim hat er lange gelebt und in Bad Münstereifel hat er als stellvertretender Schulleiter des St.-Michael-Gymnasiums gewirkt. Auch während seiner Zeit als Oberstudiendirektor des Gymnasiums Jülich hat er immer wieder Zeit gefunden, seine historischen Studien über die Eifel fortzusetzen. Kennt man die enge Verzahnung des Herzogtums Jülich mit der Eifel, dann ist es klar, daß auch die letzte Lebensphase von Dr. Renn in Jülich von seiner Liebe zur Heimatgeschichte und damit zur Eifeler Geschichte geprägt gewesen ist.

Diese Liebe zur Eifel hat sich auch in seinem Engagement für den Eifelverein niedergeschlagen. Dr. Heinz Renn war Hauptkulturwart und Vorsitzender des Bezirkes Düren-Jülich im Eifelverein. In diesen beiden Tätigkeitsfeldern hat der Autor viel für den Verein und damit für die Eifellandschaft getan. Der Eifelverein hat es ihm mit der Überreichung der Silbernen und Goldenen Ehrennadel gedankt. Darüber hinaus sind ihm viele weitere Ehrungen zuteil geworden. So hat er das Bundesverdienstkreuz der Bundesrepublik Deutschland, den Rheinlandthaler, den Goldenen Siegelring der Stadt Jülich, den Dr.-Anton-Hecking-Schild und viele weitere Auszeichnungen erhalten. Hinter diesen Ehrungen steht die dankbare Anerkennung für sein aktives Wirken um die Pflege und Fortentwicklung der Heimatgeschichte.

Das historische Lebenswerk von Dr. Renn ist von zwei Leitgedanken geprägt: Zum einen geht es ihm um eine detaillierte, auf die lokalen Begebenheiten hin orientierte Beschreibung der Ereignisse, die sich von dem leider modern gewordenen Trend zur Pauschalisierung in der Geschichtsschreibung wohltuend abhebt, zum anderen will er dem Leser einen aktiven Nachvollzug, ein Mitempfinden und gelegentlich auch Mitleiden mit den von der Geschichte betroffenen Menschen ermöglichen. Wenn er beispielsweise die Entbehrungen der einfachen Bevölkerung im 30jährigen Krieg beschreibt oder die leidvollen Erfahrungen der Widerstandskämpfer während der Nazidiktatur nachzeichnet, dann spürt man nicht nur den objektiven Berichterstatter hinter den Zeilen, sondern auch den Menschen Dr. Renn, wie er selber am unheilvollen Geschehen Anteil nimmt. Gleichzeitig werden auch die Hoffnungen und

Ermutigungen, die auch in widrigen Umständen immer wieder das Leben der Menschen bestimmt haben, nicht ausgespart. So ergibt sich ein lebendiges und wirklichkeitsnahes Mosaik von Eindrücken, Geschehnissen und Interpretationen. Auch der Humor kommt nicht zu kurz: die hautnahen Schilderungen der Schmuggelgänge nach dem zweiten Weltkrieg sind nur ein Zeugnis des unaufdringlichen, aber treffenden Humors des Autors. Überhaupt spürt man bei Dr. Renn, daß ihm der Gegenstand seines Buches, die Eifel und ihre Bewohner, nicht gleichgültig ist; für ihn ist Geschichtsschreibung Anlaß und Mahnmal für eine humane Bewältigung der Zukunft.

Der Eifelverein freut sich, mit diesem Band das Schaffenswerk des Autors einer breiten Leserschaft näherbringen zu können. Das Anliegen des Autors, Geschichte für Fachleute und Laien gleichermaßen interessant und ansprechend darzustellen, ist in diesem, seinem letzten Werk hervorragend gelungen. Wir hoffen, daß die von diesem Buch ausgehenden Impulse, vor allem die Liebe zur Eifellandschaft und die von tiefem Humanismus geprägte Einstellung zu den dort lebenden Menschen, auch beim Leser ankommen und Wirkung zeigen mögen.

Besonderen Dank schulden wir der Gattin des Autors, Frau Paula Renn sowie seinen Kindern Heidi, Lothar, Roswitha und Ortwin Renn, die nach dem plötzlichen Tod von Dr. Renn am 11. April 1992 das vollständig vorliegende Manuskript in druckreife Schrift brachten, die Bilder einfügten und die Rahmentexte entwarfen.

Unser Dank gilt auch der Nordrhein-Westfalen-Stiftung für Naturschutz, Heimat- und Kulturpflege sowie der Stiftung Rheinland-Pfalz für Kultur, die durch erhebliche Zuschüsse zusammen mit Unterstützung der Familie Renn die Drucklegung erst ermöglichten.

Trier, im Oktober 1994

(1. Vorsitzender des Eifelvereins)

Vorwort

Zum 100. Geburtstag des Eifelvereins erschien 1988 das Buch „Die Eifel“, das meine Abhandlung „Geschichte der Eifel bis 1888“ enthält. In dem vorliegenden Buch übernehme ich als fast unveränderten Nachdruck die Zeit bis zum beginnenden 19. Jahrhundert (im Jubiläumsbuch bis Seite 128), da keine neuen nennenswerten Erkenntnisse dieser Epoche vorliegen. Auf eine Überarbeitung verzichtete ich auch deshalb, um durch den Nachdruck das Buch für den Leser preisgünstiger zu gestalten.

Dagegen hielt ich es für angemessen, das 19. Jahrhundert in neuer Kapiteleinteilung ausführlicher, das 20. Jahrhundert noch eingehender zu behandeln, als es bisher geschehen ist. Ich habe mich bemüht, tief in die jüngste Gegenwart vorzustoßen. Wir erleben in unserer Zeit einen Prozeß der Umwälzung, der vorher Jahrhunderte dauerte, sich heute jedoch kurzfristig im Verlauf einer einzigen Generation vollzieht. In der Eifel ist dieser Vorgang noch offensichtlicher, da man hier der Entwicklung lange hinterherhinkte. Diese Wende hat mich besonders gefesselt; deshalb habe ich mich ihr ausführlich in vielen Abschnitten zugewandt. Auch die Landschaft selbst wird eingehend herausgestellt, nicht wie bisher als unser „Untertan“, sondern als unser Partner. Aufgezeigt wird auch die Vielfalt, die die Eifel heute zu bieten vermag.

Wie im Jubiläumsbuch habe ich den Stil, in der Gegenwart zu schreiben, beibehalten. Der Leser wird das so Dargebotene sicher anschaulicher und lebendiger erfassen. Bei der Auswahl der Bilder berücksichtigte ich in erster Linie den Archivbestand des Eifelvereins, schon um das Buch preiswert zu halten. Die Aufnahmen aus der Gegenwart stammen zum großen Teil von meiner Enkelin, Lina Lerche, der ich an dieser Stelle herzlich danke.

Manchen wichtigen Hinweis verdanke ich den Autoren, die im Jubiläumsbuch die Zeit von 1888 bis 1988 bearbeitet haben. Zu danken habe ich auch den Behörden der Eifelkreise, manchen Städten, den zugehörigen Agrarinstituten und den statistischen Landesämtern in Nordrhein-Westfalen und Rheinland-Pfalz, die mir öfter statistisches Material zusandten und bereitwillig Auskunft erteilten. Besonders aber danke ich dem Eifelverein, der den Druck dieses Buches ermöglicht hat.

Jülich 1992 — Dr. Heinz Renn

Vorwort zur dritten Auflage

Im Jahre 1994 erschien das Buch „Die Eifel: Wanderung durch 2000 Jahre Geschichte, Wirtschaft und Kultur“ in der ersten Auflage. Diese Auflage war innerhalb weniger Monate vergriffen und so wurde bereits Ende 1994 eine zweite Auflage in unveränderter Form durch den EIFELVEREIN auf den Markt gebracht. Auch diese Auflage ist inzwischen vollständig verkauft worden.

Der Untertitel des Werkes aus dem Jahre 1994 weist bereits auf die Jahrtausendwende hin. Dies ist für uns der Anlass gewesen, das bislang einzigartig gebliebene Buch über 2000 Jahre Geschichte der Eifel in einer dritten aktualisierten Auflage erneut den interessierten Lesern und Freunden der Eifel näherzubringen. Besonders dankbar sind wir dem EIFELVEREIN, der auch diesmal die Herausgeberschaft übernommen und den Druck des Buches finanziert hat.

Die dritte Auflage konnte vom Autor des Buches, Dr. Heinz Renn, nicht neu bearbeitet und aktualisiert werden. Kurz nach der Fertigstellung des ursprünglichen Manuskriptes ist er 1992 an einem Herzversagen verstorben. Aus diesem Grunde haben die Kinder des Autors, Roswitha Schwahn und Ortwin Renn, die letzten zehn Jahre von 1990 bis 2000 neu verfasst und diesem Buch als eigenes Kapitel hinzugefügt. Die Bilder in diesem Kapitel stammen überwiegend von der zweiten Tochter des Autors: Heidi-Lerche-Renn. Dafür wurden die Kapitel, die ursprünglich vom Autor als Ausblick in das Buch aufgenommen waren, gestrichen. Auch der von den Kindern des Autors verfasste ausführliche Lebenslauf von Dr. Heinz Renn ist nicht mehr in der dritten Auflage aufgenommen worden.

Bei dem neu aktualisierten Kapitel über die Eifel von 1990 bis zur Gegenwart haben wir uns bemüht, dem Geist des Gesamtwerkes treu zu bleiben und eine kommentierte Chronologie der Ereignisse aus Politik, Wirtschaft, Landschaftspflege und Kultur vorzulegen. Form und Stil der Ausführungen sind natürlich von unseren Vorlieben und Fähigkeiten geprägt; unseren Vater zu kopieren, war nicht unsere Absicht. So wird dem Leser sicherlich ein gewisser Bruch in der Art der Darstellung auffallen.

Alle übrigen Kapitel der beiden ersten Auflagen wurden unverändert übernommen. Da sie auf die Geschichte bezogen sind, war hier auch keine Aktualisierung notwendig. Unserer Ansicht nach gibt es auch keine bahnbrechenden neuen Erkenntnisse aus der Geschichtswissenschaft, die eine Überarbeitung des Textes notwendig gemacht hätten.

Bei der Neufassung der Gegenwartsgeschichte haben uns eine Reihe von Personen und Institutionen tatkräftig unterstützt. Unser Dank gilt vor allem Herrn Pejo Weiß, der das Manuskript des neuen Kapitels kritisch gelesen und uns eine Reihe von wichtigen Anregungen vermittelt hat. Einen wichtigen Beitrag zu diesem Kapitel haben auch Herr Prof. Schumacher und Herr Schulte vom Bauernverband in Bonn geliefert. Wichtiges Datenmaterial erhielten wir von: Herrn Compes von der Eifel-Touristik-Agentur, Herr Leufgen vom Geschichts- und Museumsverein „Zwischen Venn und Schneifel“, Herrn Gutzeit und Herrn Thimm (Auskünfte über Trinkwasserproblematik und Bürger-Wählergemeinschaften), Frau Wawer (Historische Kreisbibliothek) und Herrn Wegener vom Landschaftsverband Rheinland. Ebenfalls bedanken möchten wir uns bei den Miarbeiterinnen und Mitarbeitern der Kreisverwaltungen Daun, Bitburg-Prüm und Euskirchen, der Stadtverwaltung Monschau, des EIFELVEREINS, der Industrie- und Handelskammer Trier sowie der Handwerkskammer Trier. Wir danken der Stadt Monschau auch für die kritische Durchsicht des Kapitels über die wirtschaftliche Situation in Monschau und die Überlassung eines Photos des HIMO-Gebäudes.

Jülich, September 2000 — Paula Renn und die Kinder des Autors

Inhaltsverzeichnis

I. Der Raum

Eifellandschaft im Hohen Venn.

Als Eifel bezeichnen wir heute nicht wie in früheren Jahrhunderten lediglich das eigentliche Mittelgebirge, sondern den Raum, der begrenzt wird im Norden von Maas und Rheinischer Bucht, im Osten durch das Mittelrheintal, im Süden von der Mosel und im Westen durch die Landesgrenze, die natürlich geographisch keine echte Abgrenzung unseres Raumes darstellt.

Jede geschichtliche Betrachtung eines Raumes hat auszugehen von den morphologischen und geographischen Gegebenheiten der natürlichen Gestaltung. Boden, Klima, Höhenlage, Wasserverhältnisse und Vegetation bedingen und bestimmen Besiedlung. Anbau, Industrie und Verkehrsentwicklung; sie sind maßgebend für das Geschehen schlechthin, also für die Geschichte.

Die Eifel gliedert sich in die Schiefer-, Kalk- und Vulkaneifel. Die Schiefereifel, die den größten Teil des Gebirges ausmacht, ist durch reichen Waldbestand gekennzeichnet. Die Kalkeifel, die sich in einer 30 bis 40 Kilometer Großsenke von Mechernich bis Gerolstein und Prüm erstreckt, ist zum Ackerbau besonders geeignet und daher waldarm. Das Kalkgebiet bildet keinen einheitlichen Raum. Die acht Kalkmulden

(Sötenich, Blankenheim, Rohr, Dollendorf, Ahrdorf, Hillesheim, Gerolstein und Prüm) werden geologisch durch Sättel unterbrochen, die aus älteren unterdevonischen Schiefer- und Grauwackensteinen bestehen und somit dem Landschaftstyp der Westeifel entsprechen. Die Vulkaneifel, die sich von Bad Bertrich und Meerfeld in nordwestlicher Richtung bis Steffeln und Hillesheim und in Ausläufern bis Ormont und Schönfeld erstreckt und in der Osteifel einen großen Raum einnimmt (Laacher Vulkanlandschaft), ist gekennzeichnet durch Maare, durch Tuff- und Basaltvorkommen.

Dieser geologische Aufbau hat wesentlichen Einfluß auf die einzelnen Landschaftsräume, die durch Täler, Höhen, Mulden und Kuppen abgegrenzt werden, wozu auch Klimaschwankungen kommen. So unterscheiden wir das Hohe Venn, die Rur-Eifel, die westliche Hocheifel, die Zentraleifel, die Schneifel, die Ahr-Eifel und weitere Räume.

Die Verteilung von Acker und Wiese, von Wald und Ödland hat sich keinesfalls zufällig herausgebildet. Das Klima im eigentlichen Gebirge ist rauh und regenreich. Die größten Niederschlagsmengen weisen die westliche Eifel und das Hohe Venn mit 900 bis 1300 mm auf; in den Randlandschaften dagegen fallen nur 550 bis 650 mm Niederschlag. So bietet das Gebirge nicht die Voraussetzung für eine ertragreiche Landwirtschaft, zumal der Frühling später als in der Ebene beginnt und die Nachtfröste schon früh im Herbst einsetzen.

Obige Faktoren bedingen die landwirtschaftliche Struktur mit Roggen-, Hafer- und Kartoffelanbau, vor allem mit Viehzucht und Forstwirtschaft. Die Randgebiete, das Bitburger Land, die Wittlicher Senke, das Maifeld und die Jülicher Börde heben sich mit ihrem fruchtbaren Ackergebiet stark von der inneren Eifel ab.

An Bodenschätzen weist die Eifel Bleivorkommen bei Mechernich und Bleialf, Galmei am Nordrand von Stolberg und Eisenerzlager auf, die als Braun- und Roteisenstein vor allem in den Tälern von Olef, Urft, Feybach, Ahr, Kyll und Salm zutage treten. Für Bergwerke und Eisenhütten lieferten bis ins 19. Jahrhundert hinein die ausgedehnten Wälder das Bauholz und als Brennstoff die Holzkohle. Die zahlreichen Bäche wurden als Kraftquellen genutzt. Bis zur Mitte des 19. Jahrhunderts hat vor allem die Eisenindustrie viele Personen als Holzhauer, Köhler, Bergleute, Eisenschmiede und Fuhrunternehmer beschäftigt. Eine bedeutende Rolle spielte die Stein- und Tonindustrie in der südlichen Eifel, z. B. bei Speicher und in Binsfeld, aber vor allem im Maifeld mit seinem Trachyt-, Tuff- und Basaltvorkommen. In dem Kalkmuldengebiet bestehen seit der römischen Zeit Kalkbrüche und Kalkbrennereien.

Verkehrstechnisch liegt die Eifel außerordentlich ungünstig. Drei Faktoren bedingen diese ungünstige Lage:

1. Der starke Höhenunterschied von 200 bis 700 Metern. Die größte Erhebung bildet die Hohe Acht mit 746 Meter Höhe.

2. Das Auseinanderklaffen des Gebirges in einen nördlichen zu Maas und Rhein und einen südlichen zur Mosel gerichteten Teil. Die vielfach gewundenen Täler bieten

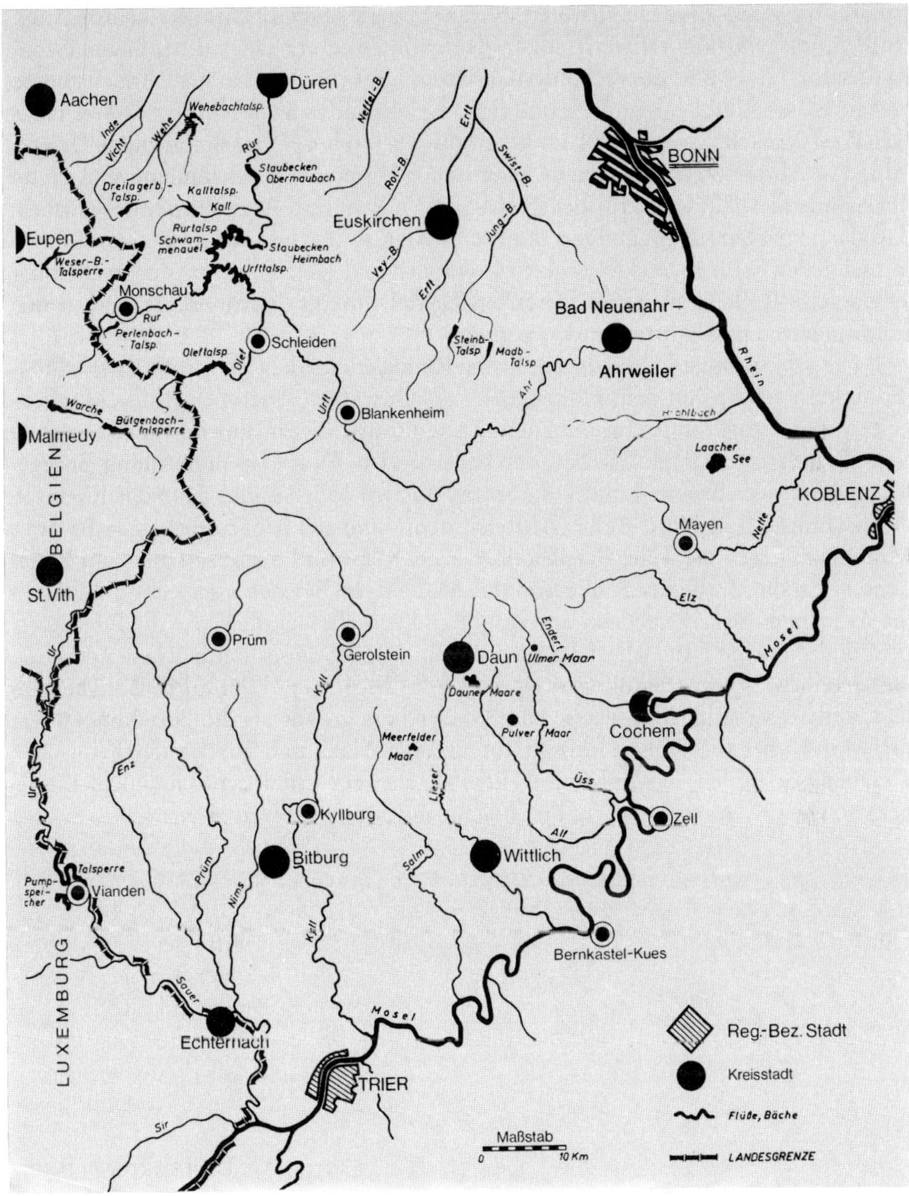

Gewässerkarte der Eifel.

streckenweise ob ihrer Gefällstufen und ihrer Enge keinen Raum für Durchgangsstraßen, ja sie wirken teilweise sogar als Barrieren. Our, Sauer, Enz, Prüm, Nims, Kyll, Salm, Lieser und Elz verhindern in ihrem Lauf von Norden nach Süden ebenso wie die Flüsse Warche, Rur, Urft und Erft, die von Süden nach Norden fließen, einen Ost-West-Verkehr, wenigstens im Oberlauf bei ihren tief einschneidenden Tälern, und das Ahrtal stellt in seinem Lauf von Westen nach Osten ein schwer zu überwindendes Hindernis für den Nord-Süd-Verkehr dar. Allerdings sei zugegeben, daß die gemachten Darlegungen in unserer Zeit, in der wir auf modernen Straßen mit schnellen Fahrzeugen fast problemlos Höhen und Tiefen überwinden, nicht mehr eine solche Rolle spielen wie im ersten Drittel unseres Jahrhunderts und in den Jahrhunderten und Jahrtausenden vorher.

3. Die von starkem Leben durchpulsten Randgebiete, die sich mit ihren fruchtbaren Äckern scharf von dem Höhengebiet abheben, bieten hervorragende Möglichkeiten der Umgehung. Im Norden, Osten und Süden umziehen drei große Verkehrsadern die Eifel: als Teil der bedeutenden West-Ost-Verbindung Brügge-Magdeburg oder Brügge-Lübeck die Straße Aachen-Jülich-Köln, dann das Rheintal, die wichtigste Süd-Nord-Achse Mitteleuropas, und die große Verkehrsader vom Mittelmeer durch die Täler der Rhone, Saône, Maas und oberen Mosel zum Rhein über Trier, die Wittlicher Senke und das Maifeld. Im Westen aber geht die Eifel in die Ardennen über, die ebenso unwegsam und verkehrsfeindlich wie die Eifel selbst sind und dasselbe Landschaftsbild darstellen. Infolge dieser natürlichen Verkehrswege sind die Querverbindungen einerseits des Moseltales zum mittleren Rheingebiet, andererseits der Maasebene zum Niederrhein größer als die Beziehungen von der Mosel über die Höhen hinweg zur unteren Maas und zur Niederrheinischen Tiefebene. So bilden sich Nord- und Südeifel als zwei verschiedene Geschichtsräume heraus, wie die Geschehnisse in den folgenden Kapiteln beweisen werden.

II. Die Besiedlung der Eifel in vorgeschichtlicher Zeit

Die Besiedlung der Eifel hat sich den geographischen Gegebenheiten angepaßt. Natürlicherweise geben die Menschen den Randgebieten den Vorzug, ehe sie das Hochgebirge besiedeln. Allerdings haben sich auch schon in der älteren Steinzeit (100 000–10 000) vorübergehend Menschen im Gebirge aufgehalten. Als Zufluchtsstätten dienen ihnen z. B. die Kartsteinhöhle bei Eiserfey (etwa vor 80 000 Jahren) und das Buchenloch von Gerolstein (etwa vor 30 000 Jahren). Sie machen mit ihren Steinwerkzeugen Jagd auf Mammut, Rhinozeros, Wisent, Rentier, Höhlenbär, Wolf und Wildpferd.

Während in der jüngeren Steinzeit (4000–2000 v. Chr.) das eigentliche Gebirge fast fundleer bleibt, werden die Randlandschaften dünn besiedelt. Die Menschen beginnen im 4. Jahrtausend vereinzelt, im 3. Jahrtausend schon intensiver den Boden zu nutzen, zu beackern und Tiere zu halten; eine neue Zeit beginnt: das Wanderleben hört auf, man wird seßhaft.

Auch in der Vulkaneifel ist um 2500 schon Getreidebau festzustellen. Man sät und erntet Korn (Gerste, Weizen, Hirse) und findet heraus, daß die zerriebenen Getreidekörner in Form von Brei und Brot besser zu genießen sind. Als Mahlsteine dienen den Menschen flache Wannen aus porösem Gestein, in denen sie die Körner zu Mehl zerreiben. Sie verstehen es auch, ihre Werkzeuge handlicher und formschöner zu gestalten, sie zu schleifen und zu polieren.

In der Bronzezeit (2000–1000 v. Chr.) werden die Werkzeuge weiterhin verbessert. Man hat im Maifeld und an der unteren Kyll Flachbeile gefunden mit Randleiste und mit einem Absatz zur Befestigung eines Stieles. Das Siedlungsgebiet hat sich jedoch gegenüber der Jungsteinzeit wesentlich nicht erweitert. In der Folgezeit dagegen verdichtet sich die Besiedlung im Vorfeld der Eifel. Langsam rückt man ins Gebirge vor, wo vor allem die Kalkmulden aufgesucht werden.

Neue Volksgruppen, die wahrscheinlich von Süden kommen, werden um 1000 v. Chr. in der Eifel seßhaft. Da sie ihre Toten verbrennen und die Asche in Urnen beisetzen, und zwar friedhofartig, nennen wir sie die Urnenfelderleute. Etwa ab 600 v. Chr. lassen sich die Kelten bei uns nieder, die in der Regel ihre Toten beerdigen und über den Gräbern jeweils einen Erdhügel aufschichten. Den Toten werden Speise und Trank mit ins Grab gegeben, oft auch Schmuck und Gebrauchsgegenstände.

In jenen Jahrhunderten entstehen künstliche Bergbefestigungen. Gegen wen diese Fliehburgen, die sich z. B. bei Kreuzweingarten, auf dem Ferschweiler Plateau und bei Kordel befinden, angelegt worden sind, wissen wir nicht. Es ist nicht ausgeschlossen, daß diese Erdwälle und Gräben zum Schutz gegen die Germanen errichtet wurden, die in den ersten vorchristlichen Jahrhunderten auch in die Eifel vordringen und die Kelten vertreiben oder sie überlagern.

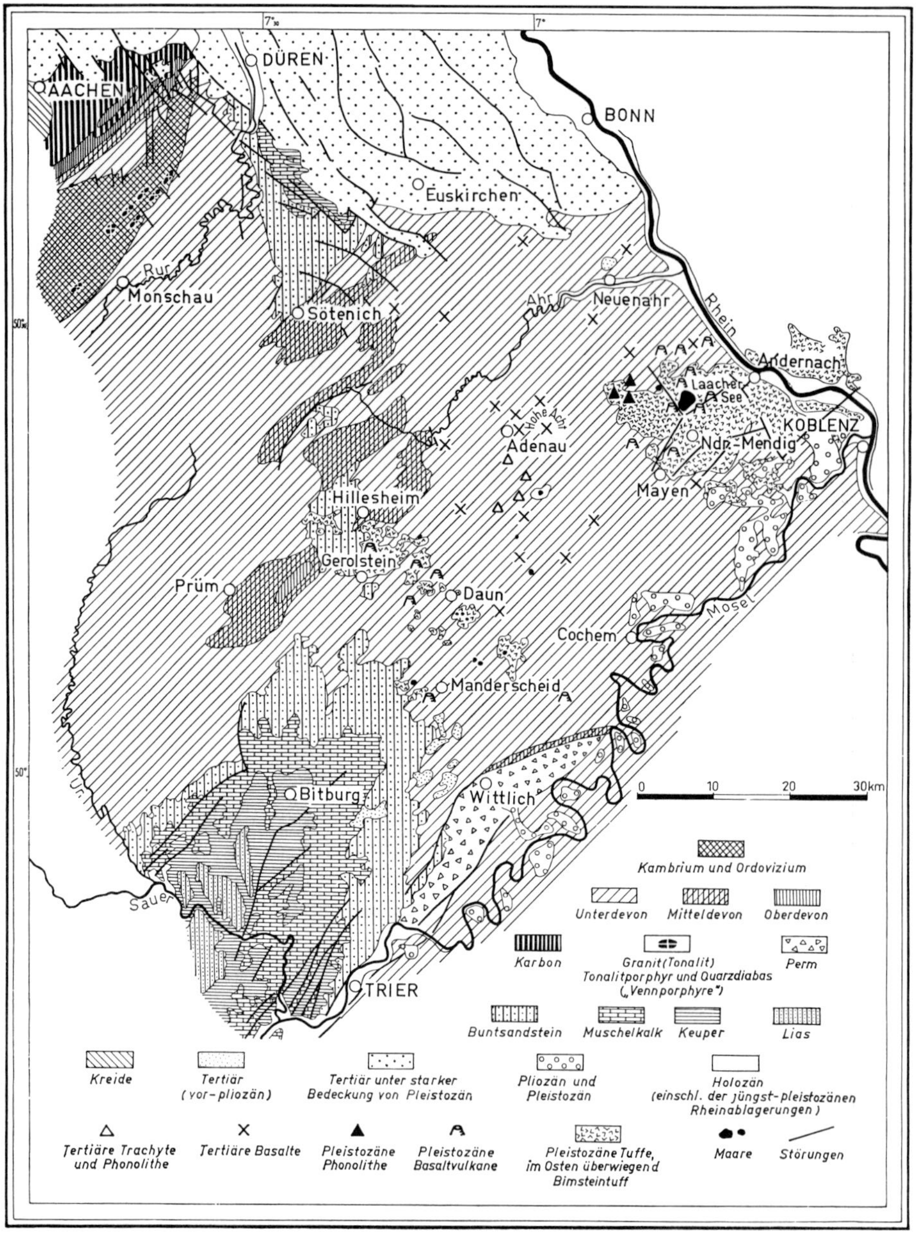

Geologische Skizze der Eifel.

III. Die Eifel unter den Römern (50 vor bis 400 nach Christus)

Unter C. Julius Cäsar wird die Eifel 55 v. Chr. und in den folgenden Jahren zum Schauplatz harter Kämpfe. Schon damals heben sich hier deutlich zwei Räume heraus: die Nordeifel mit den germanischen Eburonen und die Südeifel mit den trotz germanischen Einschlags keltischen Treverern. Das römische Heer unterwirft beide Volksstämme seiner Herrschaft, wobei die Eburonen sogar als Stamm ausgelöscht werden und an ihre Stelle die germanischen Ubier treten. Nach anfänglichen Versuchen, Germanien dem Römischen Reich einzuverleiben, verlegt Kaiser Tiberius die Grenze von der Elbe an den Rhein zurück. Jahrhundertelang ist nun die Eifel im Römischen Reich Grenzgebiet zum Osten hin. Eine Militärgrenze schützt sie und sichert ihr den Frieden für Jahrhunderte.

Im Schutz der Gebirgsmassive Eifel und Hunsrück entwickelt sich Trier, Colonia Augusta Treverorum, zum Hauptpunkt der Etappe für die Rheinfront. In Trier hat der Prokurator, der höchste Finanzbeamte, seinen Sitz, hier beziehen im 3. und 4. Jahrhundert die römischen Kaiser Postumus, Maximianus, Constantinus, Constantin, Valentinian und Gratian Residenz. Von Trier müssen die Brennpunkte der Front schnell zu erreichen sein. Hauptausfalltore und Hauptgefahrenpunkte sind Mainz und Birten; denn die Taler von Main und Lippe, südlich und nördlich der deutschen Mittelgebirge sind die Hauptverkehrsadern von und nach Germanien. So bauen die Römer in kürzester Verbindung durch den Hunsrück die Straße Trier-Bingen-Mainz; so überqueren sie ebenfalls von Trier aus die Eifel bis Köln, von wo die Rheinstraße bis Birten führt.

Die große Eifel-Militärstraße Trier-Köln überquert das Gebirge von Süden nach Norden zwischen den Flüssen Kyll und Prüm, also entlang der großen Wasserscheide, weil hier das Auf und Ab weitgehend entfällt, überwindet die höchste Steigung bei Schmidtheim und zweigt bald eine Straße ab, die an Tondorf vorbei nach Rheinbach und Bonn führt. Der nach Köln laufende Verkehrsstrang teilt sich bei Marmagen in zwei Linien, von denen die eine über Zülpich, die andere über Billig und Wesseling nach Köln führt. Sicherlich haben die Römer die Eifelstraße nicht nur wegen der kürzeren Entfernung nach Köln und Bonn, sondern auch aus strategischen Erwägungen gebaut. Diese strategische Bedeutung tritt eindeutig zutage, als die Alemannen, vom Mittelrhein und der Mosel kommend, in der zweiten Hälfte des 3. Jahrhunderts Trier belagern. Auch die Straße Reims-Köln schneidet die Eifel. Sie führt über das Hohe Venn, St. Vith und Gemünd nach Zülpich, wo sie in die Trier-Kölner Straße einmündet. Eine weitere Straße verbindet Koblenz über Mayen, Hillesheim, Jünkerath mit Tongern.

Die Straßen sind militärische Durchgangslinien; sie sind nicht der Eifel wegen gebaut worden. Immerhin kommt es der Eifel zugute, daß sie von einer Hauptver-

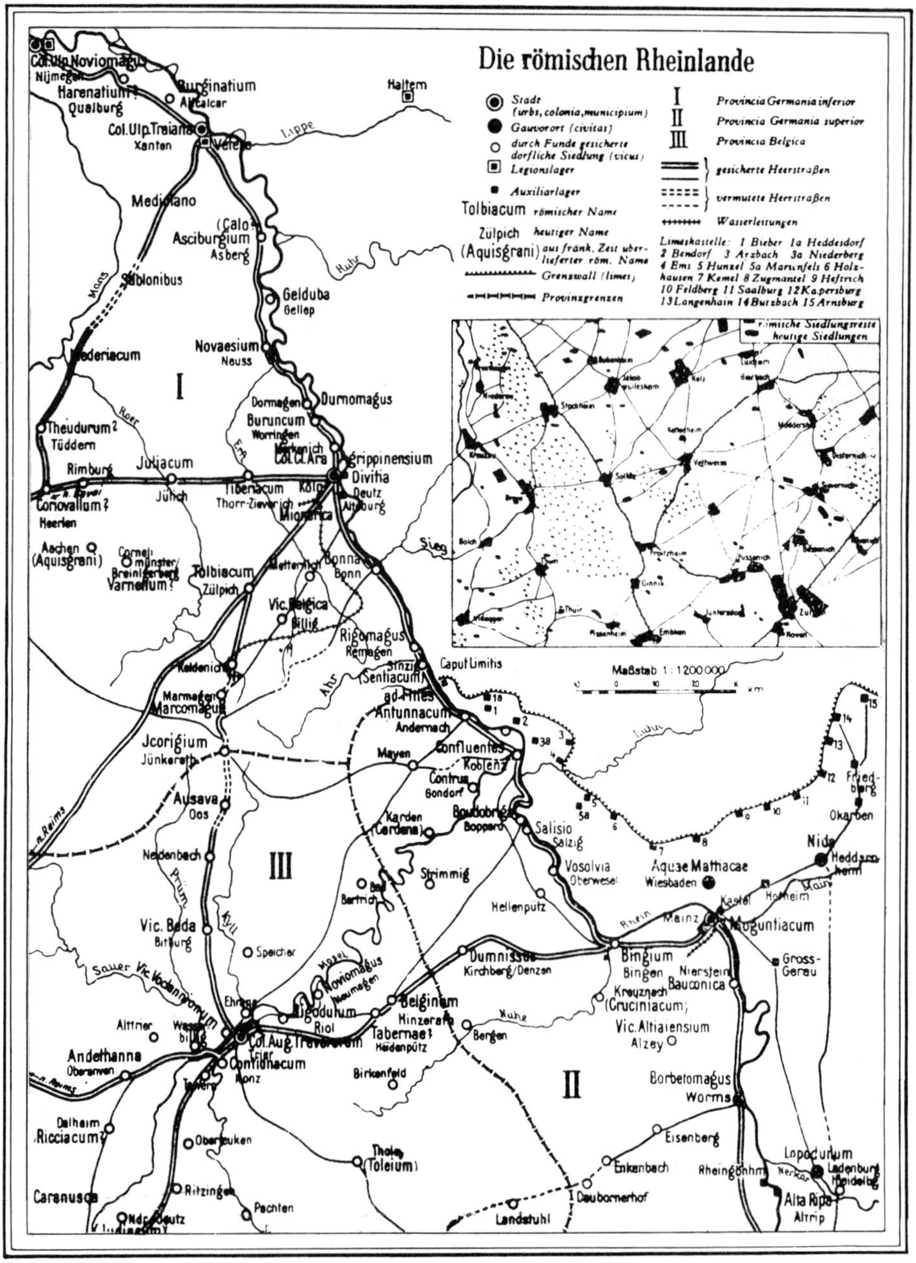

Die römischen Rheinlande.

Porta Nigra in Trier.

kehrsader, die vom Mittelmeer an den Niederrhein führt, durchzogen wird, zumal von ihr zahlreiche Abzweigungen ausgehen. Es entstehen Herbergen (mansiones) und Pferdewechselstationen (mutationes); sie sind militärische Stützpunkte und werden bald Marktzentren, in denen sich Kaufläden, Kneipen und Handwerksbetriebe mit Schmied, Stellmacher und Sattler befinden.

Sie liegen in der Regel eine normale Tagesreise voneinander entfernt, etwa 22 bis 25 Kilometer. Römische Landkarten (Itinerarium Antonini, Peutingersche Tafeln) zeichnen uns die Stationen der Hauptstraße Trier-Köln auf; es sind Bedavicus (Bitburg), Ausava (Oos), Icorigium (Jünkerath), Marcomagus (Marmagen). Das sind im allgemeinen schon die Ortsnamen der Eifel, die wir nach schriftlichen Zeugnissen der Römer genau lokalisieren können. Noch schlummern die Grundmauern dieser Orte im Erdreich; systematisch ausgegraben wurden sie noch nicht.

Die Römerstraßen werden immer stärker Leitlinien der Besiedlung. In ihrer Nähe lassen sich Hunderte römische Einzelhöfe ausmachen, darunter zahlreiche Prunkvillen. Die Herrenhäuser und Gutshöfe sind Zeugen von dem hohen Lebensstandard ihrer Bewohner, wie uns die Villa Otrang bei Bitburg und u. a. der Gutshof in

Blankenheim bezeugen. Die Gesamtanlage in Otrang, ganz ummauert, hat eine Länge von 400 Meter und ist 130 Meter breit. Zu ihr gehören Wohnungen für das Personal und die Ställe. Das Grundstück für das Herrenhaus bildet ein Quadrat mit je 130 Meter Seitenlänge, und die eigentliche Villa mißt 60 Meter im Geviert. Von den 13 Mosaikfußböden sind fünf erhalten. Die Steinteppiche, kunstvoll zusammengesetzt aus 100 000 bunten Steinchen, schwarzen, weißen, gelben, roten und grauen, finden unsere volle Bewunderung. Die 1894 ausgegrabenen, aber wieder zugedeckten Reste des römischen Landhauses in Blankenheim (1.–4. Jahrhundert) werden wegen der vortrefflichen Anpassung der römischen Bauweise an das nördliche Klima zu den lehrreichen Beispielen diesseits der Alpen gezählt. Der Gutshof (240 x 120 Meter), eine dreiflügelige Anlage mit vorgesetzter Säulenhalle, bestand aus Herrenhaus und Wirtschaftsgebäude. In Nebenräumen hat man einen aus Ton gebauten Eisenschmelzofen mit geschmolzenem Eisenerz gefunden. Natürlich sind die Villa Otrang und der Gutshof in Blankenheim wie fast alle römischen Häuser mit einer Fußbodenheizung (Hypokaustum) ausgestattet. Sie haben eigene Bäder, viele sogar Kalt-, Warm- und Heißwasserabteilungen. Auf die Versorgung mit gutem Wasser legte man damals großen Wert. Auch eine Kanalisation fehlt meist nicht. Dieser Hochstand an Hygiene ist in den folgenden Jahrhunderten bis in unsere Zeit hinein nicht mehr erreicht worden.

Mosaikfußboden in der römischen Villa bei Otrang, Landkreis Bitburg-Prüm.

In Köln gibt man sich nicht damit zufrieden, Rheinwasser zu trinken, obwohl dieses damals bestimmt eine bessere Qualität aufwies als heute. Man versorgt sich mit Trinkwasser aus der Eifel, mit bestem kalkhaltigem Quellwasser aus Nettersheim, Kallmuth, Urfey und Weyer, das in einem unterirdisch gemauerten, bedeckten Kanal (lichte Höhe 1,30 Meter) von insgesamt 97 Kilometern Länge, binnen 24 Stunden in der rheinischen Metropole ankommt. Der Abstieg von Nettersheim (421 Meter) bis Köln (51 Meter) macht 370 Meter aus, so daß das durchschnittliche Gefälle auf 1000 Meter lediglich 4,20 Meter beträgt. Dabei überquert die Kanalrinne nur an wenigen Stellen wie bei Vussem auf Pfeilern das Tal. Man hat errechnet, daß täglich etwa 20 Millionen Liter kristallklares Eifelwasser nach Köln geflossen sind.

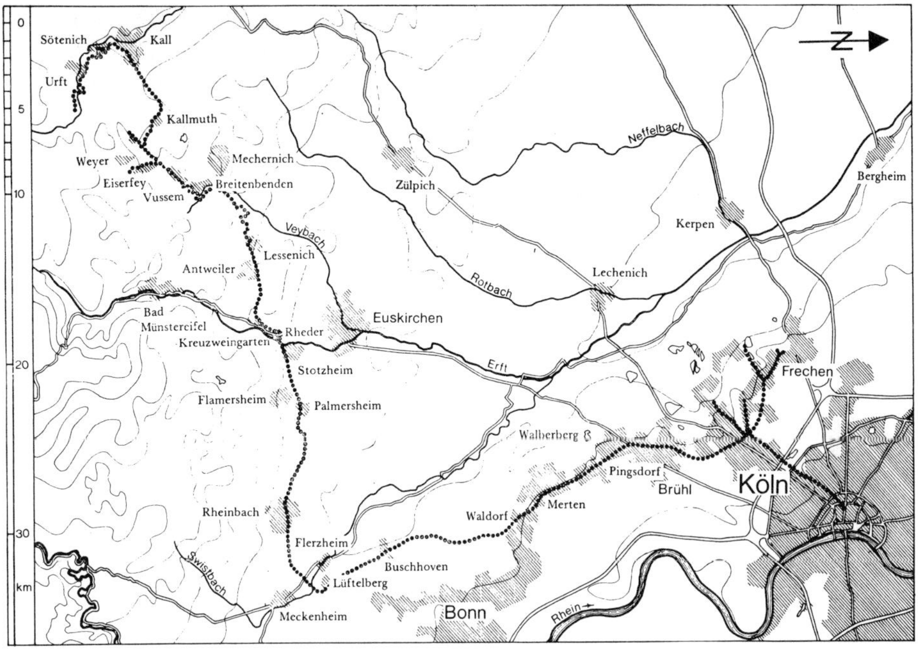

Der Verlauf der römischen Wasserleitungen nach Köln.

Das sind bei 30 000 geschätzten Einwohnern 660 Liter je Kopf der Bevölkerung, eine wesentlich größere Menge als der einzelne heute bei uns verbraucht. Der Eifelkanal legt beredtes Zeugnis ab von der technischen Meisterleistung der Römer und ist einer der längsten, die jemals im Römischen Reich gebaut worden sind. Erst um 1850 wird bei uns die Idee der Römer neu aufgegriffen, Trinkwasser in Leitungen zu transportieren. Bis dahin ist Wasser im allgemeinen nur aus Brunnen geschöpft worden.

Die Römerstraßen kommen schließlich auch dem Handel zugute; Kaufleute können ohne Risiko reisen und Waren befördern. Infolge dieser Verkehrssicherheit findet ein reger Handelsaustausch statt. Südländische Waren werden in unserem Gebirge angeboten, aber auch von hier werden Produkte zum Süden exportiert. Bei Strabo († 20 n. Chr.) lesen wir: „Die Bewohner der Ardennen besitzen große Herden von Rindern und Schweinen und beliefern nicht nur Rom, sondern auch andere Teile Italiens mit gemästetem und gesalzenem Fleisch.“ Und Ausonius (4. Jahrhundert) schreibt: „Die Ardennen tragen mit der Lieferung von Nahrung, Kleidung und Waffen zur Stärke des Kaiserreiches bei.“ Die Igeler Säule, ein 22 Meter hohes Grabmal, gewährt mit seinen zahlreichen Reliefs und bildlichen Darstellungen einen interessanten Einblick in das Leben und Wirken einer Familie, die durch die Herstellung und den Handel mit Tuchen reich geworden ist.

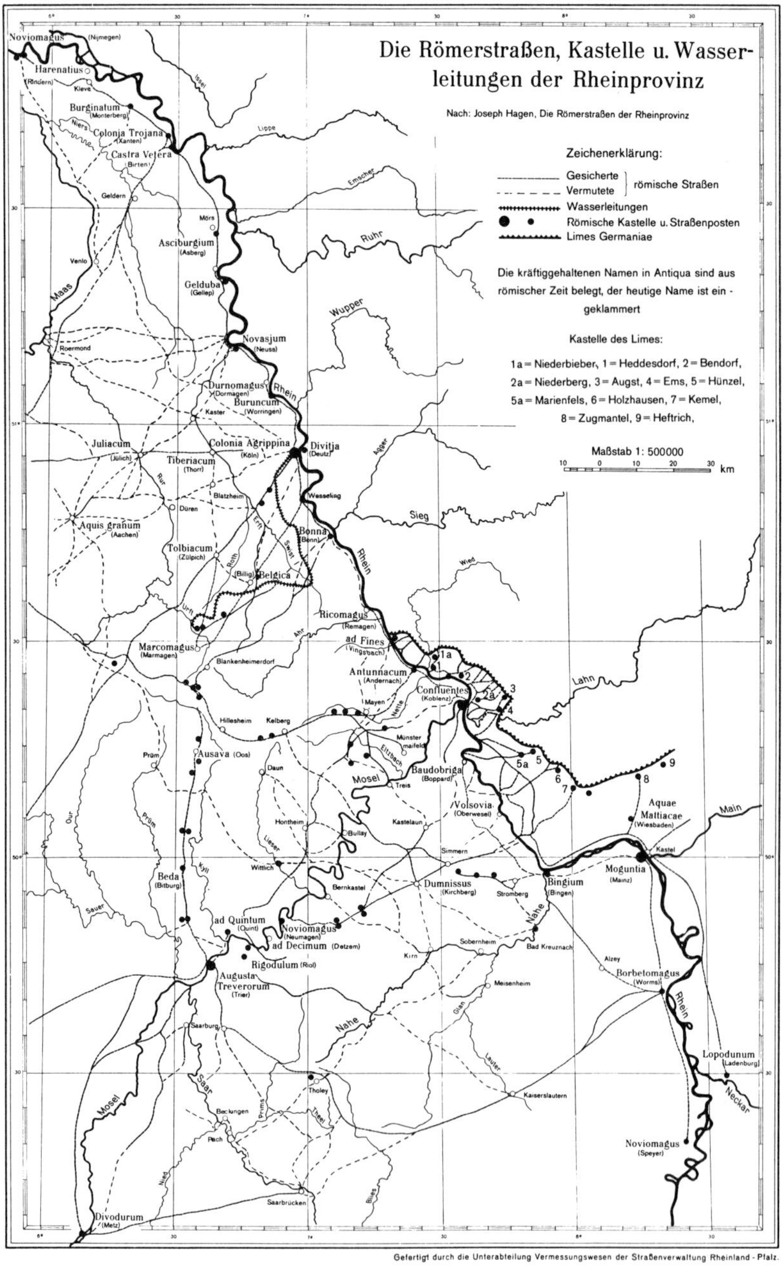

Die Römerstraßen, Kastelle u. Wasserleitung der Rheinprovinz.

Für Landwirtschaft und Gartenbau erweisen sich die Römer ebenfalls als Lehrmeister. Unsere Bewohner erhalten von ihnen die Kenntnis, wie man Kohl, Obst und Wein anbaut, und übernehmen zugleich deren Namen. Kohl, Rettich, Senf, Birne, Pflaume, Pfirsich, Kirsche, Wein sind lateinische Lehenswörter.

Die Igeler Säule – ein 22 Meter hohes Grabmal.

Unser Gebirge wird einbezogen in das hochentwickelte Weltreich der Römer und nimmt dadurch wirtschaftlich einen beachtlichen Aufschwung. An vielen Stellen der Eifel werden Eisen, Blei, Zink und Kupfer verhüttet. In großer Anzahl sind Schürfgruben nachzuweisen. In Mechernich wird Blei gefördert, in Speicher und Mayen Ton gegraben und in Töpfereien verarbeitet. Für den Bau der Häuser in Köln und Xanten holen sich die Römer die Steine und den Maurer- und Putzkalk aus der Eifel. In Iversheim befindet sich mit sechs nebeneinander liegenden Öfen eine Kalkbrennerei, die als einzige aus der Römerzeit ganz erhalten ist. Unsere Bevölkerung lernt Ziegel brennen und Steinhäuser bauen. Die Wörter Kalk, Ziegel, Mauer, Fenster, Pfeiler, Pforte, Keller, Kammer, Turm sind lateinischen Ursprungs.

Immer mehr Gebrauchsgegenstände werden nach und nach bei uns hergestellt. Das feine Tafelgeschirr, geformt aus der schönen roten „terra sigillata" – es ist das Porzellan jener Zeit –, kommt nicht mehr aus Italien. Seit dem 2. Jahrhundert werden Sigillata-Fabrikate in Trier, Remagen und Sinzig gefertigt. Werkstätten für feine Keramikwaren aus weißem Ton entstehen in Köln, wo sich eine Glasindustrie mit Weltruf entwickelt; feine Kölner Gläser findet man sogar im Orient. In Kölner Manufakturen stellt man Terrakotten her, die keltische, germanische und römische Gottheiten als Weihegaben für Tempel und Hausaltäre darstellen.

In religiöser Hinsicht sind die Römer sehr tolerant. Natürlich finden sich auch in der Eifel die Statuen römischer Gottheiten, aber man läßt der einheimischen Bevölkerung ihre gewohnten Religionsvorstellungen. In der Nordeifel verehren die Menschen wie gewohnt die Matronen[2]. Es sind die in Dreizahl auftretenden mütterlichen Gottheiten der Fruchtbarkeit, die einen Früchtekorb, ein kleines Tier oder ein Kind auf dem Schoß halten. Von ihnen erwartet das bäuerliche Volk Segen für Flur, Stall und Familie. Tempelbezirke wurden ausgegraben in Pesch, in Zingsheim und bei Nettersheim; Matronensteine sind in vielen Orten der Nordeifel gefunden worden,

Matronen-Weihestein.

so in Billig, Enzen, Euskirchen, Lommersum, Satzvey und in Lessenich. In der Südeifel genießt die Pferdegöttin Epona eine besondere Verehrung; hier spielt die Pferdezucht eine namhafte Rolle. Das Festhalten am alten Glauben ist wohl auch der Grund dafür, daß das Christentum nur zögernd Anhänger findet, im allgemeinen nur an der Mosel, am Rhein und in den Randlandschaften des Gebirges. Immerhin gehen die Anfänge des Christentums auf die Römer zurück.

Für die besondere politische Begabung der Römer spricht die Tatsache, daß die Bewohner der linken Rheinlande schon sehr früh die hohe römische Kultur anerkennen, sie annehmen und ihre Sprache sprechen. Hundert Jahre nach der Landnahme durch die Römer, also seit etwa 50 n. Chr., verwendet die einheimische Bevölkerung bei Inschriften auf Grabmälern und Weihesteinen schon vereinzelt die lateinische Sprache, deren man sich dann im Laufe der Zeit immer mehr bedient. Für das 4. Jahrhundert lesen wir bei Ausonius: „Die Sprache des Volkes an den Ufern der Mosel ist uns ganz verständlich, denn sie ist derjenigen Latiums und Campaniens ähnlich." Allerdings wird die römische Kultur nicht sklavisch nachgeahmt, wie sich an Grundriß und Bauweise der ausgegrabenen Gutshöfe und Villen nachweisen läßt. Auch die Formen der hiesigen Vasen und Krüge zeugen von selbständiger Gestaltung.

Politisch ist die Eifel zur Römerzeit eine Einheit. Aber als die Römer daran gehen, das neue Gebiet in Verwaltungsgroßräume, in Provinzen, aufzuteilen, da werden die Grenzen mitten durch das Gebirge gezogen. Es sind geographische Scheiden und völkische Stammesgrenzen. Die Nordeifel wird der Provinz Germania Inferior mit der Hauptstadt Köln, die Südeifel der Provinz Belgica Prima mit der Metropole Trier und den Civitates Metz, Toul und Verdun zugegliedert. Das Maifeld wird herausgenommen und zum Mittelrhein mit der Hauptstadt Mainz zur Provinz Germania Superior geschlagen. Die Grenze zwischen den Provinzen Nieder- und Obergermanien ist der Vinxtbach, der auch jetzt noch in der Osteifel eine Sprachscheide bildet.

Mehr als 400 Jahre gehört unser Gebiet zum Römerreich; etwa 200 Jahre ruhen die Waffen völlig, von 70 bis rund 260 n. Chr. Wann hat es eine so lange Friedenszeit in der Geschichte der Menschheit jemals gegeben! Stellen wir uns vor, wir hätten seit 1788 keine Kriege mehr erlebt. Nach 260 dringen immer wieder rechtsrheinische Franken in unser Gebiet vor, allerdings mehr in das Flachland als ins Gebirge. Immerhin werden auch Bitburg und Jünkerath damals mit starken Mauern geschützt und zu militärischen Stützpunkten ausgebaut.

Auch dann gehören wir noch mehr als 100 Jahre zum Römischen Reich. Doch um 400 verläßt das Gros des römischen Heeres unser Gebiet. Untersuchungen haben ergeben, daß damals das Kastell Jünkerath aufgegeben wird und der bei Blankenheim gelegene Gutshof bereits geräumt ist. Die hiesigen Truppen werden abgezogen, weil Italien und Rom von den Westgoten bedroht sind. Dabei nimmt man Landverluste im Norden in Kauf, zumal hier Grenzkriege und Aufstände stärkere Truppenkontingente binden, und somit die Verteidigung sehr viel Geld kostet, das immer mehr Steuerbeamte eintreiben müssen. Diese Belastungen sind für den römischen Staatsapparat allmählich schwer tragbar oder sogar untragbar geworden.

IV. Die Zeit der Franken (400–750)

Vom 2. bis 4. Jahrhundert sind die Franken zwischen Rhein und Weser zu einem bedeutenden Volksstamm zusammengewachsen. Sie überschreiten nach dem Abzug der Römer den Rhein, nicht mehr wie bisher in vereinzelten Kriegsscharen, sondern jetzt mit der Masse des Volkes. Vor ihnen sind die meisten gallo-romanischen Bewohner mit den römischen Truppen geflohen. Es haben jedoch manche ihr Daheim nicht verlassen. Wie neueste Ausgrabungen bekunden, leben sie friedlich mit den Franken zusammen. Andere müssen sich, einige Kilometer von ihrem bisherigen Wohnort entfernt, neu ansiedeln. So sind die verbliebenen Bewohner Marmagens gezwungen, einige Kilometer nördlich eine neue Siedlung zu bauen. Die Franken nennen das Dorf, wo die romanischsprechenden Leute, die Welschen oder Walen wohnen, „Walaheim" (heute Wahlen), während sich die Franken selbst – wenigstens vorübergehend – in Marmagen niederlassen. Es gibt viele solcher Beispiele; ich nenne nur noch Waldorf bei Jünkerath (Icorigium). Allmählich werden dann die Wahlen oder Welschen von der wachsenden fränkischen Bevölkerung aufgesogen. Die großen Städte lassen die Franken zunächst unangetastet, um größere Verluste zu vermeiden. So können sich Köln (bis etwa 460) und Trier (bis 475) noch Jahrzehnte halten. Schwer treffen die Eroberer die Stadt Köln, als sie Teile des römischen Wasserkanals in der Eifel zerstören und damit Köln in arge Bedrängnis bringen. Im 12. Jahrhundert weiß man über Ausdehnung und Zweck der großen Wasserleitungsanlage nichts mehr. Der Volksglaube nimmt an, so lesen wir im Annolied, der Kanal sei von den Römern gebaut worden, um Moselwein von Trier nach Köln fließen zu lassen. In der Eifel selbst bilden sich viele Sagen um das Bauwerk, das geheimnisvoll als „Düvelsoder" (Teufelsader) bezeichnet wird.

Nur dünn scheinen die Franken im 5. und 6. Jahrhundert die Eifel besiedelt zu haben. Jedenfalls hat man aus jener Zeit zahlreiche Wüstzonen festgestellt. Immerhin sind so viele Menschen geblieben, daß von einer kontinuierlichen Fortentwicklung der Kultur gesprochen werden kann, wobei allerdings die Eroberer den Hauptakzent setzen. Die Menge der Franken ist dann weiter nach Westen gezogen, in das heutige Belgien und in das nach ihnen benannte Reich der Franken (Frankreich). Hier übernehmen sie die antike Kultur, große Teile von ihnen auch die romanische Sprache, ferner unter König Chlodwig (482–511) oder später das katholische Christentum; nicht wie die Goten den Arianismus, nach dessen Lehre Christus mit Gottvater nicht wesensgleich, sondern nur wesensähnlich ist. Die Franken werden so zu Trägern der christlich-abendländischen Kultur.

Im 7. und 8. Jahrhundert fluten stärkere Gruppen aus dem Inneren Galliens zurück und bevölkern die Eifel jetzt dichter, wie sich aus der größeren Zahl der Gräber nachweisen läßt. Die Landnahme durch die Franken ist ein tiefer Einschnitt für unser Gebirge. Die damals geschaffene Volkstumsgrundlage hat sich bis in unsere Zeit hin

Fränkisches Steinplattengrab aus dem Reihengräberfriedhof „Gleisiger Heck" bei Zingsheim.

nicht wesentlich verändert, zumal es den Franken in der sogenannten Schlacht von Zülpich 496 gelungen ist, den Stamm der Alamannen wieder südwärts abzudrängen. Eine spürbare Veränderung des Volkstums hat sich bei uns erst nach 1945 ergeben durch den Zuzug von Flüchtlingen, Heimatvertriebenen und Neu-Ankömmlingen aus Osteuropa.

Die Franken sind Bauern. Zur Besiedlung wählen sie die Kalkmulden und die fruchtbaren Talzonen. Hier häufen sich die frühfränkischen Ortsnamen, die mit Vorliebe die Endungen -heim, -ingen und -dorf tragen (Blankenheim, Freilingen, Waldorf); später auch die Suffixe -hof und -weiler (Üdelhoven, Barweiler). Gallo-römische Siedlungsnamen auf -acum erhalten bei ihnen die Endungen -ich oder -ach (Mutiniacum = Mützenich, Epternacum = Echternach). Während die Römer Einzelgehöfte bevorzugen und auf Höhen und an Berghängen bauen, siedeln die Franken in Weilern und Dörfern, die sie durchweg an den Rand von wasserreichen Tälern errichten. Da die Franken hauptsächlich Viehzucht betreiben, legen sie Wert auf dorfnahe, feuchte Weiden. Noch heute befinden sich unsere Dörfer, soweit sie auf fränkischen Ursprung zurückgehen, dort, wo sie vor 1200 bis 1400 Jahren gegründet worden sind.

In den Steinhäusern der Römer mochten die Franken nicht wohnen. Sie behalten den Haustyp ihres Herkunftslandes bei, das Einraum- oder Wohnstallhaus, und zwar in der Form des Längseinhauses. Die Wände fertigten sie aus Holz oder Flechtwerk, das mit Lehm abgedichtet ist. Das Dach ruht auf Pfosten und Ständern im Innern des Hauses. Um das Wohnhaus gruppieren sich dann die Wirtschaftsgebäude. In der Nähe der Höfe, möglichst auf einer Anhöhe, werden die Toten beigesetzt. Meist liegen sie in Reihen bestattet. Manche dieser Reihenfriedhöfe sind freigelegt worden; in Nettersheim hat man etwa 100 solcher Gräber entdeckt. Die auf Grabsteinen genannten Toten tragen im 5. und 6. Jahrhundert teilweise noch romanische Namen, besonders an der Mosel und in der Südeifel. Im 7. Jahrhundert dagegen finden wir fast nur noch germanische, also fränkische Namen. In den genannten Jahrhunderten enthalten die Gräber durchweg Beigaben. Dem Mann werden Waffen, der Frau

Schmuck und Haushaltsgeräte mitgegeben. Etwa ab 700 sind die Gräber fundleer. Da die Kirche die Grabesbeigaben verboten hat, kann man annehmen, daß die Bewohner der Eifel jetzt Christen geworden sind. Die Christianisierung unserer Gebirgsbevölkerung ist wohl vom 6. bis 8. Jahrhundert erfolgt. Damit auch die heidnischen Ahnen in geweihter Erde ruhen, bauen die nunmehr christlichen Franken ihre Gotteshäuser auf die Gräberfelder. Die Kirchen und Kapellen werden im allgemeinen wie die Eigenheime aus Holz oder Fachwerk, selten aus Stein errichtet. Es sind rechteckige Saalkirchen mit quadratischem oder rechteckigem Chor. Von Anfang an sind die Gotteshäuser den Heiligen Martinus, Remigius, Medardus, Brictius, Stephanus, Laurentius, Vincentius, Pancratius, Petrus, Lambert und Johannes dem Täufer geweiht.

Fränkisches Grab nahe Bürvenich, Landkreis Düren.

Zugleich mit der Christianisierung erfolgt die wirtschaftliche Erschließung der Eifel. Entscheidenden Anteil haben daran die Benediktinermönche. Die Ordensdevise des heiligen Benedikt „ora et labora“ (bete und arbeite)findet weithin Anklang. Der Imperativ „labora“ heißt „arbeite körperlich hart“. Während die anstrengende körperliche Arbeit als eines freien Römers unwürdig gegolten hat– Sklaven hatten sie zu verrichten –, wird nun das „Sich-Abmühen“ als ein besonderes gottgefälliges Werk hingestellt. Viele Franken greifen diese Losung begeistert auf und reihen sich ein in die Schar der Mönche. So entstehen bei uns die Benediktinerklöster in der Anfangszeit da, wo der Boden den Menschen harte Arbeit abverlangt, wo erst gerodet und der Boden urbar gemacht werden muß, ehe die Erde das zum Leben Nötige hervorbringt.

Es ist kein Zufall, daß 648 das erste deutsche Kloster in der Eifel entsteht „an einer Stelle weiter Einöde, wo eine Menge wilder Tiere lebt“, nämlich das Kloster Malmedy. Vielleicht verwundert diese Mitteilung den Leser, der Malmedy als wallonischen Ort kennt. Doch, wie Wissenschaftler bewiesen haben, ist das Kloster eine fränkische Gründung[3]. Wahrscheinlich um das Jahr 1000 – so wird angenommen – sind wallonische Siedler in das neugerodete Umland des Klosters eingezogen. Um 650, zur Zeit der Klostergründung Malmedys, taucht zum erstemal „deutsch“ (diustisk) als sprachlichkultureller Begriff auf und wird im Gegensatz zu wallonisch (walhisk) angewendet. Zum Deutschen Reich (regnum Teutonicorum, zuerst 919 erwähnt) bzw. zum Deutschen Bunde (19. Jahrhundert) hat Malmedy bis 1918 gehört. Sicherlich haben die Mönche von Malmedy im 7. Jahrhundert auch am Prozeß der Christianisierung der Eifelbevölkerung entscheidend mitgearbeitet. Ihr Wirkungskreis erstreckt sich bis ins Obergebiet von Kyll, Urft und Ahr, wie verschiedene Urkunden beweisen. Alendorf bei Blankenheim ist eine ihnen unterstehende Mutterpfarrei, der viele Dörfer der Umgebung angehören. – Auf den heiligen Willibrordus, den Apostel der Friesen, geht die Gründung des Klosters Echternach zurück (698). Die vornehme Frau Bertrada ist die Stifterin der Abtei Prüm (721). Das Kloster entsteht dort, wo der Schieferboden hart zu bearbeiten ist, während doch in unmittelbarer Nähe die fruchtbare Prümer Kalkmulde verläuft. Damals wird das „labora" des heiligen Benedikt sehr ernst genommen. Der Mönch Cäsarius von Heisterbach faßt (1222) die Leistungen der Abtei Prüm wie folgt zusammen: „Es sind viele Wälder gerodet, Dörfer erbaut, Zehnten vermehrt, viele Mühlen angelegt, Weinberge gepflanzt und große Landstriche urbar gemacht worden."

Bedingt durch die Zunahme der Bevölkerung, wird von den Franken auch die Eifel in einzelne Verwaltungsbezirke eingeteilt, die im allgemeinen den Namen Gau (lateinisch pagus) erhalten. An ihrer Spitze steht der Gaugraf. Einzelne nicht so bedeutende Gaue werden als Unterbezirke einem größeren Gau zugeordnet, haben also keinen eigenen Grafen und sind damit keine selbständige Gaugrafschaft (zum Beispiel der unten genannte Carosgau). Der Gaugraf ist der Vertreter des Königs. Er führt dessen Anordnungen durch, bietet den Heerbann auf und ist oberster Gerichtsherr. Bei der Bildung der Gaue sind oft die natürlichen Landschaftsräume das Kerngebiet. Die Gaue werden um einen Fluß oder um einen natürlichen Mittelpunkt

Malmedy / Belgien.

geschaffen. So entstehen im Nordraum der Eifel der Jülich-, Zülpich- und Ahrgau, im Süden der Maiengau (auch Maifeld), um Prüm der Carosgau, weiter südlich der Bidgau und im Westen der Ardennengau.

Die Kirche übernimmt in der Folgezeit die weltlichen Verwaltungseinheiten. Die fränkischen Gaubezirke werden kirchliche Dekanate. Für den Ausbau der größeren Organisation richtet sich die Kirche im wesentlichen nach der Verwaltungseinteilung in der Römerzeit. Die Kirchenprovinzen Köln und Trier nehmen den Raum der ehemaligen römischen Provinzen Niedergermanien und der Belgica Prima ein. Während in römischer Zeit das Maifeld zur Provinz Obergermanien mit der Hauptstadt Mainz gehörte, drängt jetzt das Erzbistum Trier zwischen Köln und Mainz zum Rheine vor und bezieht auch das Maifeld ein, das damit nach vorübergehender Rheinaufwärtsorientierung wieder eng an das südliche Eifelmassiv angeklammert wird. Die neuen Bistumssprengel enstsprechen ebenfalls im großen und ganzen den Civitates, den Bürgerschaftsbezirken aus römischer Zeit. Wenn die Gaue die alten Provinzgrenzen überschreiten, übernimmt die Kirche den Raum der kleineren Einheit. Ein Beispiel dafür ist der Eifelgau. Er umfaßt die Hochfläche des Gebirges mit dem Schwerpunkt der Kalkmulden. Zu ihm gehören im Norden Münstereifel, im Osten Adenau, im Süden Ulmen und Daun und im Westen der Oberlauf der Kyll mit dem Schwerpunkt Jünkerath. Da der Eifelgau spätestens im 10. Jahrhundert zugleich das kirchliche Dekanat Eifel bildet und dieses ganz dem Erzbistum Köln angegliedert wird, macht das Erzbistum unter Einbeziehung von Daun und Ulmen eine tiefe Einbuchtung in den Südeifelraum hinein.

V. Der Eifelgau und die Herleitung des Namens Eifel

Nachdem wir den Eifelgau vorgestellt und dessen Ausdehnung von Münstereifel bis Daun und Ulmen und von Adenau bis Jünkerath festgestellt haben, wollen wir kurz auf die Deutung des Namens eingehen. Um die bisherigen Untersuchungen und Thesen dazu im einzelnen darzulegen, wäre ein umfangreiches wissenschaftlich orientiertes Kapitel notwendig. Wir aber bleiben auch hier bei unserer volkstümlichen, allerdings auf wissenschaftlichen Grundlagen erarbeiteten Darstellung[4].

Erst im 8. Jahrhundert taucht der Name Eifelgau auf, und zwar begegnet uns – Eifel – zunächst als Adjektiv, dann auch (zuerst 838) als Substantiv. Ich bringe die verschiedenen Namensbezeichnungen innerhalb der ersten 350 Jahre ihres Vorkommens:

762 Eifflensis pagus	860 Agflinse
772 efflinsis pagus	975 Aiflensis pagus
804 in pago aquilinse	1051 Eiffila
838 Eifla	1086 Eiflia
845 Eiflensis pagus	1105 Eifla
855 Eiflinsis pagus	1114 Eiflia

Es gibt mehr als 20 Deutungen des Namens, aber keine davon ist so überzeugend, daß wir sie als die Lösung oder die wahrscheinliche Herleitung ansehen könnten. Bei jedem der bisherigen Erklärungsversuche gibt es ernste Bedenken, ja unmögliche Konstruktionen. Urteilen Sie selbst. Der Name Eifel wird u. a. hergeleitet von Eibe (sprachlich einwandfrei, aber sachlich kaum richtig), von Auel (Ovele) = Ulme, von Ebene, von Akuella = Gipfel, von Eich-Ville = Eichen-Ebene, von den Iberern. Die Kritiker vorher gebrachter Erklärungen bringen dann selbst eine Herleitung, die ebenso gegen sprachliche Normen verstößt. Ich selbst habe mich in den 40 Jahren, in denen ich mich mit der Geschichte der Eifel befasse, keiner dieser Erklärungen anschließen können, bin aber jetzt der Meinung, daß Eifel „Wasser" bedeutet. – Übrigens hat vor mehr als 100 Jahren ein Sprachforscher namens Marian die Eifel als „Wasserland" bezeichnet, jedoch keine Anerkennung gefunden. Meine Beweisführung:

1. Der Name Eifel ist sicher viel älter als seine erste urkundliche Erwähnung im Jahre 762, wahrscheinlich sogar Jahrhunderte älter. Damals sprach man bei uns lateinisch. Die Römer nennen das Wasser aqua, woraus apa wird (Apulien z. B. heißt Wasserland), dann afa und e(i)fa, schließlich Eifla (so 838 urkundlich) wird. Beim Übergang vom Römischen zum Fränkischen kann die Volkssprache Abwandlungen vorgenommen haben, so daß das Grundwort nicht mehr genau erkannt wird. Bedenken wir auch, daß uns aus der Zeit der Franken nur ganz wenige schriftliche

Überlieferungen vorliegen. Aber eines sei klar gesagt: Nicht immer sind Wortänderungen nach den Gesetzen der Sprachwissenschaft verlaufen.

2. Im Jahre 804 wird unser Verwaltungsbezirk als „Wasserreicher Gau" bezeichnet „in pago aquilinse". Wenn behauptet wird, daß diese Schreibweise von einem französischen Mönch aus dem Kloster Prüm stamme und ihr deshalb keine Bedeutung zukomme, so meine ich: gerade das Gegenteil ist richtig. Der romanisch sprechende Mönch übersetzt das germanische „eifflensis" oder „efflinsis" mit wasserreich. Deutet nicht auch das „Agflinse" von 860 darauf hin?

3. Auch sachliche Argumente fallen für unsere These schwerwiegend ins Gewicht. Die Bewohner Kölns erhalten aus der Hocheifel in einem 97 Kilometer langen unterirdischen Kanal bestes Quellwasser für ihre Stadt. Was liegt näher, als das Gebiet, aus dem sie ihr Wasser beziehen, als „wasserreich" oder „Wasserland" zu bezeichnen.

4. Der Eifelgau macht genau die Fläche in der Eifel aus, in der sich die meisten Flußläufe befinden; es ist das Quell- und Ablaufgebiet (wenn auch bei manchen nur im Oberlauf) von Urft, Olef, Erft, Ahr, Kyll und Lieser mit ihren zahlreichen Zuflüssen. Kaum ein anderes Bergland wird von so vielen Wasserläufen durchzogen. Man kann auch die hohe Niederschlagsmenge des genannten Gebirgsteiles als Beweispunkt anführen.

5. In Köln wurde ein Weihealtar gefunden, der den keltischen Muttergottheiten, den „Matronae Aflial", gewidmet ist, die besonders am fließenden Wasser verehrt werden. Demnach könnte der Name Eifel als Wasserland sogar auf die Kelten zurückgehen. Die These, die Eifel als „Wasserland" oder „wasserreiches Gebirge" zu deuten, ist nicht unbedingt zwingend, aber wie ich meine, ist sie von den bisherigen Deutungen die überzeugendste. Vielleicht hat die Tatsache, daß der Eifelgau in seinen Wasserläufen etwa gleichmäßig zu Maas (Urft, Olef), Rhein (Ahr) und Mosel (Kyll, Lieser) gerichtet ist, dazu beigetragen, mit der Zeit den Namen des Gaues auf den ganzen deutschen Teil des Gebirges zu übertragen.

VI. Die Eifel unter den Karolingern (750–900)

Eine besondere Bedeutung erlangt die Eifel unter den Karolingern. Die Stammväter Karls des Großen sind Pippin der Ältere und Arnulf von Metz. Die Arnulfinger kommen aus dem Gebiet der oberen Mosel. Die Pippiniden sind beheimatet an der mittleren und unteren Maas und in der Eifel. Liegenschaften haben sie von Echternach bis Rheinbach. Dieses Geschlecht erobert nach und nach im Frankenreich die Macht. Pippin der Mittlere, Hausmeier des Teilreiches Austrasien, wozu auch die Eifel gehört, besiegt 687 bei Tertry an der Somme den Hausmeier von Neustrien und Burgund und besitzt somit als einziger Hausmeier die politisch wichtigste Schlüsselstellung im ganzen Frankenreich. Der Sieg seines Sohnes Karl Martell über die Araber bei Tours und Poitiers (732) verleiht dem Hause neuen Glanz, und 751 wird durch die Einsetzung und Salbung Pippins zum König in der neustrischen Königsstadt Soisson der tatsächlichen Machtsetzung die rechtliche Fundierung gegeben. Entscheidend ist nun, daß Pippin nicht wie vorher der Merowinger-König Residenz in

Der Dom zu Aachen – wichtige Sehenswürdigkeit in der westlichsten deutschen Großstadt.

Karlsschrein im Aachener Dom; 1215 vollendet.

Paris bezieht, sondern von seinem Heimatgebiet aus regiert. Die Maas- und Mosellande erhalten damit eine besondere Bedeutung im Frankenreich.

Pippins Sohn, Karl der Große (768–814), erweitert durch die Unterwerfung der Sachsen sein Imperium, das im Westen bei den Pyrenäen beginnt, jetzt bis zur Elbe und verlagert damit das politische Schwergewicht weiter nach Osten zur Rheinachse. Damit rückt die Eifel, bisher Grenzland im Osten, in die Mitte des Landes. – Die Ausdehnung des Reiches nach Osten und Norden bedingt nun auch in wirtschaftlicher Hinsicht eine Veränderung. Aus dem neuen Gebiet werden jetzt bei uns friesische Tuche und Pelze eingeführt, während dorthin aus den Landen an Maas, Rhein und Mosel Wein, Waffen, Schmuck, speziell aus der Eifel Tonwaren und Mühlsteine aus Mayener Basalt und vereinzelt auch Gläser geliefert werden.

Anfangs ist des Kaisers Lieblingsaufenthalt die Pfalz in Herstal, die zwischen Aachen und Lüttich und unweit von Jupille, dem wahrscheinlichen Geburtsort Karls, gelegen ist. Oft weilt der Kaiser in den Pfalzen Worms und Diedenhofen. Doch seit 794 wird Aachen die fast dauernde Residenz des Monarchen. Im Sommer ist Karl schon mal auf Reisen, den Winter verbringt er jedoch immer in Aachen. Die dortigen heißen Quellen sind für den gichtgeplagten Kaiser sicher von entscheidender Bedeutung gewesen. Doch ist Aachen für den Kaiser nicht nur Wohnort, sondern repräsentativer Mittelpunkt des Reiches (sedes regni). Hier finden Reichsversammlungen und kirchliche Synoden statt. Von hier gehen die Königsboten in die Lande, hier anerkennen die Gesandten des oströmischen Kaisers, des Königs von Asturien, des Kalifen von Bagdad und des Patriarchen von Jerusalem das abendländische Kaisertum.

Aachen wird auch geistiges Zentrum, in dem man sich besonders um das antike Erbe bemüht (Karolingische Renaissance). Von weit her holt sich Karl die besten Gelehrten des damaligen Europa. An der Aachener Hofschule wirken: der Langobarde Paulus Diakonus, der Angelsachse Alkuin, der Westgote Theodulf, die Franken Rabanus Maurus und der Biograph Karls des Großen, Einhard. Natürlich erhält Aachen auch durch neue Bauten das Aussehen einer Residenz. Nach und nach entsteht ein neuer Pfalzbezirk mit der Pfalzkapelle, dem herrlichen Oktogon, dann die Palastaula und der Kaiserpalast (heute Rathaus).

Es ist natürlich, daß die Eifel für Karl und seine Nachfolger eine besondere Bedeutung gewinnt. In den ausgedehnten Wäldern weilen sie oft zur Jagd, und hier besitzen sie zahlreiche Hofgüter. Karolingische Königshöfe befinden sich in Vlatten, Hergarten, Flammersheim, Rheinbach, Essig und Satzvey.

Wenn der Herrscher von Pfalz zu Pfalz zieht, wird als besonderes Schutzsymbol der Mantelteil des hl. Martinus mitgenommen, die sogenannte „cappa". Sie wird von einem Geistlichen betreut, der nach ihr „capellanus" (Kaplan) genannt wird. In der Königspfalz Düren wird für die „cappa" sogar ein eigener Raum bereitgestellt, die „capella". So ist unser Wort Kapelle zum erstenmal in Düren bezeugt. Diese Pfalz hat für Karl den Großen eine besondere Bedeutung, sind doch von hier jedesmal die Truppen ins Sachsenland gezogen. 814 stirbt Karl der Große in Aachen. Seine Gebeine ruhen heute in einem kostbaren Schrein aus dem Jahre 1215, der sich im gotischen Chor des Domes befindet. Als Grabstätte Karls behält Aachen auch in der Folgezeit eine große Bedeutung.

Unter Karls Sohn und Nachfolger, Ludwig dem Frommen (814–840), bleibt Aachen die eigentliche Residenz des Reiches. In der Nähe will Ludwig ein Muster- und Familienkloster errichten. Nur zwei Stunden entfernt – so der Wille des Kaisers – entsteht das Benediktinerkloster Inda, einige Jahrzehnte später Kornelimünster genannt, nachdem ein Reliquienteil des hl. Papstes Kornelius dorthin überführt worden ist. Den weithin geachteten westgotischen Grafensohn Benedikt von Aniane ernennt der Kaiser zum ersten Abt des Klosters und übergibt ihm die Oberleitung über alle Klöster seines Reiches. 817 lädt Benedikt die Äbte zu einem Generalkapitel nach Aachen, wo das Benediktinerkapitulare mit 75 Reformstatuten ausgearbeitet wird; darin wird z. B. die tägliche Klostermesse angeordnet. Abt Benedikt, bereits 821 verstorben und bald in die Zahl der Heiligen aufgenommen, gilt als der zweite Gründer des Benediktinerordens. Die unter ihm verfaßten Benediktinerregeln sind nämlich für das abendländische Mönchstum verbindlich geworden. Kornelimünster wünschte sich Kaiser Ludwig als Grabstätte. Als er jedoch 840 auf einer Rheininsel bei Ingelheim stirbt, überführt ihn sein Halbbruder Bischof Drogo in seine geistliche Residenz Metz, wo der Kaiser im Dom seine letzte Ruhestätte findet.

Abt Markward von Prüm (829–853) gründet um das Jahr 830 an der oberen Erft ein Prümer Tochterkloster „Neu-Münster" (novum monasterium), das später Münstereifel genannt wird („monasterium in Eiflia", urkundlich zuerst 1086). Seine Mönche müssen auch hier das „labora" voll und ganz in die Tat umsetzen, da der Schieferboden nur sehr schwer zu bearbeiten ist. Aber die Wahl des Standortes ist gewollt. Bedenken wir doch, daß nur wenige Kilometer entfernt die fruchtbare Sötenicher Kalkmulde verläuft. In die Klosterkirche, deren Krypta aus der Gründungszeit heute noch steht, werden 844 die Gebeine des heiligen Märtyrer-Ehepaares Chrysanthus und Daria (258 †) übertragen. So wird Münstereifel, das schon 870 im Vertrag zu Mersen namentlich genannt wird, ein weithin bekannter Wallfahrtsort.

Durch Schenkungen wird der Besitz der Eifeler Klöster stark vergrößert. Malmedy, seit 651 Doppelabtei (Stavelot-Malmedy), hat Güter an der Maas, am Rhein und an der Mosel. Echternacher Besitz befindet sich sogar an der Saale, in Thüringen und im Spessart. Prüm bewirtschaftet bereits nach seinem Besitzstandsverzeichnis des Jahres 893 (Prümer Urbar) 1543 Höfe. Schließlich gehören der Abtei fast 50 000 Morgen, die zum Teil weithin zerstreut liegen. Der wirtschaftliche Wohlstand der Eifelklöster trägt dazu bei, daß sich um den Klosterbezirk Menschen ansiedeln, die

Benediktinerabtei Kornelimünster.

mit der Zeit städtische Rechte erhalten. Die Klöster entwickelten sich jedoch auch zu bedeutenden Mittelpunkten kulturellen Lebens. Die Mönche schreiben Werke der Antike ab, die sie uns so erhalten. Dann pflegen sie Literatur, Wissenschaft und Kunst. Echternachs Mönche malen ihre Handschriften, in der Regel sind es Heiligenbiographien, so prächtig aus, daß sie weithin in Europa Aufsehen erregen. Unter Abt Markward wird Prüm ein bedeutendes Bildungszentrum. Mönch Wandalbert verfaßt in Versen einen „Martyrlog" und ein Werk „Miracula sancti Goaris". In seinen Lehrgedichten stellt er die ihm bekannten Obstbäume vor und viele Klosterkräuter, die offenbar im Garten der Abtei angebaut werden.

Regino, Abt von Prüm (892–899), schreibt ein Traktat „Über die musikalische Wissenschaft", ein Werk, das für das ganze Mittelalter richtungweisend bleibt. Er unterscheidet zwischen der „musica naturalis" und der „musica artificallis" (Instrumentale Musik). In die natürliche Musik reiht er ein: die Vokalmusik, die Sphärenharmonie und die Leib-Seelen-Harmonie. Aber in der Hauptsache beschäftigt sich Regino mit geschichtlichen Studien. Er ist bereits Abt von St. Maximin in Trier, als er eine Weltchronik in zwei Büchern fertigstellt; sie reicht von Christi Geburt bis zum Jahre 906. Für die Karolingerzeit, insbesondere für die zweite Hälfte des 9. Jahrhunderts, die er als Zeitgenosse miterlebt hat, ist Regino (geb. um 840) für uns die zuverlässigste Quelle. Die Hauptereignisse führen wir kurz an:

Nach kriegerischen Erbauseinandersetzungen (840–843) einigen sich die drei Söhne Ludwigs des Frommen in Verdun und teilen das fränkische Reich wie folgt unter sich auf: Es zerfällt jetzt in ein germanisches Ostreich unter Ludwig dem Deutschen, ein romanisches Westreich unter Karl dem Kahlen und ein gemischtsprachiges Mittelreich, das Lothar zugesprochen wird, der als Ältester auch die Kaiserwürde behauptet. Kaiser Lothar I. (843–855) behält wie Großvater und Vater Aachen als Residenzstadt bei. Als Grafen des Eifelgaues setzt er Matfried ein, der aus edlem Geschlecht des Rheinlandes stammt. Wie wir aus verschiedenen Urkunden ersehen, erstreckt sich Matfrieds Machtbereich weit über die Eifel hinaus; er ist z. B. auch Graf im Jülichgau.

In der Eifel, in Schüller bei Junkerath, stellt Kaiser Lothar seine letzte Urkunde aus[5]. Es ist eine Schenkung an die Abtei Prüm, die ihm in allen Widrigkeiten die Treue gehalten hat. Er hat das Kloster stets reich ausgestattet. Schon vom Tode gezeichnet, zieht er sich von Schüller in die nahe Abtei zurück. Wenige Tage später stirbt er hier am 29. September 855 im Alter von 60 Jahren. Die Klosterkirche wird seine letzte Ruhestätte. Somit besitzt die Eifel das Grab eines Kaisers.

Für den Norden des Mittelreiches, also auch für die Eifel, ist der gleichnamige Sohn sein Nachfolger. Wie uns Regino überliefert, wird das nördliche Mittelreich nun nach Lothar II. (855–869) Lotharingien genannt. Er versteht es, in der Eifel seine Besitzungen zu vermehren. So erwirbt er von dem Edelherrn Otbert u. a. einen Hof in Dahlem und zwischen Baasem und Dahlem eine Waldfläche in Größe von 100 Hufen, worin 1000 Schweine gemästet werden können[6]. Man mag mit Erstaunen feststellen, daß der Eifelwald, damals ein Laubwaldgebiet mit der Buche als beherr-

Stiftskirche in Bad Münstereifel – 10. Jahrhundert.

schende Baumart, zur Schweinemast benutzt wird. Es handelt sich hier um keine Ausnahme, sondern ist allgemein üblich. Der Wald als Schweinetrift bringt mehr ein als der Einschlag des Holzes. Besonders ab November bieten die Laubwälder den Borstentieren eine fette Mast an Eicheln und Bucheckern. Das Schwein ist in jener Zeit der Hauptfleischlieferant der Eifelbewohner. Erst im 11. Jahrhundert gewinnt auch das Lammfleisch an Bedeutung. Unsere Waldfläche ist 100 Hufen groß. Eine Hufe (lateinisch mansus) ist eine Betriebseinheit von unterschiedlicher Größe. In der Hocheifel wird die Hufe mit etwa 60 Morgen à 35 Ar angesetzt[7]. Die Hufe würde demnach hier eine Größe von 2100 Ar ausmachen! Sie dient nach unserer Urkunde zehn Schweinen als Weidefläche. Demnach steht pro Schwein hier ein Waldgebiet von 210 Ar zur Verfügung, das sind 8,4 preußische Morgen oder etwas mehr als 2 Hektar Fläche.

Tragisch verläuft das Leben König Lothars II. Seine Gemahlin Theutberga hat ihm keine Kinder geschenkt. Er hat jedoch von Waltrada, die er schließlich auch heiratet, einen Sohn Hugo und zwei Töchter. Inzwischen aber setzt sich die Kirche im Gegensatz zur Zeit Karls des Großen entschieden für die Unauflösbarkeit der Ehe ein. Die beiden Oheime, die Könige Ludwig der Deutsche und Karl der Kahle, schüren noch das Feuer, natürlich aus eigensüchtigen Gründen, nämlich um Lotharingien für sich zu erwerben. Lothar II. kann sich auch auf einer letzten Reise beim Papst nicht durchsetzen. Auf der Rückreise von Rom erkrankt er und stirbt 869 in Piacensa. Sehr verbunden war er stets der Abtei Prüm. Hier neben dem Vater zu ruhen ist sicher sein Wunsch gewesen, den jedoch niemand erfüllt. So befindet sich noch heute die Grabstätte Lothars II. in der Antoniuskirche zu Piacensa.

Im Vertrag von Mersen (870) teilen sich tatsächlich die beiden Könige in Ost und West unter Umgehung von Lothars Bruder Kaiser Ludwig II. das Mittelreich, wobei der östliche Teil einschließlich der Eifel Ludwig dem Deutschen zugesprochen wird. Schließlich nach verschiedenem Hin und Her fällt ganz Lotharingien im Vertrag von Ribémont 880 an das Ostfränkische Reich. Die Franzosen haben diesen Verlust nie verschmerzen können, zumal dadurch große Teile der romanischen Bevölkerung an den germanischen Osten angeklammert werden.

Für die Eifel folgt bald ein furchtbares Jahrzehnt. Die Normannen, auch Wikinger genannt, die aus dem dänischen und skandinavischen Raum kommen, haben in der zweiten Hälfte des 9. Jahrhunderts weite Teile des Ostfränkischen Reiches heimgesucht. 881 plündern und brandschatzen sie Neuss, Jülich, Zülpich, Köln, Bonn und die Pfalz in Aachen. Dann sind die reichen Klöster der Eifel ihr Ziel. Kornelimünster und Stavelot-Malmedy werden ausgeraubt und teilweise zerstört. Im Januar 882 rücken sie nach Prüm vor, wo sich die Landbevölkerung gegen die Eindringlinge wehrt. Doch die normannischen „Berufskrieger" richten unter ihnen ein furchtbares Gemetzel an; die Abtei geht in Flammen auf. In der Karwoche 882 sind sie in Trier eingetroffen und legen den Dom in Schutt und Asche. Mit gewaltiger Beute ziehen sie schließlich wieder nordwärts. Aber schon nach Jahresfrist erscheinen sie wieder in der Eifel und treiben ihr Unwesen hauptsächlich in der Gegend um Prüm.

Aber noch ist der Leidensweg der Eifel nicht zu Ende. Knapp zehn Jahre später (892) stoßen die Normannen wieder bis Bonn vor, jagen den Bewohnern vieler Eifeldörfer Schrecken ein und plündern nochmals Prüm. Aber weil in der Eifel eine Hungersnot herrscht, dort folglich nicht allzuviel zu holen ist, ziehen sich auch die Kriegsbanditen bald zurück, diesmal endgültig. Denn der Ostfrankenkönig Arnulf von Kärnten (887–899) besiegt ihre Kernmacht 895 entscheidend bei Löwen, worauf die Normannen nordwestlich ziehen und sich an der unteren Seine neu ansiedeln, in der nach ihnen später benannten Normandie.

Die Tochter König Lothars II., Gisela, hat übrigens den Normannenfürst Godefried geheiratet, vielleicht aus Opposition, weil die Mächtigen Lotharingiens sie und ihre Geschwister nicht als legale Kinder König Lothars anerkennen. Ihr Bruder Hugo erhebt natürlich Anspruch auf Lotharingien, doch er wird mit kleineren Einkommensbereichen abgespeist. Im Jahr 885 überlistet Kaiser Karl III. (881–887), der jüngste Sohn Ludwigs des Deutschen, seinen Halbvetter Hugo, blendet ihn und steckt ihn ins Kloster St. Gallen. Hier holt ihn der spätere König Swentibold heraus und überführt ihn ins heimatliche Prüm, wo Hugo noch einige Jahre als blinder Mönch lebt. Swentibold, benannt nach seinem Paten aus Mähren, stammt aus einer nichtehelichen Verbindung König Arnulfs, der in Regensburg residiert. Weitab von dort aus befindet sich Lotharingien, der Westen seines Ostfränkischen Reiches. Daher liegt es für Arnulf nahe, das ehemalige Zwischenreich Lothars II. als eigenständiges Reich neu erstehen zu lassen und dieses seinem geliebten (illegitimen) Sohne Swentibold 895 zu übergeben.

Jetzt haben also die Lande an Maas und Mosel, und somit auch die Eifel, wieder einen eigenen König. Swentibold wählt Aachen zu seiner Residenz. 898 besucht er Münstereifel und verleiht der Klostersiedlung Markt-, Münz- und Zollrecht. Doch der landfremde Regent kann sich bei den Großen unseres Landes nicht durchsetzen. In einem Gefecht gegen diese stirbt der erst 30jährige König im Maasgau den Schlachtentod. Seine letzte Ruhestätte findet er im Maaskloster Süsteren (NL), das der Abtei Prüm unterstellt ist. Die Mönche der Klöster Prüm und Echternach gedenken ihres verstorbenen Königs weiter im Gebet.

Wieder geht die Eigenständigkeit Lotharingiens verloren, und wieder wird unser Gebiet dem Ostfränkischen Reich angegliedert, wo nun der legitime Sohn Arnulfs von Kärnten, Ludwig das Kind (899–911), von seinem 6. bis 17. Lebensjahre nominell und in seinen letzten Jahren praktisch die Geschicke des Landes leitet. Im Jahre 911 wird er wie vorher sein Vater Arnulf zu St. Emmeran in Regensburg zur letzten Ruhe gebettet. Mit ihm ist das Karolinger-Geschlecht in Ostfranken ausgestorben. Nun entscheiden sich die Adeligen Lotharingiens für den Anschluß an das Westfränkische Reich, weil hier noch ein Karolinger (Karl der Einfältige) regiert. Zu lebendig ist bei uns im Mittelpunkt karolingischer Glanzzeit das Erbe Karls des Großen. Doch bald werden die führenden Kräfte unseres Landes enttäuscht. Denn im Westfrankenreich toben langwierige Bürgerkriege, der König wird sogar abgesetzt und in Haft gehalten; sein Widersacher Rudolf von Burgund läßt sich zum

Regenten wählen. – Bei uns ist man zutiefst enttäuscht; die Großen erkennen die Wahl Rudolfs nicht an, „weil er sie ihres Herrn beraubt habe“ (des Karolingerkönigs), wie wir in den Annalen von Prüm lesen; diese geschichtlichen Jahrbücher beginnen in Prüm mit Abt Eigil (853–860). „Sua sponte“, aus „freiem Antrieb“, wenden sich jetzt die politisch maßgebenden Köpfe unseres Gebietes Heinrich, dem König der Ostfranken, zu, und zwar im Jahre 923. Nach diesem Jahr datieren nun die Urkunden Triers und Kölns und die Pergamente der großen Eifelklöster Prüm, Echternach und Stavelot-Malmedy. Zwei Jahre später gliedert sich auch das obere Moselgebiet dem Ostfränkischen Reiche an. Der Reimser Chronist Flodoard berichtet uns zum Jahre 925 kurz und bündig, alle Lotharingier hätten sich König Heinrich angeschlossen. Seitdem, also seit 925, setzen wir den Beginn des Deutschen Reiches an, zu dem die Eifel, abgesehen von der Franzosenzeit (1794–1814), künftig ständig gehört.

Salvator-Basilika und Abtei in Prüm.

VII. Das Hoch- und Spätmittelalter: 900–1500

1. Das politische Kräftefeld: Viele Kleinstterritorien bei vier Großräumen

In der nachkarolingischen Zeit bildet sich das Herzogsamt als politischer Machtfaktor zwischen Königtum und Grafschaft heraus. Die Eifel gehört zum Herzogtum Lotharingien, das in der zweiten Hälfte des 10. Jahrhunderts geteilt wird. Die Nordeifel wird Niederlothringen, die Südeifel Oberlothringen zugewiesen. Die politische Grenze verläuft wie in der Römerzeit mitten durch das Gebirge. Trennungslinie sind unter anderem die zentrale Wasserscheide der Hocheifel und der Vinxtbach. Im 11. und besonders im 12. Jahrhundert verlieren die Herzöge jedoch an politischer Bedeutung, da sich Bischöfe, Äbte, Grafen und Edelherren immer mehr ihrer Gewalt entziehen. Schließlich ist die Herzogwürde nur noch ein formaler Titel, der dem eigenen Territorium anhaftet und den Inhaber gesellschaftlich in eine höhere Rangstufe einordnet. Im Laufe der Zeit beschränkt sich der Name Lothringen auf das oberlothringische Herzogtum und seine Bewohner.

Im 10. Jahrhundert beginnt auch die Macht der Gaugrafen abzunehmen. Eine ganz neue Entwicklung bahnt sich an; es werden nämlich den Bischöfen eigene weltliche Territorien mit ihrem Metropolitamtssitz als Zentrum und zugleich gräfliche Rechte zugestanden. Als erstem gelingt es Erzbischof Ratbod von Trier, den Grafen des Gaues Bidburg aus Trier zu verdrängen und die gräflichen Rechte der Stadt an sich zu reißen, und zwar im Jahre 902. Dieselben Privilegien werden dann in den kommenden Jahrzehnten auch den anderen Bischöfen zugestanden, also das Recht, Münzen zu prägen, Zoll zu erheben, Gericht zu halten und Verwaltungsbefugnisse auszuüben.

So werden die Gaubezirke immer mehr ausgehöhlt. Andererseits sehen die Gaugrafen das ehemalige Verwaltungsgebiet schließlich als ihr Eigentum an, erwerben es, geben weiteren Kindern Landanteile oder gewinnen durch Heirat, Kauf, Verträge und Kampf neue Landkomplexe hinzu. So entwickeln sich allmählich Grafschaften, die nur selten dem alten Gebiet entsprechen und nur in wenigen Fällen den Namen weitertragen, den die ehemalige Gaugrafschaft besessen hat. Auf diese Weise bilden sich neue Grafschaften, die in der Familie des Inhabers mehr und mehr erblich werden. Die Besitzer nennen sich nach dem Stammsitz oder einer neu erbauten Burg.

In den Grafschaften wiederum heben sich die Edelherren heraus, die in vielen Eifeldörfern das führende Geschlecht sind. Manche erkennen recht bald, daß sie sich auf die Dauer nur behaupten, ja, ihre Macht auch auf die Nachbardörfer ausdehnen können, wenn sie eine (fast) uneinnehmbare Feste besitzen. So scheut sich der

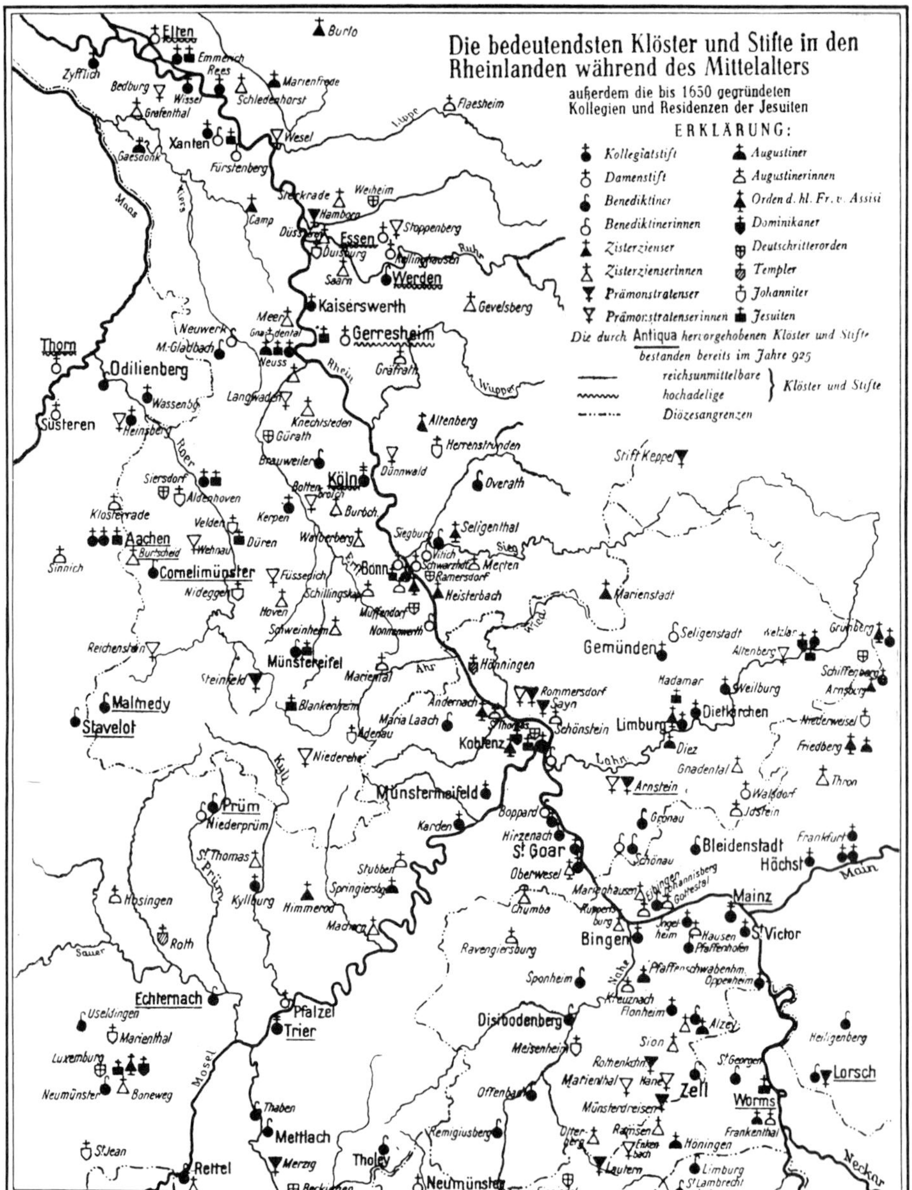

Die bedeutendsten Klöster und Stifte in den Rheinlanden während des Mittelalters.

Edelherr von Blankenheim nicht, seinen Wohnort (das jetzige Blankenheimerdorf) zu verlassen und einige Kilometer entfernt auf steiler Felshöhe eine neue Burg zu bauen, die Burg Blankenheim. Der benachbarte Herr von Dollendorf handelt ebenso. Die Ruine der einst stolzen Burg Dollendorf auf einer Anhöhe im oberen Ahrtal trägt mit ihren wenigen Häusern heute den Namen Schloßtal. Um die Burg siedeln die Edelherren Handwerker und Gewerbetreibende an, die Bürger genannt werden. Sie übernehmen den Schutz der Burgsiedlung und erhalten dafür das Privileg, keine Abgaben an den Burgherrn zahlen zu müssen. Ihre Siedlung erhält den Status einer Stadt, auch Freiheit und Tal genannt (siehe Schloßtal). Die Zahl der Bewohner ist dabei ohne Bedeutung. Es gelingt im allgemeinen dem neuen Burgherrn, die benachbarten Dörfer in sein Territorium einzubeziehen und sich so einen, wenn auch kleinen Herrschaftsbereich zu schaffen. Manche Adelige, wie 1380 der Blankenheimer, schaffen es sogar, in den Grafenstand aufzurücken.

Auch die anderen Edelherren suchen sich in ihrem Dorf zu behaupten, indem sie ihren Herrensitz befestigen oder sich gar eine Burg bauen. Für das 11. und 12. Jahrhundert hat man in der Eifel etwa 140 Burgen nachgewiesen. Im Gebirge selbst kommt es nirgendwo zu einem Großterritorium. Eine Großraumbildung erschwert das zerklüftete Gebirge außerordentlich. Es bietet gute Verteidigungsmöglichkeiten auch den kleinen Edelherren, die zu besiegen nicht so leicht ist, besonders wenn sie im Besitz einer Höhenburg sind. Aus der Vielzahl der Territorien heben wir 15 hervor.

Arenberg ist der Sitz der Herren von Arenberg, die im 12. Jahrhundert als Burggrafen von Köln bezeugt sind. In weiblicher Erbfolge wechselt der Besitz um 1300 an die Grafen von der Marck und 1547 an das wallonische Geschlecht von Ligne. Das Territorium wird 1549 zur Reichsgrafschaft erhoben, erhält 1576 den Rang eines Fürstentums mit Sitz und Stimme im Reichsfürstenkollegium und wird 1644 Herzogtum. Diesen ungewöhnlichen Aufstieg verdankt das Geschlecht dem Wohlwollen des Kaiserhauses, dem es stets in uneingeschränkter Treue verbunden ist, dann seinem Reichtum an Eisengruben und eigenen Hüttenwerken in den benachbarten Dörfern. Von der einst prachtvollen Herzogsresidenz sind nur noch Reste geblieben. Das Herrscherhaus existiert noch, allerdings nicht mehr in der Eifel.

Blankenheim, zuerst 1115 genannt, ist damals mit Schleiden und Gerolstein vereinigt. 1272 heiratet der Blankenheimer eine Tochter aus dem Luxemburger Grafenhaus und legt so den Grundstein zu höherem Ansehen und größerem Reichtum. In weiblicher Erbfolge fällt Blankenheim 1415 an die Herren von Loe-Heinsberg und 1468 an Manderscheid. Das Geschlecht der Grafen von Manderscheid-Blankenheim entwickelt sich im Laufe der Jahrhunderte zur mächtigsten Eifeldynastie, von der wir noch berichten. In einem Teil des früheren Schlosses befindet sich heute eine Jugendherberge.

Daun = Dunum ist keltischen Ursprungs. Die Herren von Daun treten mit dem beginnenden 11. Jahrhundert in das Licht der Geschichte. Das kraftvolle Geschlecht stirbt 1407 aus, worauf das Erzstift Trier die Herrschaft übernimmt. Name und Wappen gehen dann an ein seit 1352 erwähntes Burgmannengeschlecht über, das von Kaiser Ferdinand III. in den Grafenstand erhoben wird und dem kaiserlichen Heere in kurzer Zeit sieben Feldherren stellt. Leopold von Daun, der bekannte Feldmarschall Maria Theresias, macht sich als Sieger von Kolin (1757) und Hochkirchen (1758) einen Namen. 1904 endet das Geschlecht männlicherseits. – Die einst mächtige Burg ist 1689 von den Franzosen gesprengt worden, den Rest zerstörte der Zweite Weltkrieg.

Dollendorf, an der oberen Ahr, taucht zum erstenmal in der vita Annonis (1077) auf. In der zweiten Hälte des 13. Jahrhunderts ist die Herrschaft mit Kronenburg verbunden. Das Geschlecht spielt um diese Zeit eine bedeutende politische Rolle im rheinischen Raume. Um die Mitte des 15. Jahrhunderts erlischt die Linie. Das Besitztum kommt nacheinander an verschiedene Geschlechter (Brandenburg, Vinstingen, Haracourt, von Borkeloe), 1536 an die Linie Manderscheid-Kail und 1742 an den verwandten Zweig Manderscheid-Blankenheim. Die Burgruine befindet sich im Ortsteil Schloßtal, zwei Kilometer nördlich der Ortschaft Dollendorf.

Gerolstein ist schon 1115 mit Blankenheim in Personalunion verbunden. 1468 erbt die Linie Manderscheid die Herrschaftsgebiete. Im 16. und 17. Jahrhundert gibt es eine eigene Linie der Grafen von Gerolstein. Graf Karl Ferdinand, „ein Mann von vielen Kenntnissen“, wird 1689 der erste Präsident des Reichskammergerichtes in Wetzlar. Unter ihm werden Burg und Stadt Gerolstein zerstört (1691). Nach dem kinderlosen Tode des Grafen fällt das Territorium wieder an Blankenheim (1697).

Heimbach wird seit etwa 1000 erwähnt. Die Herren von Hengebach-Heimbach scheinen mit dem Grafen von Are-Hochstaden, den Grafen des Ahrgaus, verwandt zu sein. Ihre große Zeit beginnt, als Wilhelm von Hengebach 1207 nach dem Tode seines kinderlosen Oheims Graf von Jülich wird. Seitdem ist Heimbach, mit Ausnahme eines kurzen Zeitabschnittes, mit Jülich vereinigt. Die Burg wird 1687 durch Brand zerstört.

Kronenburg nennt zuerst eine Urkunde der Abtei Stavelot-Malmedy aus dem Jahre 1277. Die Personalunion mit Dollendorf hört 1327 auf. Mit der Herrschaft Kronenburg, zu der schließlich 15 Ortschaften gehören, sind die Herrschaften Gladbach bei Düren, Neuerburg und Esch an der Sauer verbunden; 1414 stirbt das Geschlecht männlicherseits aus. Der Herrschaftsbereich kommt in jedesmal weiblicher Erbfolge an das Geschlecht Bolchen-Rodemachern, an das Haus Virneburg, an Schleiden-Manderscheid (1487 bis 1593), an den Grafen von Gerolstein (1603 bis 1697) und 1719 durch Kauf an Blankenheim. Die damals als baufällig bezeichnete Burg zerfällt in der Folgezeit immer mehr.

Manderscheid wird 973 zum erstenmal genannt und erhält 1332 Stadtrechte. 1461 werden die Herren von Manderscheid in den Grafenstand erhoben; sie gehören zu den angesehensten Geschlechtern der Eifel. Dietrich teilt die Herrschaft 1487 unter seine Söhne. So entstehen die drei Linien: Manderscheid-Kail, Manderscheid-Schleiden und Manderscheid-Blankenheim. Die Burg Manderscheid (Niederburg) fällt dem Blankenheimer Zweig zu. Sie gehört seit 1899 dem Eifelverein, der die Ruinen ausbessern ließ.

Monschau, zum ersten Male 1198 bezeugt, ist im Besitze der Herzöge von Limburg oder deren Nachkommen. In weiblicher Erbfolge geht die Herrschaft an die Herren von Falkenburg (1266–1352), dann an die Herren von Schönforst (1353–1433). Nach längeren Kämpfen fällt Monschau 1435 an das Herzogtum Jülich.

Neuerburg ist seit Ende des 12. Jahrhunderts bezeugt. 1288 kommt die Herrschaft nach dem Aussterben der ersten Dynastie an das luxemburgische Geschlecht Brandenburg und um 1330 an das Haus Kronenburg, 1487 an den Grafen von Manderscheid.

Die Nürburg wird 1166 vom Grafen Ulrich von Are erbaut; seit dem 13. Jahrhundert gehört sie dem Kölner Erzstift und ist eine der stärksten Festungen der Eifel. Sie wird 1690 von den Franzosen zerstört; heute gehört die Burganlage dem Lande Rheinland-Pfalz.

Reifferscheid, seit 1106 erwähnt, ist Sitz eines Geschlechtes, das wohl mit den Herzögen von Limburg in Zusammenhang zu bringen ist. Durch Erbschaft erwirbt das Haus 1455 Salm in den Ardennen. Da auch das Schloß Dyck bei Grevenbroich den Reifferscheidern zufällt, trägt das heute noch lebende Fürstengeschlecht den

Kronenburg, Stich Merian d. Ä. von 1620.

Namen „von Salm-Reifferscheid-Dyck“. Die Burg Reifferscheid, seit 1689 Ruine, gehört heute der Gemeinde.

Schleiden, 1115 Blankenheimer Besitz, bildet eine eigene Linie, bis es um die Mitte des 15. Jahrhunderts an Manderscheid fällt. Nach dem Aussterben der Linie Manderscheid-Schleiden (1593) kommt die Herrschaft an die Herren von der Marck und 1773 durch Heirat an die Herzöge von Arenberg. Das Schloß, nach dem Zweiten Weltkrieg wiederaufgebaut, dient heute als Internat für Schüler des Gymnasiums.

Virneburg, zuerst 1042 genannt, ist der Stammsitz der Grafen von Virneburg. Sie spielen seit der Wende des 11. zum 12. Jahrhundert im Trierer Land eine führende Rolle. Im 14. und 15. Jahrhundert bekleiden sie wichtige Ämter. Mitglieder ihres Hauses besetzen Bischofsstühle in Münster, Köln und Utrecht und sind bis ins 17. Jahrhundert im Kölner Domkapitel vertreten. 1545 fällt die Grafschaft an Manderscheid-Schleiden und dann an die Fürsten von Löwenstein-Wertheim. Von der Burg, 1689 von den Franzosen zerstört, stehen noch eine drei Meter dicke und 18 Meter hohe Schildmauer sowie Reste von Pallas und Türmen. Sie gehört dem Rheinischen Verein für Denkmalpflege.

Wildenburg wird im 12. Jahrhundert von einer Seitenlinie der Herren von Reifferscheid bewohnt, die im 14. Jahrhundert ausstirbt. Inhaber der Herrschaft sind im 15. und 16. Jahrhundert die Herren von Pallandt, die 1556 in den Grafenstand erhoben werden, dann im 17. Jahrhundert nacheinander der Herr von Waldeck, Graf Hatzfeld und Graf Schaesberg, der die Wildenburg 1715 an die Abtei Steinfeld verkauft. Heute dient das Schloß der Diözese Aachen als Tagungsstätte.

Anders verläuft die Entwicklung in den weiten ebenen Gebieten, die unserem Gebirge vorgelagert sind. Hier haben sich Großterritorien entwickelt. Ihre Territorialherren beginnen nun auch das Gebirge in ihren Machtbereich einzubeziehen. Sie können natürlich die Territorien der kleinen Edelherren nicht einfach annektieren, zumal diese unter dem Schutz des Königs und Kaisers stehen und auch die kleinen Herrschaften seit Konrad II. (1024–1039) in männlicher Linie erblich sind. Aber sie werden von den Stärkeren unter politischen Druck gesetzt: entweder geben sie ihr Gebiet gegen Geldzahlungen ab, oder sie treten in den Schutzverband des Stärkeren ein, das heißt, sie behalten ihren Herrschaftsbereich zu Lehen, zur Nutznießung, müssen aber gegebenenfalls im Kriege ihre Burg öffnen und ein kleines Heeresaufgebot zur Verfügung stellen. Dafür erhalten sie dann den Schutz des mächtigen Lehnsherrn.

Es sind in erster Linie vier Großterritorien der Ebene, welche die Eifel in ihren Machtbereich einbeziehen und diese politisch von sich abhängig machen, je eine weltliche und geistliche Macht: vom Rhein-Maas-Gebiet her Köln und Jülich, vom Moselraum Trier und Luxemburg. Dabei sind die geistlichen Fürstentümer Köln und Trier zunächst im Vorteil, einmal haben sie die bessere Ausgangsbasis, dann erfreuen sie sich im 11. und 12. Jahrhundert der besonderen kaiserlichen Gunst. So gelingt es Köln lange, Jülich vom Rheine fern zu halten, und der Erzbischof von Trier vermag Luxemburg ins Gebirge abzudrängen. Kölns Bestrebungen sind zwar vorwiegend

Reifferscheid.

nach Norden und Osten gerichtet, wo dem Erzbischof 1180 das Herzogtum Westfalen zugefallen ist, aber es sucht ebenfalls tatkräftig in die Eifel vorzustoßen.

Als Erbe der Grafenrechte im Köln- und Bonngau besitzt der Erzbischof unschätzbare Standortvorteile, die beiden Rheinstädte Köln und Bonn mit einem langen schmalen Landstreifen von Andernach bis nördlich von Köln; er wird allmählich erbreitert. Schließlich gehören zu Kurköln die Orte Blatzheim, Lechenich, Liblar, Brühl, Friesheim, Wichterich, Duisdorf, Witterschlick. Erzbischof Konrad von Hochstaden, mit dem das Geschlecht 1267 männlicherseits ausstirbt, vermacht der Kölner Kirche die Grafschaft Hochstaden mit ihren Burgen Hochstaden, Altenahr und Hardt bei Münstereifel. Ihr gehört damit der größte Teil des Ahrgebietes von Schuld bis Ahrweiler. Kurköln erwirbt auch die Abtei Steinfeld mit Urft, Wahlen und Marmagen, die Dörfer Zingsheim und Weyer, die Ortschaften des Amtes Hardt bei Stotzheim und eine Exklave bei Zülpich.

Den größten Teil der Eifel bringt jedoch der Graf von Jülich in seinen Besitz und seine Lehens- und Landeshoheit. Durch Heirat gewinnt er Ende des 12. Jahrhunderts das Gebiet um den Neffelbach (Grafschaft Nörvenich), große Teile der Rureifel, ferner die Waldgrafschaft, einen Waldkomplex, der sich von Kornelimünster an Monschau und Stolberg vorbei bis nach Düren erstreckt. Hier findet der Graf auf einem steilen Felsmassiv (Egg) das ideale Gelände für eine Burg, die den Neid (Nid) der anderen erwecken soll. Die Burg Nideggen ist jetzt für 200 Jahre (1191–1393) die Residenz der Jülicher. Als das Geschlecht von Heimbach 1207 die Jülicher Linie fortsetzt, fällt auch dieses Gebiet mit dem Kermeterwald an den Hauptstamm, der 1242, dann endgültig 1246 vom Kaiser auch die Reichsstadt Düren erhält, und zwar als Pfandobjekt, das nie eingelöst wird.

Das 13. Jahrhundert ist in der Eifel, vornehmlich in der Nordeifel, aber auch im ganzen Rheinland erfüllt von Auseinandersetzungen und Kriegen zwischen Kurköln und Jülich. Allein in den ersten acht Jahrzehnten des 13. Jahrhunderts wird, da die Burg Nideggen kaum einzunehmen ist, Jülich von Kölner Truppen dreimal gebrandschatzt und zerstört (1214, 1239, 1278). Andererseits geraten zwei Erzbischöfe in die Gefangenschaft des Jülichers. Eine harte Haftstrafe verbüßen im Burgverlies von Nideggen Konrad von Hochstaden neun Monate (1241) und Engelbert von Falkenburg sogar dreieinhalb Jahre lang (1267–1271). Erst nach hohen Geldzahlungen werden beide entlassen. Bei diesen Auseinandersetzungen haben Dörfer und Menschen der Eifel viel zu leiden.

Die ganze Eifel erfaßt ein Krieg im Jahre 1288, ja sogar die gesamten Lande an Mosel, Rhein und Maas. Es geht um die Erbfolge im Herzogtum Limburg (gelegen zwischen Aachen und Lüttich), also um den Besitz der natürlichen Landbrücke zwischen Maas und Rhein. Auf der einen Seite formieren sich – ich nenne nur die wichtigsten Territorien – Mark, Kleve, Berg, Jülich, Holland, Brabant und die Stadt Köln, auf der anderen Seite Geldern, Nassau, Kurköln, Flandern, Luxemburg. Fast alle Grafen, Ritter und Edelherren der Eifel stehen auf einer der beiden Fronten unter Waffen. Im Juni 1288 fällt die Entscheidung bei Worringen (heute eingemeindet in die Stadt Köln); es ist die blutigste Schlacht des Mittelalters auf rheinischem Boden. Bei den Siegern sind der Graf von Jülich, die Stadt Köln und Brabant (Hauptstadt Brüssel), dem jetzt das Herzogtum Limburg zufällt und damit das natürliche Übergangsgebiet von der Maas zum Rheine und zugleich ein entscheidender Teil der großen Straße von Flandern zur Elbe. Unter den großen Verlierern befinden sich der Graf von Luxemburg und der Erzbischof von Köln. Da letzterer künftig nur noch an drei Tagen im Jahre die Stadt betreten darf, sind anfangs Brühl, dann auch Bonn die Residenzen des Metropoliten. Die Stellung Kurkölns, bisher einzige rheinische Großmacht, ist nun endgültig dahin. Die Grafschaft Jülich hat sich als zweite Großmacht im niederrheinischen Raume durchgesetzt mit einem Territorialbereich, der sich weit in die Nordeifel erstrecken wird.

Die Blütezeit der Jülicher Eifel liegt im zweiten Drittel des 14. Jahrhunderts. Wilhelm V. (Graf, 1328–1356, Herzog, 1356–1363), der in Nideggen residiert, ist durch seine Gemahlin, Johanna von Holland, der Schwager des deutschen Kaisers Ludwig des Bayern (1314–1347) und des englischen Königs Eduard III. Letzterem leistet er Beistand im englisch-französischen Krieg. Wegen seiner Verdienste ernennt ihn der König zum „Pair of England“, eine Auszeichnung, die außer dem Jülicher nie mehr ein Nicht-Engländer erhalten hat. Der deutsche Kaiser erhebt Wilhelm 1336 als Markgrafen in den Fürstenstand, macht ihn (1338) zum Reichsmarschall, und Kaiser Karl IV. (1347–1376) verleiht ihm 1356 die Herzogswürde. Damit hat der Jülicher, jetzt Wilhelm I. genannt, den höchsten Rang eines deutschen Fürsten erreicht; nur die sieben Kurfürsten und der Pfalzgraf schreiten in der Rangliste voran.

Für friedliche Zeiten in der Nordeifel hat Wilhelm dadurch beigetragen, daß er persönlich beim Papst die Erhebung seines Bruders auf den Erzbischofstuhl Köln bewirken kann. Mit Erzbischof Walram (1332–1349) unterhält er während der ganzen Zeit ein gutes Einvernehmen, obwohl die Interessenlage ihrer Machtkomplexe verschiedener Art ist.

Nideggen, bereits 1313 Stadt, erlebt unter Wilhelm seine Blütezeit. Neben dem bisherigen Wohnturm errichtet er einen prachtvollen Neubau. Der gotische Rittersaal zählt zu den schönsten und größten (61 m x 16 m) in Deutschland. Die Residenz Nideggen erfährt eine weitere Aufwertung; die Stadt wird mit dem Besitz des Schreines der seligen Christina von Stommeln[8] Wallfahrtsort und Sitz einer von geistlichen Stiftsherren geleiteten höheren Schule.

Eigentlich versteht es sich für die aktive Persönlichkeit Wilhelms von selbst, sich um die Erweiterung seines Herzogtumes im Eifelraum tatkräftig einzusetzen[9]. Im Jahre 1336 fallen ihm Münstereifel und viele Dörfer des dortigen Umlandes zu, 1355 die Stadt Euskirchen. Vorübergehend gelangt er in den Besitz der Stadt und der Burg Monschau, die dann 1435 mit einem ausgedehnten Herrschaftsbereich an Jülich übergehen. Auch erwirbt er die Lehensherrschaft über die Grafschaft Neuenahr, wodurch sich die spätere Angliederung (1558) auch dieses Gebietes an Jülich ergibt.

Herzog Wilhelm I. ist der mächtigste und ranghöchste Fürst, der jemals ständig in der Eifel residiert hat. Unter ihm ist der größte Teil der Nordeifel direkt oder mittelbar dem Herzogtum Jülich eingegliedert worden. Für die Verwaltung der Jülicher Eifel sind schließlich zehn Ämter maßgebend: Düren, Nörvenich, Maubach, Kornelimünster, Nideggen, Monschau, Heimbach, Münstereifel, Euskirchen, Neuenahr (ab 1558), denen wiederum verschiedene Gerichtsbezirke mit zahlreichen Dörfern angehören. Wildenburg, Zievel, Wachendorf, Pesch, Eicks und Dreiborn unterstehen als Unterherrschaften ebenfalls der Oberhoheit der Herzöge. Bis in das Obergebiet von Olef, Urft, Ahr und Erft stößt Jülich vor, bis Giescheid, Wildenburg, Bleibuir, Tondorf, Nettersheim und Schmidtheim, über dessen Burg es bis 1676 die Lehenshoheit beansprucht. Auch Zülpich und Blankenheim unterstehen zeitweise dem Herzog. Aber nirgends dringt Jülich über den Gebirgskamm in die Südeifel vor. Dort beginnt der Machtbereich der beiden mächtigen Moseldynastien Luxemburg und Trier.

Das Erzstift Trier, das seine Macht zunächst auf Grafenrechte in Trier, in seiner Umgebung und auf Forstverleihungen in der Eifel ausbaut, dehnt sich dann in kraftvoller Politik an der unteren Mosel (Bernkastel und Cochem) und an der Saar aus, erbaut die Burg Mayen und erwirbt Rechte in Münstermaifeld. In breiter Front erweitert der Kurstaat seine Stellung am Rhein und stößt jenseits des Rheines über den Westerwald zur Lahn vor. Unter Erzbischof Balduin (1307–1354) wird mit dem

Erwerb des Amtes Hillesheim ein Brückenkopf an der oberen Kyll gebildet. Durch die Übernahme der Grafschaft Daun und durch den Kauf eines Teiles der Herrschaft Manderscheid in der ersten Hälfte des 15. Jahrhunderts erhält das Erzstift eine weitere Verbindung zur Mosel. In der Mitte des 14. Jahrhunderts gelingt der Erwerb der Herrschaft Schönberg, zu der Manderscheid und Losheim gehören, dann mit einer hohen Kaufsumme auch Burg und Herrschaft Schönecken (1383). Auf diese Weise ist Prüm umklammert. Diese reiche Fürstabtei kann der Erzbischof tatsächlich, wenn auch erst 200 Jahre später (1576), nach vielen Bemühungen und Kämpfen seinem Territorium einverleiben. Kurz vorher (1545) ist auch die Grafschaft Virneburg dem Metropoliten zugefallen. Seinen Eifelbesitz organisiert der Trierer Kurfürst in einem Niederstift mit den Ämtern Kaisersesch, Kempenich, Mayen, Monreal, Münstermaifeld und in einem Oberstift mit den Ämtern Ulmen, Wittlich, Daun, Hillesheim, Kyllburg, Manderscheid, Pronsfeld, Schönberg und Schönecken.

Luxemburgs Entwicklung drängt ebenfalls ins Moseltal hinein. Hier aber sind die beiden Schlüsselstellungen Metz und Trier in der Hand der Kirche. Im 11. und zu Beginn des 12. Jahrhunderts spielen sich erbitterte Kämpfe mit dem Erzbischof ab. Doch trotz militärischer Erfolge kommt Luxemburg nicht zum Zuge, da der Kaiser den geistlichen Fürsten stützt. Der Versuch des Luxemburgers, seine Macht ins Maastal hin zu erweitern, bedeutet notwendigerweise Krieg mit dem Bischof von Lüttich. Auch diese Schlacht geht verloren. Von Trier und Lüttich, also von Süden und Norden, sind die Ausdehungsmöglichkeiten versperrt. Luxemburg bleibt nur noch die Möglichkeit, sich im Eifel-Ardennen-Raum auszudehnen. Dieses Ziel, ebenfalls mit Zähigkeit und großem Kraftaufwand verfolgt, führt zu einem erstaunlichen Ergebnis.

Zu Beginn des 13. Jahrhunderts erhält Luxemburg das Recht, in St. Vith Zoll und Geleitgelder zu erheben. 1271 erklärt der Herr von Monschau und Valkenburg, Lehensmann des Grafen von Luxemburg zu sein. Noch im 13. Jahrhundert erkennen die meisten Edelherren in den heutigen Kreisen Bitburg und Daun den Luxemburger als Lehnsherrn an: die Herren von Malberg, Manderscheid, Falkenstein (Our), Schönecken, Neuerburg, der Herr von Daun und der Graf von Virneburg. Doch auch im Oberlaufgebiet von Ahr, Kyll, Olef und Erft vermag der Luxemburger um diese Zeit Fuß zu fassen. Den Lehenseid leisten ihm – manche nur zeitweise – die Herren von Dollendorf, Kronenburg, Schleiden, Wildenburg und Reifferscheid. Als der Herr von Blankenheim 1272 eine Tochter aus dem Hause Luxemburg heiratet, ist der Blankenheimer durch geldliche Zuwendungen seitens des Vetters aus Luxemburg in der Lage, Güter zu Frohngau, Engelgau, Roderath, Holzmülheim und Bouderath zu erwerben, die er dann der Lehenshoheit Luxemburgs unterstellt. Die umfangreichen Territorialgebiete der Abteien Prüm und Stavelot-Malmedy wagt der Luxemburger nicht anzutasten. Dagegen kann er seinen Machtbereich nach Westen weit in die Ardennen hinein ausdehnen. Sein Wunsch, durch den Erwerb Limburgs doch noch im Maasgebiet Fuß zu fassen, vereitelt die verlorene Schlacht von Worringen (1288).

Burg Nideggen, errichtet ab 1177, bis zum Jahre 1542 ständige Herrscherburg der Grafen von Jülich.

Der Graf, drei Brüder und große Teile der Ritterschaft Luxemburgs sterben den Schlachtentod. So bleibt Luxemburg auf das Eifel-Ardennen-Gebiet beschränkt.

Der furchtbare Aderlaß von Worringen vermag das luxemburgische Herrschergeschlecht nicht niederzuzwingen. Balduin, der minderjährige Sohn des gefallenen Grafen, wird Erzbischof und Kurfürst von Trier und setzt die Wahl seines Bruders zum König durch; es ist Kaiser Heinrich VII. (1308–1313). Doch in der Folgezeit verlagert das Geschlecht das Schwergewicht seiner politischen Belange nach Prag und zum Osten. Der Enkel Heinrichs VII., Kaiser Karl IV., erhebt zwar die Grafschaft Luxemburg zum Herzogtum (1354), aber in Wirklichkeit ist Luxemburg nur noch Nebengebiet; es dient sogar als Pfandobjekt. Durch den käuflichen Erwerb des Pfandrechtes kommt Luxemburg an Herzog Philipp den Guten. Somit gehört die luxemburgische Eifel 40 Jahre zu Burgund (1443–1482).

Übrigens ist Luxemburg das einzige der vier Großterritorien, das seine Landfläche über die Zentralwasserscheide hinweg, hier in die Nordeifel, vorträgt. Sein Gebiet erstreckt sich bis Kall, Gemünd, Dreiborn und Hellenthal. Im allgemeinen stoßen Jülich, Köln, Luxemburg und Trier an der Wasserscheide aufeinander. Die adeligen Geschlechter der Hocheifel, die mitten in dem politischen Spannungsfeld dieser Großkräfte liegen, werden einmal von dieser, dann von jener Machtgruppe in ihren politischen Bereich einbezogen; sie werden entweder zum Spielball jener Mächte oder jonglieren einmal hierhin, einmal dorthin, um möglichst viele Vorteile für sich herauszuschlagen. Ein Beispiel mag das erläutern.

Der Herr von Dollendorf-Kronenburg, dessen Bereich sich an der Wasserscheide erstreckt, steht um 1250 mit Luxemburg im Bündnis. 20 Jahre später ist er mit diesem in eine Fehde verwickelt. Kurz darauf schließt er sich dem Jülicher im Kampfe gegen Köln an. Nach verlorener Schlacht leistet er dem Erzbischof von Köln den Lehenseid. Einige Jahre später marschiert er wieder in der Gefolgschaft Luxemburgs, kämpft jedoch 1288 bei Worringen im Heerbann Jülichs gegen Luxemburg und das Erzstift Köln. Um 1300 bestehen enge Bindungen Kronenburgs zu Köln, dann wendet es sich erneut Luxemburg zu. Dieses Spieles sind Köln und Luxemburg schließlich überdrüssig; sie verfügen die Schleifung von Kronenburg, die allerdings nicht vollstreckt wird. In den kommenden Jahrzehnten befindet sich der Kronenburger wieder im Lehenshofe Kölns. Um die Mitte des 14. Jahrhunderts erwirbt Trier gegen einen Geldbetrag Rechte in dieser Herrschaft. Dann folgt die völlige Hinwendung zu Luxemburg.

Obwohl sich die meisten Grafen und Edelherren der Eifel in lehensrechtliche Abhängigkeit gebracht haben, also nicht reichsunmittelbar sind, setzen sich im Laufe der Zeit viele über die früher eingegangenen Lehensverbindungen hinweg. Als sich gegen Ende des 15. Jahrhunderts die reichsunmittelbaren Geschlechter in „Kreise" zusammenschließen, wo sie politisches Mitbestimmungsrecht ausüben, melden sich auch viele Eifelgeschlechter in einem Reichskreis an. Da durch die Aufnahme die landesherrliche Selbständigkeit anerkannt worden wäre, erheben Köln, Jülich, Trier und Luxemburg Einspruch. Die großen Vier suchen teils mit Gewalt, teils durch ein Gerichtsverfahren ihre Ansprüche geltend zu machen und bemühen sich, Abhängigkeitsverhältnisse nachzuweisen. Um zugkräftiger zu sein, schließen sich die Grafen und Edelherren der Eifel 1512 mit den niederländischen und Westerwälder Grafen zusammen, 1520 mit den Grafen Westfalens und Niedersachsens. Aber nur wenige, wie Blankenheim, Reifferscheid und Arenberg, können ihre Unabhängigkeit durchsetzen. Die meisten bleiben abhängig. Trier behauptet erfolgreich seine Ansprüche auf den Großteil der Herrschaft Virneburg. Neuenahr wird 1545 Jülich unterstellt, und Schleiden, Kronenburg, Kail und Neuerburg müssen sich laut kaiserlicher Verfügung 1548 endgültig dem luxemburgischen Machtblock unterstellen.

Die Reichsunmittelbarkeit bringt jedoch auch Verpflichtungen mit sich. So hat die maifeldische Herrschaft Pyrmont, die in der Reichsmatrikel von 1521 als selbständige Landesherrschaft erscheint, zum Reichsheer einen Reiter und vier Fußsoldaten zu stellen. Wahrscheinlich um dieser Belastung zu entgehen, unterstellt sich Pyrmont freiwillig dem Erzbischof von Trier. Diese kleine Eifelherrschaft ist zu arm, um sich solche Ausgaben leisten zu können.

2. Die Eifelbewohner und die wirtschaftlichen Verhältnisse

Im Hochmittelalter (900–1250) sind die Bewohner der Eifel fast ausschließlich Bauern. Sie haben ihren Grundherren eine bestimmte Abgabe zu leisten, im allgemeinen in Naturalien. Zunächst lastet die Verpflichtung auf der Person, geht aber dann auf die Sache, auf den Hof über. Der Bauer ist also ein freier Pächter, der allerdings auch den Herrenhof mitzubewirtschaften hat. Dabei muß betont werden, daß im Rheinland, damit auch in der Eifel, keine Leibeigenschaft bestanden hat, wie es im deutschen Osten die Regel ist. Es geht dem Bauer damals in der Eifel nicht schlecht. In der Hocheifel baut er Hafer und Spelz an, hält ein paar Stück Rindvieh und betreibt Schweinezucht. An Mosel und Ahr beginnt der Terrassenbau für Weinkulturen.

Damals leben die Menschen sehr bescheiden und haben einen langen Arbeitstag. Not kehrt dann ein, wenn es Mißernten gibt oder wenn Fehden oder sogar Krieg ausgebrochen sind. Oft genug wird dann das Vieh geraubt, das Gehöft niedergebrannt, und die Felder werden verwüstet. Noch lebt die Erinnerung an die Einfälle der Normannen fort von Generation zu Generation. Dagegen haben die Ungarn, die im 10. Jahrhundert die deutschen Lande mehrfach heimgesucht haben, die Eifel kaum behelligt. Im 11. und 12. Jahrhundert sind die Verhältnisse friedlicher geworden. Die Auswirkung bleibt nicht aus: Von 1050 bis 1200, also in 150 Jahren, verdoppelt sich die Bevölkerung. Eine Bodenertragssteigerung ist bei der damaligen Wirtschaftsweise der Dreifelderwirtschaft (Wintersaat, Sommersaat, Brache) nicht möglich. So ist man gezwungen, neue landwirtschaftliche Nutzflächen zu gewinnen. Es beginnt nach der Karolingerzeit die zweite große Rodungsepoche. Es werden Wälder gefällt und Ödlandflächen kultiviert. Zahlreiche neue Siedlungen entstehen,

Kronenburg im oberen Kylltal.

vor allem in der Schiefereifel. Sie tragen in der Regel Namen mit den Endungen -berg, -tal, -bach, -born, -feld, -rot(h), -rat(h), -reut, -seifen, -siepen, -holz, -forst, -scheid. Auch nachgeborene Söhne haben jetzt die Möglichkeit, einen Hof zu erwerben. Zur gleichen Zeit und später, als eine gewisse Siedlungsdichte erreicht ist, gibt es die Möglichkeit, in den Osten auszuwandern in die Gebiete, die heute in Polen und Rußland liegen. Im 12. und 13. Jahrhundert sind aus der Eifel, vornehmlich aus dem südlichen Gebirge und dem Moselland, viele nach Siebenbürgen („Siebenbürger-Sachsen")[10], dann nach Kroatien, Slovenien, Galizien und der Bukowina ausgewandert. Viele Landbewohner lassen sich auch in den Städten des Flachlandes nieder, die sich als Wirtschaftszentren und Handelsmittelpunkte in jener Zeit stark aufwärts entwickeln.

Im Spätmittelalter (1250–1500) verändert sich zunächst allmählich, dann grundlegend die Wirtschaftslage in der Eifel. Es setzt sich nämlich, etwa um 1300, auch in unserem Gebirge die Geldwirtschaft durch. Schon im ausgehenden 13. Jahrhundert bahnt sich dieser Prozeß an, kommt dann aber im 14. Jahrhundert endgültig zum Durchbruch.

Zur Zeit der Naturalwirtschaft ist es den Menschen in der Eifel nicht schlecht gegangen. Der landwirtschaftliche Ertrag reicht außer bei Mißernten aus, um die einheimische anspruchslose Bevölkerung zu ernähren, aber er erbringt nach Abgaben der Naturalien an den Fronherrn kaum sonstige Überschüsse. Wenn im 11. und 12. Jahrhundert in der Eifel weit über 100 Burgen gebaut werden konnten, ohne daß von der Verschuldung gesprochen wird, zeugt diese Tatsache von einer intakten wirtschaftlichen Fundierung. Auch nach 1300 ist die Bezahlung in Naturalien im innerörtlichen und regionalen Verkehr durchaus möglich, ja üblich. Aber im großen Handelsbereich kommt man ohne Geld nicht mehr aus. Hier fehlen jedoch die Geldeinnahmequellen.

Auf den großen Straßen der Ebene dagegen, wo der Verkehr flutet, werden die Menschen an den Territorialgrenzen zur Kasse gebeten. So kommen erhebliche Beträge zusammen. Noch beträchtlicher sind die Einnahmen an den Zollstellen der Flüsse, also an Rhein und Mosel. Natürlich gibt es auch in der Eifel Wege, z. B. die alten Römerstraßen oder die im 12. Jahrhundert fertiggestellte Krönungsstraße, die von Frankfurt über Sinzig und die Nordeifel nach Aachen führt. Aber der Verkehr auf ihnen steht in keinem Verhältnis zu den belebten Durchgangsstraßen des Tieflandes.

Auch sonstige Geldquellen stehen der Eifel nicht zur Verfügung. Bergbau und Gewerbe sind über den Stand der Familienwirtschaft kaum hinausgegangen. Um zu Geld zu kommen, blüht im 14. Jahrhundert die Wegelagerei; es ist die Zeit des

Burg Pyrmont mit Elz-Wasserfall.

Raubrittertums. Um diesen ungesunden Verhältnissen den Garaus zu machen, schließen sich zehn Eifelherrschaften zu einer Schutzorganisation zusammen. Dem Herrn von Schleiden wird 1335 der Vorsitz dieses Verbandes übertragen.

Welche Folgen nun hat dieser Mangel an barer Münze für die Wirtschaftslage der Eifel?

1. Die Rodungsarbeiten, die unmittelbar kein Geld einbringen, werden endgültig eingestellt. Dazu führt auch ein großer Bevölkerungsschwund. Vom Orient her ist der „Schwarze Tod" über Europa eingeschleust worden. Die große Pest hat in den Jahren 1347–1350 fast ein Drittel der deutschen Bevölkerung hinweggerafft. Tausende sind in der Eifel diesen furchtbaren Tod gestorben. Seit dem 14. Jahrhundert verschwinden frühere Ortschaften, man läßt sie als Wüstung liegen. Ihre Namen tauchen nur noch in alten Urkunden auf. Als Beispiel nenne ich lediglich Weinfeld am Totenmaar.

2. Man leiht sich Geld bei Juden und Lombarden, die als tüchtige Finanzleute aus Italien seit dem Ende des 13. Jahrhundert bei uns geduldet werden. Die Geldinstitute in Zülpich, Hillesheim, Daun, Münstermaifeld, Wittlich und Trier leihen Gelder aus. Natürlich gehen die Geldgeber kein Risiko ein. Nicht selten werden den Bankiers ganze Ortschaften verpfändet. So übergibt Ritter Friedrich II. von Kronenburg dem Lombarden aus Zülpich um 1350 als Sicherheit für eine Schuldforderung zwei Dörfer. Der Kronenburger weiß einen Weg aus der finanziellen Misere. Er heiratet nicht wie seine Ahnen eine Frau aus mittlerem Adel[11], sondern Amiette von Heu, eine reiche Bankierstochter aus Metz. Der gemeinsame Sohn, Ritter Peter (1357–1414),ist der Nutznießer.

3. Um Geldquellen auch für die Eifel zu erschließen, beginnt man Gewerbe und Handel auszubauen. Unter Einschränkung der Schweinezucht gewinnt jetzt die Schaflhaltung an Bedeutung. Auf den weiten Ödlandflächen finden die Tiere Nahrung. Sie liefern die Wolle, die in Wollmanufakturen verarbeitet wird. Sie entstehen dort, wo die Bäche der Schiefereifel das zur Verarbeitung notwendige kalkfreie Wasser liefern. Die Voraussetzungen sind in Münstereifel geradezu ideal gegeben. Es macht sich als Tuchmacherstadt einen bedeutenden Namen. Die Wolle wird gesponnen, zu Tuchen gewebt und dann gewalkt, d. h. durch Bearbeitung mit Holzkämmen dicker und filziger gemacht. In den Walk- oder Follmühlen treibt man die hölzernen Stoßhämmer mit Wasserkraft, die damals, im 14. Jahrhundert, als Energiequelle entdeckt worden ist. 1339 erhalten Münstereifeler Wollweber das Recht, ihre Tuche mit eigenem Zeichen zu versehen. Fünf Jahre später (1344) werden Münstereifeler Tuche in Köln urkundlich sogar als Qualitätsware anerkannt. Gleichzeitig wird in Münstereifel die Lederindustrie ausgebaut. Die Felle der Rinder und die Lohe der Eichenwälder, die auf dem Schieferboden einen besonders hochwertigen Gerbstoff erzeugen, lassen Gerbereien entstehen. In Malmedy, Adenau und Prüm kommt es ebenfalls zu einer beachtlichen Produktion des begehrten Eifeler Leders.

Im Spätmittelalter bemühen sich die Menschen der Eifel, die vorhandenen Bodenschätze stärker und zielbewußter zu erschließen und zu verwenden. In größeren

Mengen werden Mühlsteine aus Mayener Basaltlava bis nach England ausgeführt. Auch in den Bleischmelzen arbeitet man intensiver als bisher. Vor allem nimmt die Eisenindustrie einen beachtlichen Aufschwung. Dafür sind drei Voraussetzungen gegeben: das Vorhandensein des Erzes, die zur Verhüttung notwendige Holzkohle, die in den Eifelwäldern reichlich vorhanden ist, und die Wasserkraft, die nunmehr Blaswerke und Eisenhämmer antreibt. So entstehen an Olef, Ahr, Kyll und Salm Eisenhütten und Hammerwerke. Die Ortsnamen Ahrhütte, Mulartshütte, Zweifallshammer, Kronenburgerhütte, Hammerhütte, Eiserfey und Eisenschmitt sind Zeugen der ehemaligen Eisenverarbeitung. Man verfertigt gußeiserne Takenplatten mit Ornamentik und figürlicher Darstellung, ferner Ofen und Kugeln. In Franken und Schwaben, auf der Frankfurter Messe und in Lüttich werden Eifeler Eisenprodukte abgesetzt. Es weiten sich jedoch die Wirtschaftszentren der Eifel nicht zu größeren Ortschaften aus. In der verkehrsfeindlichen Eifel fehlen einfach die Voraussetzungen zur Bildung größerer Städte. Die Bischofssitze und die Residenzen der beiden großen weltlichen Landesherren liegen ohnehin außerhalb des Gebirges. Allerdings hat der Jülicher 200 Jahre (1200–1400) in der Eifel selbst, in Nideggen, residiert, ist dann aber auch in die verkehrsgünstigere Ebene gezogen.

Loheschälen in der Eifel.

Immerhin weist die Eifel in früheren Jahrhunderten etwa 40 Städte auf, von denen jedoch keine eine große Ausdehnung erfährt. Ihre Namen sind: Stolberg, Eschweiler, Kerpen, Brühl, Düren, Burtscheid, Eupen, Malmedy, Monschau, Nideggen, Zülpich, Euskirchen, Heimbach, Meckenheim, Rheinbach, Heimersheim, Ahrweiler, Altenahr, Aremberg, Dollendorf, Blankenheim, Kronenburg, Stadtkyll, Adenau, Mayen, Monreal, Hillesheim, St. Vith, Prüm, Gerolstein, Daun, Ulmen, Kaisersesch, Münstermaifeld, Cochem, Manderscheid, Wittlich, Kyllburg, Dudeldorf, Neuerburg, Bitburg, Welschbillig.

Zur Stadt geworden sind:

1. Die verschiedenen Verwaltungsmittelpunkte der großen vier Territorien. Besetzt sind sie in der Regel mit einem Amtmann, einem Vogt (dem Gerichtsherrn), und einem Kellner, der die Finanzgeschäfte wahrnimmt. Im allgemeinen weisen diese Städte nur ein paar hundert Einwohner auf, wie im Territorium Jülich die Orte Nideggen, Heimbach, Monschau und Euskirchen. Lediglich Düren und Münstereifel bringen es als Umschlagsplätze und Eingangspforten zum Gebirge auf mehr als tausend Bewohner. Beide sind damals die größten Städte der Nordeifel. Auch die verschiedenen Verwaltungssitze der Territorien Luxemburg, Kurtrier und Kurköln verfügen im allgemeinen nur über wenige hundert Einwohner.

2. Ihren Burgsitz haben, wie wir schon dargelegt haben, die kleinen Territorialherren zur Stadt, auch Tal oder Freiheit genannt, erhoben. Die Bürger werden von ihrem Herrn durch die Gewährung von Steuerfreiheit, Akzisen und Marktrechte gefördert, dafür halten sie die Befestigungsanlagen in Ordnung und übernehmen den Schutz der Stadtsiedlung.

3. Die kirchlichen Zentren wie Malmedy, Prüm, Münstereifel, St. Vith und Münstermaifeld erlangen für ihre Bürgeransiedlung ebenfalls Stadtrechte.

Ein Drittel der 40 Eifelstädte besitzt bereits vor 1300 Stadtrechte, die nur ganz wenigen im 12., den meisten im 13. Jahrhundert gewährt worden sind; ein weiteres Drittel erhält diese Vergünstigung im 14. Jahrhundert, und das letzte Drittel steigt größtenteils innerhalb des 15. Jahrhunderts, einige auch später zur Stadt auf. Die Zahl der Bewohner spielt für die Stadtwerdung keine Rolle; einige Städte zählen nur etwa 100 Einwohner. Die meisten der 40 Städte sinken nach 1800 wieder zu Dörfern ab. Ihren ländlichen Charakter haben sie ohnehin bewahrt, wenn auch wenige Beamte, Handwerker und Kaufleute zugleich mit Bauern dort gewohnt haben.

Deutlich heben wir hervor, daß nicht in erster Linie die Städte die Kulturlandschaft der Eifel geprägt haben. Viel mehr Bedeutung kommt den Klöstern zu. Auch die Burgen und die auf ihnen wohnenden Territorialherren haben mehr Gewicht als die Stadtsiedlungen im Umkreis der Burgen.

3. Die Bedeutung der Klöster

Die vom 7. bis 9. Jahrhundert in der Eifel gegründeten Benediktinerklöster sind religiöse Zentren, Ausgangspunkte der Rodung und Stätten kultureller Ausstrahlung. Die Mönche haben zwar das Gelübde persönlicher Armut abgelegt, aber der sie anspornende Imperativ des hl. Benedikt „labora“ = „arbeite hart“ vermehrt ganz von selbst ihren Landbesitz. So gründen die Mönche Münstereifels nach intensiver Rodungsarbeit die Dörfer Rodert, Roderath und Bouderath. Das sumpfige Erftgebiet verwandeln sie in fruchtbares Wiesengelände, und hier entsteht Eicherscheid. Die neuen Landflächen teilen die Mönche in Ackernahrungen zu 30 bis 60 Morgen

Blick auf Bad Münstereifel.

Größe ein und erhalten dafür von den Bauern entsprechende Abgaben. Sie übernehmen damit die Wirtschaftsordnung ihrer Zeit, das Feudalsystem, und sammeln auch auf diese Weise Reichtum an. Eine Erschlaffung der Klosterzucht ist die natürliche Folge.

Dagegen erheben sich mahnende Stimmen. Vor allem ruft die Abtei Cluny in Burgund zur Reform auf. Dieser Bewegung schließen sich in Europa etwa 100 Klöster an. Streng verlangen sie die persönliche Armut der einzelnen Mönche, aber für den lieben Gott darf der „Goldstrom" reichlich fließen. So wird in Cluny das zu jener Zeit größte Gotteshaus der Christenheit gebaut und prachtvoll ausgestattet.

Auch in unserem Raume entsteht damals eine architektonische Kostbarkeit, die Abtei Maria Laach. Seit der Gründung des letzten Benediktinerklosters in der Eifel, nämlich Münstereifel, sind 260 Jahre vergangen. Schon der Standort Maria Laach im fruchtbaren Maienfeld offenbart die Veränderung der Denkweise. Nicht mehr das „labora" als harte körperliche Arbeit ist das Hauptanliegen der Mönche, sondern „labora" wird lediglich als körperliche Beschäftigung verstanden. Man ist neben der nicht mehr so schweren landwirtschaftlichen Arbeit tätig in Handwerksstätten, in der Bibliothek, in Studier- und Schreibstuben. Mehr Zeit als früher wird dem „ora" (bete!) eingeräumt, dem Einzel- und dem Gemeinschaftsgebet, der geistlichen Lesung, der Liturgie. Aber folgendes ist festzuhalten: Auch die Reformklöster bleiben dem Feudalsystem verbunden, sie erhalten also weiterhin eine Menge Abgaben. Sie verwenden zwar die Einnahmen zum Bau und zum Unterhalt von großen und prunkvollen Gotteshäusern, aber das Geld fließt nun mal durch ihre Hände. Persönliche Armut und reiche Klostergemeinschaft lassen sich nicht gut miteinander in Einklang bringen. Die Mönche sehen es ebenso. Rückblickend äußerte Cäsarius, Exabt von Prüm: „Die Frömmigkeit brachte den Reichtum, aber der Reichtum war der Frömmigkeit abträglich." So war die Zeit reif für neue Ordensgemeinschaften.

Eine überragende Bedeutung hat im 12. Jahrhundert der Zisterzienserorden, genannt nach der ersten Klostergründung in Citeaux (1098) in Burgund. Nicht der Gründer, Robert von Molesme, ist die gestaltende Kraft des Ordens, sondern Bernhard von Clairvaux, der 1112 den Habit der „grauen Mönche" nimmt und den Orden zu ungeahnter Blüte führt. Die Stelle für das Eifelkloster Himmerod (1134) soll er selbst mitausgesucht haben. Wie alle Zisterzienserklöster der damaligen Zeit liegt die Abtei in einem Talgrund, der von Bergen und Hügeln umschlossen ist und sich dort öffnet, wo ein Bach oder Fluß in die offene Gemarkung eintritt, hier ins obere Salmtal. Grundlage bleibt die Regel St. Benedikts. Man nimmt das Gebot der Armut sehr ernst. Auch auf Abgaben und Zehnten wird verzichtet; man stellt sich

Eisenhammer und Schmiedefeuer eines ehemaligen Eifeler Reitwerkes.

Maria Laach, einmaliges Kleinod in der Eifel.

also außerhalb der feudalen Gesellschaftsordnung und lebt nur noch von der eigenen Landwirtschaft, die nicht andere, sondern Klosterbrüder mit großem Fleiß betreiben.

Im Gegensatz zu den Cluniazensern lehnt man in Himmerod und damals in allen Zisterzienserklöstern prunktvolle Gotteshäuser ab. Die Kirche hat statt eines Turmes nur einen Dachreiter, weil die Zisterzienser nicht nach außen, also nicht in der Seelsorge wirken, sondern sich selbst in Gott verwirklichen wollen. Die Zisterzienser pflegen besonders die Marienverehrung. Alle ihre Kirchen, auch die in Himmerod, sind der Gottesmutter geweiht.

Im Gegensatz zu den Benediktinern, deren Regel die „stabilitas loci" einschließt, also das Verbleiben lebenslang in ein und demselben Kloster, pflegen die Zisterzienser eine föderative Organisation. So gehen auf die Abtei Himmerod die Tochterklöster Heisterbach und Altenkamp zurück. Altenkamp wiederum wird das Mutterkloster vieler Zisterzienser-Niederlassungen im deutschen Osten. Die Mönche nehmen also teil an der deutschen Ostkolonisation. Himmerod selbst hat sich daran nicht beteiligt.

Neben den Mönchsklöstern entstehen damals neuartige Priesterklöster: die Augustiner-Chorherren und die Prämonstratenser. In Springiersbach, südlich von Bad Bertrich, vereinigen sich um die Jahrhundertwende (1100) Priester zu einem gemeinsamen Leben, richten dieses aus nach den Regeln des heiligen Augustinus und treten dann dem Orden der Augustiner-Chorherren bei. Einige von ihnen verlassen den Moselort und übersiedeln in das ehemalige Frauenkloster Steinfeld. Hier übernehmen sie um 1140[12] die Regeln des heiligen Norbert von Xanten, der etwa 15 Jahre zuvor den Prämonstratenserorden gegründet hat.

Die Regeln der Prämonstratenser sind der Verfassung der Zisterzienser nachgebildet. Auch die Prämonstratenser ernähren sich auf eigenen Äckern und weisen es ab, andere für sich arbeiten zu lassen. Allerdings sehen sie ihre Hauptaufgabe darin, seelsorglich tätig zu sein; auf die feierliche Liturgie legen sie besonderen Wert. Schließlich üben sie die Patronatsrechte über 18 Kirchen aus. 1148 wird Steinfeld eigene Abtei. Damals lebt dort der heilige Hermann Josef (1150–1241), ein glühender Marienverehrer, der im Geiste der Mystik zahlreiche Hymnen in lateinischer Sprache verfaßt hat.

Die Prämonstratenser beteiligen sich wie die Zisterzienser an den großen Aufgaben der Zeit, an der Ostkolonisation. Die Priester Steinfelds gründen das berühmte Kloster Strahow in Prag (1143), wo St. Norbert, der Gründer des Ordens, später seine Grabstätte findet, ferner das Kloster Selau in Böhmen, die Klöster Sayn und Mariengarten in Friesland. Eine erstaunliche Initiative geht von Steinfeld aus. Das Eifelkloster strahlt weit hinein in den deutschen Osten und nach Böhmen.

Die überaus fleißige Arbeit der beiden neuen Mönchsorden des 12. Jahrhunderts bringen den Zisterziensern und Prämonstratensern ganz folgerichtig großen Eigenbesitz. So sammeln sie wieder Reichtum an, und doch sind sie einst angetreten, um in bedingungsloser Armut zu leben. Das Anhäufen materieller Werte bringt auch für die neuen Mönche eine größere Verweltlichung mit sich.

Nun tritt der heilige Franziskus von Assisi (1226 †) auf die Weltbühne. Er lehnt nicht nur das persönliche, sondern auch das Gemeineigentum ab. Die Jünger, die sich um ihn sammeln, leben von milden Gaben. Schließlich entsteht aus der Gruppe um St. Franziskus der Bettelorden der Franziskaner.

Denselben Weg, der Entsagung des Besitztums auch für die Gemeinschaft, geht der Spanier St. Dominikus (1221 †); er gründet einen nach ihm benannten Orden von Priestern. Die Dominikaner sind vornehmlich ein Prediger-Orden. Wie die Franziskaner siedeln sie sich in den Städten an, da diese von den bisher agrarisch ausgerichteten Orden vernachlässigt worden sind: es ist höchste Zeit, hier religiös aktiv zu werden. Hinzu kommt, daß in den größeren Städten Köln, Aachen, Bonn, Trier genügend wohlhabende Handwerker und Kaufleute leben, die in der Lage sind, den Mönchen Lebensunterhalt zu gewährleisten.

Bezeichnend und doch wieder einleuchtend ist die Tatsache, daß die Franziskaner und Dominikaner damals in der Eifel keine Klöster gründen[13]. Zum Betteln ist das Gebirge nur wenig geeignet. Die Siedlungen liegen zu weit auseinander, die Bevölkerungszahl ist nur gering, und es fehlt die wohlhabende Schicht.

Ein gewisser Wohlstand ist inzwischen in unsere Klöster eingezogen. Die meisten Benediktinerklöster sind Mittelpunkt von Herrschaftsgebieten geworden. Die Äbte von Prüm und Malmedy, in den Fürstenstand aufgerückt, haben sogar Sitz und

Stimme im Reichstag. Der Fürstabtei Prüm unterstehen 60 Ortschaften. Die Abtei Echternach steht einem kleinen selbständigen Hoheitsgebiet vor; Kornelimünster, das der rheinischen Prälatenbank angehört, zählt Brand, Breinig, Walheim, später auch die Herrschaften Gressenich und Eilendorf zu seinem Territorium.

Die Benediktiner von Münstereifel ziehen es vor, das strenge Mönchsleben aufzugeben und ihr Kloster in ein Stift zu verwandeln. Die etwa 30 Stiftsherren haben die Zelle mit einer eigenen Wohnung getauscht, haben jetzt eine besondere Aufgabe im Stift oder in der Seelsorge, aber kommen nur mehr zum gemeinsamen Chorgebet, zu einem feierlichen Gottesdienst und zu Besprechungen im Kapitelsaal zusammen. Fast 40 Orte leisten dem Stift Abgaben. Im Herbst werden etwa 500 Karren Landeserzeugnisse dorthin angeliefert. – Maria Laach entwickelt sich weiter zum religiösen, kulturellen und künstlerischen Mittelpunkt im Maienfeld und für den Mittelrhein. Es schließt sich 1472 der Bursfelder Vereinigung an, einer Reformbewegung, der zuletzt 141 Klöster angehören.

Der Zisterzienserabtei Himmerod treten viele Söhne aus den Adelsgeschlechtern der Eifel als Priester- und Laienbrüder bei, durch die das Kloster reiche Zuwendungen erhält. Viele Adelige legen Wert darauf, hier an der Stätte des Gebetes die letzte Ruhestätte zu finden, so die Grafen von Manderscheid und Sponheim, dann die Edelherren von Daun, Salm, Bourscheidt, Palandt, Malberg, Dollendorf, Kerpen und Ulmen.

Kloster Steinfeld – Radierung von Klaus Tombers.

Kloster Mariawald.

Religiös strahlt Himmerod weithin aus. Allein 74 Mönche der Eifelabtei findet man im Heiligenverzeichnis der Zisterzienser[14]. Auf kulturellem Gebiet leisten sie Beachtliches in der Buchmalerei.

Ein zweites Zisterzienserkloster in der Eifel gründen im Jahre 1486 Mönche aus Bottenbroich (Erftkreis), Mariawald, im Kermeterwald bei Heimbach. Anlaß sind Entgegennahme und Betreuung einer Marienstatue, von der Zeichen und Wunder vermeldet werden.

Sogar Steinfeld, das in der Entstehungszeit als Prämonstratenserkloster außer dem Eigenbetrieb weltlichen Besitz abgelehnt hat, erwirbt einen Herrschaftsbereich, der die Ortschaften Steinfeld, Marmagen, Urft, Wahlen und Wehr (bei Maria Laach) umfaßt. Die Abtei hat auch zerstreuten Grundbesitz. Für den Warentransport von dort gewähren der Herzog von Jülich (1340) und später auch der Trierer Kurfürst (1500) der Abtei Zollfreiheit. Die Verweltlichung hat sich auf die Klöster, auch auf die Klöster der Eifel, im allgemeinen nicht segensreich ausgewirkt. Der Pioniergeist von ehedem ist weitgehend erloschen. Allerdings darf man nicht verschweigen, daß der Reichtum der Klöster und die vielseitige Betätigung der Mönche, besonders im Spät- und Hochmittelalter, nicht unwesentlich zu einer höheren Kultur beigetragen haben.

4. Von der Holzkapelle bis zu namhaften romanischen und gotischen Kirchen

Als die Franken das Christentum angenommen haben, errichten sie inmitten der Gräberfelder ihrer Ahnen durchweg eine Holzkapelle. Die Verstorbenen sollen Anteil an den Segnungen des Gotteshauses haben. In den folgenden Jahrhunderten wird die Holzkapelle durch einen Steinbau ersetzt. Ganz vereinzelt stoßen wir auch schon in der Franken- und Karolingerzeit auf Reste steinerner Kirchen, so in Karden an der Mosel, das am Ende des 10. Jahrhunderts Sitz eines Chorbischofs ist (eines Landbischofs ohne Weihegewalt), in Prüm, wo die Klosterkirche 799 in Gegenwart von Kaiser und Papst feierlich eingeweiht wird, oder in Münstereifel, dessen Krypta mit einigen Veränderungen aus der Gründungszeit um 830 stammt. Auch aus der vorromanischen Epoche sind nur wenige Überreste steinerner Bauten vorhanden (Steinfeld um 920).

Die Romanik (1000–1250) entfaltet sich zunächst in den der Eifel vorgelagerten Städten Aachen, Köln, Bonn, Trier. Allmählich strahlt dann die Stadt als Vorbild auch ins Gebirge aus.

Mit dem 12. Jahrhundert präsentiert sich die Eifel mit bedeutenden kunsthistorischen Bauten des romanischen Stiles. Die damals gebaute Kirche, Basilika genannt, ist ein mehrschiffiger Längsbau, dessen Seitenschiffe in Höhe und Breite in strenger Form (gebundenes System) nur die Hälfte des hervorragenden Mittelschiffes ausmachen. Das Verhältnis 1:2 wird nicht immer streng gehandhabt. In der Anfangszeit ist die Flachdecke aus Holz typisch. Für den Bau wird das einheimische Material verwendet, also Basalt, Buntsandstein und Grauwacke. In die dicken Bruchsteinmauern sind die Fenster tief eingeschnitten; durch die Rahmung von Portal und Fenstern wird das Mauerwerk belebt.

Ein Mönch, tätig als Ordensbaumeister, beginnt 1138 in Himmerod mit dem Bau einer dreischiffigen Pfeilerbasilika. Es handelt sich um eine kreuzförmige Anlage. Die Kirche ist nach der Bauweise der Zisterzienser ein einfacher Bau mit unverputzten Wänden, einfachen Glasfenstern und einem Dachreiter. Eingeweiht wird das Gotteshaus 1178.

Ein bedeutender romanischer Kirchenbau aus der ersten Hälfte des 12. Jahrhunderts ist die Kirche der Tempelherren in Roth an der Our, eine flachgedeckte dreischiffige Basilika mit drei Apsiden und Nebenchören, die zum Hauptchor geöffnet sind. Zur gleichen Zeit entsteht in Münstereifel der dreischiffige Bruchsteinbau einer romanischen Pfeilerbasilika mit hölzerner Flachdecke und einem halbkreisförmigen geschlossenen Hochchor. Bemerkenswert ist das ältere stattliche Westwerk, das aus der Vorhalle, den zwei schlanken Treppentürmen und dem mächtigen Glockenturm besteht; an ihn schließen sich zu beiden Seiten zweigeschossige Dachflügel an. Ein ähnlich mächtiges Westwerk haben die Kirchen St. Pantaleon in Köln und Corvey an der Weser.

Einige Jahre später bauen die Prämonstratenser (1142–1150) in Steinfeld ihre dreischiffige Pfeilerbasilika wie Münstereifel in gebundenem Stil. Allerdings ziehen sie ein Deckengewölbe ein, das zu den frühesten in Deutschland gehört. Das Gotteshaus hat einiges gemein mit der Schlichtheit der Zisterzienserkirchen. Die sechs Chorkapellen im östlichen Querschiff sind für die Basilika nicht typisch, aber erweisen sich für den Priesterorden als notwendig.

Ein Meisterwerk deutscher Architektur romanischer Zeit ist die Kirche in Maria Laach. Der Stifter, Pfalzgraf Heinrich II. aus dem Hause Luxemburg, sieht in den Kaiserdomen Speyer, Mainz und Worms seine Vorbilder; sich und seinem Geschlechte will er eine würdige Grabesstätte errichten. So entsteht die dreischiffige doppelchörige Basilika mit zwei Querhäusern, von sechs Türmen überhöht, von denen jeweils der östliche Vierungsturm und der Mittelturm im Westen beherrschend herausragen. 1156 ist die Einweihnung der 1093 begonnenen Kirche. Zu Anfang des 13. Jahrhundert wird die niedrige, fast quadratische Eingangshalle, das Paradies, errichtet. Hier erregen die Kapitelle und Skulpturen eine besondere Aufmerksamkeit; sie gehören zum Besten der damaligen rheinischen Bildhauerkunst (Samsonmeister).

Auch die Gottesburg in Münstermaifeld gehört zu den bedeutenden Kirchen der Eifel, ja des ganzen Rheinlandes. In Lonnig, ebenfalls im Maienfeld gelegen, ist der Chorraum einer einst sehr bedeutenden Stiftskirche der Augustiner-Chorherren stehengeblieben. Er ist so groß, daß er heute als Pfarrkirche dient. Der ganze Formenreichtum rheinischer Spätromanik (errichtet 1225) breitet sich hier aus.

Adelige Augustinerschwestern erbauen im frühen 13. Jahrhundert in Niederehe eine einschiffige Kirche mit der reich geschmückten romanischen Apsis und mit der von mächtigen Viereckpfeilern getragenen Nonnenempore im Westen der Kirche.

Ein sehr imposantes Bild bietet die Kirche in Nideggen, der zeitweiligen Residenzstadt der Grafen und Herzöge von Jülich (1200–1400). Die dreischiffige Basilika mit flachgedecktem Mittelschiff ist um 1200 aus Rotsandstein gebaut und vom Johanniterorden übernommen worden.

Weitere Sakralbauten der Eifel aus romanischer Zeit sind erwähnenswert. In Mertloch (Maifeld) steht eine dreischiffige Pfeilerbasilika aus dem 12. Jahrhundert mit quadratischem Chor. Die ursprüngliche Flachdecke wird im 13. Jahrhundert durch ein Gratgewölbe ersetzt. Auffallend niedrig sind die schmucklosen Schiffe. Nur wenige Kilometer entfernt finden wir in Polch ebenfalls eine frühromanische Pfeilerbasilika mit quadratischem Chor und einem Turm aus der Zeit um 1200.

Die Pfarrkirche in Altenahr, ein dreischiffiger Backsteinbau mit Querschiff und mächtigem Vierungsturm, erbaut um 1130, erhält im 14. Jahrhundert ein gotisches Chor, und das Schiff wird 1893 um eineinhalb Joch verlängert.

Die dreischiffige Pfeilerbasilika in Niederzissen und die schöne Emporenbasilika in Heimersheim gehören der Mitte des 13. Jahrhunderts an. Aus der gleichen Zeit stammt die romanische Basilika in Niedermendig: fast unversehrt erhalten, bildet sie heute das südliche Seitenschiff in einem neogotischen Umbau. Von der Pfarrkirche in Dockweiler blieb das romanische Chor erhalten. – Öfters sind die Türme aus romanischer Zeit stehengeblieben und bei einem späteren Um- oder Neubau der Kirche angelehnt worden, so in Kesseling (Ahr), Kelberg, Baasem und anderen Orten. Noch häufiger haben die romanischen Kirchen samt ihren Türmen einem Neubau weichen müssen.

Nideggen, katholische Kirche nach dem Wiederaufbau 1962.

In ganz seltenen Fällen bewohnen damals einige hochgestellte oder reiche Personen ein Steinhaus, das im allgemeinen nur dem lieben Gott vorbehalten ist. Bemerkenswert ist das 1167[15] errichtete Romanische Haus in Münstereifel, das ursprünglich zwölf Rundbogenfenster zählte. Es ist wohl das Wohnhaus des Propstes gewesen, der an der Spitze des Stiftes stand. In Trier befinden sich noch zwei steinerne Wohnhäuser aus der Zeit der Romanik: der um 1100 erbaute „Frankenturm“ und das „Dreikönigenhaus“, das der ersten Hälfte des 13. Jahrhunderts angehört.

Die erste Bauwelle der Eifel ist also in der Zeit der Spätromanik zu verzeichnen; sie erstreckt sich bei uns bis in die Mitte des 14. Jahrhunderts hinein; allerdings weisen einzelne Bauten bereits gotische Merkmale auf. Längst ist im Flachland die Gotik die vorherrschende Bauform. Am Anfang stehen die Elisabethkirche in Marburg (1235), die Liebfrauenkirche in Trier (1235) und der Kölner Dom (1248). In Frankreich hat die Gotik schon 100 Jahre früher großartige Schöpfungen hervorgebracht.

Im romanischen Stil haben wir Rundbögen und weite Wandflächen, die oft mit Malerei geschmückt sind. Die Gotik kennt nur Spitzbögen und zergliederte Wandflächen, zergliedert schon durch große Fenster. Die Malerei beschränkt sich auf die buntfarbigen Glasfenster. Die Kunst der Glasmalerei erreicht damals ihren Höhepunkt.

Selbst die Zisterzienser durchbrechen hier das Prinzip der Einfachheit. Als sie 1486 im Kermeterwald bei Heimbach das Kloster Mariawald errichten, entspricht die schmucklose dreischiffige Kirche, die sie traditionsgemäß nur mit einem Dachreiter versehen, ihrer schlichten Bauweise, aber die Außenwände erhalten 14 prachtvolle Buntfenster, die sich heute in England befinden.

Noch eine Kunstrichtung wird in der Gotik gefördert. Die jetzt aufstrebenden, oft umfangreichen und durch Rippen gebündelten Pfeiler schaffen Platz für zahlreiche Nischen, die durch Plastiken ausgefüllt werden. Es entstehen in jener Zeit Plastiken von Innigkeit und großer Schönheit (siehe das „Paradies“ in Maria Laach), die auch auf Altären Aufstellung finden. Die gotischen Kirchen der Eifel bieten dafür viele Beispiele, auf die wir hier im einzelnen nicht eingehen können. Hingewiesen sei nur auf ein Werk, das wahrscheinlich der „Naumburger Meister“ um 1250 für den Dom in Mainz hergestellt hat. Das aus grauem Sandstein gearbeitete Relief des hl. Martin steht heute auf einem Altar der Pfarrkirche zu Bassenheim. Die Eifel kann sich glücklich schätzen, eine der bedeutendsten mittelalterlichen Plastiken Deutschlands zu besitzen, den sogenannten „Bassenheimer Reiter“.

Noch eine besondere Bautechnik gelingt den Baumeistern der gotischen Kirchen. Sie schaffen die Hallenkirche. Das Mittelschiff verliert seine beherrschende Stellung, denn die Seitenschiffe erhalten die gleiche oder annähernd die gleiche Höhe. Jetzt kann man den Kirchenraum von überall her überschauen, zumal durch die großen Fenster der Seitenschiffe das Außenlicht das Gotteshaus durchflutet. Es versteht sich von selbst, daß die Patres des Predigerordens der Dominikaner die für sie überschaubare Hallenkirche besonders fördern. Zur Zeit der Spätgotik setzt sich diese im allgemeinen durch.

Das Romanische Haus in Bad Münstereifel.

Um so mehr sind wir erstaunt, daß die Eifel die erste Hallenkirche des linken Rheinlandes aufweist. Nach dem Brand des Gotteshauses (1246) entsteht in Ahrweiler 1269 die größte und schönste Hallenkirche der Eifel, ja des Rheinlandes. Da sich eine ähnliche frühgotische Kirche in der Gegend von Paris befindet, ist anzunehmen, daß derselbe Baumeister oder einer seiner Schüler auch an die Ahr gekommen ist. Wahrscheinlichkeit gewinnt diese Vermutung auch deshalb, weil der Prümer Abt als Patronatsherr der Bauherr der Kirche ist und das reiche Eifelkloster weit nach Frankreich hinein Beziehungen unterhält. Die drei Schiffe des Gotteshauses in Ahrweiler gliedern sich in vier Joche, denen sich der Langchor mit fünfseitigem Abschluß anschließt. Rundpfeiler tragen die Rippen und Gurte der Gewölbe. Die Malereien mit figürlichen Darstellungen und pflanzlichen Mustern sind im 14. und

Der Bassenheimer Reiter in der Kirche zu Bassenheim – eine fast lebensgroße Darstellung des heiligen Martinus.

15. Jahrhundert angebracht worden. Als etwa 50 Jahre später (1336) in dem nicht weit entfernten Mayen die St.-Clemens-Kirche eingeweiht wird, hat wohl die Pfarrkirche St. Laurentius in Ahrweiler als gewisses Vorbild gedient. Das dreischiffige Gotteshaus besteht aus drei Jochen und geht ohne Querschiff in zwei Chöre über, die ebenfalls einen polygonalen Abschluß haben. Vier Rundpfeiler tragen das Kreuzrippengewölbe. Bekannt ist die Kirche durch ihren schiefen Turm; durch einen Konstruktionsfehler hat sich der spitze Turmhelm zu einer schiefen Spirale gedreht. Bemerkenswerterweise zählt die Kirche in Mayen noch zu den ersten Hallenkirchen des Rheinlandes. Erst in der Spätgotik ist diese die Regelkirche.

Auf den ersten Blick ist es verwunderlich, daß sonst in der Eifel im 14. Jahrhundert kaum gotische Kirchen gebaut werden. Man ist, wie wir schon darlegten, in den ersten Jahrzehnten mancherorts noch damit beschäftigt, romanische Kirchen fertigzubauen. Grundsätzlich dauert es auch länger, bis das abgelegene Gebirge das Neue aufnimmt. Vor allem aber ist die Eifel infolge des Überganges von der Naturalwirtschaft zur Geldwirtschaft damals in einer schweren Notlage. Neubauten zu errichten, kann man sich kaum leisten, und die verhältnismäßig reichen Klöster haben ja gerade erst ihre Klosteranlagen modernisiert und ihre Kirchen aufwendig neu errichtet. So beginnt die zweite große Bauwelle in der Eifel erst im späten 14. Jahrhundert, um 1500 und in der ersten Hälfte des 16. Jahrhunderts. Bauherren sind in erster Linie die Territorialherren, die sich wirtschaftlich im allgemeinen der neuen Zeit angepaßt und neue Geldquellen erschlossen haben. Aber auch die Dorfbewohner scheuen weder Zeit noch Opfer, um für den lieben Gott mit Hand anzupacken. Viele namhafte gotische Kirchen, die auch heute noch unsere Aufmerksamkeit erregen, werden damals gebaut.

Die spätgotischen Kirchen zeichnen sich aus durch eine kunstvolle Gewölbekonstruktion. Die Rippen verlaufen sternförmig oder netzartig. Sie sind in erster Linie Zierrat und weniger statisch bedingt, wie es die Grate, die vorstehenden Durchdringungslinien der Kreuzgewölbe der späteren Romanik, sind. In der frühen Gotik unterstützen die Rippen, zum Teil schon Dekoration, die Grate der Kreuzgewölbe an den Verschneidungslinien. Wir sprechen jetzt vom Kreuzrippengewölbe. Trotz des schweren Steinmaterials wirken in der Spätgotik die Gewölbe fast schwerelos, wie wenn sie schwebten. Voller Bewunderung geht der Blick des Betrachters immer wieder nach oben. Sehenswerte Gotteshäuser der späten Gotik sehen wir in Monreal, Kirmutscheid, Auw bei Prüm, Bleialf, Alendorf, Blankenheim und Schleiden. Wir stellen diese Kirchen kurz in ihrer Bauweise vor, ohne auf die oft wertvolle Inneneinrichtung einzugehen.

Das aus Bruchsteinen errichtete einschiffige (Saalkirche) Gotteshaus in Monreal besitzt noch ein auf hohen Strebepfeilern getragenes Kreuzrippengewölbe. Die Gewölbe der drei Joche ruhen auf Laubkapitellen und Maskenkonsolen mit ausgeprägten Gesichtszügen. Das Gewölbe des dreiseitig geschlossenen Chores weist bereits netzartige Rippen auf. Aus derselben Bauzeit um 1460 stammt die nahe Friedhofskapelle St. Georg. Das auf einem abseits gelegenen Bergplatz gelegene

Kirmutscheid bei Barweiler besitzt eine Kirche mit prächtigem Sterngewölbe und schön bemalten Schlußsteinen (zweite Hälfte 15. Jahrhundert). Reiche Netzgewölbe zeigen Chor und Schiff der Saalkirche in Auw bei Prüm (1531); Konsolen und Schlußsteine stellen Relieffiguren und figürlichen Schmuck dar. In dem am Südhang der Schneifel gelegenen Bleialf wurde die spätgotische Kirche 1496 in einen Neubau einbezogen. Die einsam gelegene frühere Pfarrkirche in Alendorf, jetzt Agathakapelle (1494), kann mit einem schönen Netzgewölbe aufwarten. Auf figürlichen Schlußsteinen ruht das Sterngewölbe der Pfarrkirche in Blankenheim. Der hohe einschiffige Saalbau (1495–1505) besitzt einen dreiseitigen Chorabschluß und einen späteren Westturm. Die prächtige Schloßkapelle und jetzige Pfarrkirche in Schleiden (1505–1525) stellt eine sehr stimmungsvolle dreischiffige Hallenkirche dar, deren schlanke Pfeiler ohne Kapitelle ein schönes Netz- und Sterngewölbe tragen, das mit Rankenmalerei geschmückt ist.

Der gelehrte Kardinal Nikolaus von Kues (1401–1464) hat bestimmt nicht daran gedacht, daß seine erst ein Jahr nach seinem Tode (1465) fertiggestellte Hospitalkirche in Kues Vorbild für viele Kirchen in der Eifel sein würde. Sie ist eine „Einstützkirche". Den ganzen Gewölbedruck bewältigt eine einzige Säule, die wie ein Baumstamm in der Mitte des Raumes steht und die ganze Last des Gewölbes trägt. Nikolaus Cusanus hat diese Anregung vielleicht aus Salzburg (Franziskanerkirche) mitgebracht, wo er 1451 auf einer Provinzialsynode weilte. Wir wissen, daß er noch in demselben Jahr mit dem Bau der Hospitalkirche begonnen hat. An der Mosel, der

Das Cusanusstift in Bernkastel-Kues.

Darstellung des heiligen Georg in der Kirche von Kronenburg.

Saar und in der Eifel sind anschließend 37 Einstützkirchen als spätgotische Kirchen gebaut worden, von denen noch knapp die Hälfte erhalten ist.

Die bekannteste „Einstützkirche“ der Eifel, die auch am meisten dem Gotteshaus in Kues ähnelt, ist die Pfarrkirche in Kronenburg (1492–1508). Die einzige Säule in der Mitte fängt die fein geschwungenen Gewölberippen ohne Kapitelle auf. Die vielen Schlußsteine stellen mannigfache Motive dar: Wappen, Heilige, Symbole; ein Schlußstein trägt das Steinmetzzeichen des Baumeisters.

Als Einstützkirchen in der Eifel sind weiter zu erwähnen: die Friedhofskapelle St. Bartholomäus in Meckel (Bitburger Land) und die nördlich von Bad Bertrich gelegene Wallfahrtskirche in Driesch, wo eine achteckige Mittelstütze das Rippengewölbe trägt. Auch hier weisen die Schlußsteine Figuren auf.

Die Hospitalkirche in Kues ist noch in weiterer Hinsicht Vorbild für viele Kirchen in der Eifel geworden; sie ist nämlich ein zweischiffiges Gotteshaus, während bis dahin die Kirchen bei uns nur ein-, drei- und manchmal auch fünfschiffig waren. Nun werden eine Reihe zweischiffiger Kirchen in der Eifel gebaut.

Das schöne Beispiel einer zweischiffigen Kirche steht in Baasem bei Kronenburg. Von der ursprünglich einschiffigen romanischen Kirche aus dem 12. Jahrhundert behält man beim Bau der spätgotischen Kirche um 1500 die Grundrisse bei, aber errichtet statt der niedergelegten Südwand vier Pfeiler und baut ein gleich großes Kirchenschiff an, das künftig als Hauptschiff dient. Die Pfeiler tragen ein äußerst prächtiges Netz- und Sterngewölbe aus Bruchstein mit figürlichen Schlußsteinen. Der romanische Turm bleibt stehen und wird in die Gesamtanlage einbezogen.

Die größte zweischiffige Hallenkirche der Eifel steht in Neuerburg (1472–1570). Schlanke Sechseckpfeiler in der Mittelachse tragen die reichhaltigen Stern- und Netzgewölbe. Die Schlußsteine weisen Wappen und Figuren auf.

Das südlich von Neuerburg gelegene Mettendorf besitzt eine zweischiffige Kirche (1477), deren Innenraum eine breit gelagerte Halle bildet. Die ehemalige Wallfahrtskirche in Lambertsberg bei Waxweiler, ebenfalls ein zweischiffiges Gotteshaus (Anfang 16. Jahrhundert), beeindruckt durch ein schönes Kreuzrippengewölbe, das auf zwei Achteckmittelpfeilern ruht. Bei Bitburg erregt unsere Aufmerksamkeit die Hallenkirche in Wolsfeld, deren zwei Schiffe in zwei Chöre auslaufen. Zwei schlanke Rundstützen gehen fächerförmig in die aufstrebenden Gewölberippen über. Augustiner-Chorherren vollenden 1502 in Klausen einen zweischiffigen Hallenbau, ein hervorragendes Werk der Spätgotik. Achteckpfeiler tragen das reichgestaltige Netzgewölbe. Zu Gondelsheim bei Prüm wird aus der dreischiffigen Wallfahrtskirche St. Fides durch Erhöhung und Erweiterung ein asymmetrischer zweischiffiger Bau geschaffen (1523–1531), der nunmehr zwischen den beiden Chören einen hallenartigen Innenraum bildet. Das im Zweiten Weltkrieg zerstörte Netzgewölbe ist bei der Restauration durch einfache Kreuzrippen ersetzt worden. Wie eine Inschrift ausweist, ist die zweischiffige Kirche in Olef bei Schleiden 1497 begonnen worden. Das Hauptschiff und das niedrigere Seitenschiff werden von einem Rippenkreuzgewölbe, der Chorraum dagegen von einem Sterngewölbe überdeckt. In Ripsdorf steht eine der zuletzt gebauten zweischiffigen Kirchen der Eifel, fertiggestellt 1667, wie ein Schlußstein festhält. Toskanische Säulen tragen das Stern- und Rippenkreuzgewölbe.

Pfarrkirche Baasem.

Noch eine Besonderheit können wir für die Eifel vermerken. In vielen Fällen befindet sich der Turm nicht wie üblich im Westen der Kirche, sondern über dem

Altarraum im Osten. Etwa 20 Kirchen allein im Bitburger Land sind dafür ein Beispiel. In Kronenburg ist der Turm über dem Kirchenchor in den Festungsbering einbezogen worden. In Reifferscheid bildet sogar die ganze Kirche mit dem Wehrturm am Chor einen Teil der Stadtummauerung. Ahnt man noch nicht – schon ist das Schießpulver erfunden –, daß auch die Höhenburgen einen sicheren Schutz nicht mehr bieten? Oder glaubt man, die geweihte Kirche würde unter dem besonderen Schutze Gottes stehen?

5. Der Einsatz Eifeler Dynastien außerhalb der Eifel

Wenigstens andeuten wollen wir den Beitrag, den Dynasten der Eifel innerhalb des Rheinlandes und im Deutschen Reich geleistet haben. Als die Zeit zu großen Taten aufruft, stehen die Edelherren der Eifel nicht abseits.

An den Kreuzzügen im 12. und 13. Jahrhundert beteiligen sich unter anderen Hartmann von Arenberg, Reiner von Schleiden, Ulrich von Daun, Heinrich von Ulmen. Unter den Rittern des Deutschen Ordens sind aus der Eifel vertreten: Gerhard von Malberg, Eberhard und Gerhard von Virneburg, Johannes von Falkenstein, Heinrich von Bollendorf, Wilhelm von Wittlich, Johann von Neuenahr, sogar das angesehene Amt des Hochmeisters des Deutschen Ordens bekleiden Otto von Schleiden und Otto von Kerpen.

Im Hoch- und Spätmittelalter sitzen in den Domkapiteln von Köln, Trier und Lüttich fast ständig Abkömmlinge aus den Adelsgeschlechtern der Eifel. Als Beispiel führe ich nur die Linie der Blankenheimer an. Sie sind nicht nur als Domkanoniker, sondern auch als Stiftsherren von St. Gereon zu Köln in fast allen Generationen vertreten. Arnold von Blankenheim stirbt 1312 als Bischof von Lüttich. Zu Ende des 14. Jahrhunderts führt Friedrich von Blankenheim den Krummstab in Straßburg und dann als Bischof in Utrecht. Im 15. Jahrhundert befehligt der Graf von Blankenheim das Kölner Truppenkontingent gegen die Hussiten und erhält dafür das Ehrenbürgerrecht der Stadt Köln. Sein Sohn ist am Ende des 15. Jahrhunderts in der Lage, dem Domkapitel einen Schuldbetrag von 4500 Gulden zu streichen, ein Zeichen, daß es den Grafen und Edelherren der Eifel um 1500 wirtschaftlich wieder besser geht.

VIII. Das Zeitalter der Reformation und der katholischen Restauration (16./17. Jahrh.)

Um 1500 besteht bei uns, abgesehen von einer jüdischen Minderheit, die Einheit im Glauben; alle sind römisch katholisch. Die Kirche ist durch Stiftungen, Erbschaft und kluge Vermögensverwaltung reich geworden; sie besitzt damals in Deutschland ein Drittel des Bodens. Aber ihr Wohlstand kommt in erster Linie den hohen Würdenträgern und den Klostergemeinschaften zugute. Die Kirchenfürsten sind oft in Politik und damit in Kriege verstrickt und so schlechte Vorbilder für die Gläubigen. Dagegen leben die einfachen Geistlichen oft in dürftigen Verhältnissen, und ihre Ausbildung ist im allgemeinen mangelhaft. Kein Wunder, daß sie häufig den Anforderungen nicht genügen, die man an sie als Priester und Menschen stellt. Manche Angehörigen der Klöster sind nicht aus innerer Berufung in den Orden eingetreten und wirken deshalb wenig überzeugend. Auch beim einfachen Volk haben sich die Sitten gelockert. Doch man bleibt der alten Religion tief verhaftet, wobei allerdings Rituale wie Reliquienkult und Wallfahrten eine beachtliche Rolle spielen.

Es gibt viele Mißstände, die allenthalben Ärgernis erregen. So wundert es nicht, daß der Thesenanschlag vom 31. Oktober 1517 in Wittenberg wie eine Bombe einschlägt. Martin Luther greift die Entartung des Ablaßwesens an, das damals besagt, nicht nur durch Gebet, sondern auch durch Geldspenden würden die zeitlichen Sündenstrafen nachgelassen. Luther denkt nicht daran, sich von der Kirche zu lösen; er deckt lediglich entstandene Übelstände auf, die in der Tat bestehen. Doch als den Augustiner-Eremiten vier Jahre später in Worms Acht und Bannstrahl treffen und er in einer ihm gesetzten Frist seine Meinung nicht widerruft, ist die Trennung von der alten Kirche vollzogen. Endgültig macht nun die neue Lehre Schluß mit der Marienverehrung und dem Heiligenkult; sie läßt nur noch die Heilige Schrift als einzige Glaubensquelle gelten und erlaubt den Geistlichen zu heiraten.

Im Norden, Osten und in der Mitte des Reiches findet die Reformation sofort Gefolgschaft. Im Westen und Süden wird die neue Lehre heftig diskutiert, gewinnt hier aber nur vereinzelt Anhänger. Die meisten wollen nicht die Trennung von der alten Kirche; ihnen geht es um die Beseitigung der vielen Mißbräuche. Es ist schwer, die „Neuerer“ richtig einzustufen. Oft wissen sie selbst nicht, daß sie den Boden der alten Kirche bereits verlassen haben.

Die anfangs aufgezeigten Mißstände sind ebenso in der Eifel anzutreffen. Doch hier herrschen andere Verhältnisse als sonst in Deutschland. Das Gebirge stellt keine politische Einheit dar. Den größten Teil beherrschen die beiden geistlichen Mächte Kurköln und Kurtrier, dann die Herzöge von Jülich und Luxemburg. Dazu kommen

„Nider Manderscheid" mit Niederburg.

zahlreiche Kleinterritorien, unter denen sich allerdings das Haus Manderscheid einen größeren Machtkomplex geschaffen hat. Wir heben die Dynasten hervor, weil damals nicht die Bevölkerung das Sagen hat, sondern die Territorialherren, die die Religion ihrer Untertanen bestimmen (cuius regio, eius religio).

Die wenigsten Probleme gibt es in dem Eifelgebiet, das zum Kurfürstentum Trier gehört. 1559 macht zwar die Bürgerschaft der Domstadt den Versuch, die Reformation einzuführen. Diese Bewegung geht Hand in Hand mit dem Bestreben der Bürger, ihre Stadt vom Erzbischof unabhängig zu machen. Hier wird also das politische Anliegen mit der religiösen Frage verquickt. Doch mit Hilfe von Adel und Landbevölkerung zwingt der Kurfürst die Stadt zur Unterwerfung und die Protestanten zur Auswanderung.

Schon 1542 hat der Trierer Metropolit in einem Edikt die Geistlichen aufgerufen, wieder den rechten Weg zu beschreiten. Manche würden beim Wein im Wirtshaus sitzen und sich hinreißen lassen zu „hauen, stechen, raufen, schlagen"; andere würden den Beischlaf pflegen. – Nicht überall werden die Worte des Oberhirten befolgt. Aus Visitationsberichten des Dekanats Bitburg/Kyllburg im Jahre 1560[16] geht hervor, daß einige Geistliche mit ihrer Magd Kinder haben, zwei von ihnen sogar fünf. Einem dieser Priester wird zugleich vorgeworfen, mit den Nachbarn zänkisch zu sein. In einem anderen Visitationsbericht um dieselbe Zeit werden einzelne Mönche in den Klöstern St. Thomas und Prüm und in der Kommende Roth Häretiker genannt, ein Beweis dafür, daß Luthers Gedankengänge auch in den Klöstern der Eifel Eingang gefunden haben. – Zur gleichen Zeit (1559) läßt der Erzbischof die Protestanten aus Trier vertreiben. Doch eine Reihe Bürger Triers kämpft weiter für die Unabhängigkeit ihrer Stadt und nimmt zugleich die Lehre Luthers an. Sie vermag der Erzbischof 1580 endgültig zu unterwerfen. Auch in der Folgezeit erweisen sich die Metropoliten Triers als treue Stützen der Kirche.

In den zu Kurköln gehörenden Dörfern sind die allgemeinen Zustände nicht anders gewesen. Aber hier hat zweimal ein Erzbischof mit der Reform auch den Übertritt zur neuen Konfession vollzogen. Erzbischof Hermann von Wied (1515–1547) erläßt in den dreißiger Jahren des 16. Jahrhunderts eine Reihe Reformdekrete, um Mißstände abzustellen. Dann versucht er eine mittlere Linie zu den Konfessionen einzuschlagen; schließlich jedoch entscheidet er sich für den Protestantismus und nimmt das Abendmahl nach evangelischem Ritus (1543) ein. Seinem Beispiel folgen ein Teil des Adels und die Städte Bonn, Sinzig, Andernach. Doch die Mehrheit des Domkapitels, die Universität, der Klerus und die Stadt Köln sind gegen die Neuorientierung des Erzbischofs, den schließlich der Bannstrahl Roms trifft. 1547 verzichtet er auf seine Stellung. In den kölnischen Landen wird nunmehr das alte Bekenntnis wieder hergestellt.

Doch 35 Jahre später ist in den Orten der Kölner Eifel die Religionseinheit wieder in Gefahr. Diesmal ist die Liebe des Erzbischofs zu einer Frau das Hauptmotiv, Weihnachten 1582 zum Protestantismus überzutreten. Schon zwei Monate später heiratet der Bischof Gebhard Truchsess von Waldburg die Gerresheimer Stiftsdame Agnes von Mansfeld. Es folgen die Absetzung durch den Papst und kriegerische Auseinandersetzungen zwischen dem Erzbischof und dem katholisch ausgerichteten Domkapitel. In diesem „Kölner Krieg" werden viele zu Kurköln gehörige Orte von Soldaten heimgesucht und geplündert. 1585 setzt sich dann der katholische Flügel durch. Hätte der Erzbischof alleine das Sagen gehabt, wäre der Protestantismus in das Kölner Eifelgebiet eingezogen. Dieses aber haben das Domkapitel und der einheimsche Landadel verhindert. Die folgenden Erzbischöfe, alle aus dem bayerischen Hause Wittelsbach (1583–1761), verdrängen den Protestantismus völlig aus dem Kurstaat. Die Stadt Köln hat ohnehin gegenüber der Reformation stets eine feindliche Stellung bezogen.

Herzog Wilhelm V. von Jülich (1539–1592), zugleich Herzog von Kleve und Berg (Hauptstadt Düsseldorf) und Graf von Marck und Ravensberg, hatte 1538 bereits das Herzogtum Geldern übernommen, und zwar gegen den Willen des Kaisers, der selber Erbansprüche geltend macht. Der Herzog, der ohnehin den neuen Reformgedanken zuneigt, ist bereit, sich mit den evangelischen Ständen (Schmalkaldischer Bund) zu vereinigen und zugleich evangelisch zu werden. Doch die protestantischen Fürsten gehen auf seinen Vorschlag, der für sie kriegerische Auseinandersetzungen bedeutet hätte, nicht ein. Jetzt tritt Kaiser Karl V. gegen den isolierten Herzog an. Der nun folgende „Jülicher Krieg“ (1542/43) wird vor allem in der Eifel ausgetragen. Kaiserliche Truppen nehmen Nideggen unter Kanonenbeschuß und äschern es ein. Sie suchen viele Dörfer der Jülicher Eifel heim und zerstören Düren und Monschau. Im Frieden von Venlo (1543) muß Herzog Wilhelm dem Kaiser versprechen, katholisch zu bleiben. Dennoch hat sich Wilhelm in den späteren Jahrzehnten oftmals der evangelischen Lehre genähert, aber wagt aus verschiedenen Gründen letztlich nicht, den entscheidenden Schritt zu tun. So sind auch die Jülicher Lande der Nordeifel katholisch geblieben.

Knapp 40 Jahre (1443–1482) gehört Luxemburg und damit ein großer Teil der Eifel zum Herzogtum Burgund. Nach dem Tode Karls des Kühnen (1477) bringt die Erbtochter Maria durch ihre Heirat mit Maximilian, dem späteren deutschen Kaiser

Die Schloßkapelle in der Zitadelle Jülich.

Schloß Schleiden – Kupferstich von Matthäus Merian d. Ä., um 1618.

(1493–1519), Burgund, zu dem auch Belgien und der größte Teil der Niederlande gehören, an das Haus Habsburg. Kaiser Karl V. (1519–1556) ist also Herr der Niederlande, auch der südlichen Niederlande (später Belgien) und zugleich Herzog von Luxemburg. Erbe dieser Gebiete ist sein Sohn Philipp II. von Spanien (1556–1598). Beide Habsburger sind größte Gegner der Reformation. So scheint für die luxemburgischen Gebiete der Eifel eine Hinwendung zur Lehre Luthers unmöglich zu sein. Doch gerade hier bilden sich einige evangelische Exklaven. Wir fragen uns, wie das möglich ist.

Dem Landesherrn, dem Herzog von Luxemburg, unterstehen zahlreiche Territorialherren, denen das Recht zusteht, die Religionszugehörigkeit ihrer Untertanen zu bestimmen. Wenn allerdings der untergebende Dynast stirbt, kann der Lehensherr für den Nachfolger Bedingungen stellen, wie wir noch sehen werden. Um 1450 übernimmt die Herrschaft Schleiden das Geschlecht Manderscheid, das 1457 in den Grafenstand aufsteigt. Gegen Ende des Jahrhunderts fallen die Herrschaftsbereiche Kronenburg, Neuerburg und später auch Virneburg an die Grafschaft Manderscheid-Schleiden. Fast im ganzen 16. Jahrhundert regieren hier die Grafen Dietrich (Großvater, Vater, Sohn). Graf Dietrich IV. (1501–1551) zeigt von Anfang an gegenüber den Lutheranern eine sehr tolerante Haltung, ohne jedoch zur neuen Lehre überzutreten. Er duldet es, daß sich in seinem Gebiete Wiedertäufer aufhalten, die im allgemeinen auch von den Protestanten als schlimme Ketzer angesehen werden. Lange halten sie sich u. a. in der Herrschaft Dreiborn.

Der Pfarrer von Kronenburg wendet sich bereits 1530 gegen die Marienverehrung und gegen die Heiligenfeste, wobei er sich auf die Heilige Schrift beruft[17]. Erstaunlich, in wie wenigen Jahren nach Luthers Thesenanschlag seine Gedanken, wenn auch vereinzelt, schon hier vertreten werden.

Dietrich V. (1551–1560) ist der Lehre Luthers sehr zugetan, vermeidet jedoch wohl aus politischen Gründen den direkten Übertritt zur neuen Lehre. Er duldet, daß der von ihm eingesetzte Pfarrer in Kronenburg seit 1557 das Altarssakrament in beiderlei Gestalten austeilt. Clas, der Sohn des Pfarrers, ist später evangelischer Kaplan in Neuerburg. Graf Dietrich VI. (1560–1593) setzt evangelische Pastöre in den Dörfern der Herrschaft Kronenburg ein, in Udenbreth, Dahlem, Ormont, Hallschlag und Kronenburg mit den Filialen Baasem und Berk. Den Bewohnern Kronenburgs kommt es spaßig vor, daß ihr Pastor eine Ehefrau Katharina mitbringt; sie nennen jetzt das Pfarrheim „Katharinenhaus".

In der zweiten Hälfte des 16. Jahrhunderts entwickelt sich Schleiden zu einem gewissen Zentrum des Protestantismus. Evangelische Pastöre in Kronenburg, Udenbreth und Virneburg stammen aus der Grafschaft Schleiden. Zwei Männer dieser Stadt wirken sogar weit über die Eifel hinaus. Johannes Sleidanus macht sich einen Namen als Humanist und Historiker der Reformation. Johannes Sturmius, Sohn eines Wirtes aus Schleiden, ist der Begründer des protestantischen Gymnasiums in Straßburg, das kurz nach seinem Tode zur Universität erhoben wird.

Dietrich VI. stirbt 1593, ohne Kinder zu hinterlassen. Sein Schwager, Graf Philipp von der Marck, übernimmt als Erbe die Grafschaft Schleiden und sucht sofort, trotz Widerstandes von Rat und Bürgerschaft, den katholischen Glauben wieder einzuführen. 1619 und endgültig 1623 verbietet der Graf für sein Territorium die evangelische Lehre. Zahlreiche angesehene Familien verlassen das Schleidener Tal. Manche von ihnen siedeln sich in den benachbarten Jülicher Orten an; in Gemünd, Pronsfeld, Harperscheid, Oberhausen halten sich Protestanten bis zum heutigen Tag.

Magdalene von Nassau, eine Schwägerin Dietrichs, übernimmt als Erbe die Herrschaften Kronenburg, Neuerburg und Vianden. Doch der Herzog von Luxemburg, zugleich Philipp II. König von Spanien, zieht kurz entschlossen die Gebiete Kronenburg und Neuerburg als erledigte Lehen ein, um die Ansatzpunkte lutherischer Glaubensrichtung im Luxemburger Hoheitsgebiet zu beseitigen. Der Gräfin werden ihre Herrschaftsgebiete erst zugesprochen, als sie ein Dekret des Jahres 1597 befolgt, nach dem wieder katholische Pfarrer eingesetzt und alle Bewohner angewiesen werden, sich gemäß der katholischen und apostolischen Religion zu verhalten.

Als sich die Niederländer in ihrer Mehrheit dem Kalvinismus zuwenden, greift der spanische König mit Strenge durch. Es bleibt nicht bei religiösen Auseinandersetzungen. Die Holländer erklären ihre Unabhängigkeit (1581) und sagen sich von Spanien los. Nun benutzen die Spanier ihr luxemburgisches Eifelgebiet als militärische

Stützpunkte. Dagegen rücken die Niederländer vor. Hauptkampfplatz werden die Gebiete an Urft und Erft. Aber auch in der südlichen Eifel gehen in den achtziger und neunziger Jahren viele Dörfer in Flammen auf. Schließlich wird auch Aachen in die Kriegshandlungen einbezogen. Hier ist die Zahl der Protestanten in den letzten Jahrzehnten des 16. Jahrhunderts dauernd angestiegen; sie erreichen sogar im städtischen Rat die absolute Mehrheit. Nun verhängt der Kaiser die Acht über die Reichsstadt. Bevor es zu weiteren Kriegstaten kommt, geben die Bürger nach und wählen einen katholischen Stadtrat, der den protestantischen Gottesdienst verbietet. So ist um 1600 in der Eifel und in den Städten ihres Umlandes eine gewisse Ruhe eingekehrt.

Epitaph Dietrich VI. von Manderscheid.

Jetzt sammelt sich die katholische Kirche und geht zur Offensive über. Sie will weitere Einbußen verhindern und nach Möglichkeit verlorenes Gebiet zurückgewinnen. Wir sprechen vom Zeitalter der Gegenreformation oder der katholischen Restauration.

In unserem Gebirge wird das Zentrum der katholischen Erneuerungsbewegung die Stadt Münstereifel. Die hier wirkenden Jesuiten sind gegenuber den Angehörigen früherer Orden beweglicher. Gebunden sind sie nicht an das tägliche Chorgebet, an ein bestimmtes Kloster und eine besondere Tracht. Diese Freiheiten schaffen Raum für eine größtmögliche Einsatzfähigkeit.

Im Jahre 1625 gründen die Jesuiten in Münstereifel das „Gymnasium Sancti Michaelis“. Bevor die Patres als Lehrer vor eine Klasse treten, haben sie eine zehnjährige Ausbildung hinter sich. Sie bringen neue Inhalte und fortschrittliche Methoden in die Schule. Der Arbeitsunterricht hat gegenüber dem früheren Lehrervortrag den Vorzug. Zwischen den fünf Stunden am Vormittag werden längere Pausen eingeführt. Eine große Rolle spielt das Wettbewerbssystem. Es gibt sechs verschiedene Noten, die wir auch jetzt wieder haben. Eine ganz besondere Bedeutung kommt der Rhetorik zu. Das Münstereifeler Gymnasium – diesen neuen Namen für eine höhere Schule haben die Jesuiten eingeführt – ist jetzt mehr als 200 Jahre

Bad Münstereifel – St.-Michael-Gymnasium (Jesuitenkloster).

zwischen Trier, Bonn, Köln und Aachen das einzige Eifelgymnasium mit voller Hochschulreife. Etwa 150 Knaben werden hier im katholischen Geiste und nach modernen erzieherischen Grundsätzen ausgebildet.

Um 1650 wird die Jugend des Rheinlandes, ja des katholischen Europa, praktisch von Jesuiten erzogen. Auch die Universitäten sind ihre Domänen geworden. Den Münstereifel nahen Michelsberg machen die Jesuiten zu einem religiösen Zentrum der Eifel. Viele protestantische Bewohner der Gegend um Schleiden gewinnen sie für den Katholizismus zurück. Zwei Patres sind innerhalb der Eifel ständig auf Reisen und halten in mehr als hundert Pfarreien der Nord- und Südeifel acht bis vierzehntägige Missionen ab. Wenn die Eifel fast ganz katholisch geblieben ist, haben die Jesuiten aus Münstereifel daran einen großen Anteil, aber auch andere katholische Institutionen wirken an diesem Ziel mit.

Ein zweiter Orden ist ebenfalls sehr aktiv im Sinne der katholischen Restauration. Es sind die Kapuziner, die aus dem Franziskanerorden hervorgegangen sind: ihnen ist damals die Selbständigkeit zugesprochen worden. Sie wirken vornehmlich als Seelsorger für das einfache Volk. Bereits 1618 lassen sie sich in Münstereifel nieder, übernehmen die Christenlehre in den Außenbezirken der Stadt und fördern besonders die Verehrung des eucharistischen Heilandes.

In Münstereifel nehmen sich die „Schwestern von St. Salvator" (gegründet 1594) der weiblichen Jugend an, betreuen sie in einer Schule, ebenso wie die „Schwestern zum heiligen Namen Jesu", deren Gründung allerdings erst später (1718) erfolgt. Der Orden der Karmelitessen hat bereits 1657 ein großes Kloster in Münstereifel gegründet; die Schwestern führen ein streng beschauliches Leben. – So wirken im 17. und 18. Jahrhundert etwa 60 Geistliche und mehr als 40 Laienbrüder und Schwestern in Münstereifel, und was die Auswirkung betrifft, weit darüber hinaus, zur Erneuerung und Vertiefung des katholischen Glaubens in der ganzen Eifel.

In diesem Zusammenhang ist eine jüngst gemachte Beobachtung interessant[18]: Zur Zeit der Gegenreformation werden in den Eisenhütten der katholisch gebliebenen Territorien, z. B. auf Arembergischem Territorium, bewußt Takenplatten mit Heiligenfiguren gegossen, während die Ofenplatten aus Reitwerken protestantisch gewordener (Kronenburg) oder protestantisch beeinflußter Gebiete (Eisenschmitt) humanistisches Bildmaterial bringen, wie Allegorien der Tugenden und mythologische Gestalten.

Michelsberg und Michaelskirche – ein Wahrzeichen der nördlichen Eifel.

IX. Das leidvolle 17. Jahrhundert: Kriege, Pest und Hexenwahn

Schon das 16. Jahrhundert hat der Eifel kriegerische Auseinandersetzungen nicht erspart. Wir erwähnten den Jülicher Krieg (1542/43), Kämpfe innerhalb der Kölner Wirren und den Krieg zwischen Spanien und den Niederlanden. Noch viel mehr Leid wird der Bevölkerung das 17. Jahrhundert bringen, zumal in unserem Gebirge die Landesgrenzen überregionale Bedeutung erlangen und die Territorien, zumindest die vier Großterritorien, zeitweise in die europäische Politik eingreifen oder in diese einbezogen werden.

Der König von Spanien – wir wiesen schon darauf hin – ist als Herzog von Luxemburg (1556–1714) Landesherr eines Teiles der Eifel; ihm sind zugehörig: fast der ganze Kreis Bitburg, große Teile des Kreises Wittlich und der Altkreise St. Vith, Prüm und Schleiden.

Als der spanische König auf die früher einmal zu Luxemburg gehörige Abtei St. Maximinin Trier Anspruch erhebt, verbündet sich der Kurfürst von Trier, Philipp Christoph von Sötern (1623–1652), mit Frankreich und öffnet ihm seine Festung Ehrenbreitstein, die 1637 von kaiserlichen Truppen zurückerobert wird. Jetzt besetzen die Spanier Trier, werden jedoch von dort von den Franzosen vertrieben, die dann drei Jahre später die Stadt wieder den Spaniern einräumen müssen. Was diese Kämpfe für Trier, das Moselland und die Trierer Eifel bedeuten, werden wir noch darlegen. Die späteren Erzbischöfe stehen jedoch ununterbrochen zum Kaiser und sind Gegner der Franzosen.

Dagegen befinden sich die Kölner Kurfürsten seit Maximilian-Heinrich (1650–1688) etwa hundert Jahre lang im Bündnis mit Frankreich. Da der genannte Kölner Metropolit zugleich die Bistümer Lüttich, Osnabrück und Hildesheim innehat, spielt die Kurkölnische Eifel für den Erzbischof nur noch eine Nebenrolle.

Nach dem Jülich-Klevischen Erbfolgestreit (1609–1613) tritt Wolfgang Wilhelm aus Pfalz-Neuburg an der Donau nach Abmachung mit dem brandenburgischen Kurfürsten das Erbe in den Herzogtümern Berg und Jülich an (1614–1653). Kurz vor der Amtsübernahme hat er heimlich die Konfession gewechselt; der Lutheraner wird Katholik. Man wirft ihm vor, er habe nicht (oder weniger) aus innerer Überzeugung den Glaubenswechsel vollzogen, sondern aus Berechnung, um durch den Übertritt die Unterstüzung des Kaisers zu gewinnen und um die Tochter des Herzogs von Bayern, des Vorsitzenden der katholischen Liga, heiraten zu können. Um diesen Vorwurf zu entkräften, geht der Jülicher scharf gegen die Protestanten vor. Seine Verbündeten sind neben dem Kaiser und der Liga die Spanier, denen er die Zitadelle Jülich einräumt. Diesen militärischen Stützpunkt besetzen die Spanier nun 38 Jahre lang (1622–1660).

Wir fassen zusammen: Die beiden weltlichen Großterritorien der Eifel, Luxemburg und Jülich, stehen im Lager des Kaisers und stellen den Spaniern ihr Gebiet zur Verfügung. Dagegen sind Kurköln und Kurtrier, dieses zwar nur zeitweise, Verbündete der Franzosen und der Niederländer. Die Haltung der kleinen Dynasten, ob sie nun als Lehensleute der großen in deren politischem Lager stehen oder sich leisten können, neutral zu sein, spielt letztlich keine Rolle. In die politischen und militärischen Auseinandersetzungen werden sie alle hineingezogen.

Nach der beschriebenen Konstellation der Mächte ist schon vorprogrammiert, daß die Bewohner der Eifel schweren Zeiten entgegengehen. Namhafte Schlachten sind zwar in unserem Gebirge nicht geschlagen worden. Dazu fehlen die großen Aufmarschgebiete, die günstigen Operationsmöglichkeiten und die fruchtbaren Felder, um große Heeresverbände zu ernähren. Aber durch Einquartierung, Abgabenzwang, Plünderung, Brand und Zerstörung haben die Eifelbewohner in Übermaß Entbehrung, Leiden und Qualen kennengelernt. Alle, ob kaiserliche Truppen, Spanier oder die mit ihnen verbündeten Lothringer, besetzen ebenso Dörfer und Städte wie ihre Gegner, die Franzosen, Niederländer, Schweden oder Hessen. Sie alle sind Söldner und leben nach dem Motto „der Krieg ernährt den Krieg“ und pressen das Letzte aus der Bevölkerung heraus.

Das Orthsche Segenskreuz von 1594 vor der Dreifaltigkeitskapelle in Münstermaifeld.

In den Anfangsjahren des Dreißigjährigen Krieges (1618–1648) bleibt die Eifel noch einigermaßen verschont. 1631 weilt der kaiserliche Generalfeldmarschall Piccolomini selbst in der Eifel, um seine Truppen gegen die Niederländer einzusetzen. Im Winter 1631/32 quartieren sich diese in Kronenburg, Schmidtheim und auf der Wildenburg ein. Täglich müssen die Bewohner für jeden Soldaten abliefern: 2 Pfund Brot, 1 Pfund Fleisch, 1l/2 Maß Bier.

Als auch die Franzosen, vom Trierer Kurfürsten ins Land geholt, in unser Gebiet einrücken, werden die Moselorte und die Kurtrierer Eifel besonders heimgesucht. Spanische Truppen besetzen und plündern die Orte der Trierer Ämter Prüm, Schönecken, Kyllburg und Wittlich. 1636 beziehen kaiserliche Truppen für zwei Jahre Standquartier in Münstermaifeld und in den umliegenden Ortschaften. Anschließend (1638) zieht der Stadtschreiber Bilanz: Manche Dörfer sind „fast ganz ausgebrannt“. Die Bewohner einiger Orte, 1636 noch 1107 an Zahl, sind auf 487 Personen zusammengeschrumpft. Auf den wenigen „bettelarmen“ Menschen ruht eine Schuldenlast von mehr als eine Viertel Million Reichstaler. Von 23 Orten gibt der Chronist den Tierbestand wie folgt an: von 3769 Kühen (1636) sind nur noch 145 (1638) geblieben, von 716 Pferden (1636) nur noch 99 (1638), von 13 039 Schafen (1636) blieb keines übrig.

Die Hessen verwüsten 1642 die Stadt Nideggen. Vier Jahre später lassen sich dort kaiserliche Truppen nieder und sprengen den Kirchturm. Schließlich vernichtet ein Brand die ehemalige Residenzstadt der Jülicher Herzöge; die Bewohner suchen das Weite.

1647 besteigen hundert Holländer nachts mit Leitern die zu Luxemburg gehörende Kronenburg und nehmen die dortige Kompanie eines spanischen Regiments gefangen. Einer 1649 erfolgten Zählung entnehmen wir, daß die Bevölkerung von den zwölf Ortschaften der Herrschaft Kronenburg um mehr als die Hälfte zurückgegangen ist. Dahlem hat zwei Drittel seiner Häuser verloren, im benachbarten Stadtkyll sind nur drei Häuser stehen geblieben[19].

Als 1648 zum Westfälischen Frieden in Münster und Osnabrück die Friedensglocken läuten, ist jedoch der Krieg in der Eifel noch nicht zu Ende. Die Spanier und die Lothringer haben sich mit den Franzosen nicht einigen können. Die Eifel bleibt Kriegsschauplatz. Von Kronenburg schreibt der Chronist 1651: „Die Herrschaft ist so ruiniert, daß kein Bauer mehr auf dem Lande zu finden ist.“ Nach dem Abzug der Lothringer quartieren sich hier die Spanier ein und anschließend die Franzosen. Erst der Pyrenäenfriede 1659 bringt Waffenruhe. Luxemburg muß seine südlichen Gebiete um Diedenhofen, Montmedy und Marville an Frankreich abtreten, das zugleich Landgewinne in den Pyrenäen verzeichnen kann.

Aus der Eifel ziehen nun die spanischen Truppen ab; 1660 räumen sie auch die Zitadelle in Jülich. Die Spanier, die sich auf den vielen Kriegsschauplätzen übernommen haben, verlieren allmählich ihre Stellung als Großmacht. Dafür beanspruchen die Franzosen unter ihrem König Ludwig XIV. die Vormacht in Europa. Bereits 1667 greifen sie ihre früheren Verbündeten, die Holländer, an und beanspruchen für sich die ehemaligen spanischen Niederlande, müssen jedoch zurückstecken, da die europäischen Staaten einmütig gegen sie stehen. Die Eifel wird von diesem Krieg (1667/68) kaum berührt. Aber welche Angst mögen die Bewohner ausgestanden haben, wieder in den Strudel kriegerischer Wirren hineingezogen zu werden! Sie haben sich nicht getäuscht. Bereits vier Jahre später ertönen hier schon wieder die Kriegsposaunen. Den Bewohnern ist kaum Zeit geblieben, sich von neuem notdürftig einzurichten.

Den Holländischen Krieg (1672–1678) können die Franzosen beginnen, weil sie vorher ein Meisterstück der Diplomatie vollbracht haben. Sie haben nämlich die europäischen Mächte spalten und sogar Verbündete gewinnen können. Der Kölner Kurfürst hat mit ihnen 1671 ein Offensivbündnis geschlossen; Erzbischof Maximilian Heinrich und der Jülicher Herzog Philipp Wilhelm (1653–1679) stellen den

Das berühmte „Doppelerkerhaus" in Münstermaifeld nach einer Radierung des englischen Kupferstechers E. Georges, 1873.

Franzosen sogar ihre Territorien als Stützpunkte zur Verfügung. In erster Linie ist damit die Nordeifel betroffen, zumal die Holländer nach Möglichkeit versuchen, die Kampfplätze in die Eifel zu verlagern. Besonders betroffen sind das untere Ahrgebiet, Rheinbach und der zu Jülich gehörende Teil der Eifel. Damals werden Heimbach und die umliegenden Ortschaften zerstört, das Dorf Hohn bei Münstereifel geplündert und eingeäschert. In Euskirchen hausen die Franzosen so furchtbar, daß die ganze Bürgerschaft aus der Stadt flieht.

Nach Beendigung des Holländischen Krieges (Friede von Nymwegen 1678) führen die Franzosen den sogenannten „trockenen Krieg" und halten sich weiterhin an vielen Orten der Eifel auf. „Reunionskammern" stellen fest, welche Orte oder Herrschaften aufgrund alter Lehensrechte französisches Gebiet sind. Durch die Rechtskomödie der Reunionen ist z. B. Straßburg 1681 Frankreich angegliedert worden. Nach demselben Prinzip besetzen die Franzosen schließlich die Abtei Prüm, das Herzogtum Arenberg, St. Vith, das Territorium Luxemburg, dann Gebiete von Kurtrier und der Grafschaft Manderscheid und behaupten sie 14 Jahre lang (1684–1698). In diesem Zusammenhang besetzen die Franzosen auch das Trabener Ländchen mit dem Mittelpunkt Traben-Trarbach und errichten hier mit Mont Royal (1687–1692) einen strategischen Stützpunkt ersten Ranges.

Pestkreuz in Obermendig; Inschrift (übersetzt): „O sündiger Mensch, sieh, o was hat Jesu gelitten und seine Mutter Maria.

Die Franzosen halten sich 1678 weiter in Münstereifel auf; wahrscheinlich droht auch dieser früheren Filiale der Abtei Prüm ein Reunionsverfahren. Die Drangsale, denen die Münstereifeler durch die Franzosen in den Jahren 1678 bis 1681 ausgesetzt sind, hat der Stadtschreiber in fast täglichen Eintragungen aufgezeichnet. Immer neue Forderungen werden gestellt, Zwangsmaßnahmen angedroht und maßgebende Männer der Stadt in Haft gesetzt. Oft müssen Ratsherren und Bürger bei reichen Patriziern in Köln Äcker, Wälder und Häuser verpfänden, um hohe geforderte Summen zahlen zu können. Im März 1681 lesen wir in der Chronik, es seien „durch königlich-französische Einquartierungen 40 bis 50 Häuser niedergerissen, verwüstet, verdorben und unbewohnbar gemacht" worden. Weiter heiß es, „daß bisher 500 und mehr Bürger in der Stadt gewesen sind, heute dagegen kaum 200".

Seit 1684 hat Frankreich durch das konstruierte System der Reunionen mehr als ein Viertel der Eifel an sich gerissen. Die Städte und Dörfer dieser Gebiete, dann auch die Jülicher Eifel bekommen nochmals die ganze Leidensskala zu spüren, als Ludwig XIV. den Pfälzischen Krieg (1688–1697) beginnt, um hier gewisse territoriale Forderungen durchzusetzen. Zwischen der Pfalz und der Eifel besteht folgender Zusammenhang: 1679 ist Herzog Philipp Wilhelm von Jülich-Berg zurückgetreten, um seinem Sohn Johann Wilhelm, genannt Jan Wellem (1679–1716), die Heirat mit Maria Anna, der Tochter Kaiser Ferdinands III. aus Wien, zu ermöglichen, die standesgemäß nur einen „regierenden" Fürsten heiraten darf. Als 1685 in Heidelberg das Haus Pfalz-Simmern ausstirbt, folgt als nächster männlicher Erbe Herzog Philipp Wilhelm und nach seinem Tode (1690) der Sohn Jan Wellem. Die Jülicher Herzöge sind also jetzt die direkten Gegner

Frankreichs. Der Krieg findet hauptsächlich in der Rheinpfalz statt, wo Heidelberg und viele andere Orte zerstört werden. Aber auch in der Eifel wüten die Franzosen in fast unvorstellbarem Maße. In den Jahren des Pfälzischen Krieges werden St. Vith, Stavelot, Malmedy, Stadtkyll, Bitburg, Gerolstein, Hillesheim, Kaisersesch, Mayen, Ahrweiler und viele Dörfer völlig oder fast ganz vernichtet. Die Burgen Münstereifel, Monschau, Gerolstein, Neuerburg, Wittlich, Saffenburg, Nürburg, Olbrück und Altenahr werden niedergelegt, fast alle im Jahre 1689, also im gleichen Jahr, in dem die Burgen am Rhein zu Ruinen werden. Die Ringmauern in Waxweiler, Bitburg und anderen Orten machen die Franzosen dem Erdboden gleich, schlagen Breschen in die Stadtmauer von Münstereifel und brennen die vier Stadttore nieder. Oft wird den Feinden tapferer, aber letztlich unnützer Widerstand geleistet, so in Monschau; in Altenahr hält man sogar neun Monate der Belagerung stand. Wieviel Leid und welches Elend sich hinter unserer Aufzeichnung verbergen, kann man z. B. beim Stadtschreiber Münstereifels nachlesen, der allein für das Jahr 1689 dreißig zum Teil erschütternde Einzelheiten festgehalten hat.

Natürlich stellen sich im Laufe der Kriege Krankheiten aller Art ein, Pest und Seuchen, zu denen Hungersnot kommt; Tausende sterben dahin. In Neuerburg wird wegen der zahlreichen Toten ein Pestfriedhof angelegt. An vielen Orten weisen noch heute Pestkreuze, Pestkapellen (Dasburg, Schleiden) und Prozessionen zu Ehren des heiligen Rochus, des Schutzpatrons gegen die Pest, auf diese damalige Geißel der Menschheit hin.

Pestkreuz auf den Feldern von Kell nahe Bad Tönnisstein.

Mit dieser Fülle von Leid und Drangsalen werden die Menschen auch seelisch nicht mehr fertig. „Da muß der Teufel im Spiele sein“ ist ihre Erklärung. Einige Männer, hauptsächlich aber Frauen (90 Prozent), werden zu Beginn der Leidenszeit in der Eifel im ausgehenden 16. und im ersten Drittel des 17. Jahrhunderts beschuldigt, Helfer und Handlanger des Satans zu sein, um Menschen und Tieren zu schaden. Die geringsten Verdachtsgründe genügen zur Anklage. Furchtbare Folterungen müssen die Beschuldigten über sich ergehen lassen, die nach diesen Qualen fast alle das Geständnis, schuldig zu sein, abgeben. Dann folgt der Tod, im allgemeinen auf dem Scheiterhaufen. Um 1590 sterben in und um

Trier mehr als 400 Menschen den Feuertod, darunter sogar ein Rektor der Universität und Schultheiß der Stadt. In Neuerburg werden fast 100 Personen in einem einzigen Prozeß abgeurteilt.

In den Jahren 1580 und 1633 registrieren wir allein in den Grafschaften Blankenheim und Gerolstein 210 Hexenprozesse[21]. Nach den vorhandenen Akten – manche sind verschwunden – werden in der Grafschaft Blankenheim verurteilt in den Jahren:

1592/93: 8 Personen
1614: 14 Personen, 12 Frauen und 2 Männer aus den Ortschaften Blankenheim, Blankenheimerdorf, Esch, Alendorf, Obergartzem
1627: 28 Personen aus Blankenheim, Blankenheimerdorf, Engelgau, Houverath, Obergartzem
1629–33: 32 Personen aus Blankenheimerdorf, Engelgau, Frohngau, Buir, Holzmühlheim, Houverath, Hüngersdorf, Waldorf, Wiesbaum, Gönnersdorf

In der Grafschaft Gerolstein, teils abgeurteilt in den der Grafschaft zugeordneten Gerichten Jünkerath und Stadtkyll, sterben den Hexentod:

1582/83: 11 Personen
1628/29: 31 Personen aus Gerolstein, Lissendorf, Reuth, Oberbettingen
1630: 10 Personen
1631: 5 Personen aus Esch und Feusdorf
1633: 15 Personen aus Stadtkyll, Kerschenbach, Glaadt, Birgel, Lissendorf, Basberg, Reuth, Duppach

Ganz schwer trifft es die Frauen in Blankenheim und Lissendorf, wo 33 bzw. 31 Frauen den Feuertod erleiden. In Dahlem (Herrschaft Kronenburg) werden in den Jahren 1598 bis 1633 mindestens 13 Frauen und 5 Männer angeklagt. Um nicht gefoltert zu werden, bekennen sich die meisten schon früh als schuldig. Andere legen erst nach unsagbaren Folterungen ein Geständnis ab. Nur ein einziger Mann hat die Kraft und den unglaublichen Mut, trotz mehrfacher stundenlanger Mißhandlungen standhaft zu bleiben. Er wird schließlich freigesprochen, hat aber trotzdem alle Gerichtskosten zu tragen. In Wirklichkeit liegt die Zahl der Abgeurteilten auch hier höher, da ein Aktenstoß fehlt.

Kein Alter, kein Geschlecht und kein Stand ist vor den Hexenjägern sicher; selbst Geistliche werden nicht ausgenommen[22]. So sterben in den zwanziger Jahren des 17. Jahrhunderts die Pfarrer in Münstereifel, Schmidtheim, Auw, Esch und Hillesheim den Hexentod.

Noch viele einschlägige Akten liegen in den Archiven und künden von grausigen Prozessen in Münstermaifeld, Mayen, Prüm, Wallersheim und manchen anderen Ortschaften der Eifel; es sind Zeugnisse eines entsetzlichen Aberglaubens und einer unvorstellbaren Grausamkeit.

Erschütternd zu lesen ist ein Buch, das, wie Nachforschungen ergeben haben, als einziges Exemplar Deutschlands in der Bibliothek des St.-Michael-Gymnasiums zu

Münstereifel vorhanden ist[23]. Der Verfasser Löher wendet sich in 33 Kapiteln gegen die Hexenprozesse, insbesondere gegen die Hexenrichter der dreißiger Jahre in Rheinbach, Meckenheim und Flerzheim, die damals einen Gerichtsbezirk bilden. Der Verfasser kennt die dortigen Verhältnisse aus eigenem Erleben. Hermann Löher, 1595 in Münstereifel geboren, übersiedelt 1601 mit seinen Eltern nach Rheinbach. Wie sein Vater ist er Kaufmann und genießt in seiner Stadt ein so hohes Ansehen, daß die Bürger ihn schon mit 32 Jahren zum Bürgermeister wählen und vier Jahre später auch zum Gerichtsschöffen. Als solcher muß er schon im ersten Jahre (1631) den Hexenprozessen als Zeuge beiwohnen. Löher schildert, wie ehrbare Frauen und Männer angeklagt und so lange gefoltert werden, bis sie eine Schuld eingestehen. Mit Vorliebe werden reiche, alleinstehende und kinderlose Personen angeklagt, deren Vermögen sich dann der Richter und die Helfershelfer ganz oder teilweise aneignen. Die Schöffen, die der Anklage nicht zustimmen, machen sich verdächtig, selbst „Hexen" zu sein. Löher hat in diesen Jahren manches Schlimme abwenden können. Als er 1636 selbst angeklagt werden soll, kann er sich in der Nacht vorher mit seiner Frau absetzen und schließlich Antwerpen erreichen. Die Flucht wird als Schuldeingeständnis aufgefaßt, und Löhers Vermögen wird konfisziert; es sind „Güter, Früchte, Wein, Wachs und der Kramladen". – In Amsterdam bringt es Löher ebenfalls zu gewissem Wohlstand und wendet einen hohen Geldbetrag auf, um die Ereignisse in Rheinbach der Nachwelt zu überliefern. 1676 erscheint sein Buch „Hochnötige Unterthänige Wehmütige Klage der Frommen Unschültigen". Es ist ein stattliches Werk von 638 Seiten mit 14 Kupferstichen. Grausen überkommt einen, wenn man die Einzelheiten liest. Wir ziehen nur Bilanz: Die Richter „haben aus 300 Wohnhäusern 125 bis 130 Menschen verbrannt, darunter 5 Schöffen und 12 Ehefrauen von Schöffen". Nach Löher haben sich die Pfarrer von Rheinbach und Meckenheim gegen das Unwesen ausgesprochen. „Pastor Hubertus von Meckenheim wäre ebenfalls umgekommen, wenn er nicht fürstliche Protektion bekommen hätte."

Beginn einer Folterung in der „Hexenkammer".

Am Schluß bekennt Löher dankbar: „O mein Gott und Herr, ich danke Dir, daß Du mich... in guten Zeiten und in Betrübnis leben ließest, indem Du mir nicht ein einziges Glied an meinem Leibe hast beschädigen lassen..."

Den Hexenrichtern und ihren Helfern muß alles daran gelegen sein, das Buch zu vernichten, wo immer sie dessen habhaft werden können. Sicher ist es kein

Hexenverbrennung – zeitgenössischer Stich.

Zufall, daß nur noch zwei Exemplare existieren, eines in Löhers Geburtsstadt Münstereifel, das andere an seinem Sterbeort Amsterdam. Es ehrt Rheinbachs Bürger, in dankbarer Erinnerung an ihren früheren Bürgermeister und Schöffen eine Straße ihrer Stadt „Löherstraße“ genannt zu haben.

X. Aufwärtsentwicklung im 18. Jahrhundert

Die Hoffnung der Eifelbevölkerung, mit der Jahrhundertwende würde eine Besserung der Verhältnisse eintreten, erfüllt sich nicht. Im Jahr 1700 ist der König von Spanien gestorben und damit das Königshaus im Mannesstamm erloschen. Zwei Schwestern des Verstorbenen haben, die eine Ludwig XIV. von Frankreich, die andere den deutschen Kaiser Leopold (1658–1705), geheiratet. Beide Regenten erheben nun Anspruch auf das spanische Erbe, zu dem ja neben Spanien die südlichen Niederlande (das spätere Belgien), Luxemburg und damit ein großer Teil der Eifel gehören; es beginnt der „Spanische Erbfolgekrieg" (1701–1714), der zunächst auch für die Eifel große Auswirkungen hat.

Die Franzosen besetzen das luxemburgische Gebiet, das sie gerade erst (1698) haben räumen müssen, und der mit ihnen verbündete Erzbischof von Köln stellt Ludwig XIV. seine Gebiete als militärische Stützpunkte zur Verfügung. Jülich und Kurtrier stehen dagegen auf seiten des deutschen Kaisers, dem sich auch England, die Niederlande und Preußen anschließen. Damit ist die Eifel in zwei militärische und politische Blöcke gespalten: Je ein Großterritorium in Nord und Süd (Kurköln und Luxemburg) steht den Franzosen als Militärbasis zur Verfügung, während die beiden anderen Großterritorien (Kurtrier und Jülich) im kaiserlichen Lager stehen. Damit ist schon klar, daß für die Eifel eine neue Leidenszeit beginnen wird. Wir wollen uns ersparen, die Kriegsereignisse im einzelnen darzulegen, davon war im Kapitel vorher genügend die Rede, sondern nur den Gesamtverlauf in Kürze aufzeigen.

Bereits am Anfang des Spanischen Krieges läßt der Herzog von Jülich die Niederländer in sein Gebiet einrücken. In Schleiden schlagen zeitweise drei französische Regimenter ihr Standquartier auf. Zweimal durchqueren die Franzosen die Eifel, einmal von der Maas nach Bonn, dann vom Rhein wieder zurück über das Gebirge an die Mosel, wo harte Gefechte stattfinden. Auch die Truppen der kaiserlichen Allianz benutzen das Gebirge zum Durchmarsch. Alle lassen ihre Spuren zurück: abgebrannte und verwüstete Städte und Dörfer, ausgeplünderte und verzweifelte Menschen. Von der Kriegsfurie sind besonders betroffen: die Mosellande, das gesamte Ahrgebiet und viele Ortschaften wie Meckenheim, Rheinbach, Euskirchen, Münstereifel, Kall, Blankenheim und Bitburg. 1705 erscheinen zum erstenmal auch englische Truppen unter ihrem Feldherrn Malborough in der Eifel. Sie verdrängen die Franzosen an der Mosel, marschieren dann nach Schleiden und von dort über Schönecken und Bitburg in das Trierer Land. Ihr nächster Sammelplatz ist Düren. Auf dem Marsch dorthin wird Hillesheim durch Brand völlig zerstört. Aufschlußreich ist der Bericht des Geistlichen, der das englische Heer begleitet und in einem Schreiben an seinen Freund die Eifel als „unwirtschaftliche Landschaft... mit nackter Oberfläche" und als „jämmerliche Gegend" beschreibt. Wörtlich fährt er fort: „Die Orte tragen das Gepräge der Verarmung, worin sie die französische Herrschaft oder Unterjochung gestürzt hat... Alle Dörfer waren verlassen. die Bauern flohen, als wir uns näherten, entweder in feste Plätze oder in die Wälder; sie schleppten von ihren Habseligkeiten, soviel sie konnten, mit sich fort.“[24]

Zum Glück für die Eifel verlagern sich die Kämpfe in den weiteren Jahren auf andere Schauplätze, hauptsächlich in die Niederlande, nach Oberitalien und nach Spanien. Schließlich endet der Krieg mit einem Kompromiß (Friede von Utrecht, 1713, und von Rastatt-Baden, 1714). Philipp von Anjou, der Enkel des Franzosenkönigs, erhält das Königreich Spanien, und dem deutschen Kaiser werden die bisher Spanischen Niederlande und das Herzogtum Luxemburg zugesprochen. Damit sind im 18. Jahrhundert die deutschen Kaiser aus dem Hause Habsburg auch die Landesherren der luxemburgischen Eifel. Ihre Westgebiete liegen weit ab, deshalb suchen sie später, wenn auch vergeblich, Bayern gegen diese einzutauschen.

Auch für den Herzog des zweiten großen weltlichen Territoriums wird sein Eifeler Besitztum immer mehr Nebengebiet. Der Jülicher Jan Wellem (geb. 1716) bleibt immerhin noch im Rheinland, in der Residenz Düsseldorf, obwohl er auch Kurfürst der Pfalz geworden war. Sein Nachfolger Herzog Karl Philipp (1716–1742) dagegen hält sich nur in seinem Kurfürstentum auf; nicht ein einziges Mal hat er seine rheinischen Territorien besucht. Sein Nachfolger Karl Theodor (1742–1799) bezieht Residenz in Mannheim und später in München (1778), als er auch noch Kurfürst in Bayern geworden ist. So dienen den Kurfürsten und Herzögen von Jülich-Berg die rheinischen Lande vornehmlich als Geldquellen. Sie suchen hier hohe Abgaben einzunehmen, die sie zum Ausbau ihrer Residenzen Mannheim und München benötigen.

Die beiden geistlichen Kurfürsten von Trier und Köln lassen sich weitgehend in die europäische Politik einspannen, immer zum Nachteil der Bewohner ihrer Territorialgebiete. Als der Trierer Erzbischof im Kampf um die polnische Krone für den Kaiser Stellung bezieht, beuten die Franzosen drei Jahre lang (1734–1737) sein Gebiet aus. Sie besetzen Trier und erobern nach kurzer Belagerung die Feste Trarbach. Bei Klausen bereiten deutsche Truppen den Franzosen im Herbst 1735 eine Niederlage; doch räumen die Franzosen die Trierer Lande erst 1737.

Im Österreichischen Erbfolgekrieg (1740–1748) kämpfen Kurköln und Jülich im Bunde mit den Franzosen gegen die Erhebung Maria Theresias zur Kaiserin. Damit ist die Nordeifel in die Wirren des Krieges hineingezogen, zumal bald österreichische Trupen heranrücken, aber zu ihrer Unterstützung auch Engländer. Diese, 10 000 an der Zahl, haben ihre Frauen und Kinder mitgebracht, die fast nochmals dieselbe Zahl ausmachen. 1743 ziehen sie über Aachen durch die Eifel nach Neuwied. Man bedenke, sie alle müssen essen und trinken. Was mag da noch in den Orten übriggeblieben sein, die sie durchziehen oder an denen sie haltmachen! Im Siebenjährigen Krieg (1756–1763) sind Kurköln und Jülich erneut Verbündete Frankreichs, dem sie in ihren Gebieten Stützpunkte überlassen. Diesmal kämpfen sie alle für Maria Theresia. Einzelheiten zu erwähnen, ersparen wir uns.

Monschau im Deutsch-Belgischen Naturpark (Aufnahme vor 1944).

Jedoch bringen die dreißiger bis sechziger Jahre diesmal über die Eifelbewohner nicht die Fülle des Leides, wie sie im 17. Jahrhundert und in den ersten Jahren des Spanischen Erbfolgekrieges ertragen werden mußten. Natürlich gibt es auch jetzt Raub, Brand und Verwüstungen, aber diese Kriegsuntaten sind zeitlich begrenzt und beziehen sich durchweg nur auf einen Teil des Gebirges. So erholt sich die Eifel im 18. Jahrhundert besonders nach dem ersten Jahrzehnt im großen und ganzen und erlebt einen gewissen Aufschwung.

Der Bauer kann die Früchte seiner Äcker wieder selbst ernten und von sich aus darüber verfügen. Damals beginnt bei uns auch der Kartoffelanbau. Die Knolle, die um 1600 nach Europa gebracht wurde, hat zunächst in Frankfurt und Wien als botanische Seltenheit Staunen erregt. In der Eifel wird sie weit mehr als 100 Jahre später angepflanzt, und zwar auf höheren Befehl hin. Maria Theresia (1740–1780) schreibt 1753: „Seit Jahren habe ich im Luxemburgischen die Kartoffel eingeführt." Um die widerstrebenden Bauern für das neue Gewächs zu gewinnen, gibt es Subventionen, d. h. Ermäßigung von Abgaben und Erlaß des Zehnten. Doch zunächst verwenden die skeptischen Bauern die Kartoffeln lediglich als Viehfutter. Erst allmählich kommen auch die Menschen auf ihren Geschmack. – Eine größere Beachtung findet zur gleichen Zeit der Gemüse- und Obstanbau. Damals kann man die Ackergeräte verbessern und erreicht so höhere Ernteerträge, eine Notwendigkeit, da die Bevölkerungszahl gewachsen ist. Es beginnt auch der Tabakanbau, besonders in den Ebenen der Voreifel. Die Sitte oder Unsitte zu rauchen, hat man bei den Soldaten gesehen. Köln wird ein Hauptort der Tabakverarbeitung. Etwa 500 Arbeiter sind dort in mehreren Großbetrieben der Tabakindustrie beschäftigt.

Aufschluß über seine landwirtschaftliche Struktur gibt eine Statistik aus Kronenburg, einem landwirtschaftlich weniger ergiebigen Ort der Zentraleifel. Die dortige Flur wird 1766 angegeben mit 2035 Morgen Rottland, 212 Morgen Acker, 145 Morgen Wiesen. An Tieren sind vorhanden: 53 Pferde, 234 Stück Rindvieh, 70 Schweine, 466 Schafe, 76 Ziegen. Auffallend ist der große Umfang der Ödlandflächen. Auf ihnen weiden vor allem die Schafe. Wie man berechnet hat, zählt damals jeder Eifelort im Durchschnitt 500 bis 600 Schafe. Die Zahl der Ziegen ist als „Milchkuh des armen Mannes" nach den Kriegen im 17. Jahrhundert besonders stark angestiegen. Der Wald diente damals weiter den Schweinen als Weidetrift; diese, besonders aber die Schafe und Ziegen, richten in den Wäldern großen Schaden an. Deshalb ergehen Forstverordnungen, z. B. 1720 für das kurtrierische Gebiet oder 1723 und 1787 seitens der gräflichen Verwaltung Manderscheid-Blankenheim, nämlich die Schweinemastung in den Wäldern auf die Zeit vom Herbst bis zum folgenden Dreikönigstag zu befristen und die Waldweide für Schafe und Ziegen einzuschränken, schließlich sie sogar zu verbieten. Pferde werden damals für weite Transporte benötigt, aber hoch ist auch der Bedarf, den das Militär stellt. Zur Hebung der Pferdezucht unterhält der Kurfürst von Trier ein Gestüt in Prüm. Das Grafengeschlecht Manderscheid-Blankenheim beschäftigt zur Erhaltung und Pflege seiner ausgedehnten Waldungen einen Oberforstmeister, sechs Oberförster und eine Reihe von Forstgehilfen.

Auch dem Gewerbe kommen die nunmehr friedlichen Zeiten, ein fortschrittliches Denken und wachsende Unternehmerinitiative zugute. Es können die Wollmanufakturen in Malmedy, St. Vith, Eupen, Prüm, Neuerburg, Münstereifel ihre Produkte steigern. In Monschau bauen evangelische Tuchmacher frei von Zunftzwang neue Betriebe auf. Der eingewanderte evangelische Pastorensohn Johann Heinrich Scheibler ist ein großes Kaufmannstalent und ein ausgezeichneter Organisator. Er versteht es, richtig einzukaufen, die Wolle günstig verarbeiten zu lassen und sich einen großen Absatzmarkt zu erschließen. Durch ihn wird Monschau die erste Tuchmacherstadt Westdeutschlands. Er entdeckt eine Marktlücke, indem er erkennt, daß viele Menschen anspruchsvoller geworden sind, mehr Geld als bisher haben und durchaus gewillt sind, für schöne Kleider einiges auszugeben. Scheibler fährt nach Spanien und kauft ganze Schiffsladungen Wolle von Merinoschafen ein, die dann von Antwerpen mit Pferdewagen in die Eifel gebracht werden. Aus dieser Importwolle lassen sich feine Tuche herstellen, die dazu noch mit den leuchtenden Modefarben des Rokoko versehen werden und nicht nur auf den bedeutenden Messen in Frankfurt und Leipzig und auf den Märkten in Berlin und Wien angeboten, sondern auch in fast alle Länder Europas exportiert werden. Sogar in Vorderasien und in den Harems des Orients finden sich begeisterte Käufer. Scheibler beschäftigt durchweg 4500 Personen, davon die meisten als Heimarbeiter, 1762 steigt die Zahl sogar auf 6000 Personen an, von denen viele im nahen und weiten Hinterland wohnen[25]. Monschau selbst erreicht mit 4000 Einwohnern seine Spitze, da viele Fachkräfte von auswärts zuziehen. Erstmals in der Eifel gibt es jetzt soziale Unruhen und Widerstände gegen die „Fremden", die ihnen, den Einheimischen, die gehobenen Arbeitsplatze oder sogar die Arbeit schlechthin wegnehmen würden. Heftige Auseinandersetzungen werden ausgetragen, aber die Spannungen führen nicht zu einem dauernden sozialen Kampf; einmal muß jedoch das Militär zur Schlichtung eingesetzt werden.

Auch in Münstereifel steigt der Umsatz an Tuchen, wenn auch nicht bedeutend. Allzu enge Zunftbestimmungen hemmen die eigene Initiative. Bei einer Neuaufnahme werden Herkunft und katholische Konfession einer genauen Prüfung unterzogen. Auswärtige werden nicht aufgenommen. Tuche außerhalb der Zunft herzustellen oder zu verkaufen, ist verboten.

Als ein aufgeschlossener Sohn der Stadt nach einem Universitätsstudium 1779 in Münstereifel eine Tuchfabrik errichten will, weiß das die Zunft zu verhindern, er würde damit „das einheimische Gewerbe ruinieren". Der junge Mann wehrt sich dagegen und sagt u. a., er habe vor, drei Webstühle aufzusetzen, und verpflichtet sich, innerhalb eines Jahres 18 Kinder einzustellen, „die damit vom Bettelstab kämen". So sieht also selbst in einer der wohlhabenden Städte der Eifel die Wirklichkeit aus! Sicher sind damals auch in Monschau viele Kinder in der Tuchherstellung beschäftigt.

Das politische Sagen in Münstereifel haben jedoch nicht in erster Linie die Mitglieder der Zunft, sondern die Gilde der Kaufleute. 1677 muß jedenfalls ein Bürger vor seiner Aufnahme in den Stadtrat die Erklärung abgeben, daß er während seiner Amtszeit kein Handwerk betreiben werde. Überliefert ist uns auch der Ehrensold des Bürgermeisters: die Nutznießung eines Teiles des Wallgrabens, einen durch Windbruch gefallenen Baum, Freiheit von Abgaben und Steuern und die Zungen aller zum Verkauf geschlachteten Rinder.

Als Stapelplatz und Handelszentrum nimmt Münstereifel eine beachtliche Stellung ein. Absatzgebiete sind die Nordeifel, das obere und mittlere Ahrgebiet, die Städte Bonn und Köln, und enge Handelsbeziehungen bestehen zum großen niederrheinischen Wirtschaftsraum. Die Münstereifeler Kaufleute handeln mit Agrarprodukten, Bier, Wein, Tuchen und Lederwaren. Die Gerbereien gewinnen im 18. Jahrhundert an Bedeutung, vor allem auch in Eschweiler, Prüm, Neuerburg, Waxweiler, Wittlich, St. Vith. Malmedy entwickelt sich sogar zu eines der bedeutendsten Lederzentren Europas. Hier findet auch die Papierindustrie Eingang. 1761 entsteht eine Papierfabrik für Preßpappe. Einen besonderen Namen in der Papierherstellung macht sich Düren. Dort spezialisiert man sich darauf, feine Sorten Papier herzustellen. Kupfermeister, die im 17. Jahrhundert Aachen verlassen mußten, fügen in ihrem neuen Wohnort Stolberg dem Kupfer das dort abgebaute Galmei zu, woraus das härtere Messing entsteht. In der ersten Hälfte des 18. Jahrhunderts beherrschen sie fast monopolartig den europäischen Messingmarkt. Aus Kupfermeistern werden Kupferherren. Auch die Eisenhütten und Eisengießereien, die an Salm, Kyll, Urft, Olef und Ahr bestehen, verzeichnen einen beachtlichen Umsatz.

Damals war es vielfach leichter, die Waren fernab der Eifel abzusetzen als im Gebirge selbst, wo die territoriale Zersplitterung und die dadurch bedingten Grenzen ein schwerwiegendes Hindernis für den Handel darstellen. Im Laufe der Zeit sind allerdings etliche Zollbarrieren gefallen, da einzelnen Dynasten durch Lehensrechte, Erbschaft oder Kauf weitere Herrschaftsgebiete zufallen. So vermag der Herzog von Arenberg neben seinem Territorium an der oberen Ahr und seiner ihm schon früh (13. Jahrhundert) gehörigen Herrschaft Kommern die Herrschaften Kerpen bei Gerolstein, die Kasselburg (1674) und die Grafschaft Schleiden (1773) zu gewinnen.

Die reichsunmittelbare Herrschaft Blankenheim – 1669 hat der Herzog von Jülich auf die Lehenshoheit verzichtet – kann ihren Landbesitz erheblich vergrößern. Die Grafen erwerben meist durch Erbschaft die Grafschaften Manderscheid (1468) und Gerolstein (1697), dann u. a. die Herrschaftsbereiche Neuerburg, Jünkerath (1697), Kronenburg (1719), Kail, Bettingen, Dollendorf (alle 1742), zu denen jedesmal eine Reihe Dörfer und 96 Lehenshöfe gehören. Damit ist Manderscheid-Blankenheim von den in der Eifel selbst residierenden Territorialherren der mächtigste Dynast geworden. 1780 stirbt das Geschlecht im Mannesstamm aus. Doch eine Nichte des verstorbenen Grafen führt in weiblicher Erbfolge die Linie weiter. Reichsgräfin Augusta (geb. 1744), verheiratet mit dem böhmischen Adeligen Graf Christian von Sternberg, erweist sich als tüchtige Regentin (1780–1794).

Quinter Eisengießer.

Blankenheim hat sich schon längst als ein bedeutendes geistiges Zentrum der Eifel herausgebildet. Die Grafen haben eine wertvolle Bibliothek zusammengetragen, in der sich auch kostbare mittelalterliche Handschriften und Exemplare mitteldeutscher Epen befinden. Ein Museum enthält römische Inschriftensteine, Altäre, Grabmäler, Skulpturen und Münzen. Eine Reliquiensammlung erhöhen die Grafen auf 26 Teile, so daß zeitweise vor allem im 15. und 16. Jahrhundert Heiligtumsfahrten nach Blankenheim stattfinden.

Die verhältnismäßig friedliche Zeit des 18. Jahrhunderts, wozu ein natürliches Fortschrittsdenken tritt, ist dazu geeignet, auf verschiedenen Gebieten Neuerungen einzuführen. So verbessert Kaiserin Maria Theresia, die sich auch um ihre Westgebiete als Landesmutter sorgt, die Rechtspflege, richtet erstmalig Katasterämter ein, veranlaßt den Ausbau des Straßennetzes und fördert damit Handel und Verkehr. Nachhaltig widmet sie sich dem Unterrichtswesen. Auch Gräfin Augusta von Blankenheim kümmert sich um einen geordneten Schulunterricht für alle Kinder ab acht Jahren, wobei Kinder armer Eltern kein Schulgeld bezahlen. Auch gründet sie in Blankenheim eine höhere Schule, die von zwanzig Schülern besucht wird. Die beiden Kurfürsten von Köln und Trier und der Herzog von Jülich treffen ebenfalls Anordnungen zum inneren Ausbau ihrer Landesteile.

Der Trierer Erzbischof errichtet in seiner Residenzstadt Koblenz eine Ausbildungsstätte für Lehrer (1784). Bis dahin gab in den Dörfern im allgemeinen der Küster den Kindern Unterricht. Wie die geistige Arbeit damals bewertet wird, zeigt eine Statistik des Dorfes Dahlem aus dem Jahre 1783. Während der Schäfer einen Jahreslohn von 126 Gulden erhält, muß sich der Schulmeister mit 38 Gulden begnügen[26]. – Auch der Herzog von Arenberg erläßt für seine Gebiete eine Schulordnung und gründet eine Hebammenschule.

Neben den Residenzen der Territorialherren entwickeln sich die Klöster weiterhin zu geistigen Bildungsstätten. Vor allem ist hier das Prämonstratenserkloster Steinfeld zu nennen. Abt Lückerath verfaßt mehrere Werke über das Kanonische Recht. Pater Leonhard Goffiné († 1719) verfaßt Erklärungen der sonntäglichen Episteln und Evangelien. Seine „Handpostille" erscheint in den meisten europäischen Sprachen in 32 Verlagsanstalten mit mehr als 180 Auflagen und gehört noch zu Beginn unseres

Jahrhunderts in vielen Eifeler Familien als Buch religiöser Erbauung zur regelmäßigen Lektüre[27]. Abt Christoph Steinhäuser († 1744) wirkt als anerkannter Theologe fünf Jahre lang als Rektor an der Universität Köln. – In der Südeifel ist der geistige Ausstrahlungspunkt das Kloster Himmerod. Abt Boots bekleidet das Rektorat an der Universität Trier. Viele Frauenklöster betreut der Abt als geistiger Vater. Die Mönche sind in der Lage, das größte Gotteshaus im Kurfürstentum Trier zu errichten. Diese bedeutendste Barockkirche des Rheinlandes wird das religiöse Zentrum für Mittelmosel und Südeifel.

Seit der letzten großen Bauperiode um 1600, in der so viele gotische Kirchen in der Eifel errichtet worden sind, ist die Bautätigkeit im kriegerischen 17. Jahrhundert mit wenigen Ausnahmen fast ganz zum Stillstand gekommen. Erst die friedlichen und besseren wirtschaftlichen Verhältnisse in der zweiten Hälfte des 18. Jahrhunderts lassen die Bautätigkeit wieder aufleben. In manchen Dörfern werden neue Kirchen errichtet oder die alten umgebaut oder erweitert. Als Kleinod spätbarocker Baukunst erwähne ich hier nur die Kirche in Springiersbach (1769–1772). Besonders hervorzuheben sind jedoch die Klosterbauten. Dank der fleißigen Betätigung der Mönche haben die Klöster sogar wieder einen gewissen Wohlstand erreicht. Fast alle Benediktiner-Abteien leisten sich neue Konventsgebäude und Wirtschaftsbauten, so im Barockstil die Klöster Maria Laach und Kornelimünster. In Prüm werden beim Neubau Pläne Balthasar Neumanns zugrunde gelegt, die sein Schüler Johannes Seitz ausführt und geringfügig verändert. Den Barockbau der Basilika errichtet ein kurfürstlicher Hofbaumeister unter Beibehaltung der alten Maße. In Malmedy erfolgt nach einem Brand der Neubau des Konventes und der Abteikirche. Der Abt von Echternach errichtet eine umfangreiche Klosteranlage mit einem schönen Park.

Gußeiserner Ofen aus dem Jahre 1778.

Die Prämonstratenserabtei Steinfeld ist in der Lage, das Kircheninnere im Barockstil zu gestalten, Altäre und Kanzel neu zu errichten, eine kostbare Orgel einzubauen, Bibliotheksaal und Kreuzgang zu erneuern und dem engeren Klosterbezirk, mit 30 Morgen wahrscheinlich der größte in Westdeutschland, mit einer Mauer einzufrie-

Blankenheim, Reliquientuch, Flandern, Mitte des 15. Jahrhunderts.

den. Es ist den Prämonstratensern sogar möglich, die Herrschaft Wildenburg für 40 000 Rheintaler zu erstehen (1715). Den dortigen Burgsaal bauen sie zur Kirche aus.

Eine große Leistung bürgerlicher Kultur aus jener Zeit ist das „Rote Haus" in Monschau, errichtet 1756. Es zeigt den Geist und das Kunstverständnis seines Erbauers, des Tuchfabrikanten Johann Heinrich Scheibler. Das Doppelhaus, das Wohnung und Tuchlager unter einem Dach vereint, ist dreigeschossig und weist acht Fensterachsen an der Breit- und drei Achsen an der Schmalseite auf. Der Blausteinsockel, die gequaderten Ecklisenen und ein markantes Abschlußgesims fassen die roten Backsteinflächen zusammen. Die Muscheln an den Fensterrahmen und die

Karmelitenkloster Springiersbach am Kondelwald.

ausladenden verschieferten Giebel zeigen barocke Elemente an, die im Innern deutlich hervortreten. Wir bewundern die kunstvoll breit geschnitzte Treppe mit 21 Reliefs, in denen der Ablauf der Tuchherstellung dargestellt wird, die alten stilechten Möbel und die gemalte Pariser Wandtapete. Das kulturgeschichtlich bedeutende Haus, seit 1956 Museum, lohnt eine Besichtigung.

Weitere repräsentative Bürgerhäuser finden wir in Eupen, Kornelimünster, Münstereifel, Blankenheim, Adenau, Prüm, Bitburg und Wittlich. Sie zeigen allerdings verschiedene Stilrichtungen; denn wie geschichtlich ist die Eifel auch kulturgeschichtlich kein einheitlicher Raum. In der Westeifel ist im allgemeinen das Fachwerkhaus vorherrschend, in der Südeifel der verputzte Massivbau, wobei der Stil in den Räumen der benachbarten Ebene für das nahe Gebirge als Vorbild dient. Der im Maastal verwendete Blaustein wird auch im Aachener Raum verwandt, und Trier und die Mittelmosel wirken durch ihren roten Buntsandstein beispielhaft für die Südeifel.

Im 18. Jahrhundert wird die Aufklärung die beherrschende Idee in Europa. Die Vernunft drängt die Aussagen des Glaubens zurück, und die religiöse Überlieferung wird immer stärker in Frage gestellt. Eine gewisse Bevormundung sieht man in der kirchlichen Autorität. Auch der Einfluß und der Reichtum der Klöster weckt

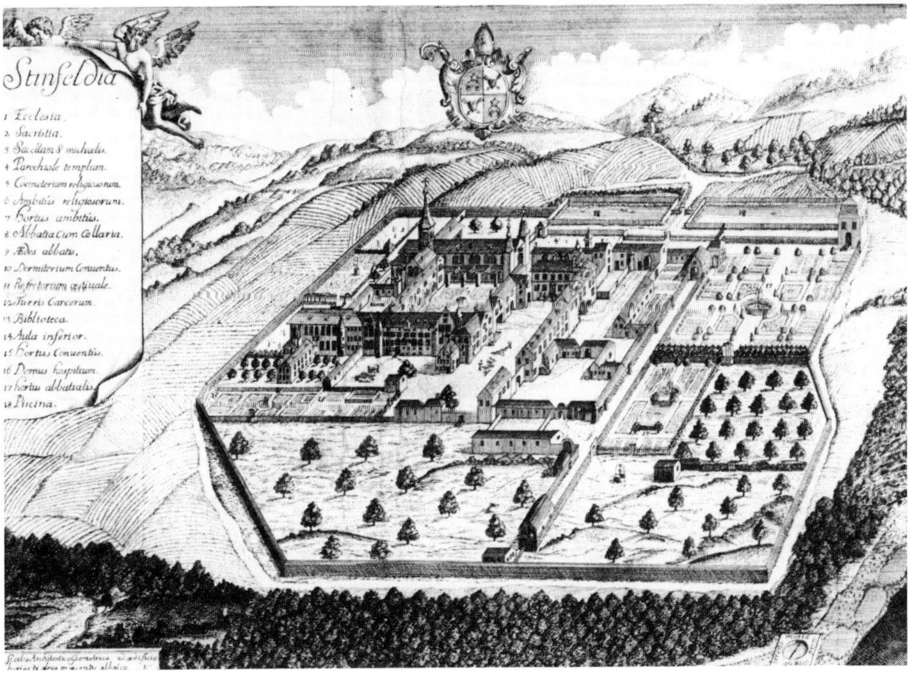

Kloster Steinfeld, Kupferstich von N. Nicole, 1736.

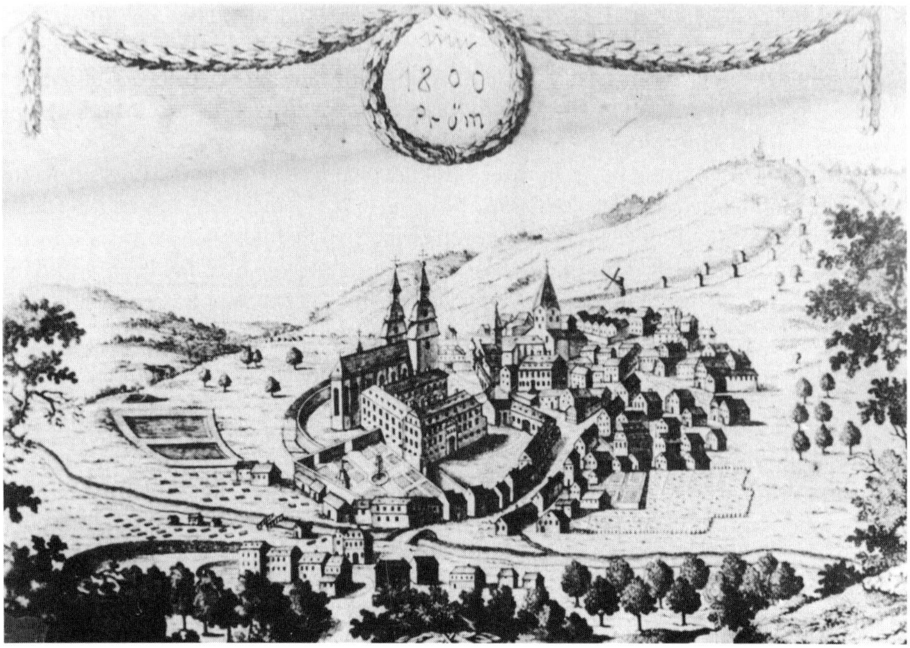

Prüm um 1785, Kupferstich, anonym.

Ärgernis. Ins Schußfeld geraten besonders die einflußreichen Jesuiten. Sogar die fromme Kaiserin Maria Theresia entzieht ihnen das Erziehungswesen und die Leitung der Universitäten.

Ihr Sohn, Kaiser Josef II. (1780–1790), auch Landesherr der luxemburgischen Eifel, vermindert die Zahl der Ordensniederlassungen und stellt die Benediktinerabtei Echternach unter staatliche Aufsicht. Schließlich wächst der politische und kirchliche Druck so stark an, daß der Papst 1773 sogar den Gesamtorden der Jesuiten auflöst[28]. Auch in Münstereifel müssen die Jesuiten ihr Kolleg verlassen. Allerdings bleibt das Gymnasium bestehen, weil 13 Ex-Jesuiten den Unterricht fortsetzen, obwohl ihnen die finanzielle Grundlage entzogen ist. Münstereifel ist eines der wenigen Jesuitengymnasien, die sich ohne Unterbrechung ins 19. Jahrhundert hinüber gerettet haben, weil ehemalige Jesuiten für „ihre Schule" größte Entbehrungen und Opfer auf sich genommen haben.

In der Eifel tritt die Geistesrichtung der Aufklärung weniger zutage, auch die Abneigung gegen Kirche und Klöster ist nicht vorherrschend. Nur vereinzelt gibt es Proteste. So kommt es in Malmedy zu einem Aufruf mit der Parole: „Wir wollen Freiheit von dem Joch der Mönche. " – Die französischen Revolutionäre werden schon recht bald diese „Freiheit" bringen.

Wildenburg.

XI. Zwanzig Jahre Zugehörigkeit zu Frankreich (1794–1814)

Mit der Losung „Freiheit, Gleichheit und Brüderlichkeit" kündigen französische Revolutionäre 1789 in Paris eine neue Zeit an. Diese Parole zündet vereinzelt auch in der Eifel: in Zülpich, Meckenheim, Rheinbach, Malmedy und anderen Orten treten Anhänger freiheitlicher Gesinnung an die Öffentlichkeit. Doch im allgemeinen zeigen sich unsere Bewohner zurückhaltend. Die französischen Revolutionäre wollen ihre Ideen in ganz Europa ausbreiten und damit zugleich neue Gebiete erwerben. Nach ihren Siegen über die Österreicher bei Fleurus in Belgien und Aldenhoven bei Jülich betreten die französischen Revolutionstruppen im Oktober 1794 mit dem Kampfruf „Krieg den Palästen, Friede den Hütten und Befreiung aller Unterdrückten" das linksrheinische Rheinland und damit auch die Eifel. Nennenswerter Widerstand wird nicht mehr geleistet.

Die beiden Kurfürsten in Trier und Köln ziehen sich frühzeitig ins rechtsrheinische Gebiet zurück, nach Augsburg und nach Münster. Der Herzog von Luxemburg, zugleich deutscher Kaiser, residiert in Wien. Und der Herzog von Jülich, zugleich Kurfürst der Rheinpfalz und von Bayern, sitzt in München. Sie alle verlieren ihre Territorien (sofort de facto, später – 1801 und 1803 – auch de jure). Auch die in der Eifel residierenden Geschlechter weichen vor den Franzosen aus. Reichsgräfin Augusta von Blankenheim-Sternberg flieht zunächst ins Siegerland, reist dann weiter nach Böhmen auf die Erbgüter der von Sternberg. Treue Bedienstete haben dorthin einen Teil des Archivs und den umfangreichen Reliquienschatz mitgenommen. So befinden sich noch heute viele Urkunden und schriftliche Unterlagen, die das Blankenheimer Gebiet betreffen, im Nowodny-Museum in Prag. 1821 kommen sechs Reliquientüchlein und die Silberbüste des hl. Georg nach Blankenheim zurück. Gräfin und Graf haben die Eifel nie mehr gesehen, beide sterben im Jahre 1811.

Mit dem Einzug der Franzosen bricht das morsche mittelalterliche System der vielen Eifelterritorien wie ein Kartenhaus zusammen. Es verschwinden die vielen weltlichen und geistlichen Herrschaften, die jahrelang das politische Bild der Eifel bestimmt haben. Bereits im November 1794 wird unser Gebiet einer Zentralverwaltung in Aachen unterstellt; diese Stadt Karls des Großen nimmt bei den Franzosen eine bevorzugte Stellung ein. In den kommenden Jahren verliert Köln auch seine uralte, kirchliche Vormachtstellung; es wird 1802 dem Bistum Aachen angegliedert. Nach dem Grundsatz der Gleichheit haben die Adeligen nun nicht mehr das alleinige Jagd- und Fischrecht, und sie genießen nicht mehr Steuerfreiheit wie bisher. Für alle gelten die gleichen Rechte. Für die Bauern fallen Frondienste und Zehntabgaben weg, worüber sich die Betroffenen natürlich sehr freuen. In den Städten werden die Zünfte aufgelöst. Es beginnt die Epoche des Bürgertums mit Gewerbefreiheit und freier Berufswahl.

Zum Unmut vieler Bewohner wird das Französische allgemeine Amtssprache. Auch nimmt man Anstoß an der Abschaffung der christlichen Zeitrechnung und der Einführung des republikanischen Kalenders, in dem jeder Monat in drei Dekaden eingeteilt ist; der Sonntag fällt weg, nur jeder zehnte Tag ist jetzt Ruhetag. Während bisher die Pfarrämter die persönlichen Daten festhielten, werden nun Geburts-, Heirats- und Sterbeurkunden auf den Ämtern ausgestellt, wo auch die Zivilehe stattfinden muß. Das bisherige Rechts- und Gerichtswesen wird außer Kraft gesetzt. An seine Stelle tritt bald der Code Napoleon. Die heutigen eigenständigen Notariate, ansonsten mit einer Rechtsanwalt-Praxis verbunden, gehen ebenfalls auf die Franzosenzeit zurück. Auch wird ein einheitliches Münz- und Maßsystem eingeführt.

Eine wichtige Quelle für die Siedlungsgeschichte ist die topographische Landesaufnahme unseres Gebietes im Maßstab 1:20 000, die französische Offiziere beginnen und die dann in preußischer Zeit vollendet wird.

Die Franzosen, die rechtliche Bedenken haben, die Eifelterritorien einfach Frankreich einzuverleiben, stellen diese einstweilen unter französische Verwaltung. Nur Luxemburg und die dazu gehörigen Eifelgebiete werden bereits 1795 in die Französische Republik eingegliedert, und damit gilt für diese Bewohner sofort französisches Recht; die damals scharfen antikirchlichen Gesetze Frankreichs haben auch hier Geltung. Die Geistlichen werden zu einer Eidesleistung gezwungen, die mit dem antichristlichen Satz beginnt: „Ich schwöre Haß dem Königtum und der Monarchie." Die meisten Priester verweigern diesen Eid. Kerkerhaft oder Verbannung sind die Folge. Manche Priester, z. B. in Dörfern der früheren Herrschaft Kronenburg und der Grafschaft Schleiden, halten sich verborgen, lesen öfters nachts in Privathäusern die hl. Messe und spenden dann die Sakramente. Die Bevölkerung, die ihre Priester stützt, ist über diese Maßnahmen natürlich sehr unzufrieden. Als nun auch noch 1798 die 20- bis 25jährigen Jungmänner zum französischen Heeresdienst eingezogen werden, ist bei vielen Bewohnern der luxemburgischen Südeifel das Maß voll. Hunderte Bauern sammeln sich und greifen mit Stöcken, Heugabeln, Dreschflegeln, Äxten, vereinzelt auch mit Säbeln und Gewehren, die Franzosen an. Natürlich unterliegen die aufständischen Bauern. Sie erhalten hohe Haftstrafen; 30 von ihnen werden hingerichtet. In Arzfeld und Clerf (Clervaux), den Hauptplätzen im „Klöppelkrieg", erinnern Denkmäler an diesen Aufstand der Bauern.

Als die Franzosen sich vorbereiten, wie vorher Luxemburg und die luxemburgische Eifel, nun auch das ganze linksrheinische Gebiet ihrem Staatsverband einzuverleiben, teilen sie (1798) wie im Mutterland die Neugebiete räumlich in Departements ein. Die Eifel hat Anteil an fünf dieser Verwaltungsbezirke. Es sind das Departement der Wälder (département des forêts) mit der Hauptstadt Luxemburg,das Saar-Departement mit Trier, das Departement Rhein-Mosel mit Koblenz, das Roer-Departement mit Aachen und das Ourthe-Departement mit Lüttich als Mittelpunkt. In letzteres werden z. B. die Eifelgebiete Malmedy, Schleiden und Kronenburg eingegliedert, die auch kirchlich zur Maas (Lüttich) orientiert werden. Die Departements gliedern sich in Arrondissements, Kantone und Mairien (Bürgermeistereien). An der Spitze der

Departements steht ein Präfekt, der von Paris aus streng kontrolliert wird, während er völlig selbständig die Vorsteher der Unterbezirke überwacht, die Unterpräfekten in den Arrondissements und die Maires in den Bürgermeistereien.

Im September 1802 erfolgt die völlige Eingliederung der gesamten Eifel in den französischen Staat. Ein Jahr zuvor hatten der Kaiser in Wien und der Herzog von Jülich, Maximilian I. Josef (ab 1799), zugleich Kurfürst von Bayern und der Rheinpfalz, eingewilligt, ihre linksrheinischen Gebiete abzutreten; eine spätere Entschädigung wird ihnen zugesagt.

Nun haben die französischen Gesetze und Verordnungen Gültigkeit für alle Bewohner der Eifel. Allerdings hat Napoleon, seit 1799 erster Konsul, dann 1804 Kaiser, inzwischen mit der Kirche Frieden geschlossen. Die Geistlichen bleiben jetzt unbehelligt. Für die Geistlichen in den Kantonalhauptorten führt er den Titel Oberpfarrer ein, der heute mancherorts noch besteht. Mit Wirkung vom 1. Januar 1806 wird der Gregorianische Kalender wieder gültig. Die Pfarrer erhalten ein Gehalt, dafür wird 1802 das kirchliche Vermögen vom Staate eingezogen (Säkularisation). Etwa achtzig Abteien und Klöster der Eifel sind davon betroffen. Von den fünfzig Kloster- und Stiftskirchen bleiben ungefähr zwanzig erhalten. Da sie schöner und größer als die vorhandenen Pfarrkirchen sind, nehmen sie jetzt diese Funktion

Bronzerelief am Klöppelkriegerdenkmal in Arzfeld.

Schloß Blankenheim, getuschte Federzeichnung von Mathieu Xhronët.

ein, so in Kornelimünster, Steinfeld, Münstereifel, Prüm, Kyllburg, Malmedy. Die anderen Kirchen werden profanen Zwecken übergeben oder auf Abbruch verkauft.

Manchmal werden die Klostergebäude von privaten Firmen ersteigert. Das klösterliche Anwesen in Kornelimünster übernimmt eine Weberei, das in Malmedy eine Papierfabrik, und Echternachs Gebäude dienen künftig jahrzehntelang als Prozellan- und Steingutfabrik. Die Bauten in Mariawald und Himmerod werden auf Abbruch verkauft, und in den Klostergebäuden der Abtei Prüm richtet die Stadt eine höhere Schule ein. Die Ländereien der Klöster Himmerod und Maria Laach gehen als geschlossener Gutsbesitz in weltlichen Besitz über, während sonst in der Regel die Parzellen einzeln veräußert werden.

Es ist unglaublich, wie die Franzosen mit den beweglichen Gütern der Klöster umgehen. Das reiche Inventar und die Schätze der Bibliotheken werden regelrecht verschleudert; so geschieht es in Echternach, Prüm, Maria Laach und Steinfeld. Von den kostbaren Glasmalereien der Kreuzgänge in Steinfeld und Mariawald und dessen Kirche befinden sich heute 85 Buntscheiben in England, davon die meisten im Victoria-Albert-Museum in London. – Sicher haben die reichen Klöster im Laufe der Jahrhunderte auch Ärgernis erregt. Aber im ganzen gesehen ist die Eifel nach dem brutalen Akt der Franzosen ein gutes Stück ärmer geworden.

Auch die verlassenen Schlösser der Eifel werden auf Abbruch versteigert, Schloß Blankenheim für 8500, Schloß Schönecken für nur 700 Franken. Das kostbare Inventar wird geraubt oder geht zu einem Spottpreis weg. Die wertvollen Bibliotheksbestände Blankenheims befinden sich heute, soweit sie nicht mit nach Prag genommen wurde, in Berlin, Köln, Trier und Bonn. Das Wallraf-Richartz-Museum in Köln und das Bonner Landesmuseum besitzen wertvolle Stücke des einst berühmten Museums in Blankenheim.

Zur Zeit der Franzosenherrschaft nimmt das Wirtschaftsleben der Eifel einen beachtlichen Aufschwung. Die Binnenzölle der vielen Eifelterritorien sind weggefallen; allerdings ist der Rhein jetzt Zollgrenze. Aber die Eifel hat im französischen Staatsverband weithin nach Westen Absatzmöglichkeiten. Bedingt durch die Kriege stehen die Betriebe in vollem Arbeitseinsatz. In den Steinbrüchen, Kalkwerken, Eisengruben und Hammerwerken arbeitet man auf Hochtouren. Das Bleibergunternehmen in Mechernich zählt 2000 Beschäftigte. Die Menschen haben Arbeit, verdienen relativ gut, und viele sind zufrieden. Noch kommende Generationen halten das Bild Napoleons in Ehren.

Auf der anderen Seite wächst die Zahl der Unzufriedenen. Die dauernden Kriege bedingen eine sehr hohe Steuerlast, und immer mehr junge Männer werden zu den Waffen gerufen. Viele berührt es schmerzlich, daß französische Sprache und französische Kultur stärker in unseren Raum eindringen. Die Bauern, deren Produkte im Westen kaum Absatz finden, während ihnen im Osten durch den Rhein als starrer Zollgrenze der Markt versperrt ist, sind ohnehin unzufrieden. So empfinden viele Bewohner aus seelischen, geistigen und materiellen Gründen die Herrschaft der Franzosen als eine drückende Last. In der Tat hat Napoleon den Bogen überspannt. Der katastrophale Rückzug des französischen Heeres aus dem eisigen Rußland (1812) und die verlorenen Schlachten von Leipzig (1813) und Waterloo (1815) bringen Napoleon endgültig zu Fall. – Die Eifel hört auf, ein Teil Frankreichs zu sein.

XII. Die ersten Jahrzehnte der Zugehörigkeit zu Preußen

Die Eifel „Preußisch Sibirien"

1. Das Verhältnis der Eifeler zu Staat und Kirche

Der Wiener Kongreß entscheidet über die Neuordnung in Europa. Lange ist es unklar, wem die Rheinlande und damit auch die Eifel zugesprochen werden sollen. Österreich verzichtet von vornherein; seine Interessen liegen im Balkan. Preußen, dem England das Rheinland anbietet, will sich lieber Sachsen einverleiben. Dann taucht ein neuer Plan auf: Hollands Südgrenze auf die Linie Köln–Maastricht zu verlegen und das übrige linksrheinische Gebiet Frankreich zuzuweisen. Entschieden wendet sich England gegen diese Lösung; Frankreich, dann zu mächtig geworden, würde das europäische Gleichgewicht stören. Schließlich werden Preußen, das sich mit der Hälfte von Sachsen zufriedengeben muß, die Rheinlande und damit auch die Eifel zugesprochen (1815).

Die westliche Grenze der Eifel verläuft von Konz (Mosel) entlang der Flußläufe Sauer und Our bis Malmedy und Eupen. Damit verliert Luxemburg, das in Personalunion mit dem Königreich der Niederlande verbunden wird, aber beim Deutschen Bunde bleibt, sein Eifelgebiet, die späteren Kreise St. Vith, Bitburg, Teile der Kreise Wittlich und Daun, dann Schleiden und die Herrschaft Kronenburg, insgesamt ein Gebiet mit etwa 50 000 Einwohnern.

Preußen, das sein Kerngebiet auf Kosten anderer abgerundet hat, wird in Wien verpflichtet, u.a. den Großherzog von Mecklenburg-Strelitz mit einem Gebiet von 10 000 Einwohnern zu entschädigen. Dafür muß nun die Eifel herhalten. In einem nicht veröffentlichten Vertrag von Frankfurt (18. September 1816) tritt Preußen mit geringen Abänderungen die ehemaligen Kantone Kronenburg, Reifferscheid und Schleiden an Mecklenburg ab. Dieser Zustand währt jedoch nur drei Jahre, da der Mecklenburger gegen eine Entschädigung von drei Millionen Mark auf seine Eifeler Exklave verzichtet. Somit gehört die ganze Eifel seit 1819 zu Preußen.

Bei der Verwaltungseinteilung (1822) berücksichtigt Preußen die natürlichen Räume des Gebirges, dabei werden Nord- und Südeifel nochmals je in ein östliches und westliches Viertel gegliedert. Die Regierungsbezirke Köln und Aachen nehmen den Raum der Nordeifel ein, den der Südeifel die Regierungsbezirke Koblenz und Trier. Die politischen und kirchlichen Zentren der Regierungspräsidenten und der Bischöfe befinden sich nicht im bevölkerungsarmen Gebirge selbst, sondern in den Flußtälern von Mosel und Rhein und in den nördlichen Randgebieten der Maas (einst Jülich, jetzt Aachen). Die Regierungsbezirke wiederum werden in Kreise und diese

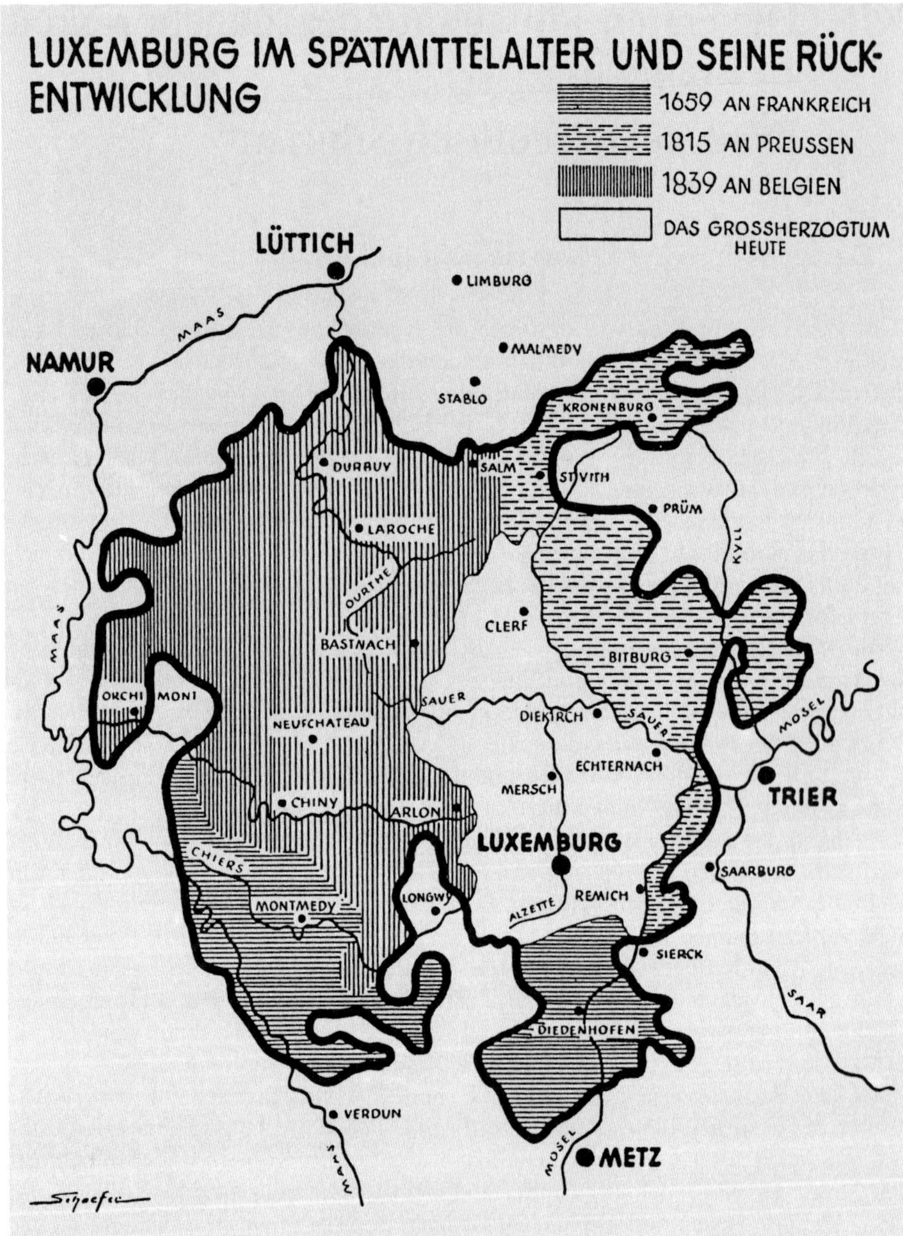

Luxemburg im Spätmittelalter und seine Rückentwicklung.

in Bürgermeistereien eingeteilt. Im eigentlichen Gebirge befinden sich nur die Kreisstädte Monschau, Schleiden, Adenau, Prüm. Es ist sehr bezeichnend, daß auch diese, außer Daun, später (1972) aufgelöst und einem Kreis der Niederung angeschlossen werden.

Die Rheinländer nehmen die Einbeziehung in den preußischen Staatsverband unterschiedlich auf. Als der Kölner Bankier Schafhausen die Eingliederung in den preußischen Staat erfährt, soll er ausgerufen haben: „Jesses, Maria, Josef: do hirohde mer in n'ärm Famillich." Damit macht er er sich zum Sprachrohr jener, die das wirtschaftlich und kulturell aufgeschlossene Rheinland in Vergleich setzen zu dem konservativen und agrarisch ausgerichteten Preußen. Größere Bedenken für die Einwohner der Eifel erweckt die nunmehrige Zugehörigkeit des überwiegend katholischen Rheinlandes zum protestantischen Preußen. Andere haben sich die Rückkehr des früheren Landes- oder Territorialherrn gewünscht. Doch die meisten dürften die politische Neuorientierung mit Gelassenheit hingenommen haben.

Schon sehr bald erwirbt Preußen bei der Eifelbevölkerung Sympathien. Eine furchtbare Mißernte, wie schon seit fast fünfzig Jahren nicht mehr (zuletzt 1772), sucht 1816 besonders die Eifel heim. Dem langen frostigen Frühjahr folgen ein verregneter Sommer und ein so früher Wintereinbruch, daß man kaum ernten kann. Eine furchtbare Hungersnot ist die Folge. Im Jahre 1817 berichtet eine Regierungskommission u.a.: „Der größte Teil der Bevölkerung schleicht umher mit eingeschwundenen kleinen Augen, hohlen eingefallenen Wangen, an den Knochen klebt die Haut, unfähig zur Arbeit ..., betroffen sind über 50 000 Menschen in den Bezirken Prüm, Daun und zum Teil Blankenheim."

Josef Görres (1776–1848), seit 1814 Herausgeber des Rheinischen Merkur und damals Direktor des öffentlichen Schulwesens der Rheinprovinz (Sitz beim Oberpräsidenten in Koblenz), schildert 1816 die Notlage in der Eifel wie folgt: „Seit Monaten schon nähren sich im Innern der Eifel viele Tausende Menschen von erfrorenen Kartoffeln, aus denen sie Kuchen backen, um ihr elendes Leben notdürftig zu fristen."

Für die hungernden Menschen stellt die preußische Regierung zwei Millionen Taler bereit. Außerdem spenden die Einwohner Berlins und anderer Städte ebenfalls Geldbeträge oder Sachwerte. In Berlin prägt sich damals die Eifel als ein solches Schreckensgebiet in das Bewußtsein der Bevölkerung ein, daß man sie als „preußisches Sibirien" bezeichnet. Bis in unser Jahrhundert hinein ist dieser Begriff im preußischen Osten lebendig geblieben. Manche Eifelbewohner haben deshalb die Eifel als ihr Heimatgebiet verleugnet; sie wollen nicht aus „Sibirien" stammen.

Es ist bezeichnend, daß in den Notjahren die Zahl der Toten in den Dörfern der Eifel durchweg größer ist als die der Geburten, die sonst erheblich überwiegt; dabei ist der Prozentsatz der verstorbenen Kinder bis zu sechs Jahren auffallend groß. Als Beispiel führe ich das Dorf Baasem[29] (500 Einwohner, jetzt Gemeinde Dahlem) an. Dort weist die Statistik aus:

1815:	20 Geburten,	11 Tote, darunter	1 Kind, bis zu 6 Jahren
1816:	16 Geburten,	13 Tote, darunter	6 Kinder, bis zu 6 Jahren
1817:	12 Geburten,	16 Tote, darunter	6 Kinder, bis zu 6 Jahren
1818:	12 Geburten,	23 Tote, darunter	10 Kinder, bis zu 6 Jahren
1819:	15 Geburten,	9 Tote, darunter	2 Kinder, bis zu 6 Jahren
1820:	18 Geburten,	19 Tote, darunter	10 Kinder, bis zu 6 Jahren
1821:	15 Geburten,	9 Tote, darunter	3 Kinder, bis zu 6 Jahren

Dieselbe Feststellung gilt im allgemeinen für die weiteren Notjahre im 19. Jahrhundert.

Preußen ist von Anfang an bemüht, der Bevölkerung entgegenzukommen. Als das „Preußische Allgemeine Landrecht“ auch bei uns eingeführt werden soll und man diese Neuerung als Rückschritt ansieht, gewährt der preußische König 1818 dem linksseitigen Rheinland die Ausnahmegenehmigung, das fortschrittliche französische Recht beizubehalten. So gilt der „Code Napoleon“ in der Eifel bis zum Jahre 1900. Es besteht Gleichheit aller Bürger vor dem Gesetz, die Öffentlichkeit der Verhandlungen und Geschworenengerichte mit Laienrichtern. Im Rheinland gibt es anders als im übrigen Preußen einen rechtlichen Unterschied zwischen Stadt und Land, den

Aus Bruchstein, Lehm und Stroh sind die Wände mancher Stallungen errichtet worden, Rheinisches Freilichtmuseum Kommern.

allerdings die Rheinische Städteverordnung 1856 aufhebt. Während die ostelbischen Bauern von ihrem Grundherrn abhängig sind, bewirtschaften die Landwirte bei uns ihren eigenen Grund und Boden; Leibeigenschaft wie im deutschen Osten hat es in der Eifel nie gegeben.

Professor Peter Kaufmann (1803–1872), der Gründer des ersten Eifelvereins.

Insgesamt gesehen haben die Bauern der Eifel wegen des kargen Bodens und des oft miserablen Wetters einen schweren Stand. In der Zeit dürftiger Ernten herrscht Mangel, und bei reichem Ernteertrag ist der Preissturz der landwirtschaftlichen Produkte gewaltig. In den 30er und 40er Jahren bemühen sich Verbände und andere Stellen, der bedrängten Bevölkerung zu helfen. Zu diesem Zwecke gründet der in Virneburg geborene Peter Kaufmann, Professor für Staatswissenschaften an der Universität Bonn, 1832 in Schleiden den „Verein zur Förderung der Landwirtschaft", ein Jahr darauf kurz „Eifelverein" genannt, der allerdings mit dem 1888 gegründeten Eifelverein nur den Namen gemeinsam hat. Seit 1840 nennt sich Kaufmanns Gründung offiziell „Landwirtschaftlicher Verein für Rheinpreußen" (später: L.V. der Rheinprovinz); er weist in der Eifel etliche Nebenstellen auf. Die 1847 in Bonn-Poppelsdorf gegründete landwirtschaftliche Akademie kümmert sich insbesondere um die einfachen Bauern und macht sie vertraut mit den neuesten Erkenntnissen und Methoden.

Ganz bewußt setzt die Regierung Berlins in ihren westlichen Neugebieten durchweg Beamte ein, die aus den alten preußischen Provinzen stammen. Hieran nimmt die rheinische Bevölkerung immer wieder Anstoß. Jedoch gewinnt das preußische Beamtentum wegen seiner Unbestechlichkeit, Integrität und Disziplin im Laufe der Zeit bei den hiesigen Bewohnern an Achtung.

1821 kommt es zwischen dem preußischen Staat und der katholischen Kirche im Rheinland zu einem Abkommen. Köln wird nach Aufhebung des Bistums Aachen wieder die Stadt eines Bischofs, der wie in den früheren Jahrhunderten den Rang eines Erzbischofs einnimmt. Der Erzdiözese Köln werden die Bistümer Paderborn, Münster und Trier unterstellt. Die ganze Südeifel wird zum Bistum Trier, die Nordeifel dem Erzbistum Köln zugewiesen. Das Verhältnis Preußens zu den Kirchen

Kölner Dom, Detail.

erläutert ein Ausspruch des Freiherrn vom Stein, der preußische Staat sorge für die evangelische Kirche mit Liebe, für die katholische Kirche nach Pflicht. Spannungen zwischen Staat und katholischer Kirche bleiben nicht aus. 1837 kommt es zu Auseinandersetzungen. Der Kölner Erzbischof wird verhaftet und auf die Festung Minden überführt. Eine Welle der Sympathie für den Inhaftierten breitet sich in der gesamten Eifel aus, wozu der bekannte Josef Görres aus Koblenz mit seinem „Athanasius", einer Verteidigungsschrift für den Erzbischof, wesentlich beiträgt. Streitpunkt ist die Mischehenfrage. Nach einer preußischen Verordnung ist für die Kinder einer konfessionell verschiedenen Ehe die Religionszugehörigkeit des Vaters maßgebend. Dieser Verordnung widersetzt sich die katholische Kirche, zumal die „landfremden" Beamten in der Regel protestantisch sind und viele von ihnen katholische Mädchen heiraten. Die Bewohner der Nordeifel stellen sich einmütig hinter ihren inhaftierten Oberhirten, auch die Bevölkerung in der Südeifel vertritt den Standpunkt der Kirche. Danach muß der katholische Teil bei der Eheschließung schriftlich versprechen, die Kinder im katholischen Glauben zu erziehen. Die Opposition gegen Preußen wächst. Das Domkapitel in Trier wählt damals einen Domherrn zum Bischof, obwohl er von der Regierung als unerwünscht bezeichnet worden ist. Erst fünf Jahre später versöhnen sich nach einem Thronwechsel in Berlin Staat und Kirche (1842).

Die verhältnismäßig wenigen evangelischen Gemeinden in der Eifel haben mit dem Staat keine Probleme, sie werden von diesem oft sogar begünstigt. Dagegen läßt das menschliche Miteinander zwischen den Gläubigen beider Konfessionen manchmal zu wünschen übrig. Die Rheinisch-Westfälische Kirchenordnung von 1835 stellt an die Spitze der Evangelischen Kirche des Rheinlandes einen vom König ernannten Generalsuperintendenten. Die weithin selbständigen Kirchengemeinden werden von Presbytern geleitet, unter denen die Laien einen starken Einfluß haben. Die Gemeinden vereinigen sich zu Kreissynoden, und diese unterstehen der Provinzialsynode mit einem von ihr gewählten Präses an der Spitze. Der preußische König ist kraft seines Amtes oberster Bischof der protestantischen Landeskirche, jedoch nicht der Reformierten Kirche.

Die Rheinprovinz erhält 1826 einen rheinischen Provinziallandtag. Ihm gehören an: fünf reichsunmittelbare Fürsten, 25 Vertreter der Ritterschaft, die durchweg adelige Großgrundbesitzer auf Rittergütern sind, und je 25 Abgeordnete der Städte und Landgemeinden. Die Vertreter der Städte haben ebenfalls Grundbesitz mit einer entsprechenden Steuerleistung nachzuweisen. So sind die 80 Mitglieder des Landtags in Düsseldorf vor allem eine Vertretung der Grundbesitzer. Ein Parlament im modernen Sinn als beschließendes Organ ist dieses Gremium nicht. Es kann weder Steuern bewilligen, noch Kontrollrechte ausüben; es ist lediglich ein dem König gegenüber beratendes Gremium. Es darf Bitten (Petitionen) an den Monarchen herantragen, aber nur wenn zwei Drittel der Mitglieder damit einverstanden sind. Ausschüsse sind im Landtag nicht vorgesehen. Die Beratungen finden unter Ausschluß der Öffentlichkeit statt. Jedoch werden die Ergebnisse publiziert, allerdings erst nach vorheriger ministerieller Zensur; manchmal erfolgt die Veröffentlichung mit mehrjähriger Verspätung. Den Sitzungstermin bestimmt der König. In den 20 Jahren, zwischen 1826 und 1845, tagte der Düsseldorfer Provinziallandtag achtmal. Die Provinzialstände können dann debattieren, entschieden wird aber in Berlin. Als dort 1847 der preußische Landtag, ein Parlament für ganz Preußen, ins Leben tritt, verliert der Landtag in Düsseldorf weiter an Bedeutung.

2. Gewerbe und Industrie: Tuchmacher – Gerber – Eisenindustrielle

Mit dem Anschluß an Preußen gerät die Wirtschaft in der Eifel zunächst in eine tiefe Krise. Denn mit den neuen Zollgrenzen im Westen wird gleichzeitig ein Wirtschaftsgebiet zerschnitten, das sich in den Jahrzehnten vorher herausgebildet hat. 1818 hebt Preußen die Binnenzölle auf. Nun finden das Rheinland und die Eifel unmittelbar Anschluß an die östlichen Wirtschaftsgebiete. Jedoch ziehen nicht alle Berufsgruppen aus dieser Neuorientierung Vorteile. Die Winzer an der Mosel haben Absatzschwierigkeiten, da ihre Weine in den östlichen Gebieten (noch) nicht begehrt sind.

Andere Gewerbezweige finden dagegen im Osten neue Märkte. Auf einer Gewerbe-Ausstellung in Berlin (1822) erhalten die Feintuche von Monschau und Eupen beachtliche Staatspreise. Zeitweilige Militäraufträge gehen an die Wollmanufakturen in Prüm und Dasburg. Andererseits gelangen maschinengewebte Tuche aus England bereits 1815 zollfrei ins Rheinland.

Die Weber und Tuchmacher Münstereifels sehen in der Wiederbelebung der von den Franzosen aufgelösten Zunft das Allheilmittel; sie setzen entlang der Erft verstärkt Wassermühlen ein, um mit ihnen ihre Maschinen zu betreiben. Dabei ist längst das Zeitalter der Dampfmaschine herangerückt. Diese setzen aufgeschlossene

Mestrenger Mühle im Kalltal, 1663 erbaut, 1820 als Mahlmühle umgebaut.

Unternehmer in Euskirchen ein. So wandert allmählich die Tuchindustrie von Münstereifel in das ohnehin verkehrstechnisch günstiger gelegene Euskirchen aus. Die Tuchmacher in Monschau sind zwar gegenüber ihren Berufskollegen in Münstereifel fortschrittlicher, aber auch sie können ein allmähliches Abwandern der Tuchindustrie nach Aachen nicht verhindern. 1825 zählt Monschau (damals 3000 Einwohner) noch 29 Tuchfabriken; von ihnen bleiben bis 1860 nur noch acht bestehen. Aachen ist vor allem durch seinen frühen Anschluß an die Schiene (1843) begünstigt. Monschau wird erst mehr als 40 Jahre später an das Eisenbahnnetz angeschlossen, Münstereifel erst 1890.

Schwerpunkt der Leinenweberei sind die Kreise Mayen und Prüm, wo durchweg Frauen in Heimarbeit an 2200 Webstühlen Leinentuch herstellen. Ebenfalls werden meist in Heimarbeit Strumpfwaren in Bitburg, Rittersdorf und Kerpen hergestellt, dann Strickwaren in Schalkenmehren und in Wittlich, wo eine Strickwarenfabrik 200 Arbeiter/Arbeiterinnen und 600 Heimarbeiter/Heimarbeiterinnen beschäftigt.

An Bedeutung gewinnen dagegen die Gerbereien in der Eifel. Durch die Fabrikation von Sohlleder steigern sie ihren Umsatz. In Münstereifel werden gegen die Mitte des Jahrhunderts 15 Betriebe gezählt; in Prüm arbeiten 30 Sohlleder-Unternehmer, und die Lederindustrie in Malmedy beschäftigt 1844 sogar 450 Arbeiter. Auch St. Vith, Neuerburg, Waxweiler und Wittlich verzeichnen einen Aufschwung ihrer Gerbereien. Eifeler Sohlleder wird als Qualitätsware auf den Märkten in Halle, Leipzig und Merseburg angeboten.

Auch zu Beginn der Preußenzeit bleibt neben der Landwirtschaft die Eisenindustrie der Hauptwirtschaftsfaktor der Eifel. 1820 gibt es im Regierungsbezirk Aachen 14, im Regierungsbezirk Trier noch elf Eisenhütten. Das Eifeler Eisen ist von geschätzter Qualität: einerseits ist es weich, andererseits aber auch zäh.

Schwierigkeiten sind spürbar, da die Eifel zum Grenzland gegenüber dem bisherigen Absatzgebiet im Westen geworden ist. Jetzt bestehen Zollgrenzen zu den Niederlanden, vor allem mit dem seit 1831 bestehenden Belgien. Allerdings kann die

Gewehrfabrikation Lüttichs trotz hoher Zölle nicht ganz auf das gute Eifeler Eisen verzichten. Die Öffnung nach Osten, also nach Preußen und seit 1834 (Preußisch-deutscher Zollverein) auch in die Mitte und in den Osten Deutschlands, bietet nur wenig Ersatz, zumal Hunsrück und Siegerland in der Lieferung von Eisen eine starke Konkurrenz darstellen.

Ehemaliges Gerbereigelände in Bad Münstereifel.

Für die Eifeler Eisenindustrie ergibt sich eine weitere Schwierigkeit. Zahlreiche einheimische Buchenwälder, schon von den Franzosen größtenteils abgeholzt, sind kahlgeschlagen. Damit ist die Holzkohle knapp und teuer. Hinzu kommt, daß man im Ausland ein preisgünstigeres Verfahren als bisher entwickelt hat. Zur Verhüttung des Eisens verwendet man den Kokshochofen, mit dem ein weit höherer Hitzegrad erreicht wird als mit der Feuerung der teuer gewordenen Holzkohle. Nun vermag England, die deutschen Preise zu unterbieten. Der preußische Staat rückt jetzt vom Freihandel ab und führt 1844 Zollgebühren ein. Aber auch diese Maßnahme kann auf die Dauer das Sterben der Eifeler Eisenindustrie nicht aufhalten.

3. Erste Maschinenstürmer in der Eifel – Traurige soziale Verhältnisse

Die Wirtschaft hat ihre eigenen Gesetze und ficht – damals wie heute – die für sie billigste Produktionsweise durch, mögen dabei auch noch so viele Menschen ihre Arbeit verlieren. Das Prinzip des Marktes ist das folgende: Wenn die Produkte billiger erzeugt werden, sinken die Verkaufspreise, die Nutznießer sind letztlich die Käufer. Die Erfindung der Maschine und ihr Einsatz hat in England bereits in den letzten Jahrzehnten des 18. Jahrhunderts eine Revolution in der Wirtschaft hervorgerufen. Die neue Technik greift bald zum Festland über. 1799 existieren in Wupperthal-Barmen bereits fünf Betriebe mit englischen Spinnrädern, um 1807 wird die Spinnmaschine auch in Aachen eingesetzt.

In der Eifel, wo die Not der Menschen besonders groß ist, läuft man – soweit ich sehe – zuerst in Deutschland, zumindest im Rheinland Sturm gegen die Einführung der Maschine[30]. In Eupen sind fast zwei Drittel der damaligen 9000 Einwohner in Textilbetrieben tätig. Als die Inhaber (Gebrüder Stolle) einer Tuchfabrik moderne Schermaschinen aus Frankreich kommen lassen, von denen jede Maschine die Arbeit von 14 Tuchscherern leistet, gehen an einem Aprilmorgen des Jahres 1821 Tausende Arbeiter aus Protest auf die Straße. Zwischen 200 und 300 drängen gewaltsam auf den Hof des Betriebes vor, zerschlagen die noch in Kisten verpackten Maschinenteile und werfen die Trümmer in einen Bach. Die Ortsbehörde läßt 28 Aufrührer festnehmen. Am folgenden Tag fordern einige Tausende Menschen die Freilassung der festgenommenen Arbeitskollegen. Der Landrat kann die Menge beruhigen, gewaltsame Selbsthilfe sei nun mal gesetzwidrig, aber er werde die Beschwerde der entsprechenden königlichen Behörde vortragen. In seinem amtlichen Bericht wird die ambivalente Haltung des Landrats deutlich: „Zu wünschen wäre, daß keine Maschinen eingeführt würden, wodurch viele Menschen-Hände entbehrlich wer-

Leinenweber aus Eicherscheid im Monschauer Land am Handwebstuhl.

den" ... „Indessen kenne ich kein Gesetz, wonach die Einführung einer ... Maschine verboten werden könnte." Zehn Monate nach dem sozialen Empörungssturm vollstreckt ein Geschworenengericht folgendes Urteil: fünf Jahre Zwangsarbeit und 53 Taler Geldstrafe für einen Tuchscherer, fünf Jahre Zuchthausstrafe für eine Fabrikarbeiterin und für vier weitere Tuchscherer.

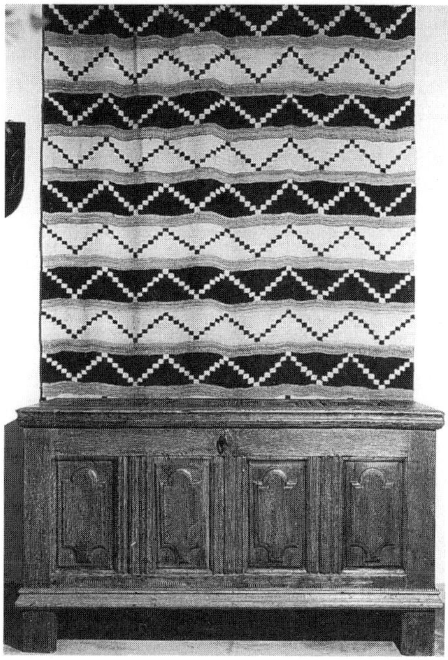

Eifeler Eichentruhe und Handweberei (ca. 1940) aus der Werkstatt Wendling, Kronenburg.

1828 streiken die Seidenweber in Krefeld, und 1830 rebellieren Textilarbeiter in Aachen, zerstören sogar das Haus der Unternehmerfamilie Cockerill. Auch hier werden die Aufrührer schwer bestraft und zu Zwangsarbeit und Freiheitsstrafen zwischen lebenslänglich und zehn Jahren verurteilt. In Aachen hat sich der Gegensatz zwischen Arbeitern und Fabrikanten so verschärft, daß letztere sogar zur Gewalt greifen. Im Sommer 1830 bemächtigen sich Unternehmer der Militärkaserne, entnehmen dort Gewehre und schießen auf randalierende Arbeiter; zehn Menschen werden getötet, 40 verletzt. Es ist ein Vorgang, den es in Deutschland bis dahin noch nicht gegeben hat. Die beiden Klassen entzweien sich immer mehr: Unternehmer und Arbeiter klaffen in Bourgeoisie und Proletarier auseinander.

Auf den Arbeitsmarkt wirkt sich auch der damals starke Bevölkerungsanstieg aus, der folgende Ursache hat: In den früheren Jahrhunderten können in den Dörfern nicht alle Menschen heiraten. Der Bauernhof bietet i.a. nur für ein Kind mit Familie einen Ernährungsplatz, während Brüder und Schwestern, soweit sie nicht anderswo einheiraten, als Onkel und Tante und als billige Arbeitskräfte auf dem Hofe bleiben; sie sind in ein „Zwangszölibat" gedrängt.

Jetzt flüchten die auf dem Lande überschüssigen Kräfte in die Industrieorte, nehmen die neuen liberalen Reformgesetze auch für die eigene Person in Anspruch und gründen eine Familie, aus der durchweg zahlreiche Kinder hervorgehen, bei denen die Sterberate durch die Pockenschutzimpfung, durch bessere Hygiene und medizinische Betreuung sinkt. Das starke Wachstum der Bevölkerung ist in erster Linie die Begleiterscheinung einer bürgerlichen Umwälzung. Um 1800 gibt es in Deutschland etwa 85 000 Industriearbeiter und -arbeiterinnen, 1848 sind es

900 000. Da ein Überangebot an Arbeitskräften besteht, nützt der Unternehmer die Lage aus. Die Folgen sind: niedrige Löhne, lange Arbeitszeiten, Frauen- und Kinderbeschäftigung bei ganz geringer Entlohnung. Man bedenke: Die Menschen arbeiten an sechs Tagen von morgens sechs Uhr bis abends 20 Uhr mit nur einer einzigen Stunde Unterbrechung. Manche arbeiten täglich sogar 15 Stunden und haben noch einen Fußmarsch bis zu zwei Stunden zurückzulegen.

Es dauert lange, bis der Staat eingreift. Ab 1839 dürfen Kinder unter neun Jahren nicht mehr in der Fabrik arbeiten. Für die Kinder von neun bis zehn Jahren wird die tägliche Höchstarbeitszeit auf zehn Stunden festgesetzt, dazwischen sollen zwei Freistunden liegen. Erst 1853 verbietet die preußische Regierung die Fabrikarbeit für Kinder unter zwölf Jahren. Das Leben für das Gros der Familie ist damals ausgefüllt mit ständiger Arbeit und mit Sorge um die lebensnotwendigen Dinge, um Essen, Kleider, Schuhe. Viele sind auf die Mildtätigkeit und Gebefreudigkeit der Bessergestellten angewiesen.

4. Schule und Schüler: „Das arme Dorfschulmeisterlein“

Im Rheinland gibt es 1818 – so hat man errechnet – noch 75 Prozent Analphabeten; dieser Anteil ist in der Eifel noch größer. Der Landrat von Gemünd stellt im selben Jahr fest: „Im Kreis nennt man den Landmann, wenn er lesen, schreiben und rechnen kann, gelehrt, und er darf auf Ehrenstellen in der Gemeinde Anspruch erheben.“[31] Die wenigen Kinder, in der Mehrheit Knaben, unterrichtet in unseren Dörfern durchweg eine Person, die jedoch einer weiteren Beschäftigung nachgeht, z.B. den Küsterdienst versieht. Der von uns schon genannte Josef Görres behauptet 1814 sogar: „In der Regel ist der Schweinehirt eine weit geehrtere Person im Dorf als der Schullehrer; und es wird für glücklich gehalten, wenn er beide Stellen miteinander vereinigen kann.“

Um die Schulbildung auch im Rheinland zu fördern – im alten Preußen besteht die Schulpflicht schon seit der Mitte des 18. Jahrhunderts – verspricht der preußische König 1815 den Rheinländern und damit auch den Eifelern: „Ich werde Anstalten des öffentlichen Unterrichtes für Eure Kinder herstellen“. Immerhin dauert es noch zehn Jahre, bis auch bei uns der Schulzwang eingeführt wird, da ausgebildete Lehrpersonen nicht in genügender Zahl vorhanden sind. Lehrerseminare werden gegründet in Trier (1816) und in Brühl (1824). In Neuwied entsteht das evangelische Seminar (1819). Der Bildungsstand der Seminaristen ist z.T. erschreckend, wie der erste Leiter des Seminars in Trier aufgezeichnet hat. Von den Teilnehmern könnten zu Beginn des Kurses 40 nicht lesen, 100 nicht schreiben und 300 weder einen Brief anfertigen, noch eine Quittung ausfüllen. Natürlich müssen auch die im Dienst stehenden älteren Lehrpersonen nachträglich eine bessere Ausbildung erhalten. Deshalb finden an verschiedenen Orten der Eifel Lehrerfortbildungskurse statt, 1829 allein im Regierungsbezirk Aachen dreizehn Kurse. Dennoch schreibt 1837 ein Abgeordneter im Schleidener Wochenblatt: „Ich streite den meisten Landschullehrern die Fähigkeit und das Vermögen ab, unsere Jugend so unterrichten zu können, daß man sie ... wirklich Volksschullehrer nennen könnte."

Der Schweinehirt.

Im Jahre 1825 wird in der Rheinprovinz die allgemeine Schulpflicht eingeführt, die für alle sechs- bis vierzehnjährigen, also über acht Jahre lang, bindend ist. Diese Schulpflicht wird allerdings auf dem Lande sehr lax gehandhabt. In manchen Orten der Eifel gibt es nur die Winterschule; zumindest sind im Sommer viele Kinder beurlaubt. Es ist selbstverständlich, daß sie auf dem Felde bei der Getreide- und Kartoffelernte helfen, selbständig das Vieh hüten und im Winter die Tiere füttern. Die meisten Eltern halten eine Mithilfe in der Landwirtschaft für wichtiger, als die Kinder geistig fördern zu lassen. Die Schule gilt als Nebensache. Erst nach zwei Generationen ändert sich diese Einstellung allmählich.

Schwer ist für die Kinder, daß sie sofort eine Fremdsprache lernen müssen, das Hochdeutsch. Außerhalb des Unterrichts, selbst in der Pause, wird platt gesprochen. Die Eltern sprechen ebenfalls Dialekt und beherrschen die hochdeutsche Sprache kaum. Viele Orte haben zu Beginn des 19. Jahrhunderts noch kein eigenes Schulgebäude; der Unterricht findet in gemieteten Räumen oder ehemaligen Stallungen statt. Von der Eifelgemeinde Baasem (Kreis Schleiden, damals ca. 550 Einwohner) wird zum Jahre 1833 berichtet: „Die Schule ist ein ganz erbärmliches, in die Erde versunkenes Gebäude, viel zu klein, unreinlich und feucht. Toiletten sind keine vorhanden." Schulpflichtig sind 100 bis 150 Kinder, die zumindest im Winter fast vollzählig dort eine Reihe Stunden zubringen müssen. Der Unterricht beginnt mit einem Morgengebet: „Lieber Gott und Vater, mit Freuden versammeln wir uns diesen Morgen wieder in unserer Schule, um recht viel Gutes zu lernen und dadurch selbst weiser, besser, glücklicher, dem Nebenmenschen nützlicher und Dir wohlgefälliger zu werden. Wir wollen unserem lieben Lehrer seine Arbeit durch Aufmerksamkeit, Fleiß, Ordnung und Sitte versüßen."[32]

An derselben Schule sieht der Wochenunterricht für den Lehrer 36 Stunden in folgender Verteilung der Fächer vor: Religion 12 Stunden, Lesen 11, Schreiben 6, Sprache 3 und Rechnen 2 1/2 Stunden. Dazu kommen eine Stunde Geschichte und eine halbe Stunde Gesang. Es fällt auf, daß das Fach Turnen fehlt. 1819 hat die preußische Regierung den Sportunterricht verboten, weil die Turnerbewegung mit demokratischen Bestrebungen verbunden sei.

In fast allen Dörfern der Eifel gibt es nur einen einzigen Lehrer, der bis zu 200 Schüler zu unterrichten hat. Nach einer Zusammenstellung des Jahres 1819 beträgt das jährliche Gehalt der Lehrer in der Eifel zwischen 52 bis 77 Taler, die damals im allgemeinen von den Eltern aufzubringen sind. In vielen Orten muß der Lehrer das Geld selbst einkassieren.

Für das Schuljahr 1848/49 liegt uns für den Lehrer aus Baasem der Anstellungsvertrag der Gemeinde vor. Das Gehalt ist angestiegen, aber reicht kaum zum Leben aus, so daß Nebenverdienste notwendig sind. Neben Wohnung und einer Holzzuweisung zum Heizen erhält der Lehrer, der insgesamt etwa 120 Kinder zu unterrichten hat, jährlich 155 Taler – der Vorgänger bekam 105 Taler – dazu verdiente er als Küster, Organist und Kantor weitere 12 Taler, ferner jährlich einen Taler für die Reinigung der Kirche. Das Schulgeld hat er bei den Eltern persönlich einzutreiben, wobei er oftmals wiederkommen muß; nicht selten ist auch der letzte Gang vergeblich. Nach einem Jahr bittet der Lehrer um seine Entlassung, da er gesundheitlich den vielfachen Aufgaben nicht mehr gewachsen sei.[33] Kein Wunder, daß damals, „das arme Dorfschulmeisterlein" für ein weithin bekanntes Lied herhalten muß. Nicht selten wählen die Lehrer den Weg, die Erbtochter des reichsten Bauern im Dorfe zu heiraten; so geschieht es z.B. in Baasem innerhalb von zwei Generationen zweimal.

Das höhere Schulwesen, das Wilhelm von Humboldt auf der geistigen Grundlage des Neuhumanismus in Preußen neu geordnet hat, wird einem 1825 gegründeten Schulkollegium in Koblenz unterstellt. Ihm gehören 16 Gymnasien mit Abiturberechtigung an; nur diese geringe Zahl an höheren Schulen weist das ganze Rheinland in jener Zeit auf. Unter ihnen ist Münstereifel damals noch das einzige Vollgymnasium unseres Gebirges.

5. Dreiklassenwahlrecht und politische Unruhen: Das Revolutionsjahr 1848 in der Eifel

Während der ersten Jahrzehnte ihrer Herrschaft haben die Preußen versucht, sich bei der Bevölkerung Respekt zu verschaffen. Zuneigung und Vertrauen bringen die Eifeler den Preußen jedoch nicht entgegen. Patriotismus für den neuen Staat ist nicht aufgekommen, zumindest noch nicht. Man kann z.B. nicht schreiben, was man will, da eine strenge Pressezensur herrscht. Bereits 1815 (30.4.) gibt die preußische Regierung bekannt: „Das Publikum wird hierauf verwiesen, ... daß nichts gedruckt werden darf, ohne von der hiesigen Regierung geprüft und genehmigt worden zu sein." Josef Görres verurteilt deshalb das Preußentum „ in seiner Herbheit und widerwärtigen Schärfe"; er spricht von „Pressefrechheit". Auch von einer Selbstverwaltung ist man noch weit entfernt.

Eine neue Gemeindeordnung (1845) schließt eine Reihe Orte zu einer Amtsbürgermeisterei zusammen. An der Spitze steht der vom König ernannte Amtsbürgermeister, der über ausgedehnte Befugnisse verfügt. Die Gemeinderäte werden nach dem Dreiklassenwahlrecht gewählt. Jede Klasse stellt dieselbe Anzahl von Wahlmännern, die den Abgeordneten bestimmen. Innerhalb einer Klasse besteht das gleiche Stimmrecht. Die nur wenigen höchstbesteuerten Personen, die, nach der Höhe gestaffelt, das erste Drittel der Gesamtsteuern aufbringen, gehören der Steuerklasse I an. Der Personenkreis, der das zweite Drittel zahlt, ist der Klasse II, und die relativ vielen kleinen Steuerzahler, die das letzte Drittel einzahlen, sind der Klasse III zugehörig. In den Gemeinden und Amtsbezirken der Eifel haben also die reicheren Landbesitzer und die wohlhabenden Geschäftsleute größeren politischen Einfluß als z.B. die Bauern oder die Geistesarbeiter. Die Geistlichen und Lehrer, die bei wenig Einkommen auch wenig Steuern zahlen, haben politisch kaum etwas zu vermelden. Der allergrößte Teil der Bevölkerung ist von der Wahl völlig ausgeschlossen. Das Wahlrecht ist nämlich an ein festgesetztes hohes Mindesteinkommen, den Zensus, gebunden, den nur wenige erreichen. So besitzen das Wahlrecht im Dreiklassensystem z.B. in Köln 5 Prozent, in Trier 4,2 Prozent, in Bonn nur 3,5 Prozent der Bevölkerung.

Für das Preußische Abgeordnetenhaus (1847) gilt ebenfalls das Dreiklassenwahlrecht. Nach dem Vorbild der belgischen Verfassung (1831) ist jedoch die gesamte männliche Bevölkerung wahlberechtigt, die allerdings zum allergrößten Teil der Klasse III angehört. Also auch hier haben die reichen Steuerzahler der Gruppen I und II die Zwei-Drittel-Mehrheit. Mit diesem Wahlverfahren ist natürlich die Mehrzahl der Männer unzufrieden; die Frauen erstreiten sich später ihr Wahlrecht. Eine Hungersnot 1846/47, die besonders in der Eifel spürbar ist, trägt weiter zur Unzufriedenheit der Menschen bei.

Sehr deutlich entlädt sich diese negative Stimmung im Revolutionsjahr 1848. Aus Paris (Februarrevolution) greift die Revolution nach Berlin über. Daß ausgerechnet ein Eifeler Bauernsohn aus Lutzerath bei Bad Bertrich das erste Opfer der Märzrevolution wird, ist ein wirklicher Zufall. Eine Gedenkplatte, die sich heute in der Kirche zu Lutzerath befindet, hält dieses Ereignis fest.

Auch in der Eifel brechen Unruhen aus, weniger im Südteil des Gebirges als an der Mosel und in der Nordeifel. In Münstereifel wird in der Nacht vom 27./28. März der preußische Adler vom Rathaus entfernt. Ein dortiges Flugblatt beginnt mit den Worten „Freiheit oder den Tod. Frei wollen wir sein!"

In Scheven bei Kall wird die schwarz-rot-goldene Fahne an der Schule und auf dem Kirchturm gehißt; sie wird in feierlichem Zuge durch das Dorf getragen, und alle entblößten ihr Haupt vor dem Symbol der deutschen Zusammengehörigkeit. Fast alle Dörfer der Nordeifel folgen dem Beispiel und geben die Parole weiter:

Freiheit-Gleichheit-Republik
wäre me doch die Preuße quitt[34]

An zentralen Orten finden Volksversammlungen statt. Es kommt zu Bürgervereinigungen, die sogar unbeliebte Bürgermeister absetzen. Oft sind die Bewohner unzufrieden, daß die Gemeindeväter in nicht öffentlicher Sitzung über ihr Wohl und Wehe beraten und darüber entscheiden. Diese Stimmung findet in einem Gemeinderatsprotokoll in Kommern ihren Niederschlag (12.5.1848):

„Der Gemeinderat ... hat nach Abwägung der Umstände und mit besonderer Rücksichtnahme auf die Wünsche und Aufforderungen des Volkes in seiner heutigen Sitzung beschlossen, die Sitzungen des Gemeinderates für die Folgezeit öffentlich abzuhalten und jedem den Zutritt daran zu gestatten, damit das Publikum sich von den Verhandlungen Überzeugung verschaffen kann, wodurch sonst nur Anlaß zu Verdächtigung ... und zu Unzufriedenheit in der Gemeinde gegeben wird."

Um dieselbe Zeit (18.5.) zieht ein Trupp von etwa hundert Bewaffneten in Prüm ein, überrumpelt die Wache, zertrümmert mit Äxten das Eingangstor des Zeughauses und holt Waffen und anderes Kriegsmaterial aus dem Hause. Eine Landwehrkompanie greift ein. Dann kommt es zu einem erneuten Angriff seitens der Revolutionäre auf das Zeughaus; sie dringen ein und entwenden weitere Waffen. Erst eine Schwadron Husaren aus Trier stellt nach Stunden die Ruhe wieder her.

Auch das Zeughaus von Siegburg wird gestürmt. Einer der dort Beteiligten ist der in Liblar geborene Student Carl Schurz, der zwar seinen Lehrer, den Bonner Professor Kinkel, befreien kann, dann aber nach Amerika flieht. Dort wird der Eifeler später Minister und engster Mitarbeiter von Präsident Lincoln. Übrigens fühlen sich viele Eifeler von den Regierungen in Trier, Aachen und Köln nicht genügend vertreten und fordern einen eigenen Eifelbezirk mit Amtssitz in Prüm. Sie können sich jedoch nicht durchsetzen. Einen Gesamtüberblick über das Geschehen 1848 in der Zentraleifel vermittelt uns das Gemeindeprotokoll aus dem Dorfe Kronenburg (damals 400 Einwohner; jetzt Gemeinde Dahlem):[35]

„Wie die Pest verbreitete sich im Jahre 1848 der Schwindel nach neuen Errungenschaften und Freiheiten. Auflehnung wider Gesetz und Ordnung war in den kleinsten Dörfern zu sehen, Flugschriften erschienen in Massen und wurden von den Leuten verschlungen, denen man sonst nicht zutraute, gewöhnlichen Druck zu lesen. Je schrecklicher und unwahrscheinlicher die Forderungen und Ereignisse mitgeteilt wurden, um so leichter wurden sie geglaubt. Die wirklich wahren Tatsachen fanden nur Zweifler. Als die Freiheitsfahne an Masten und Kirchen wehte, schmückten sich alt und jung mit deutschen Freiheitszeichen. Aber die versprochenen Freiheiten wollten nicht folgen, und Gott sei Dank war der gesunde Sinn der Mehrzahl der Einwohner noch nicht so verdorben, daß man sich wieder mehr zum gewöhnlichen Tagewerk wendete, als sich um Politik zu kümmern".

Es ist erstaunlich, wie „kleinste Dörfer" in der Eifel von der Revolution erfaßt sind. „In Massen" besitzen die Menschen aufrührerische Flugblätter, tragen Freiheitszeichen und bringen Revolutionsfahnen sogar an ihren Kirchen an. Wenn der Schreiber der Chronik – natürlich ein fanatischer Gegner der Revolution, vielleicht ein preußischer Beamter – mit „Gott sei Dank" bemerkt, daß die meisten Bewohner

Ein Eifelbauer.

„nicht so verdorben“ sind, sich weiter aufzulehnen, sondern wieder der gewohnten Beschäftigung nachgehen, dann hat an dieser Haltung die Kirche einen entscheidenden Einfluß. Sie legt die Bibelstelle „Gebet dem Kaiser, was des Kaisers ist“ so aus: „Gebet dem Kaiser, was der Kaiser befiehlt, es sei denn, er verstößt gegen die Kirchengebote.“ So ermahnt der Erzbischof von Köln damals die Bewohner, der rechtmäßigen Obrigkeit zu gehorchen. Fast alle Pfarrer lehnen die Ideen der Revolution als unchristlich ab. Allerdings bringt die Kirche ebenfalls zum Ausdruck – auch darum geht es damals – daß ihr ein großdeutsches Reich mit dem katholischen Österreich als Vormacht lieber sei als ein kleindeutsches Reich mit der Führung Preußens. Letzteres hat sich jedoch durchgesetzt.

Welche Folgerungen der Preußenkönig Friedrich Wilhelm IV (1840–1861) aus der Revolution zieht, ist bemerkenswert. Nach seiner Meinung darf das Volk nicht zuviel Wissen haben. Folglich läßt er in den Schulen die Unterrichtsstunden für Geschichte und Geographie kürzen. In den Lehrerseminaren werden die Klassiker – sie vertreten oftmals den Gedanken der Freiheit – vom Unterrichtsplan gestrichen. Glaubt er wirklich, auf diese Weise die Vergangenheit zu bewältigen und in Zukunft eine Revolution verhindern zu können?

„Sommer in der Eifel 1912“, Hans Richard von Volkmann.

XIII. Die Eifel: Weitere 70 Jahre in der preußischen Rheinprovinz

1. Niedergang der Eisenindustrie und ihre Folgen: Einfluß auf die übrigen Gewerbezweige und Abwanderung aus der Eifel

Im Steinkohlengebiet der Ruhr arbeitet 1849 der erste Kokshochofen Deutschlands (Mühlheim). Die Eifel schafft es nicht, sich von der Holzkohle auf Koks umzustellen, da das Gebirge keine Steinkohlelager besitzt. Das nächste Kohlenrevier liegt zu weit entfernt am Nordrand des Gebirges in Eschweiler, wo seit 1835 der Eschweiler Bergwerksverein, die älteste deutsche Bergwerk A.G., tätig ist. Noch 1913 werden hier 3 1/4 Mio. Tonnen Kohle gefördert. Die Verkehrsschwierigkeiten sind zu groß und die Transportwege zu weit, einmal um die Rohmaterialien herbeizubringen, dann um die Fertigprodukte in den weit entfernten bevölkerungsreichen Gebieten abzusetzen.

Preußen hat zwar inzwischen die Hauptstraßen der Eifel ausgebaut, so die Straßen von Köln nach Trier (1841) und weiter nach Luxemburg (1849), dann von Trier nach Bonn, Koblenz und Aachen. Aber längst ist die Eisenbahn im Vergleich zu Pferd und Wagen das vorherrschende und viel billigere Verkehrsmittel geworden. Doch erst spät, viel zu spät, wird die Eifel in das Schienennetz einbezogen. Allerdings sei vermerkt: Bei besseren wirtschaftlichen Verhältnissen hätte die Eifeler Eisenindustrie sich noch einige Jahrzehnte behauptet, wäre aber auf die Dauer nicht lebensfähig gewesen. Zu gering sind letztlich die Eisenvorräte. Zu entfernt ist der Weg zur Kohle.

Viele Betriebe wandern nunmehr in die Industriezentren ab, so die Gußstahlfabrik Poensgen aus Mauel bei Gemünd. Dieses Walzwerk ist mit seinen schmiedeeisernen nahtlosen Röhren in der Mitte des Jahrhunderts das bedeutendste Gasröhrenwerk Deutschlands und beschaftigt mehr Arbeiter als damals die Firma Krupp in Essen. 1860 verlegt das Unternehmen seine Fabrikation nach Düsseldorf, wo sie seit 1872 den Namen „Düsseldorfer Röhren- und Eisenwerke A.G." trägt. Später nennt sie sich „Vereinigte Stahlwerke" und steigt bald zum führenden deutschen Stahlkonzern auf.

Viele Eisenwerke an Olef und Urft (Schleidener Tal), an Ahr, Veybach, Kyll und Salm haben schließlich keine Existenzgrundlage mehr. Die Eisenwerke an der oberen Kyll (Kronenburgerhütte und Hammerhütte) löschen ihre Hochöfen in den 50er Jahren. Der Eisenhammer von Junkershausen, dem einzig noch verbleibenden im Vichttal bei Stolberg, schlägt nicht mehr seit 1869. 1881 wird die letzte Eisenhütte in Kirschseiffen geschlossen, und 1896 kommt in Jünkerath der letzte Holzkohleofen zum Erlöschen. Eisenschmitt, noch 1820 der größte Ort des Kreises Wittlich und Mittelpunkt der Eisenindustrie des Salmtales, kann seine Betriebe nicht mehr hal-

Steinfelder Platte, Gußeisen, vermutlich um 1520.

Steinfelder Platte, Gußeisen, Detail, vermutlich um 1520.

ten. Die Zahl der Bevölkerung sinkt bis zum Ende des Jahrhunderts um zwei Drittel ab.

Luxemburgs Ausscheiden aus dem Deutschen Bund im Jahre 1867 macht sich wirtschaftlich kaum bemerkbar, da das jetzt neutrale Großherzogtum weiter dem deutschen Zollverein angehört (ihm zugehörig seit 1842) und so die Beziehungen zum östlichen Grenzland nicht abgebrochen werden. Zahlreiche Bewohner der Kreise Prüm und Bitburg behalten nach wie vor ihre Arbeitsstätten im luxemburgischen Konzern ARBED. Aus Lothringen, das nach dem Kriege 1870/71 wieder zu Deutschland kommt, führt Luxemburg die Minette ein. Diese hat durch den Entzug von Phosphor (Erfindung des Engländers Thomas), das als wichtigstes Düngemittel (Thomasmehl) Verwendung findet, beachtlich an Qualität gewonnen.

Entgegen der Eisenindustrie erlebt die Bleiausbeute in der Eifel eine hohe Blütezeit. Zwar ist der Absatz nach der Franzosenzeit stark zurückgegangen. Doch der Mechernicher-Bergwerks-Aktienverein, gegründet von den Gebrüdern Kreuser im Jahre 1858, macht das Werk mit dem Einsatz der ersten Dampfmaschine zu einem der modernsten Bergwerks- und Hüttenbetriebe der damaligen Zeit. Die Mechernicher Aktien sind Jahrzehnte das beste Börsenpapier Deutschlands und erzielen zeitweise 10 bis 18 Prozent Dividende. 1884 beträgt die Belegschaft 4400 Beschäftigte. Mit 134 Metern Höhe ist der „lange Emil“ damals der höchste Schornstein Europas. Seit der Jahrhundertwende verläuft die Produktion allerdings rückläufig. Einen Aufschwung nimmt das Werk, als es 1911 in die „Genossenschaft Mechernicher Werke“ übergeht.[36]

Das Bleiglanzwerk in Bleialf hat schon 1888 schließen müssen. Länger hält sich die „Bleihütte Call“, an der sich 1900 die Firmen „A. Pönsgen und Söhne, Düsseldorf“ und eine Gesellschaft in Frankfurt beteiligen. So ist man in der Lage, das Werk völlig zu modernisieren.

Die Gerber in der Eifel stellen um 1850 ein Sechstel aller Gerbereien in Preußen und zählen zu den reichsten Bürgern ihrer Stadt. Diese Blütezeit währt jedoch nur einige Jahrzehnte. Schon ab 1880 müssen zahlreiche Betriebe schließen. Um 1870 weist z.B. der Handelskammerbezirk Trier noch 300 Gerbereien auf, 1905 sind es nur noch 43. Auch die Waldbesitzer erleiden hohe Einbußen, da für sie die guten Preise für die Lohe (Eichenrinde) entfallen. Das Gerbverfahren wird jetzt durch die Verwendung chemischer Gerbstoffe gewaltig verkürzt und vereinfacht. Es entstehen außerhalb der Eifel große Fabriken, die mit extrahierten Gerbstoffen schneller und billiger arbeiten können. Dazu verdrängen mehr und mehr Kunststoffe das Leder; nur noch wenige verwenden zum Gerben die Eichenrinde (Lohe), obschon die Qualität des so gegerbten Leders besonders gut ist, aber diese Herstellung ist zu teuer.

Steinwerk, Mayen.

In der zweiten Hälfte des Jahrhunderts entwickelt sich die deutsche Industrie gewaltig aufwärts; es blüht nicht zuletzt die Bauindustrie. Dank ihrer Steinbrüche profitieren davon einige Erwerbszweige der Vulkaneifel, besonders die der Osteifel. Auftrieb nehmen das Steinbruchgebiet um Niedermendig, der Dachschieferbergbau zwischen Mayen und Müllenbach und die Basaltindustrie im Raum Mayen – Kottenheim – Ettringen. Auch Platten und Kanalrohre werden aus diesem Gestein gefertigt.

Nach 1860 verlieren allmählich die Basaltbetriebe an Bedeutung. Dafür gewinnt das Bimssandsteinvorkommen in und um Andernach, auch im Neuwieder Becken, an Bedeutung; denn die dort gefertigten Schwemmsteine werden im Baugewerbe immer mehr bevorzugt.[37] Ihre Vollblöcke, Hohlblocksteine und Wandbauplatten sind viel leichter als Basaltsteine und besitzen genügend Druckfestigkeit. Die für den Backofen geeigneten Steine liefert das Gebiet um den Laacher See, besonders der Ort Bell. Absatznehmer sind auch die Dörfer in der Eifel. Manche Orte hatten bis dahin nur ein gemeinsames Backhaus (Backes). Jetzt will möglichst jede Bauernfamilie einen eigenen Backofen besitzen. Mühlsteine kommen aus dem Mayener Raum (Hohenfels) und werden sogar weithin ins Ausland geliefert. Im Brohltal und am Laacher See wird ein vulkanisches Trachyttuffgestein gebrochen, aus dem Zement gewonnen werden kann. Dieser Zement gewinnt an Bedeutung, da er wasserundurchlässig ist. Schon die Römer wußten, daß Straß in Verbindung mit Kalk als hydraulischer Mörtel gegen den Salzgehalt des Meerwassers unempfindlich ist. 1682 wird in Brohl die erste Traßmühle errichtet und dessen Mehl hauptsächlich nach Holland geliefert, das Traßzement zur Abdichtung seiner Deiche verwendet. Aber auch beim Bau der vielen Talsperren in der Eifel braucht man es später. Im unteren Kylltal wird der rote Buntsandstein abgebaut, aus dem viele Gebäude errichtet werden, z.B. die meisten Bahnhofsgebäude in der Eifel. Sogar beim Reichsgericht in Leipzig und beim „Reichstag“ in Berlin findet der Eifeler Sandstein Verwendung.

Erwähnt werden muß auch der Braunkohleabbau bei Brühl und Liblar. Zunächst stellt man aus der Braunkohle Alaun her, später auch Leuchtöl. Doch seit den 70er Jahren verwendet man die Braunkohle zum Heizen. Bis zum Ersten Weltkrieg erhöht sich der jährliche Braunkohleabbau, in dem viele Männer aus der Nordeifel neue Arbeitsplätze finden, auf acht Millionen Tonnen. Die erste Brikettfabrik wird 1877 gebaut. Der Aufschwung der Brikett-Erzeugung, besonders aber die umfangreiche Ausfuhr der Steinprodukte, ist erst möglich geworden, seitdem (1871) die Eisenbahn den Transport übernimmt.

Im allgemeinen ist in jenen Jahrzehnten jedoch die Not vieler Eifeler Familien so groß, daß sie keinen anderen Ausweg sehen, als sich anderwärts neue Arbeitsmöglichkeiten und damit eine neue Heimat zu suchen. Allein in den Jahren 1840 bis 1871 haben, wie eine Untersuchung feststellt[38], etwa 60 000 Menschen die Eifel verlassen, darunter 70 bis 80 Prozent Bauern, Tagelöhner, Knechte und Mägde und 20 bis 30 Prozent Handwerker. Von ihnen haben sich etwa 20 000 Personen in die Städte und Industriezentren an Rhein und Ruhr abgesetzt, rund 40 000 Eifeler sind in den drei

Bahnlinie zwischen Bad Breisig und Maria Laach.

erwähnten Jahrzehnten in die Übersee-Gebiete – vornehmlich nach Amerika – ausgewandert. Die meisten Auswanderer kommen aus der Südeifel. Allein im Jahre 1846 verlassen den Regierungsbezirk Trier mehr als 5 800 Personen. Der Oberpräsident gibt die Gründe an: Mißernten, schlechte Existenzaussichten für die Kinder, das rauhe Klima, die Absatzschwierigkeiten für ländliche Produkte, Holzdiebstähle und die Strenge, mit der diese geahndet werden; ferner die Höhe der Steuern und der Gemeindeabgaben.

1883 schreibt die Trierer Landeszeitung, daß die Auswanderungslust noch immer im Wachsen begriffen ist. Man mag in ein Dorf an der Mosel, in der Eifel ... kommen; überall hört man: „Von hier gehen wieder so viele nach Amerika".

2. Die Öffnung der Eifel durch die Eisenbahn

Damals bauen und unterhalten in Preußen private Gesellschaften die Eisenbahn. Für sie als private Unternehmer ist selbstverständlich die Gewinnspanne entscheidend. Natürlich sind im Flachland die Ausbaukosten geringer und bei einer größeren Bevölkerungsdichte die erwarteten Einnahmen höher als im Gebirge. Dieses wirtschaftliche Denken erklärt, warum die Eifel so spät durch die Schiene erschlossen wird.

Nach der ersten Planung soll der Bahnverlauf von Düren, das schon 1843 Anschluß nach Aachen unterhält, über Euskirchen, Zülpich, Kommern, Kall, Gemünd, Schleiden, Stadtkyll, Manderscheid, Wittlich nach Trier erfolgen, worauf besonders die Industriellen des Schleidener Tales entschieden drängen. Die Eisenbahngesellschaft tritt für die kürzere Strecke ein: Euskirchen, Kall, entlang der Urft bis Schmidtheim, dann über Jünkerath durch das Kylltal bis Ehrang und weiter nach Trier. Sogar der Reichstag in Berlin beschäftigt sich mit diesem Problem; doch es setzt sich die Eisenbahngesellschaft durch. Bis 1864 ist die Teilstrecke Euskirchen – Mechernich (Höhe 299 m) fertiggestellt. Hinter Scheven, der nächsten Station, ist die Wasserscheide Rhein-Maas, eine Steigung von mehr als 100 m zu überwinden; es bleibt als einzige Lösung ein Durchbruch durch das Gebirge. Zwei Jahre dauert der Bau des 472 m langen Kallertunnels. So kann die Strecke Euskirchen – Kall 1867 in Betrieb genommen werden. Trotz technischer Schwierigkeiten erreicht der Schienenstrang drei Jahre später Schmidtheim, den höchst gelegenen Bahnhof der Eifel (554m), wo 1870 zum Feldzug gegen Frankreich viele deutsche Militär-Verbände ausgeladen werden. Wegen eines vorgesehenen Transportes von 70 000 französischen Kriegsgefangenen wird die restliche Strecke beschleunigt fertiggestellt. Bis

Bahnhof Schmidtheim, der höchst gelegene Bahnhof der Eifel.

Gerolstein nach Trier im Juli 1871. So können auch die siegreich heimkehrenden deutschen Soldaten die ganze Bahnstrecke ab Trier benutzen, die zunächst noch ab Euskirchen über Düren (1864) nach Köln verläuft.

Damit hat die Eifel endlich eine Eisenbahnlinie, die das ganze Gebirge von Norden nach Süden durchquert. Wie einst die große Römerstraße, so verbindet jetzt die Bahn das Mittelmoselgebiet mit dem Niederrhein, eine Achse, die auch die beiden Kulturräume an Rhein und Mosel miteinander verknüpft.

Nicht zu unterschätzen ist die hohe Bedeutung, die der Schienenweg dem Gebirge selbst gebracht hat; weithin hat er die Eifel erschlossen. An der Bahn entlang wachsen die Orte stark an. Es entstehen neue Industrien, z.B. das Zementwerk Sötenich, das Holzsägewerk in Blankenheim-Wald, die Sandsteinbrücke in Densborn, das Steingewerbe in Speicher. Die vorhandenen Betriebe in Kall, Mechernich und anderwärts nehmen erst durch die Schiene einen beachtlichen Aufschwung. Der Birresborner Phönix Sprudel, im 18. Jahrhundert die einzige Mineralquelle der Eifel, steigert den Umsatz erheblich. In Gerolstein werden neue Mineralquellen erschlossen, der Schloß- und Florabrunnen sowie die Hansa- und Charlottenquelle. Bereits 1893 bringt es der Gerolsteiner Sprudel auf mehr als eine Million Flaschen und 1913/14 sind es schon über fünf Millionen Flaschen. Auf den Stationen der Eifel von Euskirchen bis Ehrang werden seitdem jährlich Millionen Tonnen verladen und ausgeladen. Es handelt sich, nach der Umsatzmenge geordnet, um Steine, Holz, Kies, Sand, Kalk, Zement, Blei, landwirtschaftliche Produkte, Eisen, später Düngemittel und Mineralwasser.

Es folgen weitere Anbindungen der Haupteisenbahnlinie an den Rhein:
– Euskirchen – Köln 1875
– Euskirchen – Bonn 1880

Dann erschließen neue Strecken einen Teil des Gebirges mit dem Rheintal:
– Ahrweiler – Remagen 1880
– Mayen – Andernach 1880

Zum großen Glück für die Eifel übernimmt 1881 das Deutsche Reich das rheinische Eisenbahnnetz. Nun entstehen im Gebirge selbst zahlreiche Querverbindungen. Die „Königliche Eisenbahndirektion Köln“ ist zunächst für die Schiene in der gesamten Eifel zuständig, nach 15 Jahren nur noch für die Nordeifel, denn 1895 übernimmt die neu gegründete „Eisenbahndirektion Saarbrücken“ ab Jünkerath die Verantwortung für die Südeifel.

Mit der Eisenbahn ist unser Gebirge stärker dem Rhein als der Mosel zugeordnet, dessen Schienenweg Koblenz, Trier (1879) bis Cochem knapp 50 km durch das Tal der Mosel verläuft, dann nur noch auf kurzen Strecken dem Tal folgt. Um die zahlreichen Flußwindungen zu vermeiden, weicht deshalb die Bahn ins Eifelvorland aus (Wittlicher Senke) oder durchschneidet direkt das Gebirge, in das fünf Tunnels geschlagen werden müssen. Der längste liegt mit 4,2 km kurz vor Cochem.

Wenn die Eifel in den folgenden Jahrzehnten so viele Schienenwege erhält, geschieht der Ausbau vornehmlich aus militärischen Gründen, um starke Truppenverbände schnell gegen Westen befördern zu können. So verfügt die Eifel schließlich über eines der dichtesten Eisenbahnnetze in der ganzen Welt. 1914 beträgt ihre Gesamt-Schienenlänge 1085 Kilometer, etwa ein Sechstel des deutschen Eisenbahnnetzes; das Gebirge zählt über 200 Bahnhöfe.

Die vom Deutschen Reich ausgebauten Eisenbahnstrecken (1883–1916)

1) Gerolstein – Prüm – Pronsfeld	1883
2) Wengerohr – Kues – Bernkastel	1883
3) Kall – Schleiden – Hellenthal	1884
4) Aachen – Monschau	1885
5) Aachen – St. Vith	1887
6) Altenahr – Dümpelfeld	1888
7) Dümpelfeld – Adenau	1888
8) Euskirchen – Münstereifel	1890
9) Mayen – Daun – Gerolstein	1895
10) Brohl – Kempenich	1901
11) Düren – Heimbach	1903
12) Mayen – Koblenz	1904
13) Pronsfeld – Neuerburg	1907
14) Pronsfeld – Waxweiler	1907
15) Daun – Wittlich	1910
16) Erdorf – Bitburg	1910
17) Bitburg – Irrel	1911
18) Jünkerath – Losheim – Weywerts	1912
19) Hillesheim – Gerolstein	1912
20) Dümpelfeld – Ahrdorf	1912
21) Ahrdorf – Blankenheim	1913
22) Irrel – Igel – Trier	1915
23) Polch (südlich von Mayen) – Münstereifel	1916

Mit der Erschließung der Eifel durch die Eisenbahn profitiert auch die Post. Sie unterstand im 19. Jahrhundert einem privaten Unternehmer (Thurn und Taxis), war dann 1871 im Rheinland als „Deutsche Reichspost" vom Staat übernommen worden, die jetzt dort, wo sich die Möglichkeit bietet, die Eisenbahn statt der Postkutsche benutzt. Briefe und Pakete werden schneller befördert, wodurch der Postverkehr erheblich ansteigt. Die Zahl der Briefträger verdoppelt sich in der Eifel bereits im Verlauf der 80er Jahre. Die Eisenbahn trägt nicht wenig dazu bei, die Eifel den Menschen zu öffnen. Verwandte, Freunde und Bekannte können jetzt anreisen, auch die ersten Touristen finden sich ein. Außerdem hat die einheimische Bevölkerung jetzt die Möglichkeit, eine große Stadt wie Köln und Trier zu sehen und

Übersichtskarte des Eisenbahnnetzes in der Eifel
mit Jahreszahl der Inbetriebnahme

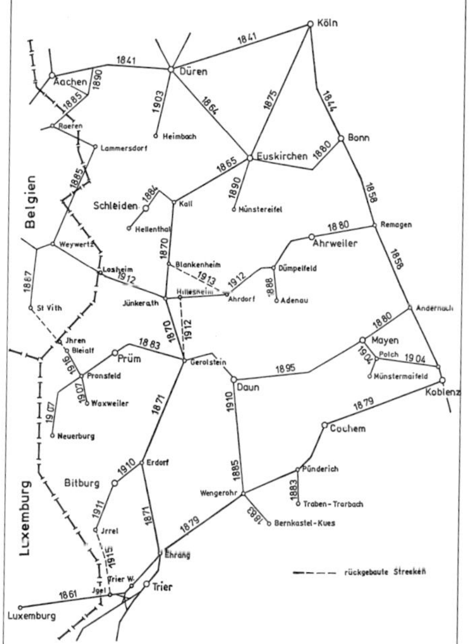

Die Nebenstrecken Blankenheim—Ahrdorf, Hillesheim—Gerolstein, Ihren—St. Vith und Irrel—Trier-West wurden stillgelegt.
Auf den Nebenstrecken Dümpelfeld—Jünkerath, Jünkerath—Losheim—Weywertz, Prüm—Pronsfeld—Neuerburg, Pronsfeld—Bleialf, Pronsfeld—Waxweiler, Erdorf—Bitburg—Irrel und Polch—Münstermaifeld verkehren nur Güterzüge.
Die Personenbeförderung erfolgt durch Busse der Deutschen Bundesbahn

Angehörige auswärts zu besuchen. Durch das Kennenlernen anderer Menschen und anderer Gegenden wird das Blickfeld des einzelnen sicher wesentlich erweitert. Die Berührung mit der Großstadt ist für den bis dahin zurückgezogenen Dörfler ein besonderes Erleben. Beeindruckt kehrt er z.B. von Köln zurück. Oft hört man heute noch heraushebend sagen: „Dat is wie in Köllen,“, oder „Dat schmeckt wie zu Köllen“.

Natürlich staunen die Eifeler, als sie den ersten Zug sehen. Als die Schiene 1884 im Schleidener Tal zum ersten Mal für den Verkehr freigegeben wird, soll sich dort in einem kleinen Ort (Oberhausen) folgende Begebenheit zugetragen haben: Eine Frau ruft ihrem Mann zu, als sich die Dampfmaschine nähert: „Mo sitt ja keen Päerd“. Er antwortet: „Ije, die Päerd, die kann mr net sehn, die senn drenne.“ („Man sieht ja keine Pferde.“ „Ja, die Pferde, die kann man nicht sehen, die sind drinnen.“)[39].

3. Notleidende Bevölkerung und die Folgen: Gesindemärkte und abgeholzter Wald

In der zweiten Hälfte des 19. Jahrhunderts arbeitet fast zwei Drittel der Eifel-Bevölkerung noch in der Land- und Forstwirtschaft. In den Kreisen Adenau, Prüm, Bitburg, Daun und Wittlich liegt der Anteil höher, tiefer dagegen in den Kreisen Monschau, Schleiden, Ahrweiler und Adenau, da hier Industrie, Bergbau und Baugewerbe einem Teil der Bewohner Vollbeschäftigung bieten. Die meisten führen ein hartes Dasein. Erschütternd zu lesen ist der Bericht einer Landtagskommission vom Jahre 1853, den wir gekürzt wiedergeben:[40]

„So groß ist die Armut vieler dieser Bergbewohner, daß sie fast an der Linie angekommen sind, wo die Hungersnot beginnt. Sehr viele von ihnen kennen keine andere Nahrung als Kartoffel und Brot, welches aus einer Mischung von Hafermehl und Kartoffeln besteht, und man kann ohne Übertreibung sagen, daß zwei Drittel der gesamten Bevölkerung nur einmal im Jahr Fleisch genießt, während das andere Drittel, das die wohlhabende Bevölkerung in sich begreift, nur an Sonn- und Feiertagen sich diesen Genuß gestatten darf. Fast alle Bauern sind verschuldet ..." Besserung bringen die 60er Jahre. Aber in den 70er und 80er Jahren ist man tatsächlich„an der Linie angekommen, wo die Hungersnot beginnt" oder schon vorherrscht.

In den Jahren 1876 und 1879 sind die Ernteerträge nur sehr dürftig, und 1878 und 1880 sind Jahre schlimmer Mißernten. Der Pfarrer von Stadtkyll wendet sich 1880 mit folgendem Hilferuf an die Öffentlichkeit: „In meiner Pfarrgemeinde sind keine zwanzig Familien, die in diesem Winter mit den alten Schulden nicht noch neue machen müssen. Vielfach konnten die Kartoffeln nicht ausgemacht werden, da Frost und Schnee kamen, ehe alles reif geworden ist.[41] In Udenbreth werden noch im Februar 1880 die letzten Hafergarben mit Schlitten aus dem abtauenden Schnee heimgefahren.

Auch in den beiden folgenden Jahren hat das Wetter kein Erbarmen mit der armen Bevölkerung. Mir liegt ein Brief meines Großvaters aus Baasem an seinen Bruder in Köln vor, dem er im Jahre 1882 schreibt: „Durch die Kälte haben Korn und

Holzeinschlag 1993.

Kartoffeln viel gelitten. Die Kartoffeln sind im Boden schwarz verkahlt" (erfroren). Wieder findet in der Bevölkerungsstatistik des Dorfes die Notzeit ihren Niederschlag; die Zahl der Toten übertrifft die der Geburten oder kommt ihr (fast) gleich.[42] In der Kölnischen Rundschau schreibt Professor H. Zöller (13.2.1883): „Der Bevölkerung fehlt es nicht nur an Kapital, um ihre Ländereien durch Ankauf von Kunstdünger, Wiesenmeliorationen oder dergleichen zu verbessern, sondern in schlechten Erntejahren auch an der Möglichkeit, trotz allen Fleißes, solches Kapital zu erwerben; dabei ist sie, vom heutigen Notstand nicht einmal zu reden, durch langjährige Mißerfolge und Entbehrungen sowohl geistig niedergedrückt als körperlich geschwächt. Von den Aushebungs-Kommissionen pflegen die wegen mangelhafter Ernährung in ihrer Entwicklung zurückgebliebenen jungen Leute in den ersten Jahren der Gestellung zum Militärdienst durchweg zurückgewiesen zu werden. Sie seien gut gewachsen, aber mager wie Christus am Kreuz."[43]

Zeitgenössischer Bericht über die Notlage in der Eifel.

Schlecht geht es damals auch den bäuerlichen Hilfskräften. Da alle Arbeiten mit der Hand ausgeführt werden müssen, kommen selbst mittlere Betriebe nicht ohne Knecht(e) und Magd (Mägde) aus; es sei denn, sie hätten genügend mithelfende Familienmitglieder. Auf den Gesindemärkten in Bitburg, Wittlich, Wetteldorf, Neuerburg, Münstermaifeld, Hillesheim, Stadtkyll, Schleiden, Münstereifel stellen sich die Arbeitssuchenden zur Schau, meist schon im Dezember. Wenn sie gefallen, treten sie zu Lichtmeß (2. Februar) die neue Stelle an.

Die Bauern, die ihr eigenes Leben kaum zu fristen vermögen, können natürlich nur einen geringen Lohn zahlen. Ein Meisterknecht erhält nach einer Chronik im Jahre 1864 als Jahresgehalt: 36 Taler, zwei Paar Schuhe, ein Pfund Wolle und eine Hose aus Leinen; eine Meistermagd: sieben Taler, eine Schürze, ein Hemd, ein Pfund Wolle und drei Paar Schuhe. Der Jahreslohn für Unterknecht und Untermagd beträgt etwa zwei Drittel des obengenannten Entgelts. Bis zum 1. Weltkrieg vervielfachen sich allerdings die Löhne. Auch die Natur ist von der Armut der Bewohner betroffen. Um weitere Ackerböden für den Kartoffelanbau zu gewinnen, wird immer mehr

Mischwald bei Monschau.

Wald gerodet. Dazu kommt der Bedarf an Brennholz. Den Zustand des Waldes in der Eifel schildert 1834 Herders Conversation Lexikon[44] wie folgt: „Die Waldungen der Eifel sind größtenteils ausgehauen und der Boden dem Kartoffelbau übergeben worden". Bis zur Mitte des Jahrhunderts hat man den Waldbestand noch weiter gelichtet.

Ein dritter Faktor spielt bei der zunehmenden Naturzerstörung eine wichtige Rolle: der Bedarf an Holzkohle für die Eisengewinnung. Um nur einen Wagen Eisen zu gewinnen, werden allein 4,5 Wagen Holzkohle und hierfür 36 Wagen Holz benötigt. Das entspricht einer Rodung von 1,5 Hektar 16 – 18jährigen Niederwaldes[45] Man hat errechnet, daß allein im Kreise Schleiden jährlich 18 000 Wagen Holzkohle zu je 20 Zentner für die vorhandenen Eisenwerke verbraucht worden sind, wofür 144 000 Wagen Holz benötigt wurden. So gibt es 1852 im Kreise Schleiden nur noch 78 000 Morgen Waldungen, aber 65 370 Morgen Schiffelland und 52 300 Morgen Wildland, Heiden- und Ödland, in der gesamten Eifel mehr als 1/2 Million Hektar Ödländereien.[46]

4. Staatliche Hilfen: „Preußisch Holz" – Landwirtschaftsschulen – Neue Viehrassen

Die preußischen Behörden beschließen in den 50er und 60er Jahren, die weiten Ödlandflächen wieder in Hochwald zu verwandeln. Dazu wählen sie nicht wie bisher den Laubbaum aus, sondern die in der Eifel bis dahin nicht heimische Fichte. Wegen ihres schnellen Wachstums und ihrer guten Verwendungsmöglichkeit, besonders als Bauholz, wird sie gegenüber dem Laubbaum bevorzugt. In den Jahren 1854–1866 stellt der Staat jährlich etwa 10 000 Taler für die Neu-Anpflanzung bereit.[47]

Viele Bauern sind ärgerlich, daß ihre Schafweiden verschwinden oder stark eingeengt werden. Noch 1828 zählt man in der Gesamteifel 280 000 Schafe, eine Zahl, die anschließend immer mehr zurückgeht, bis 1914 etwa auf 30 000 Stück. 1828 werden in den Kreisen Schleiden, Daun, Prüm, Bitburg 157 000 Schafe gezählt;

Ödland, heute als Feuchtwiese geschützt.

Hohes Venn, Naturschutzgebiet.

Schafherde, Frühjahr 1994.

1907 sind es noch 17 000. Dafür werden mehr Schweine gemästet, etwa doppelt soviel wie zu Beginn der Preußenzeit.

Zunächst stößt das Anpflanzen des Ödlands mit der Fichte, verächtlich „preußisch Holz" genannt, auf Widerstand. Man steckt z.B. den Samen, um ihm die Keimkraft zu nehmen, vor der Aussaat in den Backofen, oder man reißt die eingesetzten Bäumchen heimlich wieder heraus. Trotz allem werden im Laufe des Jahrhunderts etwa 40 000 Hektar Gemeindeland aufgeforstet. Damit wird für viele Gemeinden die Grundlage zu einem späteren zeitweiligen Wohlstand gelegt.

Auch auf anderen Gebieten greift der Staat helfend ein. 1883 wird ein Eifelfonds eingerichtet, an dem sich Preußen zu zwei Drittel, die Rheinprovinz zu einem Drittel beteiligen. Bis zur Jahrhundertwende (1900) fließen aus diesen Fonds der Eifel jährlich etwa 300 000 Mark zu. Diesen Betrag müßte man heute (1990) mit 2, 5 Millionen Mark ansetzen. Die Beihilfen für Projekte, die bis zu 60 Prozent der anfallenden Kosten betragen, sind zweckgebunden. Gefördert werden neben den schon genannten Maßnahmen: die fachliche Ausbildung der Landwirte, Bodenmeliorationen, Flurbereinigungsverfahren, die Beschaffung von Saatgut und Düngemitteln, die Gründung von Molkereien, Genossenschaften und ländlichen Kreditinstituten.

Schon längst hat man in der Ebene, z.B. in der fruchtbaren Jülich – Zülpicher Börde und in der Wittlicher Senke verbesserte Methoden in der Landwirtschaft angewandt. Um diese auch den Bauern in der Eifel zu vermitteln, setzt der „Landwirtschaftliche Verein für die Rheinprovinz“ 1861 den ersten Wanderlehrer in der Eifel ein (Kreis Malmedy), andere folgen. Aus den Beratungsstellen erwachsen die landwirtschaftlichen Winterschulen: Bitburg (gegründet 1873), Zülpich (1879), Manderscheid (1879, nach Wittlich verlegt 1883), Hillesheim (1888). Letztere ist neben dem Kreis Daun auch für den Kreis Schleiden zuständig, bis dieser 1913 eine eigene Schule in Kall-Heistert erhält. Mein Großvater, Landwirt im Kreis Schleiden (Baasem), hat seinen Sohn und vermeintlichen Nachfolger (er ist im Ersten Weltkrieg gefallen) sogar die Landwirtschaftsschule in Konstanz besuchen lassen. Erst in den 30er Jahren des kommenden Jahrhunderts besitzt jeder Kreis eine eigene Ausbildungsstätte für seine jungen Landwirte; die Kreise Mayen und Prüm können zeitweise sogar zwei Schulen anbieten. Die Ausbildungszeit dauert zwei Semester, jedesmal von Anfang November bis Ende März.

Neben der Ausbildung in der allgemeinen Landwirtschaft werden auch Spezialgebiete gefördert. Es entstehen eine Weinbauschule in Ahrweiler, eine Schule für das Forstwesen in Wittlich und eine Schule für Bienenzucht in Mayen. Diese Sonderschulen arbeiten mit einschlägigen Betrieben zusammen; Theorie und Praxis sind miteinander verbunden.

In der Eifel herrscht Realteilung, so auch festgeschrieben in dem hier bis 1900 gültigen Gesetzbuch, dem Code Napoleon. Folglich wird der Grundbesitz der Eltern fast immer unter die Kinder geteilt, Geld zur Erbauszahlung ist in der Regel ohnehin nicht vorhanden. In der nächsten Generation wird wieder geteilt, usw. So besitzen viele Landwirte schließlich nur ganz wenige Hektar. Im Kreise Schleiden zählen wir im Jahre 1882 fast genau so viele landwirtschaftliche Betriebe mit eigenem Landbesitz unter zwei Hektar wie darüber (unter zwei Hektar = 3864, darüber = 3881).[48] In den Kreisen Adenau, Prüm, Bitburg und Wittlich sind die Betriebe mit zwei und mehr Hektar auch nicht wesentlich zahlreicher als die unter zwei Hektar liegenden landwirtschaftlichen Höfe.

Da bei Erbfolge auch die einzelnen Parzellen oft geteilt werden, verkleinern sich diese immer weiter; man braucht sogar den Ausdruck „handtuchbreit“. Um diesem Übelstand abzuhelfen, verabschiedet der Staat 1885 ein „Zusammenschlußgesetz“. Noch Ende der 80er Jahre führen die ersten Dörfer (unter ihnen Bettenfeld und Eckfeld bei Manderscheid) in der Eifel eine solche Konsolidation durch, wie damals das Umlegungsverfahren genannt wird. Dieses haben bis 1906 34 Gemeinden der Eifel, bis zum Ersten Weltkrieg fast 100 Dörfer abgeschlossen. Nun erhalten die Landwirte nicht nur größere Grundstücke, sondern auch einen direkten Wegezugang zu den einzelnen Parzellen.

Die Bodenverbesserungsmaßnahmen (Meliorationen) haben das Ziel, nasse Flächen zu entwässern und trockenen Feldern Wasser zuzuleiten. Um so zusätzlich Nutzgebiet zu gewinnen, gründen z.B. in der östlichen Hocheifel die Dörfer Kronenburg und Baasem (zusammen 900 Einwohner) eine Kyllgenossenchaft. Da die betroffenen Landwirte ihre eigene Arbeitskraft nicht berechnen, decken die Zuschüsse aus dem Eifelfonds die Auslagen. Sie gewinnen auf diese Weise 71 Hektar Nutzland. In der ganzen Eifel sind rund 500 Wassergenossenschaften tätig. So entstehen zusätzlich etwa 9000 Hektar neues Grünland in unserem Gebirge.

Damit ist die Voraussetzung geschaffen, einen größeren Viehbestand zu halten. Die landwirtschaftlichen Schulen raten den Bauern, das einfarbige, graubraune Glaner-Rind anzuschaffen. (Das Glantal befindet sich nördlich von Kaiserslautern in der Pfalz). Die Glaner Kuh ist milchleistend, mastfähig und so robust, daß sie sich auch an Pflug und Wagen hervorragend bewährt. Die Viehmärkte in Schleiden, Stadtkyll, Büllingen, Hillesheim, Prüm, Bitburg, Wittlich und an anderen Orten bieten genügend Tiere an, so daß zu Beginn unseres Jahrhunderts das Glanervieh in der Eifel vorherrscht. Größere Verluste beim Rindviehbestand bringt in den 90er Jahren das mehrfache Auftreten der Maul- und Klauenseuche. Auch hier springt der Eifelfonds helfend ein.

Wen wundert's, daß sich nun auch die übrigen Höhengebiete der Rheinprovinz, vor allem der Hunsrück, melden. Man sieht nicht ein, im Gegensatz zur Eifel leer auszugehen, einer Forderung,der sich Staat und Provinz nicht verschließen können. Beide gründen 1901 mit je der Hälfte der Kosten den Rheinischen Westfonds, in den

Glaner-Rind, im Stall des Rheinischen Freilichtmuseums, Kommern.

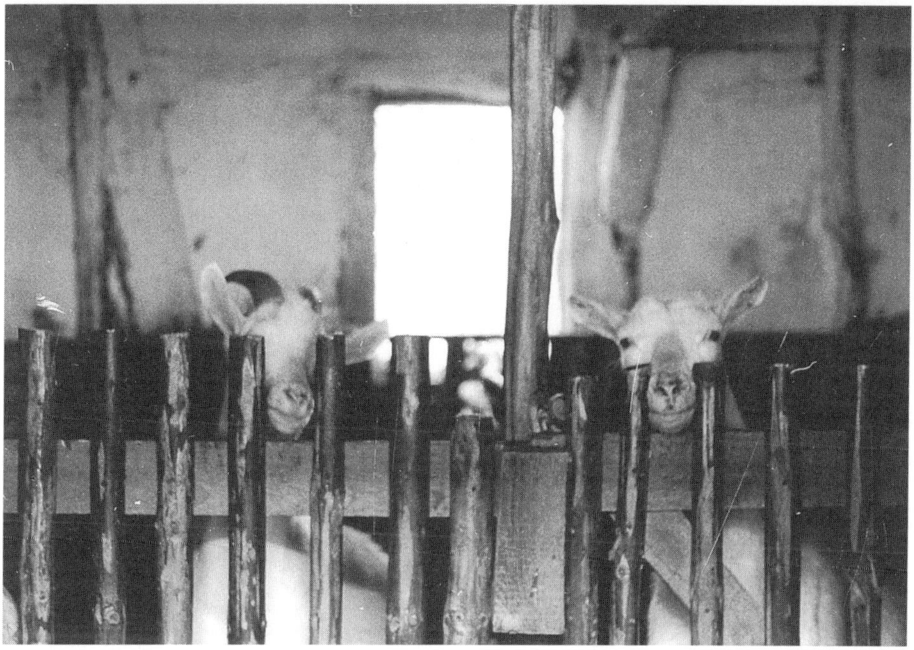

Ziegen, im Stall des Rheinischen Freilichtmuseums, Kommern.

der Eifelfonds einbezogen wird. Der Eifel wird dadurch kein Geld entzogen; sie erhält jährlich fast denselben Betrag wie zuvor. Es belaufen sich die Zuschüsse für die Eifel von 1883 bis 1914, also in gut 30 Jahren, auf fast 10 Millionen Mark. So hat der Staat doch manches getan, um die Wirtschaftslage der Eifel zu verbessern und den Lebensstandard der Bevölkerung anzuheben.

5. Spannungen mit Preußen – Der Kulturkampf

Im Revolutionsjahr 1848 läßt der preußische Kultusminister den bis dahin verbotenen Jesuitenorden wieder zu. Die sehr aktiven Jesuiten halten anschließend im Rheinland und in der Eifel Volksmissionen ab, die von der katholischen Bevölkerung sehr begrüßt werden. Dagegen sehen die Protestanten die Wiederzulassung des Ordens als verfassungswidrig an, worauf die Regierungspräsidenten in Aachen und Köln die Tätigkeit der Patres erheblich einschränken. Empört reagieren die Katholiken. Unwillig nimmt man auch zur Kenntnis, daß ostelbische Grundbesitzer den Rheinländern mangelnden Patriotismus vorwerfen. König Friedrich Wilhelm IV (1840–1861) gelingt es, die Wogen wieder zu glätten. Als jedoch der neue König

König Wilhelm I. von Preußen im Krönungsornat, Stich aus der „Illustrierten Zeitung" von 1901.

Wilhelm I (1861–1888) Mehrausgaben für eine Heeresverstärkung fordert und in Bismarck den Politiker findet, der die Gesetzesvorlage im preußischen Abgeordnetenhaus vertritt und selbständig durchficht, kühlt das Verhalten der Eifeler Bevölkerung, die höhere Militärausgaben entschieden ablehnt, wieder merklich ab. Diese Ablehnung steigert sich erst recht, als Bismarck durch seine Politik einen Krieg mit dem katholischen Österreich auslöst und dieses 1866 (Schlacht bei Königgrätz) aus dem Deutschen Bund ausscheidet.

Eine gewisse patriotische Stimmung kommt jedoch auf, als Frankreich 1870/71 besiegt und das Deutsche Reich in Versailles (Januar 1871) ausgerufen wird, und zwar mit dem König von Preußen als „Kaiser in Deutschland". Als Reichskanzler Bismarck sich dann mit der katholischen Kirche überwirft, schlägt die Stimmung schnell wieder um. Wenn die Bevölkerung der Eifel zwischen Staat und Kirche zu wählen hat, entscheiden sich die Menschen damals stets vorbehaltlos, ja leidenschaftlich, für die Kirche. Es kommt zum sogenannten Kulturkampf. Politisch wurde er vorbereitet durch kirchenfeindliche Zeitströmungen, kirchenpolitisch durch ein Verzeichnis (syllabus errorum), in dem Papst Pius IX 1864 wesentliche Irrtümer der Zeit angeprangert hat, innerkirchlich dann durch das Dogma der päpstlichen Unfehlbarkeit, das im allgemeinen nicht korrekt ausgelegt wird. Führend in diesem Kampf ist die Nationalliberale Partei. Diese Partei und Bismarck wünschen eine „romfreie", dem Staat unterworfene katholische Kirche. Einige zig-tausend Katholiken schwenken auf diese Linie ein und gründen die Alt-katholische Kirche (Sitz ihres Bischofs in Bonn). Doch diese Richtung findet in der Eifel kaum Anhänger. Die Bewohner sind vielmehr erbost, daß man sie national für unzuverlässig hält und sie sogar wegen ihrer Treue zum Papst „Reichsfeinde" nennt.

Mit Zwangsmaßnahmen will Bismarck sein Ziel erreichen. Er führt die Zivilehe ein, die vor der katholischen Trauung erfolgen muß. Dieses Gesetz nehmen die Eifeler gelassen hin, da die standesamtliche Eheschließung hier bereits von den Franzosen eingeführt worden ist. Die weiteren Maßnahmen des Kanzlers erregen jedoch die Bevölkerung.

Vorhalle (Paradies) der Abtei Maria Laach.

1872 löst Bismarck den Jesuitenorden auf. Die Jesuiten, seit 1863 in Maria Laach, müssen ihr Kloster verlassen. Einige Zeit später werden alle katholischen Orden verboten, die nicht der Krankenpflege dienen. 1875 trifft es die Trappisten in Mariawald, aber auch andere religiöse Gemeinschaften. Manche von ihnen weichen aus nach Holland oder Belgien. So gehen die Schwestern von St. Salvator, die in Münstereifel eine Mädchenschule unterhalten, nach Roermond. Die Ursulinenschwestern in Monschau dürfen ab 1875 ebenfalls nicht mehr unterrichten und werden bald darauf gezwungen, die Stadt zu verlassen.

Unsere Bewohner sind besonders empört über die sogenannten Maigesetze des Jahres 1873, die u.a. die geistliche Schulaufsicht aufheben. Der Pfarrer ist jetzt nicht mehr der örtliche Schulinspektor; statt seiner setzt der Staat eine ihm genehme Person der jeweiligen Gemeinde oder der Bürgermeisterei ein. Zugleich wird der Artikel, in dem der Staat der Kirche die Unabhängigkeit garantiert, aufgehoben. Nun kontrolliert die weltliche Behörde das kirchliche Vermögen und beansprucht, bei der Ausbildung und Anstellung der Geistlichen mitzuwirken.

Viel Ärger löst der Kanzelparagraph aus, der jene Pastöre mit schweren Freiheitsstrafen bedroht, die „Angelegenheiten des Staates in einer den öffentlichen Frieden gefährdenden Weise" behandeln. Hier ist die Auslegung eine Ermessenssache. Die gesamte Bevölkerung steht zu den Ortsgeistlichen, die im Widerstand verharren, vielfach abgesetzt, verhaftet und bestraft werden. Einige hundert Pfarrer und Geistliche in der Eifel erhalten Geldstrafen; und etwa hundert Pastöre verbüßen zusätzlich eine oder mehrere Gefängnisstrafen von meist einigen Monaten. Viele Pfarreien sind verwaist. 1874 werden auch die für die Eifel maßgebenden Bischöfe, der Erzbischof von Köln und der Bischof von Trier, wegen Verstoßes gegen die Maigesetze inhaftiert. Die Empörung der Bevölkerung wächst und wird noch durch das „Brotkorbgesetz" verstärkt, das den Pfarrern, die sich nicht willfährig zeigen, das Gehalt entzieht.

Finanziell springt vielfach der „Paulus Verein" ein. Doch meist bringen die Bewohner der Kirchengemeinde das Geld zum Unterhalt für den Pfarrer zusammen. Schließlich wagen es die weltlichen Behörden kaum noch, gegen die erboste Bevölkerung durchzugreifen. Nur noch lasch werden die kirchenfeindlichen Gesetze und Verordnungen überwacht, bis sie nach und nach fast alle abgebaut werden. Bismarck sieht ein, die kirchentreue Haltung der Bevölkerung unterschätzt zu haben. Die kluge Diplomatie und Verständigungsbereitschaft des neuen Papstes Leo XIII (1878–1909) trägt seitens der Kirche ebenfalls zur Entspannung bei. So kann im Oktober 1880 der nun fertiggestellte Kölner Dom feierlich eingeweiht werden. Ehrengast ist Kaiser

Mariawald, heute einzige männliche Trappisten Abtei Deutschlands.

Bismarck – Denkmal, aus der „Illustrierten Zeitung" von 1901.

Wilhelm I., der freundlich begrüßt wird, während in früheren Jahren preußische Könige von den Rheinländern oft frostig, ja unfreundlich empfangen worden sind.

In den kommenden Jahren werden der Trierer Bischofsstuhl (1881) und der Sitz des Erzbistums Köln (1885) erneut besetzt. Auch die vertriebenen Ordensleute können in ihre Eifelklöster zurückkehren. Die Trappisten beziehen wieder Mariawald (1887), das 1909 selbständige Abtei wird. Bis zur Gegenwart ist sie die einzige männliche Trappisten-Abtei Deutschlands. 1893 wird auch Maria Laach neu bezogen, diesmal wie schon Jahrhunderte vorher von Benediktinern; es sind Patres der Beuroner Kongregation. Sie widmen sich der Seelsorge, halten Exerzitien und Einkehrtage ab, pflegen den Chorgesang und betätigen sich in der Wissenschaft. Die Schwestern aus Münstereifel bleiben in Roermond bis 1922, da ihr Klostergebäude in Münstereifel an die Stadt übergegangen war.

Allmählich entwickelt sich ein besseres Klima der Bevölkerung zum preußischen Staat. Kaiser Wilhelm II (1888–1918) erleichtert diesen Weg. Er spricht sogar von einem Bündnis zwischen „Thron und Altar". Als 1895 viele Städte Deutschlands Bismarck zu ihrem Ehrenbürger ernennen, wird ein entsprechender Antrag auch in den Rat der Stadt Münstereifel eingebracht. Nur mit ganz knapper Mehrheit (7 : 6) stimmen die Stadtverordneten für die Ehrenbürgerschaft Bismarcks; zu tief sitzt bei ihnen, wie bei vielen Eifelern, noch der Schock des Kulturkampfes.

Nicht unwesentlich hat die in Düsseldorf 1870 gegründete katholische Zentrumspartei dazu beigetragen, den Kulturkampf für die katholische Kirche erfolgreich zu bestehen. Die Katholiken haben erkannt, daß sie eine Macht darstellen, wenn sie politisch zusammenhalten. Die Eifel hält dieser Partei auch in den folgenden Jahren die Treue, wie wohl sonst kein Landstrich in Deutschland. Ortsgruppen gibt es in vielen Gemeinden. Bei den Wahlen erhält das Zentrum bis zum 1. Weltkrieg ständig 85–95 Prozent der Stimmen.

6. Mehr politische Rechte – Selbsthilfe durch Genossenschaften

Nach manchen Spannungen sucht Preußen einen Ausgleich mit der rheinischen Bevölkerung. Es räumt 1875 dem Rheinland als letzte der preußischen Provinzen eine gewisse Eigenständigkeit ein. Die neue Kreis- und Provinzialordnung tritt jedoch wegen des Kulturkampfes erst 1887 in Kraft. Die Kreistage bestehen aus gewählten Abgeordneten der Städte, der Landbürgermeistereien und der Höchstbesteuerten. Vertreter der Kreistage und der Stadtverordneten der kreisfreien Städte bilden den rheinischen Landtag in Düsseldorf. Im Rheinland können nur Städte mit wenigstens 40 000 Einwohnern aus dem Landkreis ausscheiden. Köln (120 000 Einwohner) und Aachen schaffen diese Hürde sogleich, später auch die Städte Trier, Koblenz und Bonn. Die Eifel dagegen besitzt keine Stadt, die annähernd diese Zahl erreicht. Die Kreisstadt Schleiden zählt um 1900 lediglich 700 Einwohner und ist die kleinste Stadt Deutschlands. Unser Gebirge ist deshalb in Landkreise eingeteilt. Abgeordnete der Kreistage vertreten also die Eifeler Bevölkerung im Landtag zu Düsseldorf, der jetzt größere Befugnisse erhält, z.B. kann er Gelder bereitstellen, um helfend bei Notständen einzugreifen (Eifelfonds). Es ist der Beginn der kommunalen Mitverwaltung im Rheinland.

Neben dem Landtag gibt es ein eigenständiges Organ der Selbstverwaltung, den Provinzialverwaltungsrat (heute Landschaftsverband), der 1873 von Koblenz nach Düsseldorf verlegt wird. An seiner Spitze steht zuerst der ehrenamtliche Landtagsmarschall, ab 1875 der Landesdirektor und seit 1897 der Landeshauptmann. In eigener Zuständigkeit erledigt der Provinzialverwaltungsrat folgende Aufgaben: Soziales, Gesundheit, Straßenbau, Förderung von Kunst und Wissenschaft. Es sind fast die gleichen Gebiete, für die heute in der Nordeifel der Landschaftsverband in Köln maßgebend ist. Um die Rechtspflege zu vereinheitlichen, werden 1878 die Amtsgerichte auch in der Eifel eingeführt.

Viele Familien in der Eifel, die überwiegend Land- und Forstwirtschaft betreiben, haben sich aufgrund der wirtschaftlichen Schwierigkeiten verschuldet. Trotz staatlicher Hilfsmaßnahmen sind viele Familien gezwungen, weiterhin Gelder zu leihen. Dabei fallen sie oft Wucherern in die Hände. Nicht selten sind Zwangsversteigerungen die Folge. Bereits 1832 hat der schon genannte Peter Kaufmann, der Gründer des „Landwirtschaftlichen Vereins der Rheinprovinz", in Schleiden die Öffentlichkeit aufgerufen, den unerfahrenen Landwirten der Eifel ideell und materiell zu helfen. Er wendet sich an Pfarrer, Lehrer und Beamte, den Bauern zur Seite zu stehen. Vereinzelt hat er Erfolg. Pfarrer Schmitz aus Dockweiler z.B. vermittelt weiten Kreisen seine Fachkenntnisse in der Obstbaumzucht. Auch regt Peter Kaufmann an, Kreditinstitute zu gründen, die Geld-Rückzahlungen in nur sehr geringen Raten ermöglichen.

Doch es dauert noch 30 Jahre, bis diesen Anregungen durchgreifende Taten folgen. 1863 entsteht in Bitburg die älteste Kreditgenossenschaft der Eifel, ebendort drei

Jahre später die erste Eifeler Molkerei Genossenschaft. Weitere Genossenschaften werden um diese Zeit und in den folgenden Jahrzehnten gegründet. Der aus dem Westerwald stammende Friedrich Wilhelm Raiffeisen (1818–1888), der ein Eifeler Mädchen aus Neuenahr geheiratet hat, wird zum maßgebenden Vorreiter dieser Bewegung. Durch die von ihm gegründeten Spar- und Darlehnskassen bemüht er sich, besonders der ärmeren ländlichen Bevölkerung Kredite zu beschaffen und ihre gesparten Gelder gewinnbringend anzulegen. Unter dem Motto „Das Geld des Dorfes dem Dorfe“ vertrauen die Bewohner der Ortschaften den Spar- und Darlehnskassen ihre Spargroschen an.

Die erste Raiffeisenkasse entsteht 1864, und zwar in Heddesdorf bei Neuwied; die erste Raiffeisenbank der Eifel bereits zwei Jahre später, 1866 in Antweiler-Adenau. Unmittelbar darauf folgen die Eröffnung der Raiffeisenkassen bzw. -banken in Vettelhoven, Burgbrohl, Schweich, Dudeldorf, Leudersdorf, Lutzerath, Stadtkyll sowie die Spar- und Kreditbank Neuerburg. Im Jahre 1880 gibt es in der Eifel bereits 30 Spar- und Darlehnskassenvereine.

In den beiden letzten Jahrzehnten des 19. Jahrhunderts vermelden weitere Spar- und Darlehnskassen in der Nordeifel ihre Gründung: Dollendorf (1887), Ripsdorf (1888), Weyer (1888), Blankenheim (1894), Antweiler-Lessenich (1895), Kall (1896), Marmagen (1899). Im damaligen Kreis Monschau werden Kassen eröffnet

Wirtschaftshof der Abtei Mariawald.

in : Kalterherberg, Imgenbroich, Rollesbroich, Rurberg, Steckenborn, Strauch und Vossenack. Viele der genannten Spar- und Darlehnskassen spielen in ihrem Raume auch heute noch eine beachtliche Rolle.

Fast immer ist den „Kassen“ ein genossenschaftliches Warengeschäft angeschlossen. So erhält die Landbevölkerung die Möglichkeit, sich die Vorzüge des Großeinkaufs und der Gewinnbeteiligung zu sichern. Gleichzeitig erhalten sie für den Absatz der eigenen landwirtschaftlichen Erzeugnisse einen gerechten Preis über die Genossenschaft. Zur ersten Winzergenossenschaft der Welt schließen sich 1868 die Winzer von Mayschoß zusammen. Sie wollen nicht länger von den Ankäufern ihrer Trauben, Moste und Weine abhängig sein, sondern den Markt mitbestimmen und damit für ihre Produkte bessere Preise erzielen. Bereits in den weiteren zehn Jahren gründen die Winzer in Walporzheim, Ahrweiler, Dernau, Altenahr und Bachem ebenfalls Winzergenossenschaften.

In der Milchwirtschaft folgen die Landwirte diesem Beispiel. Auf genossenschaftlicher Basis beginnt man in Imgenbroich (1894) Milchprodukte anzubieten. Es schließen sich die Molkereien Vettelhoven (1895), Kall (1896) und Großlittgen (1908) an. Ein großer Erfolg für die Bauern ist die Bildung einer eigenen Landwirtschaftskammer in Bonn im Jahre 1899. Bis zum 1. Weltkrieg baut sich der landwirtschaftliche Verbund weiter aus und hilft damit Landwirten und Winzern, sich finanziell einigermaßen zu behaupten und damit im Heimatort zu bleiben.

7. Eiflia illustrata

Eine zusammenhängende Geschichtsbeschreibung der Eifel liegt bis ins 18. Jahrhundert nicht vor. Dies ändert sich, als Johann Friedrich Schannat 1734–1739 in einem nicht öffentlichen Manuskript eine Gesamtdarstellung verfaßt, die nach dem damaligen Zeitgeist die Adelsgeschlechter in den Vordergrund rückt. Der Lebenslauf des Gelehrten ist nicht alltäglich.

Als Sohn eines Arztes, der aus Franken stammt, wird Johann Friedrich 1683 in Luxemburg geboren. Nach dem Studium der Rechtswissenschaft wirkt er ab 1705 einige Jahre als Advokat beim Parlament in Mecheln, eine Aufgabe, die ihn nicht befriedigt. Seine ganze Liebe gilt der Erforschung der Vergangenheit, der er sich mit Begeisterung in allen freien Stunden widmet. Um für die Geschichte mehr Zeit zu haben, studiert er schließlich Theologie. Als Abbé (Geistlicher mit niederen Weihen) schreibt er in Fulda die Geschichte des dortigen Bistums (historia Dioecesis Fuldensis), dann in Worms eine Abhandlung über die dortigen Bischöfe (historia episcopatus Wormatiensis). Anschließend (1734) beauftragt ihn der Erzbischof Moritz Gustav von Prag (1733–1763), ein gebürtiger Graf von Manderscheid-Blankenheim, ein Geschichtswerk über die Eifel zu erstellen. Dazu bleiben ihm kaum fünf Jahre, da ihm 1739 plötzlich der Tod die Feder aus der Hand nimmt.

Das Werk stand kurz vor der Vollendung. Mit emsigem Fleiß hat Schannat die Fülle archivalischen Materials von 24 Eifeldynastien durchgearbeitet, geordnet und erläutert. Jetzt gibt der Prager Erzbischof die „Eiflia" dem Kölner Jesuiten Hermann Josef von Hartzheim. Dieser ergänzt mit Hilfe anderer Gelehrter das Manuskript und bezieht weitere Urkunden aus vielen Zeichnungen eines Kölner Kupferstechers ein. Doch bevor das Werk veröffentlicht wird, sterben von Hartzheim und der Prager Erzbischof, beide im Jahre 1863.

Jetzt kommt das Werk in den Besitz des Grafen von Manderscheid-Blankenheim, ist aber nach der Flucht der Gräfin Augusta vor den Franzosen nach Prag nicht mehr zu finden. Durch Zufall gelingt es Georg Bärsch, dem ersten Landrat des Kreises Prüm (1819–1834), dann Regierungsrat in Trier (1834–1848, gestorben 1868 in Koblenz), eine Abschrift in Darmstadt zu entdecken. Später werden noch einige weitere Manuskripte gefunden. In mehr als 30jähriger Arbeit vermag es Bärsch, das Werk zu verbessern und maßgebend zu ergänzen, es vor allem vom Lateinischen ins Deutsche zu übersetzen. Als das Werk in Druck geht, stammt es überwiegend von Georg Bärsch. Es erscheint unter dem Titel „Eiflia Illustrata oder geographische und historische Beschreibung der Eifel, aus dem lateinischen Manuskript übersetzt und mit Anmerkungen und Zusätzen bereichert, nebst vielen Abbildungen, Sigillen und Wappen."[49] Eine Generation später setzt Carl Schorn das Werk durch eine kirchengeschichtliche Fassung fort: Eiflia sacra oder Geschichte der Klöster und geistigen Stiftungen der Eifel.[50]

8. Aus dem Kulturleben: Museen – Archive – Schrifttum der Eifel

Den erhaltenswerten Gegenständen aus dem Gebiet der Archäologie, der Denkmalpflege und des täglichen Gebrauchs hat man bei uns lange Zeit zu wenig Aufmerksamkeit geschenkt. So ist vieles verloren gegangen. Erst 1874 werden in Bonn und Trier Provinzialmuseen gegründet, die auch die Kulturgüter der Nord- bzw. der Südeifel aufnehmen. Es sammeln sich so viele Stücke an, daß bereits nach weniger als 20 Jahren in beiden Städten neue größere Gebäude bezogen werden müssen. Auch das Wallraf-Richartz-Museum in Köln (eröffnet 1861) besitzt namhafte Schätze aus der Eifel, z.B. aus Blankenheim. Manche Orte gründen eigene kleine Heimatmuseen.

Wie die Provinzialmuseen liegen auch die Archive außerhalb unseres Gebirges, aber beziehen ebenfalls die Eifel in ihr Sammlungsgebiet mit ein.[51] Das Archiv in Düsseldorf (heute Hauptstaatsarchiv) sammelt, bewahrt und kommentiert auch die Akten der Adelsgeschlechter und die Dokumente aus den Territorien der Nordeifel. Diese Aufgabe erfüllt für die Südeifel das Archiv in Koblenz (heute Landeshauptarchiv). Beiden bereits 1831 eingerichteten Archiven verdanken wir die großen Urkundenwerke, das „Urkundenbuch für die Geschichte des Niederrheins" und das

Werkstatt im Bauernmuseum, Lammersdorf.

„Mittelrheinische Urkundenbuch", die jeweils den Norden, bzw. den Süden der Eifel in ihre Sammlung einbeziehen.

Seit 1891 besitzt die Rheinprovinz mit Sitz in Bonn eine eigene Provinzialkommission der Denkmalpflege, deren Provinzialkonservator neben der Denkmalpflege auch die Archivierung künstlerisch wertvoller Gebäude untersteht. Unter seiner Leitung erschienen seitdem (1891) die „Kunstdenkmäler der Rheinprovinz". Diese Edition, eingeteilt nach Kreisen, ist für die Eifel ein unschätzbares Standardwerk. Allerdings finden die Kreise der Eifel erst in den Jahren zwischen den beiden Weltkriegen ihre Bearbeiter. Dem Konservator steht seit 1906 der „Rheinische Verein für Denkmalpflege und Heimatschutz" zur Seite, der sich Schutz und Pflege der Denkmäler der Natur und der Landschaft zum Ziele gesetzt hat. Der Verein hat im Laufe der Jahre zahlreiche Einzelschriften über geschichtlich – und kunstgeschichtlich bedeutende Orte der Eifel herausgegeben. Der schon 1854 gegründete „Historische Verein für den Niederrhein" widmet sich der Geschichtserschließung und der Geschichtsschreibung über das Gebiet der alten Erzdiözese Köln.

Der emsig tätige und vielseitig ausgerichtete Georg Bärsch gibt 1820 eine Wochenzeitschrift heraus: „Die Prümer gemeinnützigen Blätter für die Bewohner der Eifel". Neben amtlichen Mitteilungen enthält die Schrift belehrende Aufsätze über die verschiedenen Zweige der Landwirtschaft, über Erfindungen und Verbesserungen der heimischen Gewerbezweige, der Gerbereien und Webereien und eine Chronik der Geschehnisse im Kreise Prüm. 1824 stellt die Zeitung wegen zu starker Belastung des Landrats ihr Erscheinen ein.

Nur zwei Jahre (1837 und 1838) hält sich die Halbmonatszeitschrift der „Eifelbote für gemeinnützige Forschungen", das Organ des in Schleiden kurz bestehenden ersten Eifelvereins. Ebenfalls zweiwöchentlich gibt es seit 1849 in Bitburg den „Eifeler Bauernfreund". Herausgeber ist eine Lokalabteilung des „Landwirtschaftlichen Vereins für die Rheinprovinz". Es bringt „gemeinnützige Erfahrungen und Belehrungen im Gebiet der Landwirtschaft".

Der 1888 in Bad Bertrich gegründete Eifelverein benutzt für seine Mitteilungen die seit 1896 erscheinende Zweiwochenzeitschrift „Das Eifelland", herausgegeben vom Verlag Weiß in Monschau. Es will „zur Hebung des Landes und Aufbesserung namentlich der wirtschaftlichen Verhältnisse" beitragen und helfen, das Gefühl der Zusammengehörigkeit unter den Bewohnern zu beleben und die Liebe zu ihrer schönen Heimat zu stärken". Das ist damals das Anliegen des Eifelvereins. Aber das Monschauer Blatt muß bereits nach zwei Jahren sein Erscheinen aus finanziellen Gründen einstellen.

Nun beschließt der Eifelverein, eine eigene Zeitschrift herauszugeben, die ab Januar 1900 als „Eifelvereinsblatt" erscheint. Später (1933) erhält sie den Titel „Die Eifel", den sie bis heute – jetzt als Zweimonatsschrift – fortführt. Zum 25jährigen Geburtstag gibt der Eifelverein eine „Eifelfestschrift" (1888–1913) heraus mit beachtlichen Beiträgen verschiedenen Inhalts zur Naturkunde sowie zur Wirtschafts- und Kulturgeschichte der Eifel. Der erste „Eifelführer", damals nach den Mitteilungen der Ortsgruppen des Eifelvereins zusammengestellt, erscheint bereits 1889. Im Jahre 1915 erfolgt die 21. und 1980 die 36. Auflage.

9. Fritz von Wille: Der bedeutende Maler der Eifel

Fritz von Wille[52] wird als Sohn des Hofmalers August von Wille und seiner Ehefrau Klara von Böttcher, einer akademisch ausgebildeten Malerin, 1860 (21.4.) in Weimar geboren. Einer seiner Paten ist der Komponist und Klaviervirtuose Franz Liszt. Fritz ist erst zwei Jahre alt, als die Familie in das rheinische Düsseldorf zieht. Nach dem Wunsch des Vaters sollen Fritz und sein jüngerer Bruder Hugo die Offizierslaufbahn einschlagen. Fritz, schon Zögling einer Kadettenschule, vermag jedoch den Vater zu überzeugen, daß er sich zum Maler berufen fühle. Er besucht im Alter von 19–22 Jahren die Kunstakademie in Düsseldorf (1879–1882). Das häufige Malen von Marmorfiguren, wie es seine Lehrer vorschreiben, macht ihm wenig Freude; es treibt ihn vielmehr hinaus in die Landschaft. Er spürt, daß hier seine

Begabung liegt. Er malt in Oberhessen, im Harz, in Italien, in Norwegen und wieder in Hessen.

Mit 26 Jahren (1886) kommt Fritz von Wille zum ersten Mal in die Eifel und ist tief beeindruckt von ihrer Schönheit, vom Wechsel ihres Naturkleides im Laufe des Jahres und über den Reichtum ihrer Geschichte. Mit 32 Jahren heiratet er die vermögende Fabrikantentochter Marie Auguste Schneider aus Neuwied. Beide nehmen Wohnung in Düsseldorf.

Von dort zieht es Wille immer wieder in die Eifel, wo das Ehepaar in Reifferscheid eine eigene Wohnung (1900) und später den Frauenhof, ein weiträumiges Haus mietet. Hier verbringen der Maler und seine Frau regelmäßig einige Sommermonate. Auch im Winter kehrt Wille häufig zurück, um die dortige Landschaft in ihrer winterlichen Pracht festzuhalten: Reifferscheid, das Schleidener Tal, das Ahrgebiet, das Hohe Venn und die obere Kyll mit Kronenburg. Es entstehen Landschaftsbilder der Vulkaneifel, besonders das Weinfelder- oder Totenmaar mit seiner einsamen Kirche, das er in verschiedenen Variationen häufig auf die Leinwand zaubert. Eines dieser Bilder, „Die blaue Blume", erwirbt 1908 Kaiser Wilhelm II. Dieser Kauf ist für viele Anlaß, ebenfalls ein Gemälde von Wille zu erstehen. Die Kreishäuser in Daun und Wittlich schmücken ihre Repräsentationsräume mit Werken des Malers.

Fritz von Wille auf Burg Kempen.

1911 wird Wille Kaiser Wilhelm II in der Eifel vorgestellt, der ihn ein Jahr zuvor mit dem Professorentitel ausgezeichnet hat.

Im gleichen Jahr (1911) erwirbt das Ehepaar Wille die Burg Kerpen im Kreise Daun, die seit der Zeit Ludwigs XIV. eine Ruine ist. Wille läßt sie nach seiner Vorstellung wiederaufbauen. Nun wohnt der Maler inmitten einer Landschaft, die er liebt und deren Wesen er erfaßt hat. Von Kerpen aus zieht es ihn künftig stärker in den Moselraum. Diese Bilder aber erreichen nach allgemeinem Urteil der Kunstkritiker nicht mehr den Höhepunkt seines früheren Schaffens. „Fritz von Willes große künstlerische Zeit liegt zwischen 1890 und 1910“.[53]

Im Alter lebt der Maler still und zurückgezogen, wie es im Grunde genommen auch seinem zurückhaltenden Wesen entspricht. In Düsseldorf, wo das Ehepaar die Wohnung beibehalten hat, stirbt Fritz von Wille im Alter von 80 Jahren (16.2.1941). Seine letzte Ruhestätte findet er unter einem mächtigen Basaltfindling auf einem Höhenrücken bei der Burg Kerpen.

„Auffallend an Fritz von Willes Gemälden ist neben dem Zurückdrängen des Menschen auch das Fehlen von Hinweisen auf sein Tätigwerden in der Landschaft. Zwar sehen wir hier und da Menschen in seinen Bildern, meist allerdings klein und unscheinbar, ohne bestimmenden Einfluß auf die Komposition. Es fehlen aber auch Hinweise auf eine menschliche Betätigung, ganz selten sind Menschen bei der Arbeit zu sehen, selten auch bestellte Äcker. Die Natur erscheint vielmehr in einem nativen Zustand, als sei sie sich seit Jahren selbst überlassen. Steine und Geröll liegen im Weideland, die Wege sind meist zugewachsen und zeigen nur geringe Spuren einer Benutzung. Die Burgruinen fügen sich in den Rhythmus der Landschaft ein.“[54]

Zur Wiederkehr des 100. Geburtstags Willes (1960) hebt der Katalog einer Ausstellung im Malkasten zu Düsseldorf die Feinheiten seiner Malkunst wie folgt heraus: „Er erkennt die Schönheit der Eifel im Wechsel der Jahreszeiten, ebenso wenn der Schlehdorn blüht, wenn im Frühjahr die Hänge an den Mooren im Gold des Ginsters leuchten, wenn später weite Flächen des kargen Bodens von leuchtendem roten Heidekraut bedeckt sind, wenn die Herbststürme brausen, oder der Winter eine Stimmung schafft, wie sie ernst und schwer etwa das Bild des beschneiten Monschau zeigt ... so ist er ein unübertroffener Meister der Darstellung der Wolkenbildung und ihre Auswirkung in Licht und Schatten. Wir kennen durch ihn die ganze Eifel in allen Jahreszeiten vom blühenden Frühling bis in den tief verschneiten Winter, in allen Tageszeiten vom Aufgehen der Sonne an bis zu ihrem Untergang.“ Weiter heißt es dort: „Zeichnend und malend durchwandert Wille ... die Eifel nach allen Richtungen, und in der Entdeckung immer wieder neuer Schönheiten wird er zum Eifelmaler schlechthin.“[55]

10. Clara Viebig: Die bedeutende Schriftstellerin der Eifel

Es ist bemerkenswert, daß Fritz von Wille, der Maler der Eifel, und Clara Viebig, die bedeutendste Schriftstellerin der Eifel, zur gleichen Zeit gelebt haben und sogar das gleiche Geburtsjahr aufweisen. Manchmal sind sie gemeinsam durch die Eifel gewandert und haben am gegenseitigen Schaffen Anteil genommen.[56] Sie hat ihn, der 80jährig verstorben ist, allerdings um 12 Jahre überlebt.

Die Eltern Clara Viebigs stammen aus dem preußischen Osten. Die Mutter ist Tochter eines protestantischen Pfarrers, und der Vater Sohn eines dortigen Gutsbesitzers. Er wird als preußischer Beamter nach Trier versetzt, wo die Tochter Clara 1860 (17.7.) geboren wird. Sie verlebt in der alten Römerstadt die ersten acht Kinderjahre, die sie wie folgt beschreibt: „In Trier ... stand meine Wiege; sie schaukelte im Takt der vielen frommen Glocken, die ... mit mächtigen Stimmen über die Mosel schallen. Dieser Klang hat früh Verständnis und Liebe zur anderen Konfession dem Herzen des Kindes einzuprägen versucht."

1868 zieht die Familie nach Düsseldorf, die elegante Gartenstadt, wo Clara eine gute Schulausbildung erhält. Die Ferien verbringt sie manchmal auf einem Gut ihrer Verwandten in der Provinz Posen. Sie ist 16 Jahre alt, als sie einige Zeit bei einem Freund der Familie, bei Landgerichtsrat Mathieu in Trier zubringen darf. Hier werden entscheidend die Weichen für ihre engen Beziehungen zur Eifel und zu den dortigen Menschen gestellt. Die spätere Dichterin beschreibt diese Zeit selbst: „Ich durfte ihn Onkel Mathieu nennen, obgleich wir nicht verwandt waren; er verstand es ausgezeichnet, die Bildungslücken seiner jungen Schutzbefohlenen auszufüllen. Er, der von Liebe zu Kunst und Wissenschaft erfüllt war, erschloß mir alle Schätze deutscher und ausländischer Literatur und Kunst, und darüber hinaus gab er mir Einblicke in das Leben, die viele Jahre später die Schriftstellerin in mir wecken sollten. Hier nämlich war es, wo ich zum ersten Mal die 'Kinder der Eifel' kennenlernen sollte. Mathieu war Untersuchungsrichter des Kriegsgerichts Trier, das den ganzen ländlichen Bezirk des zu Trier gehörenden Eifelteils umfaßte, und auf seinen vielen Dienstfahrten zu Tatbestandsaufnahmen, zu Verhören und Obduktionen nahm er mich mit. Viele meiner Novellen verdanken das Stoffliche diesen ersten Jungmädchenfahrten zu den Schrecknissen des

Clara Viebig.

Lebens. Und wenn ich auch ohne jede Absicht und mit völliger Naivität damals alles auf mich wirken ließ, so ist, als ich die Dichterin in der Eifel wurde, gar manches Erlebnis jener frühen Tage mir wieder lebendig geworden und Rohstoff zu künstlerischer Gestaltung."

Es dauert noch Jahre, bis sie „die Dichterin der Eifel" wird. 1881 stirbt der Vater, Oberregierungsrat in Düsseldorf. Zwei Jahre darauf ziehen Mutter und Tochter, die damals 23 Jahre alt ist, nach Berlin, wo Clara, abgesehen von einigen Kriegsjahren (1942–1946), künftig wohnen bleibt. Im Alter von 36 Jahren heiratet sie den jüdischen Verleger Friedrich Cohn. Von den 40 gemeinsamen Ehejahren stehen die drei letzten unter dem Schatten des Nationalsozialismus (1933–1936). Beide leben jetzt sehr zurückgezogen. Besonderen Schikanen sind sie seitens der Nationalsozialisten allerdings nicht ausgesetzt, da Hermann Göring, der zweitmächtigste Mann nach Adolf Hitler, als entfernter Verwandter der Clara Viebig seine Hand schützend über die Familie hält. Von Göring ist der Ausspruch überliefert: „Wer Jude ist, bestimme ich." Die Dichterin ist nur einem beschränkten Berufsverbot ausgesetzt. Nach dem Tode des Gatten (1936) bleibt es weiterhin still um Clara Viebig, die nichts Neues mehr veröffentlicht. Als Berlin unter den Kriegseinwirkungen zu leiden beginnt, verläßt sie die Stadt und übersiedelt 1942 nach Mittelwalde bei Glatz in Nieder-Schlesien. Der 85jährigen bleibt im Herbst 1946 die Rückkehr nach Berlin in einem Güterwagen eines Flüchtlingstransportes nicht erspart. In den kommenden Jahren erhält die Dichterin in der damaligen DDR einen Ehrensold. 1952 (31.7.) stirbt sie. Ihre letzte Ruhestätte findet sie in Düsseldorf, wo eine Straße ihren Namen trägt.

Zurück zum künstlerischen Schaffen der Dichterin: Die Heirat mit dem Verleger Friedrich Cohn bedeutet für Clara Viebig einen neuen entscheidenden Lebensabschnitt. Jetzt beschäftigt sie sich überwiegend mit Kunst und Wissenschaft und schreibt nieder, was sie in den vergangenen Jahrzehnten so tief und leidenschaftlich erlebt hat. Ein Jahr nach ihrer Eheschließung – sie ist 37 Jahre alt – veröffentlicht sie als Erstlingswerk den Novellenband „Kinder der Eifel" (1897). Das Buch erscheint, wie (fast) alle späteren, im Verlage ihres Mannes. Themen der Eifel und des Mosellandes beinhalten die folgenden Werke:

Das Weiberdorf (1900), Müllerhannes (1903), Naturgewalten (1905), Das Kreuz im Venn (1908), Unter dem Freiheitsbaum (1922, spielt zu Trier in den letzten Jahren des 18. Jahrhunderts), Eifelbilder (1927), Die goldenen Berge (1927), Prinzen, Prälaten, Sansculotten (1931, mit Koblenz als Handlungsort). Die Dichterin unternimmt von Düsseldorf und Berlin aus öfter eine längere Urlaubszeit in unser Bergland, von dem sie in einer Autobiographie aussagt: „Tief, tief bis ins Innerste erfüllt die Liebe zur Eifel mich, zäh ist sie mir ins Herz gewurzelt, wie eine starke Tanne im Eifelforst ist sie wie der festeste Stein der heimatlichen Felsen". Sie gesteht: „Es gibt prächtigere Landschaften und absolut schönere, aber keine, die reicher an Stimmung wäre". Gerade diese Stimmung vermag sie einzufangen im damaligen Stil des Spätnaturalismus, der auch ihrer Lebensart entspricht. Im allgemeinen ist für sie die Landschaft der Eifel unwirtlich, traurig, düster. So schildert sie auch die Menschen, die sie mit „Onkel Mathieu“ erlebt hat. Eingeprägt haben sich ihr die Schicht der Ärmsten, wie die Randgestalten der Gesellschaft. Die Dichterin schildert, weil die Bewohner der Eifel schon als Kinder hart haben schuften und anschließend weiter in Not und Armut leben mußten, wie sie manchmal aus eigener Schuld ihr Dasein erschwerten und oft nach Verlust von Haus und Hof sich selbst zugrunde richteten (Müllerhannes). Das Weiberdorf wird mit mehr als 44 Auflagen das am meisten gelesene Buch der Verfasserin. Ungeschminkt berichtet sie dort, wie leidenschaftlich Frauen zu lieben, aber auch zu hassen vermögen, wie die Männer, die vom Arbeitsort im Ruhrgebiet nur zweimal im Jahr (Weihnachten und zur Kirmes an Peter und Paul (29.6.) in ihr männerloses Dorf Eisenschmitt zurückkehren, fluchen können, sich dem Alkohol hingeben und dem Kartenspiel verfallen sind. Die klare, drastische Sprache erfüllt Tausende Leser mit Bewunderung, aber die Betroffenen in Eisenschmitt sind empört; sie weisen es weit von sich, so zu sein, wie die Dichterin sie darstellt. In Wirklichkeit will Viebig die Leute nicht verletzten. Allerdings betont sie das Negative, um bei den Lesern das soziale Mitgefühl mit den Armen und Notleidenden zu erwecken. Die sozialen Verhältnisse, das Schicksal der Menschen und die düstere Landschaft der Eifel – Land und Mensch – verwebt sie ineinander zu tragischen Lebenserzählungen.

Natürlich macht Clara Viebig auch die Städte Düsseldorf und Berlin und deren Umland zu Schauplätzen ihrer Romane und Novellen. Wir nennen kurz die wichtigsten Werke, ohne näher auf sie einzugehen: Das tägliche Brot (1904), Die vor den Toren (1910), Das Eisen im Feuer (1913), Eine Handvoll Erde (1915), Töchter der Hekuba (1917), Das rote Meer (1920), Passion (1929), Charlotte von Weiß (1930), Insel der Hoffnung (1933), Menschen unter Zwang (1932), Der Vielgeliebte und die Vielgehaßte (1935). Eine Auswahl ihrer Werke erscheint 1922 in acht Bänden. Insgesamt hat Viebig in einem langen Leben 30 Romane geschrieben. (Bekenntnis-, Geschichts- und Problemromane) und acht Novellenbände. Manche ihrer Feststellungen erkennen wir heute in ihrer ganzen Tragweite. Vor 90 Jahren schreibt sie z.B. in ihrem Roman „Das Kreuz im Venn“: „Was ist der ganze Fortschritt wert? Macht er die Menschen wirklich glücklicher und zufriedener? Verdrängt nicht vielmehr die Zivilisation ein Stück Natur nach dem anderen?“

Öfter weilt Clara Viebig im Ausland, um dort Vorträge zu halten und aus ihren Werken vorzulesen. Das geschieht in Petersburg, Den Haag, Luxemburg, Paris, Wien, in der Schweiz und in den USA, wo ihre Werke ein nachhaltiges Echo finden. In der Bundesrepublik hat man ihr einige Jahrzehnte lang wenig Beachtung geschenkt. Doch seit den 70er Jahren greift man auch hier wieder zu ihren Büchern, die neue Auflagen erleben. Anerkennung findet sie besonders als Dichterin der Eifel. Einmal schreibt sie: „Meine Augen werden hell, wenn ich von der Eifel spreche; sie ist und bleibt die Heimat meiner Sehnsucht und die Liebe meines Herzens.“ Diese hohe Wertschätzung teilt sie mit Fritz von Wille. Ihr gemeinsames Erleben drückt sie (1909) wie folgt aus:

„Ich weiß mit der Feder nichts zu sagen, das nicht 'Wille' mit dem Pinsel ausgedrückt hätte. Wir sind durch die Eifel gewandert, beide mit denselben Augen, die die Liebe zum Lande geöffnet hat; uns gab ein Gott ins Herz, die Schönheit dieser Welt zu erkennen: welche Gefühle in dieser Armut, welche Pracht in dieser Bescheidenheit, welche Poesie in dieser Öde!“ Beide verstehen sich und sind doch verschiedener Wesensart. Wille malt nicht die „Armut“ und „Öde“ und sieht weniger die „Bescheidenheit“ der Eifel als vielmehr ihre Fülle, ihre Pracht und Poesie. 1920 gibt Clara Viebig ihren Novellenband „Kinder der Eifel“ heraus als Sonderband „mit sieben Bildern nach Originalzeichnungen von Fritz von Wille“. Das Prosawerk, das Armut und soziale Not der Eifeler Bevölkerung zum Thema hat, wird erhellt durch Bilder mit der „Pracht“ und „Fülle“ der Eifellandschaft.

Clara Viebig und Fritz von Wille gehören, jeder in seiner Eigenart, als Dichter und Maler zu jenem Personenkreis, die als Schriftsteller und Geschichtsschreiber die Eifel entdeckt, erschlossen und somit ihren Zeitgenossen und der Nachwelt in Wort und Bild empfohlen und besonders nahegebracht haben.

11. Erschließung der Eifel durch Tourismus und Wanderjugend

In den ersten Jahrzehnten des 19. Jahrhunderts entdeckt man die Schönheit des mittleren Rheintals (Rheinromantik). Es sind Bürger gehobenen Standes und Adelige, darunter auch viele Engländer, die sich meist nur für wenige Tage hier einfinden, um neue Eindrücke zu sammeln, eine Rheinfahrt zu machen oder zu wandern. Das Siebengebirge (1836) wird erstes deutsches Naturschutzgebiet. Ein noch in England gebautes Dampfboot fährt 1816 erstmals auf dem Rhein, und die ersten Personenschiffe werden dort 1827 eingesetzt. Einige Jahre später (1831) wird die Rheinische Dampfschiffahrtsgesellschaft (Köln – Düsseldorfer Rhein–Dampfschiffahrt) gegründet. Es gibt auch schon Wanderkarten und einen Reiseführer, den Karl Baedeker herausgibt (Koblenz 1835). Er informiert kurz und sachlich und ist von „pingelicher“ Genauigkeit. Das Buch wird ein Bestseller und zum Synonym (Baedeker) für einen Reiseführer schlechthin.

Bald geht der Besucherstrom auch ins Ahrtal, besonders nachdem die Bonner Gelehrten Ernst Moritz Arndt und Gottfried Kinkel in einer Reisebeschreibung „Die Ahr“ (1844, 1846) in historischer, kunstgeschichtlicher und volkskundlicher Art dargestellt und gepriesen haben. In seinem Buch „Der Rhein“ stellt Karl Simrock um dieselbe Zeit unser Gebirge vor: „Die Eifel ist kein unwirtliches Land, weder so einförmig wie der Hunsrück, noch so rauh und wüst wie der Westerwald; sein Plateau unterbrechen zahlreiche tief und eng eingeschnittene Täler und vulkanische Kegel, die aus ihm hervorragen, geben ihm Mannigfaltigkeit, Schönheit und Größe. Neben diesen malerischen Reizen, die bei Manderscheid, Daun und Gerolstein wahrlich nicht gering anzuschlagen sind, bieten seine Burgen, Klöster und Kirchen

Eifellandschaft.

ein großes romantisches Interesse. Wir fühlen uns in einem Lande alter Kultur." Nunmehr gewinnt auch das Gebirge, ein bis dahin weit unentdecktes Gebiet, eine gewisse Aufmerksamkeit.

Neuenahr, ursprünglich der Name einer südlich der heutigen Stadt gelegenen Burg (1372 zerstört und als Ruine erhalten), nennen sich die drei Dörfer Wadenheim (992 zuerst genannt), Hemmessen (1106) und Beul (1374), als sie sich 1875 zu einer Gemeinde vereinigen. Vorher (1856) hat man eine Heilquelle entdeckt und bereits drei Jahre später den Badebetrieb eröffnet. Der neue Kurort zählt 1861 bereits 800 Gäste und kann diese Zahl bis zum 1. Weltkrieg auf rund 15 000 Kurgäste pro Jahr erhöhen.

Größeren Zuspruch hat in der Eifel sonst nur noch Bad Bertrich, das im Jahre 1862 600 Gäste aufweist. 1888 wählt der Eifelverein Bertrich als Tagungsort für seine Gründung. Im Jahr 1913 zählt der Badeort fast 4 000 Gäste; untergebracht sind sie in zehn Hotels, fünf Gaststätten und 34 Privatpensionen.

Das im 17. und 18. Jahrhundert bekannte kurfürstliche Bad Tönnisstein, heute Stadtteil von Andernach, verliert Ende des 18. Jahrhunderts an Bedeutung. Als hundert Jahre später der Großindustrielle August Thyssen Bad und Heilbrunnen übernimmt (letzterer wird 1891 weiterverkauft) und 1886 das Kurhaus wieder aufgebaut wird, läuft der Badebetrieb erneut an. Obwohl Thyssen 1909 die Bäder von Grund auf erneuert, stellt sich die erhoffte Belebung des einzigen Moorbades der Eifel nicht ein, zumal das Kurhaus 1913 abbrennt.

Erst im letzten Drittel des Jahrhunderts gelangt in der Eifel immer mehr der Gedanke zum Durchbruch, die eigenen schönen Ortschaften für den Fremdenverkehr zu öffnen und den einheimischen Menschen eine neue finanzielle Basis zu schaffen. Es entstehen Verschönerungsvereine in Manderscheid (1869), Gerolstein (1875), Münstereifel (1881), Monschau (1865), Waxweiler (1887), Prüm (1870), Gemünd (1882), Daun (1885), Gillenfeld (1885). Das „Verschönern" würden wir heute nicht in allen Punkten als Verbesserung werten. Manchmal wird Erhaltenswertes abgerissen und entfernt (Stadttore, Mauern, Häuser, alte Bäume), um neue Plätze und Brunnenanlagen anzulegen. Daneben gibt es aber auch viel Positives: Man schafft Wanderwege, stellt Ruhebänke auf und baut Rasthütten.

Die meisten Verschönerungsvereine münden in den 1888 neu gegründeten Eifelverein. Wenige bleiben neben der Eifelvereins-Ortsgruppe noch eine Zeitlang bestehen, da eine Doppelmitgliedschaft möglich ist. Schon nach einem Jahr zählt der Eifelverein in fast 40 Ortsgruppen 2 200 Mitglieder; es sind durchweg Angehörige der mittleren und oberen Bürgerschicht. Die bäuerliche Bevölkerung sieht abwartend zu oder macht sich gar lustig über einen „Wanderverein". So entstehen die Ortsgruppen nicht in den landwirtschaftlich geprägten Dörfern, sondern in den Städten der Voreifel (Aachen, Köln, Bonn, Koblenz, Trier) und in den größeren Orten der Eifel, in denen auch eine gehobene Bürgerschicht wohnt. Darunter sind viele Ortschaften, in denen vorher Verschönerungsvereine bestanden, aber es gibt auch andere, z.B. Andernach, Mayen, Wittlich, Kyllburg, Schönecken, Adenau, Altenahr, Rheinbach, Euskirchen, Nideggen, Blankenheim. „Der Eifelverein will" nach einem Bericht der Trierer Landeszeitung (22.5.1888) „seine Tätigkeit auf die Erweiterung der Kenntnisse der Eifel in geschichtlicher und naturwissenschaftlicher Hinsicht, ferner auf das Zugänglichmachen landschaftlich schöner, naturhistorisch merkwürdiger oder ge-

„Vor dem Kurhaus", Kupferstich aus: „Brevier der guten Gesellschaft", Leipzig 1876.

schichtlich bedeutsamer Punkte richten". Aber er will auch die „Verkehrs-Unterkunft- und Verpflegungsverhältnisse" bessern helfen. Gerade hierin mangelt es damals noch in der Eifel. Es fehlen Hotels, Gaststätten zur Übernachtung und erst recht Privatpensionen. Um den Fremdenverkehr anzuheben, verwendet der Verein viel Geld und Mühe, durch Anzeigen in den Zeitungen der benachbarten Städte für die Eifel zu werben, dann mit Plakaten, Prospekten und Ausstellungen auf die landschaftlichen Vorzüge der Eifel hinzuweisen.

An Hand des Beispiels Münstereifel läßt sich aufzeigen, wie es die Eifelstadt versteht, sich ins rechte Bild zu setzen, um Gäste anzulocken. Die Eifelvereins-Ortsgruppe entfaltet in jenen Jahren eine rege Werbetätigkeit in Zeitschriften und Zeitungen; Anzeigen in Köln, Aachen, Krefeld, Düsseldorf, Elberfeld, Essen und sogar in Amsterdam empfehlen einen Kur-Aufenthalt in Münstereifel. 1897 erscheint der erste Fremdenführer der Stadt. Der Neuauflage von 1901 entnehmen wir folgende Sätze: „Im allgemeinen besuchen viele Fremde unsere Stadt, um inmitten einer herrlichen Umgebung, in ländlicher Ruhe, aber bei städtischer, auch den Verwöhntesten befriedigender Pflege, sich von den Angriffen zu erholen, die das Großstadtleben auf die Nerven macht. Die hier üblichen, im Vergleich mit anderen Sommerfrischen billigen Preise (der tägliche Pensionspreis: 2,00–3,00 Mark) gestatten manchem den Aufenthalt, der sein Erholungsbedürfnis mit seinem Geldbeutel in Einvernehmen halten muß".

Daß in der Tat Münstereifel den Ruf einer gesundheitsfördernden Stadt zu Recht genießt, läßt sich aus der Bevölkerungsstatistik ersehen. Bei nur 2 200 Einwohnern leben dort 32 Mitbürger von über 80 Jahren. Darum kann man kühn in Anzeigen behaupten, daß kein Kurort der Welt der Stadt an Langlebigkeit seiner Bewohner gleichkomme. Das verdanke sie ihrer gesunden Luftmischung, halb Bergluft, halb Seeluft und dem ausgezeichneten Quellwasser. Man schmunzelt ein wenig über diese Worte der Selbstdarstellung, die auch in einem Doppelvers zum Ausdruck kommt:

Münstereifel, ohne Zweifel,
schönstes Städtchen in der Eifel.

In anderen Prospekten finden wir den Ausspruch eines damaligen Geologen (Leopold von Buch) zitiert: „Die Eifel hat ihres Gleichen nicht auf der Welt". Der Erfolg bleibt nicht aus; auch zahlreiche Holländer finden sich ein. Im August 1903 zählt man im Durchschnitt 120–150 Gäste, von denen etwa die Hälfte in Privatpensionen untergebracht sind. Der Zustrom wächst Jahr für Jahr bis zum 1. Weltkrieg, der diese Entwicklung unterbricht.[57] In ähnlicher, vielleicht nicht so dicht aufgetragener Weise, haben wohl auch die anderen namhaften Orte der Eifel für sich geworben. 1904 ist die Urfttalsperre gebaut. Sie war damals eine der größten Talsperren Deutschlands, deren Wasserfläche 216 Hektar umfaßt und die mitten im Kermeter Waldbezirk liegt. Dieser bedeutende Anziehungspunkt für den Fremdenverkehr kommt der Stadt Gemünd zugute, die sich seitdem stetig aufwärts entwickelt.

Nettersheim gebührt der Ruhm, erster Kneippkurort der Eifel zu sein (Gründung des Kneippkurvereins 1895). Im dortigen Werbeprospekt lesen wir: „Bad Netters-

Jugendherberge in der Burg Blankenheim; wiedereröffnet seit Ende 1996.

heim – 450 m.ü.d.M. – weitläufige Wasserpartien für Angel- und Rudersport, Flußbäder (Urft), kalte und warme Dampfbäder, Wasser- und Milchkuranstalt, Billard- und Musikzimmer, Kegelbahn, Tennis, Kricket- und Turnierplätze, Turnhalle". Das Gästebuch liegt noch vor und weist die Namen mancher Engländer auf. Der Tod des Inhabers (Meller) im Jahre 1913 und der folgende Weltkrieg lassen die Zahl der Gäste zurückgehen, so daß die Erben das umfangreiche Kneippanwesen aufteilen und es an mehrere Interessenten verkaufen.

In den 80er Jahren wird auch die deutsche Jugend von der Idee des Wanderns erfaßt (Wandervogel). Mit einem Lied auf den Lippen entdecken und durchwandern die Jugendlichen die Eifel. Anfangs macht man Tagestouren, dann will man mehrere Tage unterwegs sein. So eröffnet der Eifelverein Quartiere für die Nacht, die seit 1898 „Deutsche Schüler- und Studentenherbergen" heißen. Im Jahre 1905 gibt es in unserem Gebirge bereits 18 Herbergen, die von rund 600 Schülern und Studenten genutzt werden. Sie befinden sich in Gaststätten und Privathäusern; „Musterunterkünfte" bieten die Burg Andernach, ein Stadttor in Nideggen und das Schloß in Neuerburg. Sogar Kaiser Wilhelm II. übergibt dem Eifelverein zur „Förderung der Schüler- und Studentenherbergen" 2000 Mark. Andere Spender schließen sich an, so daß schließlich insgesamt 15 000 Mark zusammenkommen. Bis 1913 kann deshalb die Zahl der Herbergen bei uns auf 52 anwachsen, die von mehr als 110 000 Schülern und Studenten belegt werden. Die werktätige Jugend, die damals kaum wandert, hat in den Herbergen keinen Zutritt. Es gereicht dem Kölner Eifelverein zur Ehre, 1909 sogenannte „Lehrlingsherbergen" einzurichten. Doch schon bald hält man die Differenzierung nach Berufsschichten nicht mehr für vertretbar. So entstehen 1914 in der Eifel die ersten Jugendherbergen (1912 schon im Sauerland), die für alle Jugendlichen zugänglich sind. Es sind die Jugendherbergen in Manderscheid, Daun, Kelberg, Dreis, Ahrhütte, Quiddelbach und Sinzig; sie sind ausgestattet mit jeweils 15 Strohlagern. Zunächst bestehen die „Deutschen Schüler- und Studentenherbergen" weiter, nehmen aber seit 1917 auch „andere würdige Jugendliche" auf. Doch die meisten Quartiere sind jetzt verwundeten und erholungsbedürftigen Soldaten vorbehalten (1. Weltkrieg 1914–1918).

22 Herbergen verbleiben der Jugend; sie zählen 1917 jedoch nur 252 Besucher. In den 30 Jahren vor dem 1. Weltkrieg ist es den Ortschaften und Vereinen immerhin gelungen, unser Gebirge zu einem begehrten Erholungsgebiet und einem attraktiven Wanderziel zu machen.

12. Fortschritt durch Technik und Energie und die damit verbundenen Folgen für die Preisentwicklung

Die deutsche Wirtschaft entwickelt sich seit den 70er Jahren des 19. Jahrhundert gewaltig aufwärts. Zahlreiche neue Erfindungen lassen neue Großindustrien entstehen, besonders auf dem Gebiet der chemischen Industrie. (Henkel seit 1876 in Düsseldorf, Friedrich Bayer 1891 in Leverkusen). Immer größer wird der Anteil Deutschlands an der Weltindustrie und am Welthandel. Neue Arbeitskräfte werden gebraucht; in genügender Anzahl sind sie beinahe vorhanden, da sich die Bevölkerung allein in der Rheinprovinz von 1870–1914 verdoppelt.

In der Eifel ist die Bevölkerung nicht minder angewachsen. So kann das Gebirge, das noch überwiegend landwirtschaftlich orientiert ist und kaum Industrieanlagen besitzt, überschüssige Arbeitskräfte abgeben. In den Jahrzehnten bis zum Ersten Weltkrieg haben etwa 100 000 Menschen die Eifel verlassen, so daß z.B. der Kreis Monschau und Teile des Kreises Schleiden um 1905 weniger Einwohner zählen als 1870.[58] Die Menschen strömen in die Ballungszentren an Rhein, Ruhr und Saar, wo neue Großstädte entstehen. Da das Inland genügend Arbeitsmöglichkeiten bietet, vermindert sich die Zahl der Auswanderer nach Amerika erheblich, ebbt nach 1890 sogar fast ganz ab. Den deutschen Industrierevieren reicht nicht einmal das deutsche Arbeitspotential aus, so daß zusätzlich Arbeiter aus den deutschen Ostprovinzen (Posen, Ost- und Westpreußen) und aus Polen eingestellt werden. Die in der Eifel verbleibende Bevölkerung profitiert ebenfalls vom Aufblühen der deutschen Wirtschaft. Die einheimischen Bodenschätze (Steine, Kies, Schiefer, Sand) konnen vermehrt abgesetzt werden. Aber auch die Errungenschaften der neuen Technik finden im Gebirge Eingang.

Die in Frankfurt 1891 eröffnete elektrische Ausstellung zeigt zum ersten Mal die Übertragung von Wasserkraft in Elektrizität. Der Wasserreichtum der Eifel bietet

Kiesabbau, Bandemeer Werk III, Binsfeld.

sich an, die neue Energiequelle zu erschließen. Noch im selben Jahrzehnt entstehen nach dem vorgeführten Modell bei uns bereits kleinere Kraftwerke, als erstes 1897 die Habscheider Mühle im Kreise Prüm. Zwei Jahre später besitzt Bad Neuenahr ein eigenes Elektrizitätswerk.

In den Jahren 1901–1904 entsteht die Urfttalsperre; seiner Zeit die bedeutendste in Europa (45,5 Millionen m^3 Fassungsvermögen). Ein ihr 1906 angeschlossenes Kraftwerk bei Heimbach erbringt damals die höchste Lieferung eines Kraftwerkes in Deutschland, jährlich 24 Millionen Kilowatt elektrischer Energie. Durch einen 2 800 m langen Stollen innerhalb des Kermeterwaldes wird der elektrische Strom zu etwa 40 Industriebetrieben in den Düren – Jülicher Raum geleitet. 1905–1911 erfolgt der Bau der Dreilägerbachtalsperre (4,3 Mio m^3 bei Roetgen, die den Raum Aachen – Stolberg mit Trink- und Nutzwasser versorgt.

Die Versorgung mit Wasser aus der zentralen Wasserleitung findet bei der Bevölkerung höchsten Zuspruch; entfällt doch jetzt das mühsame Anschleppen der nicht geringen Wassermengen für Mensch und Tier aus oft weit entfernten Brunnen und Quellen. Doch mancherorts wird die neue Erfindung zunächst abgelehnt oder erhält nur ganz knapp die nötige Mehrheit. Man ist der Meinung, was Jahrhunderte gegolten hat, bedarf keiner Änderung, zumal es mit Kosten verbunden ist. Viele Gemeinden können die Auslagen allerdings mit Holzeinschlägen bezahlen. Die jungen Bestände der einst geschmähten „preußischen Fichte“ finden als Grubenholz für die Bergwerke guten Absatz; ältere Bestände sind inzwischen triebreich geworden und liegen verhältnismäßig hoch im Preis.

Der Widerstand gegen das elektrische Licht, etwa zehn Jahre später angelegt, ist weniger groß. Man hat die Scheu vor dem Neuen, zumal wenn es große Vorteile bringt, verloren. Nun ist mit einem Schaltergriff der Raum hell erleuchtet, während man sich vorher mit der rußigen Karbid- oder Petroleumlampe, auch Funsel genannt, abquälen mußte. Doch die finanzielle Notlage zwingt die meisten Eifeler, sparsam mit Licht und Wasser umzugehen, da auch die Pfennige knapp sind. Der Kreis Ahrweiler setzt 1913 den Strompreis je Kilowatt auf 30 Pfennige fest. Bei Ausbruch des Krieges ist erst ein Teil des Kreises mit elektrischem Licht versorgt. Die Mehrzahl der Dörfer in der Nordeifel, auch der Südeifel, z.B. der größte Teil des Kreises Prüm, werden erst nach dem Kriege mit Elektro-Licht und z.T. mit einer Wasserleitung versorgt. Den Strom dorthin liefern die Wasserkraftwerke der Nordeifel und die Kohlenkraftbetriebe im Raume Brühl.

Die meisten Orte der Eifel sind bis zum Ersten Weltkrieg im Besitz einer Wasserleitung, andere erhalten das kostbare „Kranenwasser“ in den 20er und 30er Jahren. Kleine Orte oder Siedlungen bleiben auf die Pumpe angewiesen, bis sie in den 50er Jahren dieses Jahrhunderts ebenfalls den Wasseranschluß erhalten. 1950 sind im Kreise Mayen von 125 Gemeinden noch 36 ohne Wasserleitung, die jedoch im Laufe des folgenden Jahrzehnts an die Wasserversorgung angeschlossen werden.

Um 1900 halten weitere Neuerungen in der Eifel Einzug, meist später als in den bevölkerungsreichen Gebieten Deutschlands. Der Briefträger in Stadtkyll erhält

1905 eines der ersten Fahrräder jener Gegend. In derselben Zeit steuern die ersten Autos die Hocheifel an. Auch das Fernmeldenetz (1881 zuerst in Berlin) erschließt nun auch unser Gebirge mit der Außenwelt. 1911 besitzen in Baasem einige Geschäfte, Gasthöfe und der Bürgermeister Telefonanschluß, jedoch kein einziger Privathaushalt.

13. Starker Anstieg der sozialen Leistungen

Um 1870 müssen die Arbeiter täglich noch etwa 14 Stunden arbeiten, leiden unter schlechten Arbeitsbedingungen, erhalten bei Krankheit und nach Unfällen keine Unterstützung. Im Alter gibt es keine Rente.

Um gegen den Fabrikherrn eine moralische und politische Macht bilden zu können, schließen sich die Arbeiter eines Betriebes in der Regel zu einem Arbeiterverein zusammen. So ist der Unternehmer daran gehindert, willkürliche Maßnahmen zu ergreifen, z.B. ohne überzeugende Begründung Massenentlassungen vorzunehmen. Es bedeutet einen entscheidenden Fortschritt, daß es 1871 der Arbeiterschaft ganz Deutschlands gelingt, sich zu einer Gewerkschaft zusammenzuschließen, die seitdem einen großen Einfluß auf die soziale und gesellschaftliche Entwicklung nimmt. Bereits nach 25 Jahren zählt sie 3,3 Millionen Mitglieder. So stellt die Gewerkschaft einen wirklichen Machtfaktor dar und erkämpft für die Arbeiter und Arbeiterinnen wesentliche Verbesserungen.

Dem Einsatz der Gewerkschaften verdanken die Arbeitskräfte zunächst den 12-Stunden-Arbeitstag (in den letzten Jahrzehnten des 19. Jahrhunderts), dann eine tägliche 11-Stunden-Arbeitszeit (um 1900) und schließlich den 10-Stunden-Tag (bis etwa 1910).

Auch setzt die Gewerkschaft eine bessere Bezahlung durch; sie erreicht von 1871–1913 den Anstieg der Löhne um 50 Prozent. Der Tageslohn eines Arbeiters liegt 1913 zwischen 3,83 – 4,65 Mark (Statistisches Jahrbuch des Deutschen Reiches[59]); in der Eifel verdienen die Arbeiter erheblich weniger.

Nach einer Aufstellung aus dem Jahre 1912 erhalten in Baasem je Stunde:[60]

Die Arbeitnehmerinnen unter 16 Jahren	18 Pfennige
Die Arbeiterinnen von 16–19 Jahren	20 Pfennige
Die Arbeiterinnen ab 19 Jahren	23 Pfennige
Die Arbeiter unter 16 Jahren	18 Pfennige
Die Arbeiter von 16–19 Jahren	25 Pfennige
Die Arbeiter über 19 Jahren	32 Pfennige
Die Vorarbeiter	37 Pfennige

Schließlich führt auch das Deutsche Reich auf Drängen der Gewerkschaft Schutz- und Fürsorgemaßnahmen für die arbeitenden Menschen ein:

1883 das Krankenversicherungsgesetz
1884 die Unfallversicherung
1889 die Invaliditäts- und Altersversicherung.

Die Mittel sind zum Teil von den Arbeitgebern, teils von den Arbeitnehmern aufzubringen, aber auch der Staat leistet große Zuschüsse. Gleichzeitig werden Gesetze über den Arbeiterschutz in den Betrieben erlassen.

Manche Vertreter der Kirchen sind ebenfalls bemüht, die sozialen Verhältnisse zu verbessern; zu nennen sind von katholischer Seite vornehmlich der Mainzer Bischof Ketteler und Adolf Kolping, der Gründer der Gesellenvereine; von evangelischer Seite Theodor Fliedner und Pfarrer Bodelschwing, der Gründer der Anstalten in Bethel.

Auf der politischen Ebene nimmt sich die seit 1890 aus dem Allgemeinen Deutschen Arbeiterverein und der Sozialdemokratischen Arbeiterpartei hervorgegangene Sozialdemokratische Partei Deutschlands (SPD) besonders der Interessen der Arbeiterschaft an. Sie reiht sich in das Bemühen um die soziale Besserung ein, streitet z.B. für ein Verbot der Sonntagsarbeit, kämpft aber auch für mehr Mitverantwortung im gesellschaftlichen Leben sowie für eine direkte Gesetzgebung durch das Volk und für gleiches Wahlrecht. Schon nach 20 Jahren (1912) wird sie mit 110 Abgeordneten die stärkste Partei Deutschlands. In den Ortschaften der Eifel erhält die SPD dagegen nur vereinzelt Stimmen. Die religiös ausgerichteten Eifeler nehmen Anstoß, daß die Partei marxistisch ausgerichtet ist, deshalb wird sie als kirchenfeindlich abgelehnt. Das Zentrum, zu dem sich fast 9/10 der Eifeler entscheiden, ist im Deutschen Reich damals mit 91 Abgeordneten die zweitgrößte Partei Deutschlands.

Die Landwirte in der Eifel nehmen im Vergleich zu den anderen Gesellschaftsschichten nicht oder kaum an den besseren wirtschaftlichen Verhältnissen teil. Die sozialen Leistungen der Industriearbeiter bleiben ihnen weitgehend verschlossen. Sie erzielen zwar trotz der kargen Böden einen höheren Ernteertrag, da man Kunstdünger einsetzt, der sich im Flachland längst bewährt hat, z.B. Thomasmehl, Superphosphat sowie Peru-Guano (Vogeldung aus Südamerika). Allerdings fehlen den Landwirten der Eifel meist die Gelder, um genügend Kunstdünger einzukaufen.

Damals bahnt sich eine Entwicklung an, an der wir heute noch schwer tragen und die wir nur durch enorme Subventionen für die Landwirtschaft zu steuern vermögen. Die Preise für die landwirtschaftlichen Produkte werden möglichst gering gehalten, um den vielen Menschen in der Stadt die Grundnahrungsmittel billig anbieten zu können. Im Verhältnis dazu sind die Preise für die nötigen Gebrauchsgegenstände hoch. Dagegen muß der Bauer bei genügend hohem Warenangebot eine erhebliche Preisminderung hinnehmen. In dem guten Erntejahr 1907 sinken z.B. die Preise für die landwirtschaftlichen Produkte so stark, daß der Bauer kaum die eigenen Auslagen decken kann. In Jahren schlechten Ernteertrages sind ohnehin die Einnahmen gering. Die trockenen Jahre 1903 und 1911 bringen den Landwirten sogar Rückschläge. Dazu kommen erhöhte Personalauslagen für die Landwirte, die Hilfskräfte einstellen müssen. Die Löhne der Knechte und Mägde in den landwirtschaftlichen Betrieben sind sogar in den fünf Jahrzehnten vor dem 1. Weltkrieg überdurchschnittlich um mehr als 100 Prozent angestiegen. Da die jungen Männer und Frauen aus den Eifeldörfern in der Regel in die Industriebezirke auswandern, sind die Bauern gezwungen, die Löhne für ihre Hilfskräfte überdurchschnittlich zu steigern, um sie im Dorfe zu halten. In der Eifel ist der Lohn eines Knechtes seit 1850 um mehr als das Fünffache angestiegen, der einer Magd um mehr als das Vierfache.

Jahresdurchschnittslöhne für Knechte und Mägde[59]

Jahre	Knechte	Mägde
1850 – 1860	84 Mark	65 Mark
1860 – 1870	120 Mark	75 Mark
1870 – 1880	176 Mark	125 Mark
1880 – 1890	219 Mark	131 Mark
1890 – 1900	250 Mark	155 Mark
1900 – 1910	360 Mark	216 Mark
1913	443 Mark	275 Mark

Dagegen sind die Preise, die der Landwirt für seine Erzeugnisse erzielt, kaum oder gar nicht gestiegen. In den Jahren 1850–1880 erhält er für Weizen und Roggen einen um ein bis vier Mark höheren Marktpreis, in der Zeit von 1880–1905 muß er dagegen bis zu vier Mark billiger verkaufen als 1910. Hafer und Kartoffeln erbringen einen Preis, der sich in 60 Jahren (1850–1910) nur um ein bis zwei Mark erhöht.

Durchschnittspreise in Mark je dz im Jahre 1910[59]

Weizen	Roggen	Hafer	Kartoffeln
20,70 Mark	15,50 Mark	15,80 Mark	7,30 Mark

In den Jahren 1900–1910 erzielen die Landwirte für ihre Tiere einen gewissen Preisanstieg.

Preis für frischmilchende Kühe (Neusser Markt)[59]

Jahr	I. Qualität	II. Qualität	III. Qualität
1900	458 Mark	352 Mark	260 Mark
1905	475 Mark	353 Mark	236 Mark
1910	578 Mark	463 Mark	362 Mark

Sicher interessieren auch einige Verkaufspreise aus den Jahren unmittelbar vor dem Ersten Weltkrieg. Es kosten ungefähr:[60]

1 Pfund Kaffee	1,00 Mark
1 Pfund Butter	0,50 Mark
1 Ei	5 – 12 Pfennige
1 Glas Bier	10 Pfennige
1 Korn	5 Pfennige

Für Fleisch und Butter beträgt die Preisentwicklung von 1830–1910 je kg im Kleinhandel:[59]

Jahre	Rindfleisch	Schweinefleisch	Butter
1830	0,50 Mark	0,65 Mark	1,10 Mark
1850	0,70 Mark	0,95 Mark	1,30 Mark
1870	1,10 Mark	1,25 Mark	2,00 Mark
1900	1,30 Mark	1,50 Mark	2,35 Mark
1910	1,60 Mark	1,82 Mark	2,70 Mark

Wir halten fest: Von 1850–1910 sind die Preise für Fleisch und Butter um etwas mehr als das Doppelte angestiegen.

14. Schule: Lehrer und Schüler im Patriotismus

Das Bewußtsein, daß für die Kinder geeignete Schulräume dringend notwendig sind, ist nach und nach auch bei den Eltern gewachsen. Die Behörden haben darauf ständig gedrängt. Gleich zu Beginn der Preußenzeit sagt eine Verordnung „Das Schulhaus soll auf freien und stillen Plätzen gebaut werden, einschließlich die Lehrerwohnung mit Obst- und Gemüsegarten, jedes Kind benötigt 5 Quadratfuß Raum". Die Finanzierung obliegt jedoch der Gemeinde, der meist das nötige Geld zu einem Neu-

Umgebaute, ehemalige Schule der Gemeinde Baasem.

oder Umbau fehlt. Deshalb wird der Baubeginn möglichst lange herausgezögert. Man spart, wo es nur geht.

Als Beispiel führen wir wieder die Gemeinde Baasem[61] an, die 1838 einen Neubau erstellt. Gebaut werden für etwa 120 Kinder nur ein einziger Schulsaal, dann eine Lehrerwohnung und Stallungen. Erst vier Jahre nach dem Einzug erhalten die Kinder Toiletten. Die Gesamtbaukosten belaufen sich auf 958 Taler, von denen die Gemeinde 600 Taler entleihen muß. Die Gemeindeväter halten es für selbstverständlich, daß der Lehrer auch Landwirtschaft betreibt, um so geringer kann dann die Gehaltszuweisung ausfallen. Auseinandersetzungen gibt es in den folgenden Jahren mit dem Lehrer, weil der Schulsaal auch während der Schulzeit von der Gemeinde für öffentliche Versammlungen und für Holzversteigerungen benutzt wird.

Da die Schülerzahl weiter ansteigt (1858: 144 Schüler, Einwohner etwa 520), fordert die Schulbehörde mit Nachdruck, eine zweite Klasse einzurichten. Nach langen Debatten entscheidet man sich in der Gemeinde für einen Schulneubau an anderer Stelle, zumal das Gebäude von 1838 bauliche Mängel aufweist.

Die neue Schule wird 1863 bezogen und enthält diesmal zwei Klassenräume, ein Gemeindezimmer und eine Lehrerwohnung. Ein Stall für größere Tiere ist nicht mehr vorgesehen, wohl ein kleiner Hühnerstall. Die Sparsamkeit von 1838 – die Differenz zwischen dem Bezug der beiden Schulgebäude beträgt nur 25 Jahre – hat sich also nicht ausgezahlt. Die Königliche Regierung fordert in einem Dekret von 1859 für alle Volksschulen die gleichen Lehrmittel, um in jedem Regierungsbezirk eine gleichmäßige Schulbildung zu erreichen. Der Erlaß hat zwölf Artikel. Wir bringen nur zwei interessante Beispiele:

–„(Artikel 10): Hinsichtlich des Schönschreibens weisen wir die Lehrer an, die Übungen im Schönschreiben zum Einprägen von sprichwörtlichen Kern-, insbesondere Reimsprüchen, wovon sämtlichen Schulabteilungen während der ganzen Schulzeit ein reicher Vorrat zu sichern ist, mit Umsicht nutzbar zu machen.

–(Artikel 12): Außer den Kirchenliedern, deren nähere Bestimmung dem Pfarrer obliegt, hat der Lehrer mit den Kindern von Anfang des neunten Lebensjahres an jedes Semester drei gediegene Volkslieder in der Art einzuüben, daß jedes Kind sämtliche Strophen genau auswendig weiß und fähig ist, die erste Stimme allein zu singen".

Unterrichtsbestimmungen aus dem Jahre 1877 sehen für Unter- und Oberklasse der zweiklassigen katholischen Volksschule je zwei Abteilungen vor und regeln die Unterrichtsverteilung. Vorgeschrieben ist folgender Stundenplan für die unteren und oberen Klassen:

Fächer	Unterklasse 1.u 2, 3		Oberklasse 4.u.5., 6–8	
1.) Religion				
a) biblische Geschichten	2	2	2	2
b) Katechismus	2	2	2	2
2.) Deutsch	11	8	8	8
3.) Rechnen	4	4	4	4
4.) Raumlehre	–	–	–	2
5.) Zeichnen	–	2	2	2
6.) Realien				
a) Geschichte	–	2	2	2
b) Geographie	–	2	2	2
c) Naturbeschr.	–	1	1	1
d) Naturlehre	–	1	1	1
7.) Singen	1	2	2	2
8.) Turnen, Handarbeit	2	2	2	2
Gesamtstunden	22	28	28	30

In den 70er Jahren des 19. Jahrhunderts hat sich auch in der Eifel allmählich der regelmäßige Schulbesuch durchgesetzt. Doch vereinzelt können Eltern ihren Sohn schon nach sieben Schuljahren frei bekommen, um Hilfe in der Landwirtschaft zu erhalten. Das Gesuch geht zunächst an den örtlichen Schulvorstand, der dazu Stellung nimmt, dann weiter an den Kreis-Schulrat, der über die Entlassung entscheidet. Im Dorf Baasem (500 Einwohner) sind so in den Jahren 1900–1914 19 Jungen vorzeitig entlassen worden. Natürlich werden bei der größer werdenden Schülerzahl auch mehr Lehrer benötigt. Es tritt um 1870 sogar ein spürbarer Lehrermangel ein, der zwei zusätzliche Ursachen hat: Manche Lehrer sind aus der Eifel in die besseren Stadtstellen abgewandert, und viele Angehörige religiöser Orden mußten infolge der Maßnahmen des Kulturkampfes aus dem Schuldienst ausscheiden.

Um neue Lehrkräfte zu gewinnen, sucht der Staat den Lehrerstand aufzubessern, er führt eine Dienstalterszulage ein (1873), die 12 Jahre später weiter angehoben wird. Je nach Dienstjahren beträgt sie jährlich 100 – 500 Mark, auch erhöht sich das Grundgehalt auf 1000 Mark pro Jahr bei endgültiger Anstellung. Im Bereich der Eifel entstehen neue Lehrerseminare in Münstermaifeld, Kornelimünster und Prüm. Auch Frauen, die sich an Ordensschulen längst bewährt haben, dürfen an öffentlichen Schulen tätig werden. Die ersten Lehrerinnenseminare entstehen 1876 in Saarburg und im gleichen Jahre in Wittlich. Andere folgen in der Eifel, z.B. in Münstereifel.

Um vielen jungen und begabten Personen den Übergang zu den Lehrerseminaren zu erleichtern, werden den Seminaren Präparandien angeschlossen. Die Schulbehörde beauftragt Lehrer, die sich als besonders tüchtige Pädagogen ausgezeichnet und bewährt haben, gute Entlaßschüler als Aspiranten für die Lehrerseminare aufzunehmen. Hier werden sie, wie Lehrlinge vom Meister ausgebildet, im praktischen Schuldienst unterwiesen und geben eine Zeitlang auch selbständig Unterricht. Nach Bewährung wird dem Aspiranten die Unterstufe des Lehrerseminars erlassen, er braucht dann nur noch die Oberstufe zu besuchen. Damals wird der Volksschullehrer also rein praktisch und nicht akademisch ausgebildet.

Die Größe der Schule spielt bei der Zuweisung als Präparandie keine Rolle; es kommt auf die Tüchtigkeit des Lehrers an.[62] In Baasem gibt es z.B. in den Jahren 1874–1897 eine Präparandenanstalt, an der acht bis zehn Aspiranten unterrichtet werden. Für seine zusätzliche Leistung erhält der Lehrer damals (1874) neben seinem Jahresgehalt (800 Taler) zusätzlich jährlich 800 Mark. Mit der Pensionierung des Lehrers (1897) wird die Präparandie Baasem in das benachbarte Dahlem verlegt, wo der dortige Hauptlehrer in den kommenden Jahren aus Dahlem etwa 20 und aus der Umgebung rund 30 junge Männer für die Aufnahme in die Oberstufe des Lehrerseminars vorbereitet.

Zu Beginn unseres Jahrhunderts müssen die Lehrer statt einiger Wochen (sechs, später zehn Wochen) jetzt ein Jahr dienen. Wieder ist ein gewisser Lehrermangel die Folge. Man muß weitere Seminare eröffnen, in Düren (1905), in Jülich (1907), in Euskirchen (1909). Für das einst „arme Dorfschulmeisterlein" gibt es 1906 erhebliche Gehaltsaufbesserungen mit einer jährlichen Alterszulage von 3 000 Mark. Das Pensionsgesetz (1907) erhöht die Ruhestandsgelder, das Witwen- und Waisengeld wird garantiert. Die Volksschulen in der Eifel sind konfessionell ausgerichtet. Neben diesen hatte der Staat in der Zeit des Kulturkampfes auch Simultanschulen (Gemeinschaftsschulen) eingerichtet. Diese gehen jedoch in der gesamten Rheinprovinz bis 1911 auf 36 zurück; davon sind allein 26 in größeren Städten, in Köln, Aachen, Koblenz, Trier und Düsseldorf. In der Eifel befindet sich damals keine Simultanschule mehr.

In der Eifel entstehen in der 2. Hälfte des 19. Jahrhunderts neben Münstereifel einige höhere Schulen, zunächst allerdings nur mit den Anfangsklassen eines Gymnasiums. Immerhin ist es so einer kleinen Schar Eifeler Jungen möglich, eine bessere Schulbildung zu erhalten. Mit der Verwaltung der höheren Schulen ist eine eigene Behörde, das Provinzial-Schulkollegium in Koblenz, betraut.

Im Lehrerseminar zieht sich die Erziehung zu einer patriotischen Gesinnung wie ein roter Faden durch alle Fächer. Deshalb tritt der Deutsch- und Geschichtsunterricht stärker in den Vordergrund. So entwickelt sich bei den zukünftigen Lehrern ein Patriotismus, der anschließend in den Schulen seinen nachhaltigen Niederschlag findet und bei den Schülern ein stolzes Nationalgefühl hervorruft. Der Stolz, ein Preuße und ein Deutscher zu sein, wird auch durch die Auswahl der Gedichte und Aufsätze in den Lesebüchern gefördert. Die Königs- bzw. Kaiserfamilie wird als Vorbild herausgestellt und erscheint im strahlenden Lichte. Es werden Gestalten aus der Geschichte als vorbildliche Patrioten hervorgehoben, Kriegsführer und gefallene Soldaten als Helden verherrlicht und siegreiche Schlachten rühmend erwähnt.

Wenn man die Schulchroniken (seit 1873 obligatorisch) jener Jahre liest, fällt auf, daß die Schilderung der Nationalgedenktage den breitesten Raum einnimmt. Ich lasse den Jahresbericht von Lehrer Leuwer des Dorfes Baasem, der wohl exemplarisch die allgemeine Stimmung wiedergibt, vom Jahre 1897 folgen:[60] „Der Geburtstag Sr. Majestät, unseres Kaisers und Königs, wurde von den Schulklassen in der hier üblichen Weise feierlich begangen. Den der Feier entsprechende Ansprachen folgten passende Lieder und Deklamationen, dann die Beschenkung der Kinder. An der Feier beteiligten sich der gesamte Schulvorstand, der Gemeindevorsteher und mehrere Einwohner. Die Feier begann um 9 Uhr und endete um 11.30 Uhr. Die Feier des so lang ersehnten 100jährigen Geburtstages unseres seligen Kaisers Wilhelm I. fand am 31. März statt. Es versammelten sich die Kinder um 9 Uhr in der Schule, die schon am vorigen Tag mit Kränzen, Fahnen und Blumen herrlich geschmückt worden war. Die Kinder wurden bei Beginn des Hochamtes in geordneten Reihen zur Kirche geführt. Die eigentliche Schulfeier war am Montag, den 22. März. Nachdem die Kinder dem hl. Meßopfer beigewohnt hatten, begann die Feier in der Schule um 8.30 Uhr. In der Festrede wurde im Anschluß an das Wort des seligen Kaisers: 'Ich habe keine Zeit, müßig zu sein', auf die schönen Tugenden des Gefeierten hingewiesen und zur Nachahmung derselben ermahnt. Darauf wechselten dem Feste entsprechende Deklamationen mit patriotischen Liedern, dies alles von den Kindern vorgetragen, in schönster Weise ab. Zum Schlusse wurde das Lied 'Heil Dir im Siegerkranz' gesungen, und nach einer kurzen Anrede des Herrn Pastors, an welche er ein 'Hoch auf unseren Kaiser Wilhlem II. und das deutsche Vaterland' anschloß, wurden die Kinder mit Backwerk beschenkt und dann gegen 13.11 Uhr entlassen. Den folgenden Nachmittag wurde ein Spaziergang zum Goldberg in Ormont gemacht. Auf der Hin- wie auf der Rückreise wurden Vaterlandslieder und Heimatlieder recht munter von der fröhlichen Jugend vorgetragen. So haben die Festtage geendet, die der Jugend unvergeßlich sein werden." Ein Schüler, der zu Anfang unseres Jahrhunderts dieselbe Schule besuchte, schildert später den Verlauf der Feier an einem Nationalfeiertag wie folgt [63]:

„Vor den vaterländischen Festtagen wurden durch den Lehrer entsprechende Lieder ein- zwei- dreistimmig eine geraume Zeit hindurch gründlich eingeübt...Einige Lieder will ich benennen:

Ich bin ein Preuße, kennt ihr meine Farbe
Der Kaiser ist ein lieber Mann
Es braust ein Ruf wie Donnerhall
Wer will unter die Soldaten
Bei Sedan auf der Höhe
Morgenrot, Morgenrot, leuchtet mir zum frühen Tod
Ich hatt' einen Kameraden
Deutschland, Deutschland über alles.

Neben den Gesangsübungen wurden manchmal kleine Theaterstücke eingeübt, um den Patriotismus in den Kindergemütern zu stärken. Was mich dabei besonders beeindruckt hat, waren anwesende Veteranen der Kriege 1864–1870/71. Schweigend und würdevoll saßen sie vor uns, links vom Pult. Einige Orden und Ehrenzeichen blitzten im Tageslicht auf. Das Pult war mit einer Kaiserbüste und mit Tannengrün geschmückt. Nach dem Theaterstück als Auftakt wechselten Liedervorträge und vaterländische Gedichte. Der Pfarrer hielt als Schulinspektor eine Ansprache ... Anschließend sprach der Lehrer... Dann kam der große schöne Abschluß der Feier. Wir Kinder marschierten an großen weißgeflochtenen Körben vorbei, und jeder konnte sich einen Kaiserweck angeln, der etwa in der Menge vier heutigen Brötchen entsprach."

Die Kriegsveteranen, Teilnehmer des Krieges 1864 (gegen Dänemark), 1866 (gegen Österreich), 1870/71 (Französischer Krieg) erfreuen sich im Dorf einer besonderen Hochachtung. Bei der Fronleichnamsprozession genießen sie das Vorrecht, gleich hinter dem „Allerheiligsten" gehen zu dürfen. An den Nationalfeiertagen erhalten sie als „Helden" einen Ehrenplatz.

Schon die jungen Männer sehen es als besondere Ehre an, wenn sie bei der Musterung zum Soldatendienst als „tauglich" befunden werden. Mit ausgelassener Fröhlichkeit wird diese „Auszeichnung" gefeiert. Geschmückt mit bunten Federn und unter dem Geschmetter von Soldatenliedern ziehen sie an diesem „Ehrentag" von Haus zu Haus und nehmen Gaben für ein anschließendes Zechgelage in Empfang. Man möge nicht unterschätzen, wie entscheidend Lehrer und Schule dazu beigetragen haben, auch im kleinsten Eifeldorf ein überschwengliches Nationalgefühl zu wecken und lebendig zu halten. Nur so kann man verstehen, daß 1914 so viele Männer begeistert in den Krieg gezogen sind.

15. Der Erste Weltkrieg (1914–1918): Das Ende der Hohenzollernmonarchie

Fast einen Monat nach den Schüssen von Sarajewo (25.7.) beginnt am 1. August 1914 der erste Weltkrieg; an diesem Tage erklärt Deutschland an Rußland und am 3. August an Frankreich den Krieg. Innerhalb der folgenden zwei Wochen rücken drei deutsche Armeen durch unser Gebirge in die neutralen Länder Belgien und Luxemburg vor. Über die Eisenbahnstrecken der Eifel rollen unaufhörlich Militärtransporte, und durch die Straßen drängen dichte Militärkolonnen gegen Westen. Die meisten Soldaten sind guter Dinge; manche haben sich freiwillig zu den Waffen gemeldet, lautet doch die Parole: „Siegreich wollen wir Frankreich schlagen". Sie wollen dabei sein. Groß ist das Vertrauen auf Deutschlands Kraft, unerschütterlich die Überzeugung, daß den Deutschen der Krieg von den Gegnern aufgezwungen wurde. Auch die Frauen wollen das Ihrige tun. Sie bringen den durchreisenden und durchmarschierenden Soldaten Speisen und Getränke und finden für diese Worte der Ermutigung und der Zuversicht.

Anfangs häufen sich die Siegesnachrichten. Doch es treffen auch Transporte mit Kriegsverwundeten ein, die in Reservelazaretten auch in der Eifel gepflegt und betreut werden. Die Frauen fühlen sich aufgerufen, nach Kräften zu helfen. Sie spenden Bettwäsche, Handtücher, Kleidungsstücke und „Liebesgaben" verschiedener Art. Im folgenden Winter stricken sie Pullover, Strümpfe, Knie- und Pulswärmer und schicken sie in Kisten zu entsprechenden Sammelstellen.

Auch die Vaterländischen-Frauen-Vereine (VFV; Gründung 1866), die nach ihrer Satzung nur sozial, aber nicht politisch oder kirchlich tätig sein dürfen, entfalten eine große Hilfsbereitschaft, nicht minder die Vereine der Eifel. Der Vaterländische-Frauen-Verein des Kreises Schleiden gibt für Kriegskranken- und Kriegswohlfahrtspflege allein in den Jahren 1914–1916 annähernd 20 000 Mark aus.[64]

Als der Staat aufruft, für eine Kriegsanleihe zu spenden, zeigt sich die Opferbereitschaft der Eifeler Bevölkerung. Viele geben ihren letzten Bestand an Goldmünzen her und erhalten dafür Papiergeld. Der Eifelverein stellt 50 000 Mark bereit und übergibt dem Vaterländischen-Frauen-Verein weitere 5 000 Mark, „hauptsächlich zur Linderung der Not armer Familien in der Eifel, deren Ernährer im Felde steht".

Kriegsmaßnahmen greifen bald in den Tagesablauf unserer Städte und Dörfer ein. In vielen Bauernhöfen werden Pferde und Wagen beschlagnahmt. Im Mai 1915 wird das Brot rationiert. Es folgen Einschränkungen für Milch, Butter, Eier, Fleisch. Manche Bewohner der umliegenden Großstädte suchen die Dörfer auf und zahlen für Lebensmittel einen erhöhten Preis oder bieten Gebrauchsgegenstände oder knapp gewordene Ersatzteile zum Tausch an. Einige nutzen den Erwerb landwirtschaftlicher Produkte aus, um sich auf sogenannten Hamsterfahrten zu bereichern. Darauf stehen zwar strenge Strafen, aber man kann nicht alle und nicht alles kontrollieren.

Immer seltener werden schließlich die Siegesmeldungen. 1916 ist die Front im Westen zu einem Stellungskrieg erstarrt, der in wechselseitigen Angriffswellen gewaltige Verluste an Menschen und Material mit sich bringt. Immer mehr Männer werden eingezogen, da die Liste der Gefallenen immer größer wird. Ein im Dezember 1916 erlassenes Hilfsdienstgesetz gibt den Behörden die Möglichkeit, alle arbeitsfähigen Personen bis zu 60 Jahren zur Versorgung des Feldheeres zu verpflichten. Der in Kehr bei Hallschlag neu gegründeten Spargil-Sprengstoffabrik können so 2 000 Beschäftigte zugeführt werden.

Da es in der Landwirtschaft an Arbeitskräften mangelt und die Düngemittel knapp sind, gehen die Ernteerträge zurück. Nun fällt 1916 auch noch die Kartoffelernte schlecht aus; sie bringt nur die Hälfte des Vorjahr-Ertrages, Kohlrüben müssen die fehlenden Kartoffeln ersetzen. Im „Steckrübenwinter“ 1916/17 sterben besonders in den Großstädten viele Menschen an Unterernährung. Zudem tritt von Mitte Januar bis Mitte Februar 1917 eine so eisige Kälte ein, daß man in der Hocheifel eine Temperatur von minus 24° mißt. Noch im April wütet ein schwerer Schneesturm. Die landwirtschaftlichen Betriebe müssen sich noch mehr einschränken. Bei Hausschlachtungen wird das Ablieferungskontingent streng überwacht. Für jede Kuh muß wöchentlich ein Pfund Butter abgegeben werden, und an den Sammelstellen ist eine festgelegte Anzahl an Eiern abzuliefern. Neben den üblichen Getreidearten werden Buchweizen und Hülsenfrüchte angebaut, auch Flachs, da es an Fasern und Webstoffen fehlt.

Im März 1917 verfügt die Heeresverwaltung, die Kirchenglocken, die Bronze (Kupfer und Zinn) enthalten, zu beschlagnahmen, um aus ihnen Kanonen anzufertigen. Als Hauptablieferungsstelle Deutschlands wird die Eifel bestimmt, und zwar der Ort Kall (Bleihütte Call). Hier kommen im Sommer 1917 täglich 15–17 Güterwagen an, die jedesmal mit drei bis fünf Tonnen Glockengut beladen sind; insgesamt werden 21 000 Tonnen registriert, das sind mehr als 60 000 Glocken bei einem Durchschnittsgewicht von sechs bis sieben Zentnern je Glocke. In der Metallhütte zu Kall sind 700 Deutsche und 300 russische Kriegsgefangene damit beschäftigt, die Glocken zu zerstückeln, die Bruchstücke zu schmelzen und nach Kupfer und Zinn zu scheiden. Im Monatsdurchschnitt werden hier zusätzlich 40–50 Zentner Silber gewonnen. Bis Kriegsende sind zwei Drittel des Bestandes, mehr als 40 000 Glocken, zertrümmert worden.[65]

Aber noch wütet der Krieg in seiner ganzen Härte. Die älteren Schulkinder erhalten großzügig Urlaub, um den Müttern bei der Arbeit zu helfen. Auch werden sie eingesetzt, um Altpapier, Heilkräuter, Waldbeeren und Pilze zu sammeln, um dies an einer Zentralstelle abzugeben. Viele schwache und unterernährte Kinder aus den Städten finden in den Sommermonaten bereitwillig Aufnahme in Dörfern der Eifel.

Abtransport der Kirchenglocken von Kaisersesch.

Der „katholische Erziehungsverein für die Rheinprovinz" gründet Ende 1917 in Urft ein Haus, das elternlose und gestrandete Jugendliche aufnimmt, um sie später in geeignete Familien unterzubringen. Das Hermann-Josef-Haus ist sofort mit 138 Jungen und Mädchen voll belegt. Die Betreuung übernehmen Schwestern von der Kongregation des göttlichen Heilandes (Salvatorianerinnen).

Mit großem Unwillen nimmt besonders in den Städten die Bevölkerung eine erneute Kürzung der Brotration und eine Erhöhung der Preise um das Doppelte, oft auch um das Dreifache, hin, vornehmlich für Kleider und Schuhe. Dazu tritt die bange Ungewißheit über das Ende des Krieges.

Trotz militärischer Rückschläge im Sommer 1918 glauben die meisten Menschen weiter an ein siegreiches Ende, befinden sich doch die deutschen Truppen noch weit in Feindesland. Aber in den ersten Oktobertagen wird es Gewißheit: Der Krieg ist verloren. Am 9. November schweigen die Waffen. Nach den Bestimmungen des Waffenstillstandes vom 11. November müssen die deutschen Soldaten noch im gleichen Monat die besetzten Gebiete und auch das linke Rheinufer geräumt haben. In Eile und Überstürzung fluten nun die deutschen Truppen ostwärts. Ähnlich wie

1914 gehören ihnen für Wochen das gesamte Eisenbahnnetz und die Straßen der Eifel. Auch das kleinste Eifeldorf stellt Nachtquartiere für viele hundert Soldaten bereit. Sie werden mit Freude und Dankbarkeit empfangen; überall erkennt man ihre gewaltige Leistung an, unter Einsatz ihres Lebens verhindert zu haben, daß die Heimat Kriegsschauplatz geworden ist. Anfang Dezember rücken die Alliierten nach: belgische, französische und amerikanische Truppen im Süden, Engländer, Kanadier, US-Soldaten im Norden der Eifel. Darüber berichtet die Schulchronik in Baasem:

„Alle Wohnungen und Gebäude werden belegt, und es wird verfügt, daß sämtliche Bewohner abends um 8 Uhr zu Hause sein müßten. Mancher, der sich verspätete oder nächtlich von der Eisenbahn heimkehrte, flog, wenn er erwischt wurde, auf die Wachstube und mußte hier im verlausten Stroh sein Nachtquartier aufschlagen. Selbst dem derzeitigen Pfarrer wurde wegen Wegschaffung bester Möbel aus dem Quartierzimmer des Pfarrhauses diese Liebenswürdigkeit zuteil. Vielfach verlangten die Offiziere sowohl für sich als für die feindlichen Fahnen und Standarten ehrfurchtsvollen Gruß durch Lüften der Kopfbedeckung, und wer dieses versäumt hatte, war zu gegenwärtigen, daß ihm die Mütze vom Kopf geschlagen wurde. Es haben sich jedoch die Engländer verhältnismäßig nobel benommen. Die letzten Teile der englischen Armee waren Kanadier. Sie erbrachen den Schulschrank, raubten die Schulsparkasse und zerrissen die Schulchronik. Etwa vier Wochen hat der Durchzug der Besatzungstruppen gedauert, dann kamen wieder ruhige Zeiten."

Kaiser Wilhelm II., Stich aus: „Illustrierte Zeitung" 1901.

Bald liegt die Bilanz des verlorenen Krieges vor. Selbst kleine Eifeldörfer weisen zweistellige Zahlen an Gefallenen auf. Der Kreis Schleiden registriert: 3 480 tote Soldaten, 2 514 Kriegsbeschädigte. Insgesamt sind in Deutschland 1,8 Millionen deutsche Soldaten zu beklagen. Ihre Namen werden auf Tafeln in Kirchen und an Kriegsgedenkstätten festgehalten: „Gefallen auf dem Felde der Ehre".

Schon im Oktober hat der amerikanische Präsident erklärt, nur mit einer demokratischen Republik über einen Frieden verhandeln zu wollen. In Deutschland überwiegt die Überzeugung, daß Wilhelm II. ein Hindernis für den Frieden sei. Man gesteht dem Kaiser zu, den Krieg nicht gewollt zu haben, er habe aber nicht die richtigen Mittel gefunden, ihn zu verhindern. Inzwischen ist der Monarch in den belgischen Kurort Spa, den Sitz des Großen Hauptquartiers abgereist. Hier empfiehlt ihm die politische und militärische Führung, auf den Thron zu verzichten. Als der Reichskanzler (Prinz Max) am 8. November erneut bittet, „in aller Ehrfurcht durch das höchste Opfer dem Reich den Frieden zu bringen, der es allein retten kann", läßt Wilhelm in lakonischer Kürze antworten, er halte es „nach wie vor für seine Pflicht, auf seinem Posten zu bleiben". Aus Treue will er an der Spitze mit seinen Truppen zurückkehren. Doch die Dinge entwickeln sich anders. Als am 9. November 39 Generäle und Regimentskommandeure Wilhelm II. klar machen, daß das Heer nicht kämpfen werde, wenn es gelte, den Kaiser bei einem friedlichen Rückmarsch vor den Aufständischen zu schützen, ringt sich Wilhelm II. dazu durch, dem Thron zu entsagen (10. 11. 1918, nachdem am Tage zuvor durch den Sozialdemokraten Philipp Scheidemann die Republik ausgerufen worden war). Die Monarchie ist damit beendet, Deutschland eine Republik geworden. Das Land Preußen bleibt jedoch bestehen. In der Eifel verfolgt man die Geschehnisse ohne große Wehmut. Man ist kriegsmüde und nicht gewillt, für den Kaiser und die Erhaltung der Monarchie noch weitere Opfer zu bringen.

XIV. Die Eifel in der Weimarer Republik

1. Besatzungsmächte: Gebietsverluste und Lage der Bevölkerung

Die Weimarer Republik übernimmt die Beamtenschaft der kaiserlichen Regierung, wodurch u.a. die Kontinuität des Staatsapparats gewährleistet ist. Andererseits werden sich die Behörden, in denen weiterhin die konservativen Beamten sitzen, als Bremser, oft sogar als Gegner für eine echte Demokratie erweisen. Auch die Verfassung der Weimarer Republik (gültig ab 11.8.1919) erschwert den Regierungsgang. Das in der Verfassung verankerte Verhältniswahlrecht bringt auch die kleinsten Parteien ins Parlament und erschwert die Parlamentsarbeit, die Regierungsbildung und die Regierungsausübung. Der Reichspräsident erhält eine sehr große Machtbefugnis; als erster übt sie der Sozialdemokrat Friedrich Ebert (1919–1925) aus.

In den ersten Jahren nach dem Kriege sind die Behörden lediglich ausführende Organe der Siegermächte, die das linksrheinische Gebiet besetzen. Amerikaner, Engländer, Franzosen und Belgier bilden in Koblenz den „Interalliierten Hohen Ausschuß für die Rheinlande“, der mit seinen Vertretern in den Kreisstädten Befehlsgewalt ausübt. Die Besetzer teilen sich das Gebiet der Eifel: Die Franzosen im ganzen gesehen die Südeifel und den Regierungsbezirk Trier, die Belgier den Raum Aachen, Monschau, Schleiden und amerikanische Truppen den Raum Koblenz sowie die östliche Eifel. Der Übergang von einer Zone zur anderen ist mit Kontrollen und Schwierigkeiten verbunden. Die Soldaten der Besatzungsmächte werden damals als Fremde und Gegner und nicht, wie später nach dem 2. Weltkrieg, als Verbündete oder sogar als Freunde angesehen. So kommt es manchmal zu harten Auseinandersetzungen zwischen Besatzung und Bevölkerung, gegen die nicht selten Repressalien verhängt werden; oftmals müssen die Menschen Schikanen hinnehmen.

Die Eifel wird als Grenzgebiet zum Westen wirtschaftlich und politisch stark eingeengt. Luxemburg kündigt die Zollunion mit Deutschland und schließt sich ökonomisch Belgien an. Die engeren wirtschaftlichen Bindungen der Kreise Prüm, Bitburg und Wittlich zu Luxemburg sind damit unterbrochen. Das Saargebiet, das für 15 Jahre dem Völkerbund untersteht und das Frankreich seine Kohlegruben überlassen muß, scheidet aus der Rheinprovinz aus, wodurch Landwirtschaft, Gewerbe und Industrie im Raume Trier empfindlich getroffen sind.

Fast wären große Teile der Eifel an Belgien gefallen.[66] Eine starke Bewegung fordert dort jene Gebiete, die früher einmal zu Luxemburg gehört haben: Teile des Kreises Bitburg, die Dörfer der früheren Herrschaft Kronenburg und die ehemalige Grafschaft Schleiden. Doch es können sich die gemäßigten Kreise durchsetzen. So bekommt Belgien lediglich die Städte St. Vith, Eupen, Malmedy mit ihrem Hinterland, und zwar gegen deren Willen. Der amerikanische Präsident Wilson hat das

Selbstbestimmungsrecht der Bevölkerung gefordert, das hier jedoch nicht beachtet wird. In nur an wenigen Stellen ausgelegten öffentlichen Listen kann die Bevölkerung ihr Votum, allerdings Vorwürfen ausgesetzt, für die Rückkehr nach Deutschland abgeben. Gegen die Art der Abstimmung protestiert die Bevölkerung. Von fast 34 000 Stimmberechtigten beteiligen sich nur 271 Personen an dieser Scheinabstimmung. Dieses magere Ergebnis wird als Zustimmung für die Annexion gewertet.

Das ebenfalls annektierte Losheim (Kreis Malmedy) gibt sich damit nicht zufrieden und erlangt nach Bittschriften an den Papst, den belgischen König, den Präsidenten der Vereinigten Staaten und an den Völkerbund in Genf für sich eine eigene Abstimmung[67], die im November 1920 unter Aufsicht einer alliierten Kommission stattfindet. 98 Prozent bekennen sich für die Zugehörigkeit zu Deutschland, die am 1.10.1921 unter großem Jubel der Bevölkerung tatsächlich vollzogen wird. Deutschland revanchiert sich für diese treue Anhänglichkeit. Losheim erhält damals eine eigene Schule, eine Kirche, ein Pfarrhaus, Anschluß an das Stromnetz, eine Wasserleitung und Geldobligationen von mehr als 100 000 Mark. Belgien übernimmt die Vennbahn in ihrer ganzen Länge und kleinere Teile des Kreises Monschau. Die neuen Gebiete Belgiens (Neubelgien), die bis dahin der Eifel politisch und auch wirtschaftlich angehört haben, gehen als Umsatz- und Absatzmarkt verloren. Aber die Bewohner Neubelgiens gehören zu den Siegern und haben wirtschaftlich kaum Sorgen; Lebensmittel sind reichlich vorhanden, zumal Amerika den belgischen Staat unterstützt und diesem mit dem Kongo (heute Zaire) ein großes und reiches Kolonialland zur Verfügung steht.

Bei uns dagegen sind wegen hoher Reparationskosten, die vor allem an Frankreich zu zahlen sind, die Lebensmittel knapp. Selbst Mehl und Zucker sind Mangelware. So bilden sich überall in den Orten nahe der Grenze kleine Gruppen von Männern, Frauen und Jugendlichen, die sich bei Einbruch der Nacht in die grenznahen Dörfer Belgiens begeben, um dort gegen Eier und Butter andere notwendige Lebensmittel einzutauschen. Begehrt sind besonders die in Belgien viel billigeren Tabakwaren und Kaffee, den es bei uns überhaupt nicht, oder nur zu gewaltig überhöhten Preisen gibt. Während sich fast alle Eifeler Familien den Beschwernissen eines nächtlichen Schmuggelganges unterziehen, um für den eigenen Haushalt das Notwendigste zu erstehen, schließen sich Männer, meist aus den Städten rings um das Gebirge, zu Schmuggelbanden zusammen und verkaufen nach geglücktem Unternehmen große Mengen Kaffee und Zigaretten zu Schwarzmarktpreisen.

Die Eifeler Landwirte, die noch den größten Teil der Bevölkerung ausmachen, haben hart um ihr Überleben zu kämpfen. An die Besatzungsmächte, besonders an die Franzosen, sind Vieh und landwirtschaftliche Produkte abzugeben; dabei sind damals nur mittlere Ernten zu verzeichnen. Außerdem treten Viehseuchen auf, besonders die Maul- und Klauenseuche; nicht zuletzt steht das niedrige Preisniveau der landwirtschaftlichen Produkte in starkem Gegensatz zu der Verteuerung der anderen lebensnotwendigen Waren.

Zu der wirtschaftlich mißlichen Lage gesellt sich noch die politische Unzufriedenheit. Man empfindet den Friedensvertrag von Versailles (28.6.1919) als Diktat und stöhnt über die harten Reparationen. Gefordert werden zunächst 269 Milliarden, zahlbar in 42 Jahren, dann (1921) 132 Milliarden Goldmark. Bei den ersten Nachkriegswahlen – es ist die Wahl für die Nationalversammlung, die die Verfassung auszuarbeiten hat – liegt im Januar 1919 die SPD mit 37,9 Prozent weit an der Spitze, jedoch erhält sie bei der Wahl zum ersten Reichstag nur noch 21,6 Prozent. Die konservative Deutschnationale Volkspartei (DNVP) erreicht dagegen mit 28,3 Prozent die Spitzenposition. Die Eifeler bleiben wie vor dem Kriege dem Zentrum in beiden Wahlen treu. Bei den Reichstagswahlen 1920 bringt es das Zentrum in den Kreisen Wittlich, Bitburg, Daun, Prüm, Monschau auf 80–88 Prozent der Stimmen, in den Kreisen Schleiden, Adenau, Ahrweiler auf 72–77 Prozent (im Dt. Reich 13,6 Prozent).[68] Alle anderen Parteien liegen in den angeführten Kreisen unter 10 Prozent.

Das Dreiklassenwahlrecht ist abgeschafft. Eingeführt sind die direkten, allgemeinen, freien und geheimen Wahlen. Auch die Frauen besitzen erstmalig (1918) das Wahlrecht. Das Recht, politischen Vereinen beizutreten, ist den Frauen 1908 zugestanden worden.

2. Das Jahr 1923: Passiver Widerstand – Separatismus – Inflation

Die Reparationsleistungen, die Deutschland besonders an Frankreich aufzubringen hat, sind nur mit größter Anstrengung zu erfüllen. Als Deutschland geringfügig im Rückstand ist – es fehlen ein kleines Kohlenkontingent und 100 000 Telegrafenstangen – besetzen die Franzosen und Belgier das Ruhrgebiet und schnüren es vom übrigen Reich ab. Durch die erneute Errichtung der Rheingrenze ist für die Eifel die Verbindung zum rechtsrheinischen Absatzgebiet unterbrochen. Die wirtschaftliche Lage verschlechtert sich weiter, da die Landwirte gezwungen werden, erneut Vieh und Getreide an die alliierte Rheinlandkommission abzutreten. Viele Einzelgemeinden müssen hinnehmen, daß die Franzosen ganze Waldbestände abholzen.

Die Reichsregierung stellt nun die Reparationszahlungen ein und ruft den „passiven Widerstand" aus. Die Eisenbahner streiken, und viele Betriebe liegen still. Die Besatzungsmächte reagieren mit Verhaftung, Militärprozessen, Verurteilungen und weisen Tausende Personen aus dem Rheinland und der Eifel ins unbesetzte Deutschland aus. Unter ihnen sind besonders zahlreiche Eisenbahner aus Gerolstein und Jünkerath, aber auch sonstige nicht willfährige Personen samt ihren Familien. In Gerolstein beläuft sich die Zahl der Ausgewiesenen auf etwa 1 480 Menschen. Jünkerath wird von einer Kompanie Marokkaner besetzt, die die Bahnanlagen sichern; die Franzosen übernehmen den Bahnbetrieb. Nun lehnen es die Menschen ab, die sogenannte „Regiebahn" zu benutzen. Die Eifeler bleiben nach Möglichkeit zu Hause. Wenn sie auswärts reisen müssen, verwenden sie das Fahrrad oder meistern die Wege in stundenlangen Fußmärschen. Der Wille zum Protest überwiegt, die Opferbereitschaft ist erstaunlich. Erst Ende September hebt die Regierung in Berlin den „passiven Widerstand“ auf. Oft dauert es noch Monate, bis die von den Franzosen entlassenen Beamten und Angestellten ihren alten Arbeitsplatz wieder einnehmen können.

Nun kommt es zu einer zweiten Initiative gegen die Integrität Deutschlands. Eine Bewegung wird gegründet, die das Rheinland vom Deutschen Reich lösen und eine unabhängige „Rheinische Republik“ ins Leben rufen will. Die Separatisten glauben, eine selbständige Rheinprovinz liege im Interesse der Bevölkerung und schaffe einen dauerhaften Frieden in Europa. Die „Los-von-Berlin“ - Losung unterstützen die Franzosen, um so leichter das linksrheinische Gebiet ständig unter ihren Einfluß bringen zu können. Dagegen sind England und die USA entschiedene Gegner einer Machterweiterung Frankreichs auf dem europäischen Kontinent und widersetzen sich den Bestrebungen der Separatisten.

Am 21. Oktober übernehmen Separatisten das Aachener Rathaus. In den folgenden Tagen greift diese Bewegung in die Eifel über. In Mayen stürmen Arbeiter das Hauptquartier der Separatisten, die bei den Franzosen Unterstützung finden und sich so noch Wochen behaupten. Der französische Oberkommandierende für das Rheinland spricht sogar (25.10.) der vorläufigen „Regierung der Rheinischen Republik“ in Koblenz die Anerkennung aus. Der Regierung gehören als Ministerpräsident der Journalist Josef Mathes an und der Prümer Häuser als Wohlfahrtsminister. Doch bei der breiten Masse der Bevölkerung findet die „Los-von-Berlin“-Losung keinen Widerhall, zumal sich auch kriminelle Elemente den „Sonderbündlern“ angeschlossen haben, die bei den Auseinandersetzungen bedenkenlos plündern und rauben. Die Separatisten besetzen Bitburg, Gerolstein, Daun, Wittlich, Prüm und hissen hier die grün-weiß-rote Fahne der Rheinischen Republik.

Der Kölner Separatistenführer Josef Smeets ist in der Nordeifel besonders aktiv. Die nach ihm benannten „Smeets-Männer“ stürmen am 25. Oktober die Kreishäuser in Monschau und Schleiden, schleppen den Schleidener Landrat Graf von Spee gewaltsam mit sich nach Daun, wo der Bürgermeister der Stadt sich der Partei „Freies-Rheinland“ angeschlossen hat und von der „Separatisten-Regierung“ zum Landrat ernannt worden ist. Er ist jedoch nicht in der Lage, den Schleidener Kollegen umzustimmen. Graf von Spee wird nach dreitägiger Gefängnishaft von Daun, wie auch andere Landräte, nach Koblenz gebracht. Als er dort „die Regierung der Rheinischen Republik“ nicht anerkennt, erklärt diese seine Absetzung als Landrat.

Inzwischen ist der Kampf gegen die „Sonderbündler“ aber weitergegangen. „In Olef, Gemünd und Kall fällt die erregte Bevölkerung über die Republikaner her und richtet sie übel zu; in manchen Geschäften gab es Scherben“ (Schleidener Kreisblatt). In Heimbach kommt es (28./29. Oktober.) zu einer regelrechten Schlacht zwischen den Aufrührern und dem Selbstschutzverband. Dort verwüsten die Separatisten das Bürgermeisteramt und verprügeln Bürgermeister und Sekretär. Doch nach zwei Tagen gelingt es, die Einheiten zu vertreiben.

Reichsbanknote von Eintausend Mark vom 21. April 1910.

Vorstöße von Separatisten aus Gerolstein und Prüm ins obere Kylltal stoßen in Birgel, Jünkerath und Stadtkyll auf heftigen Widerstand. Die Pastöre in Hallschlag und Stadtkyll treten offen als Gegner der neuen Bewegung auf. Ebenso verjagen Bauern und Bürger die sogenannte „Rheinwehr" im November aus Kell (Osteifel) und Wassenach. Separatistische Stoßtrupps töten am 7. November in Brohl drei Einwohner. Als „Sonderbündler" das Landratsamt in Adenau besetzen, vertreiben Bürger der Stadt und 400 Landwirte diese aus der Umgebung (13.11.). Bald steht fest, daß die Aufrührer bei der Bevölkerung keinen Rückhalt finden. Nun unterstützen auch die Franzosen diese Bewegung nicht mehr. Am 17. November werden die Separatisten aus Prüm und am folgenden Tag auch aus Mayen vertrieben. Schließlich machen Tausende Bauern und Winzer einer letzten Ansammlung in Wittlich den Garaus (22.11.). Der Separatistenspuk ist in der Eifel damit beendet. Schon am 15./16. November war der Hauptkern der Separatisten bei Ägidienberg im Siebengebirge von den Bauern niedergeschlagen worden. Im Dezember löst sich die „Regierung der Rheinischen Republik" von selbst auf.

Die geschilderten Ereignisse haben den Staat Unsummen an Geld gekostet. Die Regierung übernimmt die Lohnausfälle und die Kosten der Produktionsminderung, die als Folge des passiven Widerstandes der loyalen Bevölkerung entstanden sind. Rucksackweise wird das Geld auch ins kleinste Eifeldorf gebracht. 40 Millionen Mark soll der Staat im Schnitt täglich im linksrheinischen Gebiet ausgezahlt haben. Nicht nur in Berlin läuft die Notenpresse auf Hochtouren, auch Städte und Gemeinden drucken Notgelder.

Die Finanzkalamität hat sich schon vorher in der Eifel ausgewirkt. Bereits 1920 drucken manche Orte Papiergeld, z.B. Daun, Prüm, Speicher, Schleiden, Münstereifel, Euskirchen. Trotz der wirtschaftlichen Not nimmt man sich die Muße, manche Geldscheine mit beliebten Motiven der Heimat auszustatten. Als Signum erscheinen die Burgen Blankenheim, Monreal, Schönecken, Kerpen, die Ober- und Niederburg in Manderscheid, die Kasselsburg und die Munterley bei Gerolstein. Selbst Verkehrsvereine und der Eifelverein geben für den internen Betrieb oder für ihre Mitglieder Notscheine heraus, die sie bis zu einem festgelegten Termin wieder einlösen.[69] Diese Scheine sind ein Stück Eifeler Wirschafts- und Kulturgeschichte, Dokumente des Ringens um die harte wirtschaftliche Existenz und zugleich Zeugnisse der Liebe zur Eifelheimat.

Die Kupfermünzen, die nach 1920/21 aus den in Kall zertrümmerten und dort geschmolzenen Glocken geprägt worden sind, beachtet schließlich niemand mehr. 1923 rechnet man nur noch mit hohen Geldscheinen. Alle Eifeler sind „Millionäre" geworden. Am 1. Oktober kostet ein Kilowatt Strom 10 Millionen Mark. Ein Monatslohn reicht letztlich kaum noch für ein einziges Brot. Ende Oktober beträgt der Stundenlohn eines Handwerkers 7 Milliarden Mark. Am Wert des Dollars läßt sich der Verlauf der Inflation nachvollziehen:

Ein US-Dollar kostet:

1. Juli 1914	4,20	Reichsmark
Dezember 1918	8	Reichsmark
Dezember 1921	90	Reichsmark
Sommer 1922	500	Reichsmark
Januar 1923	10 500	Reichsmark
Mai 1923	48 000	Reichsmark
Juni 1923	150 000	Reichsmark
Sept. 1923	98 860 000	Reichsmark
15. Nov. 1923	1 260	Milliarden Reichsmark
20. Nov. 1923	4 200	Milliarden Reichsmark
danach	4,20	Rentenmark (RM)

Also auf dem Höhepunkt der Inflation muß man für einen Dollar 4 Billionen, 200 Milliarden Reichsmark ausgeben. Durch die Währungsreform wird der galoppierenden Inflation Halt geboten. Wie 1914 erhält man für 4,20 Mark (RM) einen Dollar. Das Postporto nimmt einen ähnlichen Verlauf. Es kostet ein normaler Standardbrief:

1.10.1919	0,20	Reichsmark
6. 3.1920	0,40	Reichsmark
1. 4.1921	0,60	Reichsmark
1. 1.1922	2,00	Reichsmark
15. 1.1923	30,00	Reichsmark
1. 3.1923	100,00	Reichsmark

1. 7.1923	300,00	Reichsmark
1. 8.1923	1000,00	Reichsmark
1. 9.1923	75 000,00	Reichsmark
1.10.1923	2 Millionen	Reichsmark
1.11.1923	100 Millionen	Reichsmark
12.11.1923	10 Milliarden	Reichsmark
21.11.1923	0,10	Rentenmark (RM)

3. 1923–1928: Notjahre – Ärger mit den Besatzern – Staatshilfen für die Eifel

Mit der neuen Währung hat Deutschland wieder ein solides Zahlungsmittel, das im Ausland Vertrauen genießt. Auch im Inland gibt es einen kleinen wirtschaftlichen Aufschwung, der sich jedoch als Scheinblüte erweist, da die Wirtschaft auf Schulden aufgebaut ist. Die Bauern und Arbeiter spüren kaum etwas von einer positiven Entwicklung. Die Löhne sind weit geringer als in fast allen europäischen Ländern. Gemessen in realer Kaufkraft verdient ein Arbeiter in den Vereinigten Staaten fast das Doppelte und der englische Kollege mindestens ein Viertel mehr als der in Deutschland Beschäftigte. Vor allem ist „der kleine Mann“ bei uns durch die Geldentwertung um seine Ersparnisse gebracht worden, auf die er bei Krankheit und im Alter zurückgreifen wollte; denn nur die wenigsten gehören damals einer Krankenversicherung an oder haben Anspruch auf eine Altersversorgung. Die meisten Bauern, Kaufleute, Handwerker, Hilfsarbeiter sind in jener Zeit ohne Versicherung auf sich selbst gestellt. Für Krankheit und Alter haben sie einen Notgroschen gespart, den nun die Inflation weggefegt hat. Ein nur ganz geringer Betrag wird später den Altsparern als Entschädigung vergütet. Die meisten müssen sehen, wie sie bei sparsamster Lebensführung über die Runden kommen. Die Bevölkerung ist verarmt.

Die wirtschaftlichen Strukturverhältnisse haben sich in der Eifel kaum verbessert. Nach einer Volkszählung vom Jahre 1925 sind in der Nordeifel noch 50 Prozent der Bevölkerung in Land- und Forstwirtschaft tätig; in der Südeifel sind es sogar mehr als 60 Prozent. Dem Bauernstand fehlt das bare Geld. Das Preisgefälle zwischen den niedrigen Viehpreisen und den landwirtschaftlichen Produkten gegenüber den übrigen Lebenshaltungskosten klafft weiter auseinander. Nur in geringen Mengen kann der Landwirt deshalb gutes Saatgut, Düngemittel, Zusatzfutter erwerben und nur mit erheblichen Opfern eine Maschine erstehen. Folglich fallen die Ernteerträge knapp aus. Hinzu kommt, daß die klimatischen Bedingungen in den Jahren 1925–1929 ein nur geringes Wachstum zulassen. Zwar schlachtet die bäuerliche Familie jährlich ein Schwein, aber Rindfleisch, das meist beim Metzger gekauft werden muß, gibt es nicht jeden Sonntag. Bohnenkaffee ist ein Luxusgetränk, das man sich überhaupt nicht oder nur an Feiertagen leisten kann. Nicht selten kommen täglich dreimal Kartoffeln auf den Tisch. Mit Humor sagt man: Morgens gibt es Jrumpere, mittags Kartoffeln und abends Erpelen. Auch Milchbrei und Mus gehören zu den häufigen Mahlzeiten.

Ein trauriges Bild von seiner Bevölkerung entwirft 1928 der Landrat des Kreises Schleiden[70]: „Die Landwirtschaft ist in einem bedauernswerten Zustand. Von den 7 993 bäuerlichen Betrieben sind 52 v.H. unter zwei Hektar groß. Beispielswirtschaften... und Düngungsversuche bleiben wirkungslos, weil der mit Steuern überlastete, zersplitterte, kreditlose Grundbesitz aus Kapitalmangel gar nicht in der Lage ist, den vorgeführten und als richtig anerkannten Neuerungen zu folgen".

In den anderen Kreisen der Eifel herrschen keine besseren Verhältnisse. Ein großes Übel ist die kleine landwirtschaftliche Betriebsgröße. Bezogen auf die Gesamtfläche liegen unter 2 Hektar in den Kreisen Ahrweiler 73 Prozent, Mayen 61, Cochem 55, Monschau 48, Wittlich 43, Bitburg 42, Adenau und Prüm 36 und Daun 32 Prozent. Um die Minibetriebsgrößen zu verbessern, beantragen damals viele Dörfer ein Flurbereinigungsverfahren. Es geht der Umlegungsbehörde nicht nur darum, statt der vielen kleinen Parzellen größere Felder zu schaffen und sie durch einen Weg zugänglich zu machen, sondern auch darum, seichte Stellen trocken zu legen und Bäche zu begradigen. So wird manches Tal mit seinem früher gewundenen und fischreichen Bächen verschandelt. Man ahnt noch nicht, daß man durch diese Maßnahmen tief in die Natur eingreift. Damals geht es ums Überleben, einfach darum, zusätzliches Nutzland zu gewinnen.

In vielen Dörfern der Hocheifel entwickelt sich aus der Not die Selbsthilfe. Auf genossenschaftlicher Basis bilden sich Dutzende von Weidegemeinschaften, die neben privaten Weiden auch Gemeindeländereien benutzen. So können die Landwirte ihren Viehbestand vergrößern. In Niedermendig erwerben Gastwirte den Reginaris Mineralbrunnen sowie das Kohlensäurewerk und verkaufen den Sprudel in eigener Regie auf genossenschaftlicher Basis. 1926 entsteht die Heimwebergenossenschaft Schalkenmehren mit einem Verkaufslokal in Schalkenmehren.

Schwer haben auch das Gewerbe und die wenigen Industriebetriebe der Eifel zu kämpfen. Ihre Lage beschreibt 1928 ebenfalls der Landrat des Kreises Schleiden: „Nach den verheerenden Wirkungen der Inflation muß die Wirtschaft, um neu aufzubauen, fremde Gelder zu unglücklich hohen Zinssätzen aufnehmen. Die mehrfach hintereinander folgenden Mißernten und die Schwäche und die geringen Entwicklungsmöglichkeiten von Industrie und Handel in der Eifel bewirken, daß die Rückzahlungsbedingungen beim besten Willen nicht eingehalten werden können".

Auch die Besatzungsmächte, die sich weiter in der Eifel aufhalten, greifen nachteilig in die wirtschaftlichen Verhältnisse ein. Immer neue Abgaben verlangen die Franzosen, die auch große Bestände des Eifelwaldes als Reparationsleistung abholzen. Besonders verärgern sie die Bevölkerung durch das häufige Abhalten von Manövern. Den Bewohnern ist zu gewissen Zeiten verboten, besondere Gemarkungen zu betreten, da Schießübungen stattfinden. So verfault manches Heu auf den Feldern, und Getreideäcker bleiben ungeerntet. Auch zerfurchte Felder und zahlrei-

Nürburg.

che Granattrichter sind die Folge der Militärübungen. Der Staat zahlt zwar Entschädigungen, aber der Groll gegen die feindlichen Besetzer wird dadurch nicht aufgewogen, und das Nationalbewußtsein der Bevölkerung bleibt lebendig.

Nach dem frühen Tod von Friedrich Ebert (Februar 1925) wählt das Volk einen Vertreter des Militärs, den greisen Feldmarschall von Hindenburg zum Reichspräsidenten. In allen Dörfern der Eifel wird die tausendjährige Zugehörigkeit der Rheinlande zu Deutschland 1925 unter Mitwirkung der örtlichen Vereine feierlich begangen. Doch nach den Feiertagen, die man als Abwechslung gerade in Notzeiten braucht, kehrt der harte Alltag zurück. Die mangelhafte Ernährungslage begünstigt das Auftreten von Diphtherie, Keuchhusten und anderen ansteckenden Krankheiten. In den Ortschaften bleiben deshalb die Schulen oft Wochen oder gar Monate geschlossen. Im November 1927 schreibt der preußische Innenminister, daß „ er ein größeres Elend und größere Armut auf seinen Reisen, die ihn durch ganz Preußen geführt hätten, nicht gesehen habe".[71]

Wieder fühlt sich der Staat verpflichtet, die Eifel in dieser Notlage, wie schon vorher (Eifelfonds), finanziell zu unterstützen. Sie erhält 1927 12,5 Millionen Mark aus einem Westgrenzfonds; 1928 wird dieser Betrag auf 15 Millionen Mark als „Reichswesthilfe" aufgestockt. Die Gelder werden als Zuschüsse und Darlehen ausgegeben, und zwar um das Grünland zu erweitern, den Viehbestand anzuheben, den Boden zu entwässern, Ödlandflächen aufzuforsten, neue Molkereien zu errichten und den Bau von Kirchen, Schulen und Krankenhäusern zu fördern. Damals noch werden manche Dörfer an das Wasserleitungsnetz angeschlossen und durch neue Straßen für den öffentlichen Verkehr leichter zugänglich gemacht.

Um dem strukturschwachen Kreis Adenau zu helfen und die gesamte Eifel wirtschaftlich zu fördern, wird in den Jahren 1925–1927 mit etwa 14 Millionen Mark Kosten der Nürburgring gebaut, für dessen Errichtung fast drei Jahre lang etwa 2 500 Arbeiter beschäftigt werden. Die Rennstrecke, bald eine der bekanntesten in der Welt, umfaßt 175 Kurven, ist 28 km lang und überwindet Höhenunterschiede von 300 m.

Politisch steht die Eifel weiterhin treu zur Zentrumspartei. Die Bevölkerung des Kreises Adenau hat sogar bei den Reichstagswahlen in den Jahren 1924 (Mai, Dezember) und 1928 (Mai) im Durchschnitt zu rund 85 Prozent diese Partei gewählt. Aber auch in den anderen Eifelkreisen erreicht das Zentrum im Jahre 1924 mehr als 75 Prozent und 1928 fast 75 Prozent der abgegebenen Stimmen. Die anderen Parteien in der Reihenfolge nach der Höhe der Stimmen: die Deutschnationale Volkspartei (DNVP), die SPD und die KPD erlangen jeweils nur einstellige Prozentzahlen[72].

4. 1928–1933: Technikentwicklung – Die Weltwirtschaftskrise – Ruf nach dem starken Mann

Der Winter 1928/29 bringt einen tiefen Kälteeinbruch. In der Zentraleifel sinken die Temperaturen auf mehr als minus 25° ab. Die Hauptwasserleitungen vereisen. Die Kartoffeln erfrieren, so daß im Frühjahr 1929 Saatkartoffeln teuer gekauft werden müssen. Das Wild in den Wäldern verendet in großer Zahl wegen der bitteren Kälte.

Die wirtschaftliche Lage verschlechtert sich weiter. Nach der preußischen Gedenkschrift sind damals in der Eifel „infolge der unsagbaren Armut weite Kreise der Landbevölkerung für ihre Ernährung auf Kartoffeln und Brot angewiesen, während Eier, Milch, Butter und selbst das Fleisch der Hausschlachtungen verkauft werden müssen, um sich die nötigen Bedarfsgegenstände zu beschaffen“.[73]

Erleichterung bringen die Errungenschaften der verbesserten Technik. Neue technische Anwendungen halten mit der Verwendung des Kraftstroms Einzug in die Dörfer. Die elektrische Dreschmaschine löst weithin das anstrengende Dreschen mit dem Flegel ab, mit dem die Körner durch Schlagen vom Halm gelöst werden. Ferner schafft sich jemand aus dem Dorf die vom elektrischen Strom getriebene Kreissäge an und fährt mit ihr von Haus zu Haus. Nun entfällt das mühsame, oft wochenlange Schneiden der vielen Festmeter Brennholz mit der Handsäge.

Auch die Reichspost bedient sich der verbesserten Technik und setzt ab 1928 größere Kraftpostautos ein. Zunächst werden größere Orte miteinander verbunden, z.B. Ahrweiler – Meckenheim – Rheinbach – Mayen – Kempenich – Adenau – Kaisersesch – Landkern – Cochem. Für die Verbindung einzelner Orte untereinander wird der Landkraftwagen der Post 1929 in Münstermaifeld eingesetzt. Hinter dem Fahrersitz befinden sich zwei bis vier Sitzplätze für Mitreisende. In den folgenden Jahren verkehren diese Wagen auch in anderen ländlichen Gegenden, so 1934 an der oberen Kyll.

Im Laufe des Jahres 1929 erfolgt ein weiterer wirtschaftlicher Einbruch. Ausgelöst durch einen Börsenzusammenbruch in New York beginnt im Oktober eine weltweite Wirtschaftskrise, die wegen der engen Verflechtung mit der amerikanischen Wirtschaft in ganz Europa, besonders aber in Deutschland verheerende Auswirkungen zeitigt. Viele Banken machen große Verluste, manche von ihnen müssen sogar ihre Zahlungsunfähigkeit erklären. Konkurse melden zahlreiche genossenschaftlich geführte Spar- und Darlehnskassen der Eifel in den Jahren 1930–1932, wodurch viele Bauern sich noch höher verschulden. Geld ist äußerst knapp. Die Firmen können kaum investieren, weil die Steuerschraube zu sehr drückt. Der Export entfällt, folglich werden fast überall Arbeitskräfte entlassen.

Die Gewerkschaft Jünkerath beschäftigt nur noch 40 Arbeiter; 1919 waren es noch 500 Personen. In der Bleihütte Call bleiben von 600 Beschäftigten nur noch 100, in den Westdeutschen Kalkwerken noch 80 (früher 400). Die Grube Rescheid entläßt alle Arbeiter. Von den einst zahlreichen Gerbereien der Eifel bleiben in Münstereifel nur zwei Betriebe, in Prüm und Hillesheim lediglich je ein einziges Werk. Die Mineralwasserindustrie um Gerolstein, Daun und Bitburg, die sich in den 20er Jahren stark aufwärts entwickelt hat, kann infolge großer Umsatzverluste nur noch ein Drittel der Beschäftigten halten. Die Stein-, Traß- und Bimsindustrie in der Vulkaneifel und im östlichen Gebirgsteil muß etwa die Hälfte der Arbeiter entlassen. Das Bleibergwerk Mechernich setzt ebenfalls seine Arbeitskräfte herab. 900 Arbeitsplätze (früher 1 350) bleiben nur deshalb erhalten, weil das Werk hohe Subventionen von Berlin erhält (1930: 375 000 RM, 1931: 200 000 RM). Die Hilfsmaßnahmen sind in erster Linie dem damaligen Staatssekretär im Reichskanzleramt, Dr. Hermann Pünder, zu verdanken, dessen Familie väterlicherseits aus dem Raum Mechernich (Lückerath) stammt. Pünder hinterläßt diese Mitteilung: „In meiner damaligen Stellung in Berlin habe ich mich jahrelang mit einigem Erfolg um den Fortbestand dieses für die Eifeler Verhältnisse bedeutenden Wirtschaftsbetriebes bemüht.“[74]

Die Zahl der Arbeitslosen steigt in der Eifel auch deshalb an, weil viele Männer, die an Rhein, Ruhr und im Luxemburgischen Arbeitsplätze gefunden haben, auch dort entlassen werden und in ihre Heimatdörfer zurückkehren. Die Eifel erlebt ebenso wie ganz Deutschland die bisher größte Arbeitslosigkeit der Geschichte. Sechs Millionen (einschließlich der Familienangehörigen) sind davon betroffen. Die Sätze der Unterstützung liegen an der Grenze des Existenzminimums und werden höchstens ein Jahr lang gezahlt. Dann tritt die örtliche Wohlfahrt ein; jede Familie erhält dann wöchentlich nur acht bis zehn RM, oft noch weniger, weil die Gemeinden zahlungsunfähig sind.

In dieser Notlage ist natürlich kein Geld vorhanden, um die Eifel für den Fremdenverkehr attraktiv zu machen. Die Zustände beleuchtet ebenfalls der Landrat des Kreises Schleiden: „Die kümmerliche Lebenshaltung, unter der die Eifeler selbst ihres Lebens nicht froh werden können, schreckt die Fremden ab, denn sie sind einen höheren Kulturstand gewöhnt, als die Eifel ihnen bietet; sie vermissen bei längerem Aufenthalt den durchgehenden Sprechverkehr, die leichte Erreichbarkeit von Arzt und Apotheke, Wasserleitung und Badegelegenheit, Verkehrsmöglichkeiten auf guten Straßen, Kanalisation und nehmen auf längere Zeit nur ungern mit den mangelhaften Privatquartieren vorlieb".[75] In der Südeifel ist der Fremdenverkehr noch stärker beeinträchtigt, da hier in vielen Fremdenverkehrs- und Kurorten sogar manche Hotels und Pensionen von der französischen Besatzungsmacht beschlagnahmt sind.

Insgesamt suchen weniger Gäste als früher die Eifel auf. Münstereifel kann immerhin noch 900 Erholungssuchende registrieren, nachdem der Kneippbund Bad Wörishoven (Bayern) die Erftstadt in Westdeutschland als Zentrale für die Heilmethode nach Pfarrer Sebastian Kneipp ausgewählt und dort 1929 ein großes Kneippkurhaus eröffnet hat. Neu ins Blickfeld tritt Niederbreisig (jetzt Bad Breisig). In den

Bad Breisig, Thermalbad.

Jahren 1925–1928 werden hier drei Sprudelquellen entdeckt (Gertrudis-Marien-Ludgerussprudel). Schon 1928 baut der Ort als erster in Deutschland ein Thermalschwimmbad und 1930 ein Bäderhaus. Trotz der Wirtschaftskrise steigt der Besucherstrom an.

Im Sommer verlassen die letzten französischen Truppen das Rheinland und die Eifel. Unsere Bewohner empfinden dieses Ereignis allgemein als Befreiung. Der Abzug der Besatzungsmacht ist sogar in den meisten Orten Anlaß zu einem jubelnden Fest. In Stadtkyll hat man sich etwas Besonderes einfallen lassen, wie wir den Aufzeichnungen eines dortigen Bürgers entnehmen.[76] „Ein ganz großes Erlebnis, vor allem für uns Kinder, war der Rheinlandbefreiungs-Flug. Auf dem ... Kerschenbacher Berg war eine etwa 10 m hohe Pyramide aus Holz aufgebaut und mit einem roten, sichtbaren Tuch bespannt worden. Um diese Pyramide war mit Kalkmehl ein Kreis von 100 m Durchmesser gestreut worden. Etwa 50 einmotorige Sportflugzeuge, kyllaufwärts kommend, flogen diesen Punkt an, umkreisten ihn und warfen Bonbons ab. Auch ein Zeppelin war bei diesem Flug über Stadtkyll zu sehen."

Zwei Jahre später schlagen in Adenau und Umgebung die Wogen hoch, diesmal nicht aus Freude, sondern aus Enttäuschung. Man erhebt Protest gegen die Entscheidung des Preußischen Staatsministeriums (1.8.1932), mit Wirkung vom 1.10.1932 den Landkreis Adenau zu beseitigen und das Gebiet den Nachbarkreisen Ahrweiler und Mayen zuzuweisen und dies, ohne die Bevölkerung vorher zu befragen. Der Widerspruch ist vergeblich; es bleibt bei der Anordnung aus Berlin, den ärmsten Kreis der Eifel aufzulösen.

Wie stark damals im Eifeldorf mit Pfennigen gerechnet werden muß, entnehmen wir der Schulchronik des Dorfes Baasem (7.8.1932): „Durch den Mangel an Brotgetreide infolge der großen Mißernte (1931) und der Weltwirtschaftskrise gehen leider viele Leute, insbesondere die Kinder über die etwa zwei Stunden entfernte Grenze Mehl und Zucker schmuggeln. Ein Pfund Mehl kostet dort (Belgien) 8, Zucker 15 Pfennige, während hier das Mehl 20 und der Zucker 39 Pfennige kosten. Die Kinder sind oft sieben bis acht Stunden in Angst und Gefahr unterwegs und kommen meist spät nach Hause. Am anderen Tage sind sie dann unterrichtsunfähig".

Im gleichen Jahr sind in diesem Eifeldorf „Notstandsarbeiter" beschäftigt, um 200 Morgen Ödland zu kultivieren. Das Arbeitsamt zahlt ihnen je Tag zwei RM. Von der Bodenverbesserungsgenossenschaft, dem Zusammenschluß der betreffenden Grundstücksbesitzer, erhalten sie je Arbeitsstunde zusätzlich 15 Pfennige. Damit beträgt der Tageslohn bei 10stündiger Arbeit 3,50 RM. Der Staat, der natürlich in wirtschaftlichen Notzeiten über weniger Einnahmen als in normalen Jahren verfügt, ist schließlich nicht mehr in der Lage, seinen Beamten und Angestellten das volle Gehalt zu zahlen: die Gehälter und Löhne werden um 20 Prozent gekürzt (Brüning'sche Notverordnung).

Größer wird die Zahl der Bettler, die die Dörfer der Eifel aufsuchen. Um wenigstens einigen eine Unterkunft zu bieten, erwirbt der Rheinische Verein für katholische

Arbeiterkolonien (Düsseldorf) bei Blankenheim ein landwirtschaftliches Gut, den Vellerhof. Er ist 540 Morgen groß, davon sind rund 200 Morgen Wald. Haus und Arbeitsfläche reichen aus, um 35 Männer aufnehmen zu können, die von Brüdern aus dem Orden der Genossenschaft der Franziskaner-Tertiaren (Mutterhaus bei Linz am Rhein) betreut werden. Diese bauen ein zusätzliches Wohnhaus und errichten Werkstätten, um weitere Personen aufnehmen zu können. Oberstes Prinzip ist die Freiheit. Man kommt freiwillig und kann freiwillig wieder gehen. So lange man auf dem Vellerhof bleibt, muß man sich allerdings nach Kräften in den Arbeitsprozeß des Hofes eingliedern. Die geistlichen Brüder geben sich Mühe, den hilfsbedürftigen Männern nicht nur Essen und Bleibe, sondern auch seelischen Zuspruch zu gewähren.

In Krisenzeiten erhalten radikale Parteien durchweg größeren Zulauf. So gewinnen jetzt die rechts orientierte Nationalsozialistische Deutsche Arbeiterpartei (NSDAP) und die links gerichtete KPD einen gewaltigen Stimmenzuwachs. Bei den Reichstagswahlen im September 1930 können die Nationalsozialisten ihre Reichsmandate von 12 (1928) auf 107 (18,3 Prozent) und die Kommunisten von 54 auf 77 (13,1 Prozent) erhöhen. In der Eifel bleibt das Zentrum die weitaus stärkste Partei; immerhin bringen es hier die Nationalsozialisten auf fast zehn und die Kommunisten auf etwa vier Prozent. Diese Entwicklung verstärkt sich in den zwei folgenden Jahren. Die Reichstagswahl 1932 (Juli) bringt der NSDAP 230 (37,4 Prozent) und der KPD 89 (14,3 Prozent) Abgeordnete. In der Eifel votieren damals noch fast zwei Drittel der Wähler für das Zentrum, die Kommunisten erreichen 5,5 Prozent und Nationalsozialisten 17,5 Prozent.[77] Der Anteil der Nazi-Stimmen ist also im ganzen Reich mehr als doppelt so hoch wie bei uns.

Bei der Bevölkerung setzt sich aber überall die Meinung durch, nur ein starker Mann könne der großen Not Einhalt gebieten. Auch in manchen Schulen wird damals überwiegend der Prinzipat, die Herrschaft eines Mannes mit entsprechender Machtbefugnis, als die beste Staatsform herausgestellt. Die NSDAP propagiert als geeigneten Mann ihren Führer Adolf Hitler, allerdings ausgestattet mit diktatorischen Vollmachten. Das Losungswort lautet: „Führer befiehl, wir folgen Dir!“

XV. Die Eifel unter dem Nationalsozialismus

1. Die Allmacht der Partei. Der Ausbau der Ordensburg Vogelsang – Arbeitsbeschaffungsmaßnahmen

Die Machtergreifung Adolf Hitlers am 30. Januar 1933 bedeutet auch für die Eifel eine entscheidende Wende, der sich allerdings die Bewohner anfangs noch nicht bewußt sind. Nur eine Minderheit bekennt sich in der Eifel spontan zum Nationalsozialismus. Noch 12 Wochen vorher – es war die letzte Reichstagswahl in der Weimarer Republik (6.11.1932) – hat in der Eifel nur knapp jeder sechste Wähler dieser Partei seine Stimme gegeben: Die Zentrumspartei kann nach wie vor in der Eifel über 60 Prozent der Wahlstimmen für sich verbuchen (im Reiche 11,9 Prozent). Eine große Anzahl der Eifeler steht besonders aus religiösen Gründen in entschiedener Gegnerschaft zur NSDAP; die meisten verhalten sich abwartend und skeptisch. Dennoch kann die Partei, die unter Ausnutzung aller staatlichen Mittel die Menschen beeinflußt, bei der nächsten Wahl viele ehemals skeptische Personen auf ihre Seite ziehen. Auch zahlreiche Beamte und Angestellte sind der herrschenden Partei beigetreten, die meisten wohl aus Angst um ihren Arbeitsplatz. So entscheiden sich am 5. März 1933 etwas weniger als ein Drittel der Eifel für die NSDAP. Es sind in den Kreisen Daun, Prüm, Mayen und Monschau in derselben Reihenfolge: 32,5 Prozent, 30,8 Prozent, 30,6 Prozent und 28 Prozent. Die Durchschnittszahl im Reichsgebiet beträgt 43,9 Prozent.

Wie bei den vorangegangenen Wahlen, bleibt das Zentrum weiterhin Spitzenreiter in der Eifel. In den Kreisen Ahrweiler, Prüm und Monschau erlangt diese Partei mehr als 60 Prozent der Stimmen, im Kreis Schleiden 56 Prozent, im Kreis Daun 52,6 Prozent und in den übrigen Eifelkreisen 44 bis 49 Prozent (im Reich 11,2 Prozent für das Zentrum). Vorsitzender des Zentrums ist in den Jahren 1928 bis 1933 Prälat Kaas aus Trier. Schon vor jener Wahl (März 33) begannen die Nationalsozialisten die demokratischen Rechte außer Kraft zu setzen. Die Kommunisten werden sofort ausgeschaltet. Das Zentrum löst sich selbst auf (5.7.33). Dann verbietet man alle übrigen Parteien; übrig bleibt nur noch die NSDAP als einzige Partei Deutschlands. Hitler ist der unumstrittene Führer eines Einparteienstaates. In aller Eile werden in den kommenden Jahren die leitenden Stellen im Staat und in den Kommunen mit Parteimitgliedern besetzt. Auch die Behördenleiter unterstehen dem Parteiapparat, der damit die ganze Machtfülle besitzt. Die nördliche Eifel wird dem Gau Köln – Aachen zugegliedert; die Südeifel in den Gau Koblenz – Trier einbezogen. Die Regierungspräsidenten sind an die Weisungen des jeweiligen Gauleiters gebunden. In den Kreisen überwachen die Kreisleiter die Anordnungen der Landräte, ebenso wie die Ortsgruppenleiter das Tun der Amts- und Ortsbürgermeister überprüfen.

Die Wacht im Westen.

Den Ortsgruppenleitern unterstehen Zellenleiter und Blockwarte, die auch das kleinste Dorf im Blick haben oder haben sollen.

Um Führungskräfte für Staat und Partei heranzubilden, werden im Deutschen Reich drei Ausbildungsstätten, Ordensburgen genannt, errichtet: die Falkenburg am Crössinsee in Pommern, Burg Sonthofen im Allgäu und Burg Vogelsang bei Gemünd in der Eifel.[78] Letztere können bereits im März 1936 500 Schüler, genannt Junker, beziehen. Sie sind 23–26 Jahre alt, müssen sich bisher parteipolitisch bewährt haben und sollen in vierjährigem Kurs zur „Führungselite" herangebildet werden. Sie kommen jedoch nicht mehr zum politischen Einsatz, da vor Ablauf der Frist der Zweite Weltkrieg ausbricht. An den Fronten bewähren sich die Junker durch besondere Tapferkeit, wobei die meisten für „ihren Führer" fallen oder verwundet werden.

Schon zu Beginn der nationalsozialistischen Erhebung im Januar 1933 machen sich viele Menschen in Deutschland, vor allem auch in der Eifel, Sorgen wegen der antikirchlichen Tendenzen in der Partei. Vorübergehende Beruhigung tritt ein, als Hitler im März 1933 erklärt: „Die nationalsozialistische Regierung wird in Schule und Erziehung den christlichen Konfessionen den ihnen zukommenden Einfluß einräumen und sicherstellen.". Diese Erklärung nimmt die Fuldaer Bischofskonferenz so ernst, daß die Bischöfe schon nach wenigen Wochen (28.3.1933) ihre vorher ausgesprochenen Warnungen vor dem Nationalsozialismus zurücknehmen und Loyalität gegenüber der Regierung verlangen. Das vier Monate später (20.7.) mit Rom abgeschlossene Reichskonkordat scheint ihnen Recht zu geben. Doch die Praxis sieht bald anders aus. Um das Ansehen der katholischen Kirche herabzusetzten, werden noch im Jahre 1933 großangelegte Devisenprozesse und später böswillige Sittlichkeitsverfahren (1936/37) gegen Vertreter der Kirche geführt. Angeklagt werden Geistliche und die Franziskanerbrüder aus Waldbreitbach, von denen viele eine Zeitlang im Gefängnis zu Wittlich einsitzen. In seiner Enzyklika „Mit brennender Sorge" verurteilt Pius XI 1937 in scharfen Worten die Kirchenpolitik und Ideologie des Nationalsozialismus. Diese Worte geben vielen Katholiken neuen Mut, sich nun ernsthaft vom Nationalsozialismus zu lösen. In der evangelischen Kirche dagegen billigt offiziell ein Teil der Kirche als „Deutsche Christen“ die Maßnahmen des Staates, während die „Bekennende Kirche“ die christlichen Grundsätze weiterhin verficht. Ihre Führer werden vom NS-Staat gerügt und verfolgt (Niemöller, Bonhoeffer).

Die besondere Aufmerksamkeit der Partei gilt den Erziehungsstätten. Die Konfessionsschulen werden 1935 in Gemeinschaftsschulen mit NS-Prägung umgewandelt. Der im Konkordat garantierte Religionsunterricht wird durch vielfältige Manipulationen eingeschränkt, später während der Unterrichtszeit abgeschafft. Auch Prozessionen und Schulgottesdienste werden verboten. Ein Beispiel sei angeführt. In Jünkerath wird 1938 die übliche Wallfahrt nach Kevelaer untersagt. Gleichzeitig beschlagnahmt die Gestapo (Geheime Staatspolizei) sämtliche Unterlagen der „Kevelaer Bruderschaft“ und den Wallfahrtsfonds in Höhe von 1 300 Reichsmark. Proteste gegen diese Maßnahmen sind vergeblich.

Die Weisung, die Kreuze aus den Schulen zu entfernen, wird in der Eifel nur zögernd befolgt und zieht sich einige Jahre hin (1936–1939), da man eine Empörung der Eltern befürchtet. Tatsächlich hängen an manchen Orten (z.B. Dahlem, Baasem, Bodenbach) mutige Mütter in den Klassen wieder die alten bzw. neue Kreuze auf. Auch diese werden schließlich beseitigt und durch Hitlerbilder ersetzt.

Ein Erlaß (Oktober 1934) löst an den Schulen die bisherigen Elternbeiräte auf und schafft die neue Schulgemeinde, die aus der Elternschaft und den Lehrern besteht. Nach dem geltenden Führerprinzip ist der Schulleiter der „ Führer der Schulgemeinde“. Zusammen mit drei von ihm aus der Elternschaft berufenen Personen und dem örtlichen Hitlerjugendführer führt er die „Jugendverwaltung der Schulgemeinde“ an. Die Ausbildung der Lehrer erfolgt an den Pädagogischen Akademien. Die Präparandien waren 1922, die Lehrerseminare 1924 aufgelöst worden. Die Nationalsozialisten führen die Hochschulen fur Lehrerbildung ein. Als dann durch den Zweiten Weltkrieg die meisten Lehrer eingezogen werden, treten 1940 an die Stelle der Hochschulen für Lehrerbildung fünfjährige Lehrerbildungsanstalten, die auf die Volksschule aufbauen.

Eine Reihe Pfarrer prangen die antikirchlichen Maßnahmen in ihren Predigten an. Manche von ihnen werden daraufhin festgenommen, so Pfarrer Dr. Keller in Gillenfeld.[79] Einige Tage später wird er wieder entlassen. Bei seiner Rückkehr haben sich fast alle Gläubigen auf dem Bahnhofsvorplatz eingefunden und begleiten ihren Pastor wie in einem Triumphzug nach Hause. Als der Zug sich dem Bürgermeisteramt nähert, wo der Hauptübeltäter sitzt, erschallt laut wie ein Treueschwur das Lied: „Fest soll mein Taufbund immer stehen“. Ähnliche Beispiele ereignen sich auch in anderen Eifelorten.

In jenen Jahren ist die Jugenderziehung ganz darauf abgestellt, von Anfang an die jungen Menschen fest im Griff der nationalsozialistischen Ideologie zu halten. Die Unterweisung beginnt in den NS Kindergärten, die es allerdings in der Eifel nur vereinzelt gibt. Die Sechs- bis Zehnjährigen werden in das Jungvolk (JV) eingegliedert, die zehn- bis achtzehnjährigen Jungen gehören der Hitlerjugend (HJ) , und die gleichaltrigen Mädchen dem Bund Deutscher Mädchen (BDM) an. In vielen Fällen stammen die Betreuer der Jugend aus dem Eifeldorf selbst. Da im ländlichen Bereich die Parteiüberwachung zur Anfangszeit lax gehandhabt wird, findet die Unterweisung oft in gewohnt kirchlicher Tradition statt. So ist mir ein Eifeldorf bekannt, in dem die Führerin des BDM lange Zeit den Mädchen das Schott-Meßbuch erklärte, um ihnen so ein besseres Verständnis der Sonntagsmesse zu vermitteln. Nach der Zugehörigkeit zur HJ schließen sich viele Jungmänner den NS-Kampftruppen, der SA (Sturmabteilung) oder der auf Hitler besonders eingeschworenen SS (Schutzstaffel) an. Der SS treten in der Eifel nur wenige Männer bei; auch die Anzahl von Eifelern in der SA ist geringer als im Reichsdurchschnitt.

Für alle Männer und Frauen vom 18. bis 25. Lebensjahr wird im Juni 1935 der Reichsarbeitsdienst eingeführt. Dieser „Ehrendienst" dauert ein halbes Jahr und „soll die deutsche Jugend im Geiste des Nationalsozialismus zur Volksgemeinschaft erziehen". Darunter fallen: Landkulturarbeiten in vielfacher Hinsicht, der Bau von Wirtschafts- und Holzabfuhrwegen, Hilfeleistungen bei Katastrophen und Vorbereitungen für den Verteidigungsfall (Westwall). In der Eifel werden mehrere Arbeitsdienstlager errichtet. Ein Lager auf der Dahlemer Binz bereitet das Gelände zum Aufbau einer „NS-Schäferei" vor, die dort auch Einzug hält.

Dahlemer Binz, heute ein Ort für den Flugsport.

Eines der Hauptziele des Nationalsozialismus ist es, die Juden aus der Wirtschaft und dem öffentlichen Leben herauszudrängen, sie später sogar physisch zu vernichten. Die Ordensburg Vogelsang hat in ihrem Lehrplan das Unterrichtsfach „Rassistische Philosophie“ aufgenommen, in dem das Judentum als Feind der arischen Rasse herausgestellt wird. Doch bei der Eifeler Bevölkerung finden die Gedanken der Judenfeindlichkeit eine geringe Resonanz. Nichtsdestotrotz sind sie auch hier in den Jahren 1933 – 38 Schikanen ausgesetzt.

Am Abend und in der Nacht des 9. November 1938 werden in ganz Deutschland die Fenster der jüdischen Geschäfte eingeschlagen (Reichskristallnacht), fast alle Synagogen eingeäschert und die jüdischen Mitbürger beraubt, geschlagen und z.T. vertrieben. Die letzte Fassade der Rechtsstaatlichkeit ist damit gefallen. In der Eifel geschehen leider dieselben Brutalitäten.[80] Die Täter sind Angehörige der NS Kampfverbände, die meist aus den nahen Städten kommen; auch Junker der Ordensburg sollen sich an diesen Ausschreitungen beteiligt haben. In den weiteren Monaten werden die Juden wirtschaftlich völlig ruiniert und psychisch in nicht vorstellbarem Maße gequält. Ihre Geschäfte werden als „jüdisch“ oder „nicht arisch“ gekennzeichnet. Die Inhaber müssen sich durch Armbinden und Judenstern als Juden und damit als Menschen unterster Stufe kennzeichnen. Ab Oktober 1940 werden sie nach und nach aus ihren Wohnungen geholt, zu Sammelplätzen gebracht und mit Güterwaggons nach Osten transportiert, wo sie bei schwerster Arbeit und mangelnder Ernährung umkommen oder direkt in Gaskammern den Tod finden. Sechs Millionen Juden sind so umgebracht worden. Nur ein Bruchteil entgeht der Verfolgung.

Die Eifelbevölkerung ist fernab von den Vergasungszentren im Osten und ahnt meist nicht, daß die Verschleppung der jüdischen Bürger in den Osten tödlich endet. Geschickt versteht es die Nazipropaganda, von ihren Greueltaten abzulenken und die patriotischen Gefühle lebendig zu halten. Die Aufkündigung des Versailler Vertrages (Oktober 1933), die Wiedereingliederung des Saargebietes an das Deutsche Reich (März 1935) und das von deutschen Truppen wieder besetzte Rheinland (März 1936) werden als Erfolge groß herausgestellt und finden bei der Bevölkerung Anerkennung und Zustimmung, wie Volksabstimmungen beweisen. Ebenfalls in einer Volksabstimmung (19.8.34) läßt sich Hitler nach dem Tode von Hindenburg (2.8.) bestätigen, die Ämter Reichspräsident und Reichskanzler gleichzeitig innehaben zu können. Es sprechen sich im Reich immerhin 11,9 Prozent der Wähler gegen eine solche Machtfülle aus. Größer ist die Zahl der Gegenstimmen in den Eifelkreisen. Hier stimmen mit „Nein“ in den Kreisen Monschau 19,8 Prozent, Prüm 18,5 Prozent, Schleiden 13,6 Prozent, Daun 13,3 Prozent und Mayen 12,5 Prozent.

Als Reichspräsident ist Hitler gleichzeitig oberster Befehlshaber der Streitkräfte. Unverzüglich läßt er Soldaten und Offiziere der Reichswehr auf seine Person vereidigen; sie schwören, daß sie „dem Führer des Deutschen Volkes und Reiches, Adolf Hitler, dem Oberbefehlshaber der Wehrmacht, unbedingt Gehorsam leisten ... wollen.“. Vorher lautete der Schwur „Volk und Vaterland allezeit treu und redlich dienen ...“. Um die deutsche Wirtschaft neu zu beleben, hat Hitler bereits im Februar

Akademie Kronenburg, Nebenstelle der Kunstakademie Düsseldorf.

1933 einen Vierjahresplan mit dem Ziel erlassen, die Agrarwirtschaft erheblich zu verbessern und durch Arbeitsbeschaffungsmaßnahmen die Arbeitslosigkeit möglichst vollständig zu beseitigen. Die Zahl der Arbeitslosen geht tatsächlich in vier Jahren von sechs Millionen auf eine Million herunter. Allerdings stand die Förderung der produktiven Wirtschaftszweige nicht immer im Vordergrund; der eigentliche Motor der „Staatskonjunktur" war und ist die Aufrüstung. Sie kommt auch den Menschen in der Eifel wirtschaftlich zugute. Bereits 1935 kann der Kreisleiter des Kreises Schleiden seinem Führer Adolf Hitler, als dieser in der Nordeifel weilt, melden „daß dieser Kreis als erster im ganzen Deutschen Reich frei von Arbeitslosen" sei. An vielen Großbaustellen haben die Menschen Beschäftigung gefunden.

Viele Arbeitskräfte erfordert der Bau der Ordensburg Vogelsang, die verschiedenen Talsperrenobjekte der Nordeifel, der Bau des Stausees Obermaubach, das Ausgleichsbecken zu Heimbach, die Kallbachtalsperre und die große Rurtalsperre, die Medien damals (1934–1937) zeitweise als „größte Baustelle in Deutschland" bezeichnen.

Eine weitere Arbeitsstätte, ebenfalls in der nördlichen Eifel, bietet der Bau der Akademie Kronenburg, die als Nebenstelle der Kunstakademie Düsseldorf errichtet wird. Veranlaßt hat den Bau der Düsseldorfer Professor Werner Peiner, dessen Eltern

Eifeler sind (Scheven); finanziert hat den Bau Hermann Göring, ein enger Mitstreiter Adolf Hitlers.

In der Südeifel verbessern sich die Arbeitsbedingungen nicht so zügig wie im nördlichen Gebirge. Doch auch hier gehen die Arbeitslosenzahlen bald zurück und sinken bis 1938 auf Null, als Hitler 1935 die allgemeine Wehrpflicht verkündet, dann den Reichsarbeitsdienst einführt und schließlich im August 1936 die einjährige Militärdienstzeit in eine zweijährige umwandelt und zugleich die militärische Aufrüstung vorantreibt. Kasernen werden auch in der Eifel gebaut, in Euskirchen, Daun, Bitburg, Wittlich. Im Wasserbereich der Ahr wird ein wirtschaftlich armes, aber wegen seiner gebirgigen und zerklüfteten Landschaft besonders unwegsames Gebiet für militärische Übungszwecke ausgesucht. Für den zukünftigen Luftwaffenübungsplatz Ahrbrück müssen weit über 2000 Menschen aus 12 Ortschaften (Kaltenborn, Herschbach, Weidenbach, Denn, Lederbach, Blasweiler, Beilstein, Nieder- und Oberheckenbach, Watzel, Fronrath und Cassel) in die weitere Nachbarschaft oder in andere Kreise umgesiedelt werden.

2. Der Westwall: Seine Auswirkung auf die Eifel und seine Menschen

Entlang der deutschen Westgrenze entstehen in den Jahren 1937–1940 Tausende Baustellen, um hier ein gewaltiges Bunker- und Verteidigungssystem zu errichten. Von der holländischen bis zur Schweizer Grenze sind 100 000 Angehörige vom Arbeitsdienst, 65 Pionierbataillone und viele zig-tausend sonstige Arbeitskräfte im Einsatz.

Betroffen ist mehr oder minder die gesamte Eifel. Für unseren Bereich beginnt der Wall im Norden von Aachen, das mit einem großen Befestigungsring umgeben und in die Verteidigungslinie einbezogen wird. Er verläuft dann weiter südlich und bildet mit einer Vielzahl von Bunkern Schwerpunkte bei Roetgen und Monschau, bei Hellenthal und Udenbreth, an der oberen Kyll von Losheim bis Kronenburg und in der Schneeifel um Auw und Steinebrück. Die weitere Befestigungsanlage folgt der Our (Ur) und der Sauer, den Grenzflüssen zu Belgien und Luxemburg mit den Schwerpunkten westlich von Neuerburg und Mettendorf, gilt es doch hier, die Straße nach Bitburg zu sichern. Dann konzentrieren sich zahlreiche Bunker im Gebiet von Ammeldingen bis Wallendorf. In der Gegend um Irrel sperren mächtige Anlagen den westlichen Zugang zum Moseltal, insbesondere nach Trier. Die Zugänge zu den Eifelstädten Daun, Bitburg, Wittlich erhalten im Hinterland zusätzliche Sperranlagen. Um dieses gewaltige Bollwerk zu errichten, hat man allein für den Bau in der Eifel viele tausend Menschen aus ganz Deutschland zusammengezogen. Bald ist in den Grenzorten die Zahl der Fremden größer als die der Einheimischen. Ingenieure, Baufachleute, Handwerker aller Berufsfachgruppen und Hilfsarbeiter finden sich in

Westwall bei Roetgen.

der Eifel ein. Da die Unterkünfte in den Ortschaften nicht genügen, errichtet man in den Wäldern und in geschützten Tälern Arbeiterbaracken. Mit dieser geballten Arbeitskraft entstehen aus Stahl und Beton Bunker, die z.T. tief im Erdreich liegen; Zement- und Höckerblöcke dienen als Panzersperren, Steilhänge und Wassergräben werden verlegt und Wasserleitung, Fernkabel sowie Anschlüsse für Sprechanlagen und für Licht verbinden die Bunker mit der Außenwelt. Die Zement- und Höckerlinien und die zahlreichen Bunker verschandeln natürlich die Landschaft, unterbrechen viele Wege und erschweren die Bewirtschaftung der Wiesen und Felder, die stark aufgewühlt worden sind. Selbst sonntags wird gearbeitet. Es herrscht eine Betriebsamkeit wie nie zuvor. Auf den Dorfstraßen, die bisher nur wenige Autos durchfahren, rollen jetzt täglich hundert und mehr Lastwagen.

Im Frühjahr 1938 ruft Adolf Hitler dazu auf, die Arbeiten am Grenzwall zu beschleunigen und die Befestigungen zu verstärken. Dabei betont er den Defensivcharakter der Befestigung und unterstreicht seinen Friedenswillen. Auch die Regierung betont bei jeder Gelegenheit, daß der Wall ein reines Verteidigungssystem darstelle und Deutschland nur am Frieden interessiert sei. Diesen Beteuerungen vermag niemand so recht zu glauben. Den Westwall in der Eifel besichtigt Hitler im Mai 1939. Nach der Inspektion gibt er bekannt, es seien 20 000 Bunker fertiggestellt, oder sie ständen kurz vor der Vollendung, er sei von der „Unbezwingbarkeit" des Walles fest überzeugt. Inzwischen sind viele Arbeiter wieder abgezogen. Starke Truppenkontingente rücken nach. Die Bewohner müssen noch enger als zuvor zusammenrücken. Auch die meisten Schulen werden belegt.

Die Arbeitslosigkeit ist 1938 behoben. In der Eifel melden im August 1938 als letzte die Kreise Daun und Prüm die Vollbeschäftigung ihrer arbeitsfähigen Menschen. Die Einwohner haben nicht nur Arbeit, sondern verfügen auch meist über ein gutes Einkommen, zumal es vielerlei Gelegenheiten gibt, Überstunden zu machen. Der Stundenlohn beträgt damals in der Eifel knapp 80 Pfennige. Weitere Einnahmen kommen von staatlichen Leistungen. Bei einer Eheschließung gibt es Ehestandsdarlehen in Höhe von 1000 Mark. Die Tilgungsrate ist sehr gering, und der Zinssatz beträgt nur ein Prozent; ferner gewährt der Staat erstmalig Kindergeld. Viele

Haushalte haben zusätzliche Einnahmen, da bei ihnen untergebrachte Westwallarbeiter Kost- und Quartiergeld zahlen. Da es den Menschen wirtschaftlich so gut geht wie nie zuvor, sehen sie über manche mißliebige Maßnahme im politischen und religiösen Bereich hinweg.

Nach dem zweiten Vierjahresplan soll das Wirtschaftspotential so gesteigert werden, daß Deutschland vom Ausland möglichst unabhängig (autark) ist. Die Aus- und Einfuhren werden überwacht und sind genehmigungspflichtig. Auch diese Maßnahme wird im Hinblick auf einen nahen Krieg getroffen. Das Verhältnis der Soldaten und Zivilbeschäftigten mit den Bewohnern der Eifel ist im allgemeinen gut. Es kommt vor, daß Arbeitslager die Schulkinder zu einer Weihnachtsfeier einladen und sie reichlich beschenken (Baasem).

Die Fremden, besonders die Barackenbewohner, zieht es natürlich in freien Stunden in die Dörfer, wo sie sich in den Gaststuben zu den Einheimischen gesellen. Wie viele Beispiele zeigen, muß man mit Äußerungen vorsichtig sein, weil fanatische Parteigenossen, die sich als solche nicht zu erkennen geben, jene anzeigen, die sich gegen Partei und Staat äußern oder feindliche Sender abhören. Solche Beispiele machen die Runde. Eines sei angeführt:

Der Dorfschmied Josef Köller aus Kronenburg hat im angeheiterten Zustand nach Alkoholgenuß bei Soldaten Bemerkungen gegen Partei und Wehrmacht geäußert. Er wird angezeigt und in Blankenheim „wegen wehrmachtzersetzenden Äußerungen" zum Tode verurteilt; das Urteil soll innerhalb von drei Tagen vollstreckt werden. Die harte Strafe stößt bei allen Bewohnern auf Unverständnis. Professor Peiner, der Leiter der Malerakademie in Kronenburg, der den tüchtigen Schmied als aufrichtigen Mann und rechtschaffenen Familienvater kennt, setzt sich mit großem persönlichen Einsatz bei den höchsten maßgebenden Stellen für den Verurteilten ein und erreicht tatsächlich, daß der Fall in Bonn neu aufgerollt und auch Peiner als Zeuge vernommen wird. Das Urteil lautet jetzt „Freispruch für den Angeklagten". Aber wer verfügt schon über solche Beziehungen! Man wird mißtrauisch beim „Gegenüber" und wagt nicht auszusprechen, was man wirklich denkt. Darunter leiden Natürlichkeit und Spontaneität.

3. Der Zweite Weltkrieg (1939–1945)

Am 23. August 1939 löst der deutsch-sowjetische Nichtangriffspakt bei der Bevölkerung Verwunderung aus, aber er stärkt auch die Hoffnung, daß es nicht zu einem Krieg kommen würde. Schon zwei Tage später, (25. August) schlägt der Optimismus ins Gegenteil um. Viele junge Männer erhalten an diesem Tag den Befehl, sich an ihren militärischen Standorten einzufinden. Die Männer mittleren Alters aus der Eifel werden zum Grenzschutz einberufen und besetzen den Westwall. Einige Tage später werden Lebensmittelkarten und Bezugsscheine ausgegeben. Die Verdunkelungsverordnungen treten in Kraft. Abends und nachts darf durch die Fenster kein Licht nach draußen dringen. Ein heller Außenanstrich muß mit einer Tarnfarbe überstrichen werden. Das Läuten der Kirchenglocken von 18^{00}–8^{00} Uhr wird untersagt. Sechs Tage nach der Mobilisierung beginnt am 1. September der Zweite Weltkrieg, jedoch nicht wie erwartet bei uns im Westen. Die deutschen Truppen rücken vielmehr in Polen ein. Um bei einem Angriff der Gegner im Westen gewappnet zu sein, werden die Dörfer im engeren Grenzgebiet geräumt und die Bewohner in benachbarten Kreisen untergebracht. In die geräumten Ortschaften rücken Militärverbände ein; weitere Truppen beziehen Privatquartiere in den Wohngemeinden. Groß ist der Schrecken unserer Bewohner, als Frankreich und England am 3. September Deutschland den Krieg erklären. Da sie jedoch nicht angreifen und aus dem Osten nur Siegesmeldungen eintreffen, ist man zunächst wieder beruhigt. Die Landwirte der Grenzlandkompanien erhalten sogar Urlaub, um mit den Frauen zu Hause die Ernte einzubringen.

Polen ist binnen vier Wochen besiegt. Im April 1940 werden Dänemark und Norwegen von deutschen Truppen besetzt. An der Westfront schweigen weiterhin die Waffen. Doch überall im Grenzgebiet herrscht reges Leben. Der Westwall wird gesichert, entlang der Grenze wird Stacheldraht verlegt, und in unseren Dörfern sind weiterhin Soldaten einquartiert. Durch das Radio tönt immer wieder ein Kampflied der NS-Verbände:

Wir werden weitermarschieren,
wenn alles in Scherben fällt;
denn heute gehört uns Deutschland
und morgen die ganze Welt.

Am 10. Mai 1940 ist es dann soweit. Als Oberbefehlshaber der Wehrmacht bezieht Hitler zunächst einen Bunker, das „Felsennest" in Münstereifel, wo er sich auch während des Krieges zeitweise aufhält, z.B. 1944 zusammen mit Mussolini. General von Rundstedt, der Befehlshaber der Heeresgruppe West, hat seine Befehlsstelle anfangs in Koblenz, dann in der Eifel nördlich von Wittlich.

Die Heeresgruppe A rückt, ohne die Neutralität Hollands, Belgiens und Luxemburgs zu achten, aus der Eifel mit so überlegenen Kräften westwärts, daß die feindlichen Truppen regelrecht überrollt werden. Die meisten der Bewohner von St. Vith, Malmedy und Eupen begrüßen freudig den Einmarsch der deutschen Truppen. Am 19. Mai wird die Wiedervereinigung dieser 1919 abgetretenen Gebiete mit dem Deutschen Reich verkündet. Die abgebrochenen Verbindungen mit der Eifel werden somit wieder aufgenommen. Zehn Tage nach dem Vormarsch (20.5.) stehen die deutschen Truppen bereits an der Sommemündung. Noch im Mai kapitulieren die Belgier, Mitte Juni ist Paris eingenommen, und knapp zwei Wochen später schließt Frankreich mit Deutschland einen Waffenstillstand (25.6.). Als dann deutsche Truppen im Frühjahr 1941 den Balkan und Griechenland besetzen und General Rommel sogar in Afrika erfolgreich kämpft, herrscht allgemein Siegeszuversicht. Man glaubt an das baldige Ende eines gewonnenen Krieges.

Sehr bestürzt ist dann die Bevölkerung, als Hitler am 22. Juni 1941 den Einmarsch in den Großraum Rußland befiehlt. Auch hier werden monatelang nur Erfolge und Siege gemeldet, bis um die Weihnachtszeit die Front bei eisiger Kälte zum Stehen kommt und sogar teilweise zurückgenommen wird.

Auch die Eifel leidet damals unter einer furchtbaren Kältewelle. In der Hocheifel frieren die Wasserleitungen. Das Wild dringt bis in die Gärten der Dörfer vor, wo viele Obstbäume bereits erfroren sind. Die Behörden rufen zum Winterhilfswerk auf, um vor allem den Soldaten im kalten Osten zu helfen. Die Eifeler spenden zahlreiche Sachwerte und hohe Geldbeträge.

Dabei nimmt die Zivilbevölkerung die notwendige Einschränkung ihrer eigenen Lebensweise selbstverständlich hin. Gleich zu Beginn des Krieges sind Lebensmittelkarten ausgegeben worden, die bis zum Ende des Krieges eine annähernd gerechte Verteilung der Lebensmittel gewährleisten.

Es beträgt die Tagesration für den Normalverbraucher:[81]

Ausgaben in Gramm	1939	1940	1941	1942	1943	1944	1945
Fleisch und Fisch	163	137	131	111	105	96	96
Butter	23	25	27	25	24	25	21
Fett	43	29	24	20	16	16	15
Kartoffeln	486	458	543	577	697	595	573

Weil bald auch die Zuckermenge nicht ausreicht, erhalten die Verbraucher im Winter 1940/41 zusätzlich eine Reichszuckerkarte. Textilien, Lederwaren, Schuhe und Benzin unterliegen ebenfalls der Zwangsbewirtschaftung. Bezugsscheine sorgen auch hier für eine gerechte Verteilung. Natürlich wird es immer wieder Menschen geben, die durch unsaubere Methoden (Fälschung der Lebensmittelkarten und der Bezugsscheine oder durch Bestechung) versuchen, ihre wirtschaftliche Lage zu verbessern oder sich zu bereichern. Die meisten schrecken davor zurück, weil empfindliche Strafen verhängt werden. So erhält eine Frau aus Gerolstein wegen Fälschung eines Bezugsscheines eine Gefängnisstrafe von vier Monaten.

Um Lebensmittel und Waren gerecht zu verteilen, sind eine Reihe Anordnungen getroffen worden. So müssen z.B. die Bauern den ganzen Milchbestand an ihre Molkerei abliefern. Um nicht selbst Butter herstellen zu können, haben sie wichtige Teile der Milchzentrifuge und des Butterfasses beim Ortsbauernführer zu hinterlegen. Verstöße werden auch hier streng geahndet.

Ab 1943 wird der Krieg schwerer und unerbittlicher. Der „ totale “ Krieg dehnt sich auch ins Heimatgebiet aus. Immer mehr Männer werden eingezogen. Die Feldarbeit obliegt den Frauen und Jugendlichen. Den größeren Bauernhöfen werden neben den polnischen und französischen jetzt auch russische Gefangene als Knechte

Titelbild aus der „Wacht im Westen“.

und Mägde zugewiesen. Russische Kriegsgefangenenlager befinden sich u.a. bei Hallschlag, Ormont, Gerolstein.

Die Todesnachrichten von gefallenen Soldaten häufen sich in der Eifel nach schweren Niederlagen der deutschen Truppen (Stalingrad, Februar 1943; Nordafrika, Mai 1943). Immer häufiger fliegen große Flugverbände der Alliierten über die Eifel, bombardieren jedoch in erster Linie Städte und Industriebezirke außerhalb des Gebirges. Zahlreiche ausgebombte Menschen finden Unterkunft in unseren Dörfern; man muß zusammenrücken.

Als die Alliierten im Juni 1944 in der Normandie landen, finden sie anfangs harten Widerstand, doch dann sind die deutschen Truppen, die in der Regel nicht mehr bereit sind, „bis zum letzten Blutstropfen zu kämpfen“, der Übermacht nicht gewachsen. Im September stehen sie wieder in ihren Ausgangsstellungen an der alten Landesgrenze diesseits des Westwalls. Die Alliierten rücken nach und betreten am 8. September in der Nordeifel erstmals deutschen Boden. Roetgen ist das erste deutsche Dorf (12.9), das besetzt wird. Die ersten Westwallbunker gehen verloren. Drei Tage später rücken die Alliierten nach Monschau vor, und am 21. Oktober gehört ihnen mit Aachen Deutschlands erste Großstadt.

Von Luxemburg aus überschreiten amerikanische Verbände die Sauer, wo sie bei Wallendorf einen Brückenkopf errichten, den aber deutsche Truppen zurückerobern. Doch nördlich von Prüm können sich die Amerikaner behaupten. Von ihren neuen Stellungen aus, ja von der ganzen Westwall-Front in der Eifel aus, eröffnen sie heftiges Granatfeuer. An die Bewohner der Grenzdörfer ergeht deshalb im September die Weisung, ihre Dörfer zu verlassen; weiter im Hinterland und im mittleren Deutschland werden Unterkünfte für sie bereitgestellt. Doch viele Einwohner bleiben in ihren Dörfern, weil sie jeden Tag mit dem Einmarsch der Amerikaner rechnen und diese sehnlichst herbeiwünschen; man ist die Entbehrungen und die Schrecken des Krieges endgültig leid. Doch die Alliierten legen eine Pause ein. Sie überschätzen die Stärke des Westwalls, wollen erst Nachschubprobleme lösen und fürchten in der Nordeifel Überschwemmungen, wenn die Dämme der Talsperren gesprengt würden. Ihr Ziel ist es, das Gebiet der Talsperren zu erreichen und dann von dort bis an den Rhein vorzustoßen.

Vom Raum Zweifall, Roetgen, Lammersdorf aus versuchen die Amerikaner, die deutschen Stellungen zu durchbrechen. Doch hier stoßen sie auf nicht geahnten Widerstand. Unter allen Umständen ist nämlich dort die Front zu halten: „Ohne Rücksicht auf Stadt und Dorf bis zur Vernichtung“ wie Hitler befiehlt (20.9.), um einen geplanten Gegenangriff nicht zu gefährden.

Nun versuchen die Alliierten in massivem Einsatz Mitte November weiter nördlich einen Durchbruch. Angriffe aus der Luft in bisher nicht bekanntem Umfang unterstützen im Gebiete von Heinsberg bis Zweifall die Großoffensive. Die Orte Eschweiler, Weisweiler und Langerwehe werden stark mitgenommen. Jülich wird am 16. November dem Erdboden gleichgemacht; mit 97 Prozent ist es die meist zerstörte Stadt Deutschlands. Die Menschenverluste (etwa 250) halten sich hier in Grenzen, da die Bewohner evakuiert sind. Aber das noch bewohnte Düren hat 3–4000 Tote zu beklagen und wird ebenfalls weitgehend zerstört (69 Prozent). Tausende Tote und große Materialverluste kostet dann der Vorstoß der Amerikaner, als sie Gressenich (16.11.), Stolberg (19.11.), dann Eschweiler und Weisweiler (22.11.) einnehmen. Hart umkämpft werden Geilenkirchen, Inden (28.11. – 2.12.), Würselen; damit sind die Amerikaner im Besitz dieses Rurabschnitts und erreichen bis Mitte Dezember auch den Teil Düren-Bergstein (15.12.).

Kriegsgräberstätte bei Vossenack.

Weiter nördlich tobt ab Mitte November eine Abnutzungsschlacht größten Ausmaßes, die unter dem Namen „Schlacht im Hürtgenwald" in die Geschichte eingegangen ist[82], zumal der amerikanische Schriftsteller Hemingway als dortiger Militärberichterstatter die erschütternden Ereignisse in dem Roman „Über den Fluß und in die Wälder" festgehalten hat.

Allein das Dorf Schmidt hat bis zur endgültigen Einnahme durch die Amerikaner (9.2.45) sechsmal den Besitzer gewechselt. Natürlich ist der Ort samt Schule und Kirche restlos zerstört. Auch die Orte Vossenack, Kermeter, Brandenberg, Bergstein, Kommerscheidt, Hürtgen werden fast ganz dem Erdboden gleichgemacht. Auf beiden Seiten sind Zehntausende gefallen. Allein auf den Soldatenfriedhöfen in Vossenack und Hürtgen befinden sich die Gräber von mehr als 5000 deutschen Soldaten; unter ihnen ruht in Vossenack Generalfeldmarschall Model, Chef der Heeresgruppe West (Grabstein Nr. 1074). Während der Ardennenoffensive war seine Befehlsstelle das „Felsennest" in Münstereifel. Im ganzen sollen die Kämpfe im Hürtgenwald 68 000 Tote gefordert haben.

Um den Deutschen in dieser mißlichen Lage Mut zu machen, wird Propaganda-Minister Goebbels nicht müde, den baldigen Einsatz einer neuen „ Wunderwaffe" (V1 und V2) anzukündigen, die eine neue Wende des Krieges zugunsten Deutschlands bewirken würde. Tatsächlich werden Anfang November in der Gegend von Blankenheim in Wäldern der Dörfer Tondorf und Lommersum Abschußrampen errichtet; sie feuern seltsame Geschosse in die Luft, die in heulendem Tone westwärts über die Eifel fliegen und in Belgien und England gewaltige Verwüstungen anrichten sollen. Doch diese Technik ist noch nicht genügend ausgereift. Hunderte Raketen gehen irgendwo in der Eifel nieder, schlagen tiefe Krater im Boden, stürzen aber auch auf vereinzelte Gehöfte nieder; in Gees z.B. tötet eine V1 im November zwölf Zivilpersonen und einen Soldaten, andere werden schwer verletzt. Von der verängstigten Bevölkerung werden diese Geschoße „Eifelschreck" genannt. Allein im Kreise Daun hat man 293 Niederschläge dieser Raketen gezählt. Doch Hitler will unter allen Umständen noch in letzter Minute eine Wende herbeiführen und trifft Vorbereitungen zu einem Großangriff. Die deutschen Truppen sammeln sich – wiederum unter dem Kommando von Generalfeldmarschall Rundstedt – in den Wäldern der Linie Wittlich–Bitburg– Daun– Prüm– Stadtkyll und bleiben tatsächlich der gegnerischen Aufklärung vorerst verborgen. So erfolgt der deutsche Angriff nach gewaltigen Artillerie-Vorbereitungen am 16. Dezember völlig überraschend für die Alliierten. Das Ziel der „Ardennen-Offensive" ist es, die Maas zu erreichen und die feindlichen Truppen von den rückwärtigen Verbindungen abzuschneiden. In den ersten Tagen hat der Überraschungs-Angriff Erfolge aufzuweisen. Doch dann konzentriert sich die feindliche Abwehr in solcher Stärke, daß den deutschen Truppen gewaltig zugesetzt wird. Völlig beherrschen Briten und Amerikaner den Luftkrieg[83], der nun auch verstärkt die Eifel heimsucht, z.B. Bitburg, Prüm, Schleiden; ebenfalls sind die großen Städte außerhalb des Gebirges betroffen, etwa Köln, Koblenz, Trier. Selbst am Heiligabend fallen Bomben besonders auf Münstereifel, Stadtkyll, Bitburg,

Wittlich, Wengerohr. Am Neujahrstag 1945 bleibt in Stadtkyll kaum ein Haus verschont, 200 Tote sind zu beklagen.[84] Mitte Januar sind die deutschen Truppen wieder in ihren Ausgangsstellungen.

Anfang Februar beginnen die Amerikaner, den Grenzwall mit Erfolg zu stürmen, nehmen auch die 2. Verteidigungslinie und rücken weiter vor, wobei sie das Gebiet der Talsperren und wichtige Punkte der Eifel besetzen: Bitburg (28.2), Blankenheim (7.3.), Wittlich (10.3.). Zugleich erreichen sie den Rhein bei Remagen (7.3.) und erobern Koblenz (10.3.). Im Verlauf des März ist die ganze Eifel „befreit". So empfinden es die Menschen. Sie atmen auf, denn Granatfeuer und Bombenhagel haben endlich ein Ende. Die wirtschaftliche Not wird jedoch größer. Eine durchgreifende Organisation seitens der Behörden ist nicht mehr gegeben; die Versorgungslage der Bevölkerung wird immer problematischer. Dagegen haben die amerikanischen Soldaten reichlich Verpflegung. An vielen Orten übergießen sie vor ihrem Weitermarsch die Speisereste mit Benzin, damit diese von den Einheimischen nicht verwendet werden können.

Inzwischen spricht Goebbels immer noch von Wunderwaffen und vom Endsieg. Die meisten glauben nicht mehr daran, einige wenige hoffen weiter und halten durch. Doch das Schicksal nimmt seinen Lauf. Amerikaner und Russen treffen sich am 25. April bei Torgau an der Elbe. Hitler setzt in Berlin am 30. April seinem Leben ein Ende. Goebbels folgt mit Frau und Kindern am 1. Mai. Am 8. Mai kapituliert Deutschland bedingungslos. Die Verluste des sinnlosen Krieges sind enorm. Fast 7 Millionen Deutsche haben ihr Leben gelassen, 4,5 Millionen Soldaten und 2,7 Millionen Zivilisten. Die Zahl der Toten und Vermißten in allen Ländern wird mit fast 50 Millionen veranschlagt.

4. Eifeler Widerstandskämpfer gegen den Nationalsozialismus

Während des Dritten Reiches sind eine Vielzahl von Widerstandsgruppen und Widerstandskämpfern in ganz Deutschland gegen die Zwangsherrschaft des Nationalsozialismus aufgetreten. Auch in der Eifel haben Hunderte Menschen gegen diese Partei aufbegehrt. Sie lehnen die Ideologie des Nationalsozialismus ab, sei es wegen ihrer Einstellung für Freiheit und Gerechtigkeit, sei es aus christlicher Überzeugung oder aus politischen Gründen.

Die NS Partei duldet keinen Widerstand. Schon zu Anfang (ab 28.2.33) werden die ehemaligen Kommunisten in „Schutzhaft" genommen. Sogar angebliche Anhänger dieser Partei werden verhaftet, später in ein Konzentrationslager eingeliefert, wo viele verhungern oder umgebracht werden. Im weiteren Verlauf des Jahres 1933 verfährt man ebenso mit den Sozialdemokraten. Dagegen erfahren die Führer der Zentrumspartei, wenigstens in der Anfangszeit, mehr Rücksicht.

Den meisten Widerstand gegen die Allmacht der Partei leisten aus religiösen Gründen die katholischen Bewohner der Eifel, insbesondere die Geistlichen. Hunderte Pfarrer und Kapläne sind angeklagt worden; viele von ihnen erleiden Haftstrafen oder kommen ins Konzentrationslager. Die häufigsten Anklagepunkte sind:

- Verbreitung der verbotenen Katechismuslehre,
- Benutzung des Schulraums für den Kommunions-Unterricht,
- Staatsfeindliche Äußerungen,
- Verstöße gegen den Kanzelparagraph,
- Vergehen gegen das Flaggengesetz,
- Vergehen gegen das Heimtückegesetz,
- Verweigerung des Gebets für einen Politiker (hier Hindenburg),
- Sabotage des Vierjahresplans,
- Beleidigung der Regierung,
- Verstöße gegen den Hitlergruß.

Wir wollen an vier Beispielen aufzeichnen, wie Männer, die in der Eifel geboren sind oder dort gewirkt haben, als Widerstandskämpfer festgenommen werden und zu Tode kommen; es sind zwei Geistliche, ein Facharbeiter und ein Student. Die Gründe zu ihrer Inhaftierung sind verschiedener Art: Verstoß gegen den Deutschen Gruß, die Zugehörigkeit zu einer anderen Partei oder die Beteiligung an Flugblättern gegen Schandtaten des Nationalsozialismus.

Pfarrer Schulz und Pfarrer Zilliken

Zwei Pfarrer entbieten nicht den „Deutschen Gruß“[85].

Im Mai 1940 sitzen in einem Gasthof in der Nähe vom Laacher See Johannes Schulz, Pfarrer in Nickenich und Pfarrer Zilliken aus der Nachbargemeinde Wassenach zusammen, um einen Gedankenaustausch zu pflegen. Plötzlich und ganz unerwartet betreten Reichsmarschall Hermann Göring und einige Parteimänner in Uniform die Gaststube. Die dort Anwesenden stehen sofort auf und erheben die Hand zum Hitlergruß. Die beiden Geistlichen bleiben sitzen und setzen ihr Gespräch fort. Dieses Verhalten empfindet Göring als Mißachtung seiner Person und als parteiwidriges Verhalten.

Noch in der folgenden Nacht werden beide Geistliche auf Anordnung Görings verhaftet und in ein Konzentrationslager eingewiesen, zunächst in das Lager Weimar-Buchenwald, dann in das K.Z. Sachsenhausen. In beiden Lagern müssen sie vormittags den „Deutschen Gruß“ lernen. Sie haben an einer langen Stange, an deren Spitze eine SS Mütze hängt, vorbeizumarschieren und diese mit erhobenem Arm zu grüßen. Nachmittags müssen sie immer wieder mit dem Griffel auf eine Schultafel schreiben „Jeder Deutsche ist verpflichtet, den Reichsmarschall Hermann Göring zu grüßen“.

Später werden beide ins K.Z. Dachau verlegt, wo sie im Spätsommer 1942 an Unterernährung sterben. Pfarrer Schulz schreibt an seine Heimatgemeinde zahlreiche Briefe, in denen er mitteilt, es gehe ihm gut. Doch kurz vor seinem Tode (19.8.42) kann er zwei Briefe nach draußen schmuggeln. Sie enthalten den wahren Sachverhalt der schrecklichen Verhältnisse im Lager. Sie sind der Anlaß dafür, daß sich in der Eifel eine „Widerstandsgruppe 42" bildet. Von Pfarrer Zilliken liegen keine Briefe vor.

Matthias Thesen aus Ehrang
Reichstagsabgeordneter – elfeinhalb Jahre Konzentrationslager[86]

Als ältester Sohn von zehn Kindern wird Matthias Thesen 1891 (29.4.) in Ehrang geboren. Dort besucht der begabte Junge die Volksschule, lernt anschließend das Schlosser- und Dreherhandwerk und findet eine Arbeitsstelle bei einer Maschinenfabrik in Trier. In dieser industriearmen Stadt erlebt er die Not vieler Arbeiter und tritt mit 19 Jahren der SPD bei.

1914 wird Thesen zur Fußartillerie eingezogen. Grundsätzlich ist er gegen jeden Krieg. Da die SPD die Kriegspolitik unterstützt, verläßt er diese Partei 1916 und wird Mitglied der USPD. Nach 1918 kämpft der redegewandte Thesen auf vielen Versammlungen in Ehrang und Umgebung für die Belange der Arbeiterklasse.

Um bessere Arbeitsmöglichkeiten zu haben, zieht Matthias Thesen 1920 mit seiner jungen Familie – 1917 hat er das Ehranger Mädchen Katharina Hartmann geheiratet – ins Ruhrgebiet. Der Metalldreher, der hier der KPD beitritt, fällt bald durch seine temperamentvollen Reden und sein Engagement für die Belange der Arbeiter auf. Er wird 1924 Stadtverordneter in Hamborn und vier Jahr später Abgeordneter im Deutschen Reichstag zu Berlin (1928–1933). Den KPD-Abgeordneten sieht die NSDAP als Gegner an, verhaftet ihn im August 1933 und verurteilt ihn zu dreieinhalb Jahren Zuchthaus. Anschließend wird er nicht entlassen, sondern nacheinander in die Konzentrationslager Papenburg und Sachsenhausen eingeliefert. Trotz vieler Mißhandlungen verweigert er jede Aussage über Bezugspersonen. Im Februar 1945 stirbt Thesen, getroffen von den Kugeln eines SS Kommandos im K.Z. Berlin-Sachsenhausen.

Den ehemaligen unerschrockenen Widerstandskämpfer gegen den Nationalsozialismus ehrt 1960 die ehemalige DDR. Sie gibt eine Sondermarke mit dem Abbild von Matthias Thesen heraus.

Willi Graf und die Weiße Rose[87]

Willi Graf stammt aus Kuchenheim (heute Stadtteil von Euskirchen), wo er im Januar 1918 geboren wird. Die Familie zieht bald nach Saarbrücken, wo Willi das Gymnasium besucht. Er weigert sich, der Hitler-Jugend beizutreten, schließt sich vielmehr dem „Grauen Orden“ an, der sich aus ehemaligen Mitgliedern konfessioneller Jugendgruppen zusammensetzt. Diese Zugehörigkeit bringt ihm eine dreiwöchentliche Haft ein. 1940 erfolgt seine Einziehung zur Wehrmacht, von der er nach zwei Jahren entlassen wird, um Medizin zu studieren. An der Universität München schließt er sich den Geschwistern Scholl an und ist beteiligt an Flugblättern der „Weißen Rose “, in denen der Massenmord an den Juden und andere NS Verbrechen angeprangert werden. Im Februar 1943 gelingt es der Gestapo, die Autoren ausfindig zu machen. Die Geschwister Scholl werden sofort zum Tode verurteilt und hingerichtet. Willi Graf muß noch ein halbes Jahr auf die Vollstreckung des Urteils warten, da man in langen Verhören von ihm weiter Namen von „Belasteten“ wissen will, wozu er jedoch beharrlich schweigt. Im Oktober 1943 wird Willi Graf durch das Schafott hingerichtet, weil er in Wirklichkeit trotz Folter nicht bereit war, seine Freunde zu verraten. Auch durch seinen Tod habe letztendlich Wahrheit, Recht und Menschenwürde gesiegt[87b].

XVI. Tiefstand in den ersten Nachkriegsjahren

1. Verheerende Kriegsschäden und die Folgen: – Notstand der Bevölkerung und Aufnahme der Vertriebenen und Flüchtlingen

Grausig ist das Bild der Verwüstung, das unser Gebirge nach dem Kriege aufweist. Besonders hart betroffen ist das Gebiet entlang der Landesgrenze, der nahe und weite Bereich des Westwall. Manche Dörfer sind fast ganz zerstört; im Kreise Schleiden z.B. die Dörfer Udenbreth, Hollerath, Rescheid. Ruinenfelder weisen die meisten Dörfer auf. Kirchen, Kapellen, Schulen, Krankenhäuser, Amtsgebäude sind total vernichtet oder schwer beschädigt. Der Zerstörungsgrad einzelner Orte wird wie folgt registriert: Zülpich 85, Prüm 80, Remagen 75, Bitburg 73, Gerolstein 70, Hellenthal 70, Düren 69, Mayen 64, Euskirchen 53, Wittlich 40 Prozent. Prüm, das in vier Jahren die meisten Schäden beseitigt hat, wird im Sommer 1949 (15.7.) nochmals zu 30 Prozent zerstört. 400 Tonnen Munition, die in einem Bunker nahe der Stadt gelagert sind, geraten in Brand, reißen in den Kalvarienberg einen gewaltigen Trichter und zerstören den Nordteil der Stadt. 900 Menschen werden damals obdachlos. In der Eifel sind die meisten Brücken gesprengt, die Straßen an vielen Stellen unterbrochen, die Feldwege von Panzern zerfurcht. Die Landschaft ist übersät mit hunderttausenden Bombentrichtern und Granatlöchern. Gespenstisch stehen die zerschossenen Wälder da. Den Wald und manche Felder zu betreten, ist gefährlich. Monatelang, und in zeitweiligem Einsatz sind noch nach Jahren und Jahrzehnten Munitions- und Minenräumkommandos bei der Arbeit, um liegengebliebene Geschosse zu entschärfen und im Erdreich verdeckte Minen aufzuspüren und zu sprengen. Oft erwischt es ahnungslose Landwirte bei der Bestellung eines Feldes, besonders aber Waldarbeiter, in geringerem Maße auch Spaziergänger oder Kinder, die sich an Munition zu schaffen machen. In der Eifel mögen etwa 1000 Personen auf diese Art umgekommen sein, allein im Kreise Schleiden beträgt bis 1960 die Zahl der so Verunglückten 163 Personen[88].

Der Verkehr auf Straßen und Schienen liegt völlig danieder. Omnibusse sind nicht vorhanden, jedenfalls nicht zugelassen. Personenkraftwagen stehen nur in ganz geringer Zahl zur Verfügung. Dazu fehlt es an Benzin. Der ganze Kreis Schleiden, der flächenmäßig größte in Deutschland (843 qkm), erhält von den Amerikanern eine Zuweisung von nur 3 000 Litern im Monat.

Auch von der weiten Außenwelt ist die Eifel fast ganz abgeschnitten. Der Eisenbahnverkehr ruht, da das Schienennetz unterbrochen ist; Tunnels und Brücken sind gesprengt. Viele Postämter, wie in Adenau, Bitburg, Daun, Mayen, Prüm, Stadtkyll, sind völlig zerstört oder stark beschädigt. Die Telefone schweigen und lange gibt es keine Postzustellung. Es sind bange Monate, in denen die Frauen nicht wissen, ob Ehemänner und Söhne noch leben. Die Soldaten in der Gefangenschaft hören gleichzeitig nichts von daheim.

Nach und nach kommen die Soldaten aus der Kriegsgefangenschaft zurück. Alle gehen energisch zum Wiederaufbau an die Arbeit. Sehr viele Orte haben weder Leitungswasser noch elektrisches Licht. Das Wasser muß wieder aus Brunnen und Tränken für Mensch und Tier herbeigeschleppt werden. Für das ausgefallene elektrische Licht behilft man sich mit Karbidlampen und einfachen Kerzen (Hindenburgkerzen). Wohnhäuser und Stallungen werden wieder hergerichtet, wenn auch zunächst nur provisorisch. Man hilft sich gegenseitig; die Not schweißt zusammen. Doch wir wollen nicht vergessen zu erwähnen, daß die Menschen im Gegensatz zum letzten Kriegsjahr wider ungestört schlafen können und darum seelisch aufleben. Man trifft sich öfters abends im kleinen Kreis, erzählt sich lustige Dinge und kann von Herzen fröhlich sein.[89]

Da viele Gemeinden Waldbesitzer sind, liefern sie den Bewohnern der Dörfer das benötigte Bauholz zu einem günstigen Preis. Allerdings enthalten die meisten Wälder bis zu 70 Prozent Granatsplitter. Für die Gemeinden ist das Holz auch ein wichtiges Tauschmittel für andere Materialien, die zum Wiederaufbau benötigt werden, wie Glas, Zement, Dachpappe. Zu bekommen sind sie in nur beschränktem Maße auf Bezugsscheinen eines Wohnungs-Notprogrammes oder direkt von der Fabrik oder vom Großhandel meist im Tausch mit landwirtschaftlichen Produkten. Manche Kirche erhält z.B. ein neues Kirchendach oder sonstige Ausbesserungen. Als Gegenleistung liefern die Bewohner der Gemeinde ein paar Sack Kartoffeln oder Mehl (z.B. Esch, Gemeinde Obere Kyll).

Allgemein ist damals (1945–1948) die Versorgungslage mit Lebensmitteln schlechter als in den letzten Kriegsjahren. Den Jahren des Schreckens folgen jetzt Zeiten bitterer Not. Weit unter dem Durchschnitt liegen in der Eifel die Ernteerträge des Jahres 1944; denn durch die Kriegsereignisse hat man die Felder nicht ordnungsgemäß bestellen und die Ernte nicht zeitig einbringen können. Lebensmittelkarten sollen weiterhin eine gerechte Verteilung der Mangelware garantieren; sie weisen im Frühjahr 1946 mit 1000 Kalorien eine geringere Zuteilung auf als im letzten Kriegsjahr. Auch das Erntejahr 1945 hat nicht den Erwartungen entsprochen.

1945/46 ist der Schaden, den das Wild auf den Äckern anrichtet, beträchtlich. Da Förster und Jagdhüter nur wenige Schußwaffen besitzen dürfen, vermehren sich die Borstentiere gewaltig. Dem ganzen Kreis Schleiden, einem der waldreichsten Gebiete in Deutschland, werden nur 14 Jagdgewehre zugebilligt. Die Wildsauen durchwühlen manche Äcker so gründlich, daß die Felder ein zweites Mal bestellt werden müssen.

Der Winter 1946/47 ist härter als der erste Nachkriegswinter; lange Zeit herrscht starker Frost. Kohlen und Briketts, die schon ein Jahr zuvor kaum angeboten wurden, werden überhaupt nicht oder nur in knappen Mengen geliefert. Schließlich macht man sich kein Gewissen daraus, Brennmaterial, wo immer es möglich ist, zu

„organisieren“. Bald gibt es dafür einen anderen Ausdruck. In der Silvesterpredigt 1946/47 äußert der Kölner Erzbischof Josef Kardinal Frings: „Wir leben in Zeiten, da in der Not auch der einzelne für sich wird nehmen dürfen, was er zur Erhaltung seines Lebens und seiner Gesundheit notwendig hat, wenn er es auf andere Weise durch seine Arbeit oder durch Bitten nicht erlangen kann.“. Das Wort „Fringsen“ macht auch in der Eifel schnell die Runde und entschuldigt manches formal illegale Vorgehen.

Im März 1947 gibt es wegen der anhaltenden Notlage Hungerdemonstrationen und Streiks in den Städten. Im Verlauf des Jahres verschlechtern sich die Verhältnisse weiter, da die Ernte wegen des trockenen Sommers wiederum nur mäßig ausgefallen ist. In manchen Städten weisen die Lebensmittelzuweisungen je Person nicht einmal 1000 Kalorien auf. In den Wäldern sammelt man Bucheckern, um sie gegen Öl in Mühlen umzutauschen. Viele Städter suchen Ähren auf den Stoppelfeldern und liegengebliebene Kartoffeln auf geernteten Äckern. Sie haben zuhause zusammengerafft, was man zum Überleben nicht benötigt: Schmuck, Silberbestecke, Porzellan, Zigaretten, um diese bei der ländlichen Bevölkerung gegen Lebensmittel einzutauschen.

Glasbilder von Studenten der Glasfachschule Rheinbach.

In den Dörfern steigen seit 1946 die Einwohnerzahlen; einmal werden nach Kriegsende wieder mehr Kinder geboren, dann bleiben manche Evakuierte, weil sie in ihre Stadt noch nicht zurückkehren können, in der Eifel. Schließlich sind zahlreiche Flüchtlinge und Heimatvertriebene auch in die Nordeifel eingezogen. Diese Gruppe ist nicht so stark wie im übrigen Deutschland, zumal zunächst die Franzosen für ihre Zone, z.B. die Südeifel, die Aufnahme verweigern. Immerhin zählt damals der Kreis Schleiden unter seinen Bewohnern etwa 7 Prozent Vertriebene und Flüchtlinge. Bei mehr als 3 Millionen Vertriebenen aus dem Sudetenland lassen sich ehemalige Glasveredlungsunternehmer in Rheinbach nieder. Sie gründen hier eine Glasfachschule, die noch 1990 die größte in Deutschland ist. Später kommt ein Glasmuseum hinzu, lange Zeit das einzige dieser Art in NRW.

Insgesamt sind 14 Millionen Menschen aus deutschen Provinzen und deutschen Siedlungsgebieten in Ost- und Südosteuropa geflohen oder vertrieben worden; von ihnen überleben über 2 Millionen nicht. Tausende gefallener Soldaten ruhen auf den zahlreichen Ehrenfriedhöfen der Eifel; Vossenack und Hürtgenwald nannten wir schon. Weitere Soldatenfriedhöfe befinden sich in Gemünd, Mariawald, Steinfeld, Reifferscheid, Schleiden, Alendorf, Stadtkyll, Gerolstein, Gondelsheim, Wallendorf, Bodendorf, Neuerburg, Himmerod, Kolmershöhe, Bitburg, Wittlich und anderen Orten. Auch die Russen, die im 2. Weltkrieg in der Eifel gestorben sind, haben zur letzten Ruhe einen würdigen Platz erhalten. So birgt ein Russenfriedhof bei Kesternich 2 322 Staatsbürger aus der ehemaligen Sowjetunion.

2. Die Bildung der Parteien, die Entstehung der Länder und das Ende Preußens

Im Gegensatz zur russisch besetzten Zone ist den Deutschen in den drei Westzonen zunächst jede politische Betätigung verboten. Im Spätsommer 1945 lassen jedoch die Engländer und Amerikaner die Bildung von Parteien zu, wollen sie doch für die Zukunft ein demokratisches Deutschland. Zum Jahresende folgen ihnen die Franzosen.

Von den alten Parteien treten erneut an: die SPD, die KPD und das Zentrum. Als zweite christliche Partei bildet sich die Christlich Demokratische Union (CDU) und als Schwesterpartei in Bayern die Christlich Soziale Union (CSU), die beide bewußt neben den Katholiken auch die Protestanten ansprechen und im christlichen Lager eine Politik der Gemeinsamkeit und nicht der Trennung anstreben. Als einzige liberale Partei entsteht die Freie Demokratische Partei (FDP).

In Nordrhein-Westfalen bestimmt die britische Militärverwaltung (September 1946) den ersten Landtag und zwar nach einem hypothetischen Schlüssel der letzten demokratischen Wahl vom Jahre 1932, so daß die SPD wie damals an der Spitze liegt. Später wird die Anzahl der Abgeordneten zugunsten der CDU revidiert, da Wahlen auf der unteren Ebene zeigen, daß die CDU die stärkste Partei ist. Die Ziele der SPD gegen das kapitalistische Wirtschaftssystem von Ludwig Erhard, für die Verstaatlichung der Großindustrie und der Banken, die Aufteilung des Großgrundbesitzes und gegen die Bekenntnisschule finden keine Mehrheit. Der CDU kommt zugute, daß die katholische Kirche diese Partei und nicht das Zentrum nachhaltig unterstützt. In den Eifelkreisen erhält jetzt die CDU im Durchschnitt über 70 Prozent der Stimmen. Die KPD, die in der Eifel nie eine bedeutende Rolle gespielt hat, verliert durch die massive Unterstützung durch die sowjetische Besatzungsmacht weiter an Bedeutung.

Der zweite Düsseldorfer Landtag wird in NRW demokratisch gewählt (20.4.47). Es erhalten die CDU 37,5, SPD 31,9, KPD 13,9, Zentrum 9,7, FDP 5,9 Prozent. In der Nordeifel liegt weiter die CDU mit absoluter Mehrheit weit vorn. In Düsseldorf bildet Karl Arnold (CDU) eine große Koalition mit allen Parteien (außer FDP). Es ist für ihn schwer, eine einheitliche Linie zu finden. Man ringt im Landtag allein vier Jahre um die Verfassung des Landes, die auch dann nur mit geringer Mehrheit verabschiedet (110 : 97) und in einer anschließenden Volksabstimmung auch nur knapp gebilligt wird (18.6.50). Arnold bleibt Ministerpräsident unter drei Landesregierungen, ist aber immer auf eine Koalition angewiesen (1947–1956). Viel reibungsloser vollzieht sich der politische Prozeß in Rheinland Pfalz. Hier bilden gewählte Vertreter der Gemeinden und Kreise Mitte Oktober 1946 eine Landesversammlung mit dem Ziel, eine Verfassung zu erstellen. Sie setzt sich wie folgt zusammen: CDU 55,1, SPD 32,3, KPD 7,9 Prozent, während die übrigen Parteien weit abgeschlagen sind. Da eine einzige Partei (CDU) die absolute Mehrheit besitzt, liegt die neue Verfassung bereits nach einem halben Jahr vor. Gebilligt wird sie in einer Volksabstimmung mit 53 Prozent (18.5.1947). Seinen Sitz hat der Landtag in Koblenz, entscheidet sich jedoch 1950 für Mainz als Landeshauptstadt. Der 1947 gewählte Ministerpräsident Peter Altmeier (CDU) bleibt 22 Jahre an der Spitze von sechs Landesregierungen (1947–1969).

Obschon Preußen noch nicht aufgelöst ist, unterteilen die Besatzungsmächte ihre Zonen in Länder; so sind NRW und Rheinland-Pfalz bereits im August 1946 gebildet worden. Damit ist Preußen praktisch (de facto) ausgelöscht, aber noch nicht rechtlich (de jure). Die Verfügungsmacht über ganz Deutschland liegt nämlich in Händen des Alliierten Kontrollrates in Berlin; er besteht aus den Hohen Kommissaren der Siegermächte. Diese verfügen am 25.2.1947 die Auflösung Preußens, das es nun auch rechtlich nicht mehr gibt. Die Siegermächte beseitigen Preußen als „Träger des Militarismus und der Reaktion“[90]. Es wird sogar „Brutstätte des Militarismus und roher willkürlicher Junkerarroganz“ genannt. Die Brandenburg-preußische Geschichte gilt ihnen als dauernder europäischer Unruheherd, der beseitigt werden muß.

130 Jahre (1815–1945) hat die Eifel zu Preußen gehört. Sie hat manchmal in Gemeinschaft, öfter aber in Distanz zu diesem Staat Höhen und Tiefen erlebt; wir

haben diese wechselseitigen Beziehungen ausführlich dargelegt. Durchweg bedauern die Eifeler nicht, daß Preußen 1947 von der Landkarte verschwindet.

3. Die Eifel drei Monate unter amerikanischer Besatzungsmacht

Die Amerikaner, die im März 1945 die ganze Eifel erobert haben, bleiben hier zunächst Besatzungsmacht. Sie setzen alle Landräte, Amts- und Ortsbürgermeister ab und stecken sie in Internierungslager, wo diese eine unterschiedlich lange Zeit festgehalten werden. Meist haben die Amerikaner schon namhafte Personen ausfindig gemacht, die ihnen als Hitler-Gegner bekannt sind. Diese setzen sie jetzt als kommissarische Landräte ein.

Dagegen hat die Besatzungsmacht bei der Wahl der Amtsbürgermeister nicht immer eine glückliche Hand. Oft genügt der Nachweis, nicht in der Partei gewesen zu sein. Dagegen wird auf fachliche Kompetenz wenig oder gar keinen Wert gelegt. Beamte und Angestellte, die sich in der NS-Partei besonders engagiert haben, müssen ihren Dienst quittieren. Im übrigen lassen die Besatzer die Verwaltungen bestehen, weil sie mit ihnen arbeiten wollen.

Den Amerikanern fällt auch die Aufgabe zu, die vormals ausländischen Zwangsarbeiter aus den östlichen Ländern Polen, Rußland, Serbien zu betreuen. Diese fassen sie in den Monaten März – Juni, soweit unser Bereich betroffen ist, in Lagern bei Trier, Wittlich und Bonn (Duisdorf) zusammen, bis sie in ihre Heimatländer abtransportiert werden können. Viele von ihnen haben von den Deutschen Leid und Unrecht erfahren und sinnen auf Vergeltung. Bei anderen ist auch Beutegier das Motiv. Sie entweichen den Lagern, die von den Amerikanern nicht streng bewacht werden, schließen sich zu Banden zusammen und suchen im allgemeinen abseits gelegene Gehöfte, Mühlen und Klöster für ihre Beute- und Raubzüge auf. Bei der Verteidigung von Hab und Gut tragen manche Besitzer, die zu ihrer Freude den Krieg heil überstanden haben, schwere Verletzungen davon oder werden sogar umgebracht.

Plündernde Ausländer dringen von Duisdorf aus an die Ahr und bis Meckenheim vor. Auch nach Abzug der Amerikaner im Juni 1945 befinden sich immer noch frühere Ost-Fremdarbeiter bei uns in Lagern. Ein Räubertrupp von ihnen dringt in der Nacht zum 4./5. August in das Kloster der Franziskaner auf dem Kreuzberg in Bonn ein, plündert das Kloster aus und erschießt mehrere Personen, darunter drei Franziskaner, zwei Patres und einen Ordensbruder. Anfang Juni verlassen die Amerikaner unser Gebirge, um sich ganz ihren eigenen Zonengebieten in Süddeutschland und in Bremen zu widmen. Die Engländer und Franzosen rücken nach. Später übernehmen die Amerikaner allerdings einige Militärstützpunkte in der Südeifel.

4. Die gespaltene Eifel: Zwei Zonen, zwei Länder

Den freigewordenen Platz der Amerikaner nehmen im Norden der Eifel die Engländer ein, und zwar die Kreise Monschau, Schleiden, Düren im Regierungsbezirk Aachen und den Kreis Euskirchen im Regierungsbezirk Köln. Den Süden besetzen die Franzosen mit den Kreisen Ahrweiler, Mayen, Cochem (Regierungsbezirk Koblenz) und den Kreisen Prüm, Daun, Bitburg, Wittlich (Regierungsbezirk Trier). Die Trennungslinie zwischen den beiden Zonen ist damit wieder die historische Grenze, die schon die Römer gezogen haben. Wie damals ist das Maifeld rheinaufwärts orientiert.

Grundsätzlich kann jede Macht in ihrer Zone schalten und walten, wie sie will. Die Engländer bedienen sich deutscher Politiker und Fachleute, nehmen sie auf in einen Zonenbeirat und greifen nur zurückhaltend in die bestehende Struktur ein. Die Amerikaner berät ein Länderrat, der aus den Ministerpräsidenten ihrer Zone besteht. Die Politik der beiden Besatzungsmächte gegenüber Deutschland ist sehr behutsam, sie wollen nicht eine größere Machtverschiebung in Mittel- und Westeuropa und widersetzen sich daher einer Ausdehnung Frankreichs zu Lasten Deutschlands. Frankreich dagegen hat das Ziel, Deutschland möglichst in einen lockeren Staatenbund zu verwandeln, um es so zu schwächen und mehr Einfluß auf das Rheinland zu gewinnen, dieses vielleicht sogar zu annektieren. Deshalb arbeitet Frankreich den Bestrebungen für eine Gemeinsamkeit innerhalb Deutschlands entgegen und tut seinerseits alles, um die regionalen Eigenheiten zu fördern. Die französische Zone soll sich unterscheiden von den übrigen deutschen Gebieten. Folglich entwickeln sich Nord- und Südeifel in den ersten Jahren nach dem Kriege völlig unterschiedlich.

Gemäß ihrer politischen Zielsetzung riegeln die Franzosen ihr Gebiet durch eine Paß- und Zollgrenze streng vom übrigen Deutschland ab, nehmen nicht wie das übrige Deutschland Heimatvertriebene und Flüchtlinge auf und erkennen keine Organisation an, die über ihre Zone hinausreicht. Während z.B. die Engländer bereits Ende 1945 den Eifelverein, der wie früher die ganze Eifel vertreten will, erneut zulassen, versagen ihm die Franzosen die Anerkennung. Erst zweieinhalb Jahre später (März 1948) darf sich der Eifelverein auch im Süden betätigen.

Ebenfalls hat die Post den Anordnungen der Franzosen zu folgen. Die verwaltungsmäßig zur Nordeifel (Kreis Schleiden) gehörenden Orte Dahlem, Baasem, Berk, Frauenkron, Kronenburg werden, seitdem es eine Poststelle Stadtkyll (Regierungsbezirk Trier) gibt, postalisch nicht mehr bedient. Für sie entsteht eine neue Postzentrale, das 15 bis 20 Kilometer entfernte Blankenheim, heute Kall, das fünf Bahnstationen von Dahlem entfernt liegt. Dieser Zustand hat sich bis heute gehalten, obwohl nun Kall die Rolle als Postzentrale in Blankenheim übernommen hat. Verfolgen wir den Weg, den ein Brief von Dahlem nach Stadtkyll heute zurücklegt: Der Brief wird nachmittags gegen 17.30 Uhr in Dahlem per Postkraftwagen nach Kall gebracht, wo er eine halbe Stunde liegen bleibt. Von dort geht die Sendung mit

Ein Brief von Dahlem nach Stadtkyll braucht statt fünf 300 km.

einem Postwagen nach Euskirchen, wird wiederum umgeladen in ein Kraftfahrzeug nach Bonn. Jetzt nimmt der Brief den Schienenweg nach Koblenz, wo das Schreiben morgens gegen ein Uhr einläuft. Nach zweieinhalbstündiger Pause befördert das Postauto den Brief von Koblenz nach Gerolstein, wo dieser gegen sechs Uhr ankommt. Wieder wird umgeladen, diesmal in einen Postwagen nach Stadtkyll, wo der Brief, wenn alles reibungslos abgelaufen ist, am Vormittag ausgetragen wird. Immerhin hat das Schreiben mehr als 300 km zurückgelegt und ist achtmal ein- und umgeladen worden. Die tatsächliche Entfernung von Dahlem nach Stadtkyll beträgt fünf km. Warum einfach, wenn es auch kompliziert geht!

Und noch ein Kuriosum: Dahlem, die kleinste Gemeinde in NRW (3800 Einwohner) hat ein Telefonnetz mit vier verschiedenen Telefonämtern. Je nach Ortsteil hat man eine andere Vorwahlnummer zu beachten. Auch dieser Wirrwarr hängt mit der damaligen Grenzlage zusammen. Alte Telefonverbindungen in den Trierer Bezirk hat man später wieder benutzen können, aber neue wurden auch geschaffen.

Die englische und französische Zone entwickeln sich besonders unterschiedlich in wirtschaftlicher Beziehung. Die englischen Truppen werden ordnungsgemäß versorgt und lassen den Bewohnern der Nordeifel das Ihrige – es ist wenig genug. Eine 1947 eingesetzte Grenzlandkommission des Landtags in Düsseldorf unterstützt deshalb die ländliche Bevölkerung der Kreise Monschau und Schleiden. Dagegen sind die französischen Besetzer nur darauf angewiesen, einen Teil ihres Unterhalts requirieren zu müssen. Sie durchsuchen Häuser, nehmen Lebensmittel mit und entführen oftmals aus Stall und Weide Tiere, um sie für sich zu schlachten. 1945–1948 sind in der Eifel Notjahre, aber in der Südeifel ist die Not weit größer als in der Nordeifel.

In den beiden Zonen werden im Sommer und Herbst 1945 alle Beamte und Angestellte, die der Partei angehörten und sich noch im Dienst befinden, entlassen. Allein im Kreise Schleiden suspendieren die Engländer an nur einem Tag im September 42 Angehörige der Kreisverwaltung. Später werden viele von ihnen wieder eingestellt, wenn sie das Entnazifizierungsverfahren erfolgreich überstanden haben. Dieses Verfahren teilt die ehemals Beschäftigten in fünf Gruppen ein: Entlastete, Mitläufer, Minderbelastete, Belastete, Hauptschuldige. Die Entlasteten werden sofort wieder übernommen, eine gewisse Zeit später auch die Mitläufer. Länger warten müssen die Minderbelasteten, die nicht alle wieder eingestellt werden.

Später übernehmen deutsche Spruchkammern diese Aufgabe. Mehr als sechs Millionen Fälle untersuchen diese bis Februar 1950. Von ihnen werden eingestuft: 1667 Personen als Hauptschuldige (die meisten erhalten Internierung oder Gefängnis bis zu zehn Jahren), 23 060 als Belastete, 150 425 als Minderbelastete, 1 005 854 als Mitläufer und 1 213 873 als Entlastete, bei anderen (Jugendliche, Heimkehrer) entfällt der Urteilsspruch. Hunderttausende werden nicht mehr eingestellt. Um freigewordene Stellen wieder auszufüllen, errichtet man in Prüm eine Verwaltungsschule für den mittleren Behördendienst (1947–1950); es ist damals die einzige Verwaltungsschule in Rheinland-Pfalz.

Mit einer „revidierten deutschen Gemeindeordnung" im Jahre 1946 greifen die Engländer stark in das bisherige deutsche System ein, indem sie für unsere Verwaltung die Doppelgleisigkeit einführen. In der Nordeifel stehen künftig Oberkreisdirektor und Amtsdirektor, bzw. Stadtdirektor als Berufsbeamte an der Spitze der Verwaltung, also der Exekutive, während Landrat, Amtsbürgermeister und Bürgermeister von ihren Parlamenten gewählt werden und die Spitze der Legislative bilden. Sie sind ehrenamtlich tätig. Die Franzosen dagegen lassen unser Verwaltungssystem bestehen. Es bleiben die Landräte, Amtsbürgermeister, Bürgermeister und Berufsbeamten.

Die frühere Ordensburg Vogelsang übernehmen die Englander als Kaserne und machen das umliegende Gelände zu einem Truppenübungsplatz. Durch diese Maßnahme muß das Dorf Wollseifen (530 Einwohner) verschwinden; die 119 Familien haben den Ort kurzfristig (bis 31.8.1946) zu verlassen und werden auf andere Dörfer der Nordeifel verteilt. Später übernehmen die Belgier die Kaserne, in der 3000 Soldaten Platz finden; sie erweitern nochmals den Truppenübungsplatz, wobei Bauern von Einruhr, Morsbach, Herhahn, vor allem aber von Dreiborn landwirtschaftliche Nutzflächen verlieren.

Mit der Zeit sind die Franzosen gezwungen, ihre Taktik zu ändern und auch Flüchtlinge in ihr Gebiet aufzunehmen. Auf dem ehemaligen Luftwaffenübungsplatz Ahrbrück wird eine geschlossene Gruppe aus dem ehemaligen Ermland (Westen des ehemaligen Ostpreußen, seit 1945 Polen) angesiedelt. Die neuen Bewohner bewahren mitgebrachtes Brauchtum, gleichen sich ansonsten schnell der Eifeler Bevölkerung an.

5. Ansprüche der Siegermächte, Auswirkung auf die alten Landesgrenzen und Notwendigkeit von Schmuggelgängen

In Belgien, Luxemburg, auch in Holland erheben sich schon im letzten Kriegsjahr Stimmen maßgebender Politiker, die größere Gebietsansprüche von Deutschland fordern; häufig ist die Eifel gemeint. Die Belgier beanspruchen ein Gebiet bis zur Kyll, bis zur oberen und mittleren Rur einschließlich der dortigen Talsperren. Andere wollen den ganzen Regierungsbezirk Aachen annektieren. Natürlich wird das Gebiet Eupen – Malmedy – St. Vith sofort Belgien zurückgegeben. Um den Anschluß anderer Gebiete wird lange debattiert, wobei die Gemäßigten immer mehr die Oberhand gewinnen. So werden nur Teilgebiete betroffen. (23.4.1949): die Aachener Ortsteile Bildchen und Lichtenbusch, dann Losheim, ein Teil von Kalterherberg (Leykaul) und die Ortschaft Hemmeres. Sie werden vorläufig der belgischen Verwaltung unterstellt. Nach neun Jahren gibt der belgische Ministerpräsident Paul Henri Spaak das oben genannte Gebiet in einem Grenzvertrag der Bundesrepublik (28.8.58) zurück. Weitere kleine Grenzveränderungen werden gleichzeitig geregelt. Spaak, der ein eifriger Verfechter der Europa-Idee ist und deshalb die nationalen Grenzen nicht mehr so ernst nimmt, setzt sich durch, indem er auf eine von Deutschland abgetrennte Sperrzone (2.4.49), die Roetgen, Lammersdorf, Paustenbach, Mützenich, dann Teile von Monschau, Konzen und Kalterherberg umfaßt, nachträglich verzichtet (25.4.49).[91]

Bitburg, Fußgängerzone.

Die Besetzung Luxemburgs durch deutsche Truppen in den beiden Weltkriegen hat natürlich die Luxemburger stark verletzt, zumal die Nationalsozialisten der Bevölkerung viel Leid zugefügt haben. Man fordert Wiedergutmachung. Es bildet sich eine „Nationalunion", die die Rückgliederung der früher zu Luxemburg gehörenden Teilgebiete verlangt. Im Großherzogtum gibt es darüber harte Debatten. Im November 1945 besetzen luxemburgische Soldaten einen Teil ihrer früheren Gebiete, die Bitburger Lande. Im Parlament und in der weiten Öffentlichkeit ist die Frage der „Desannexion" ein heißes Thema. Schließlich behaupten sich die Europäer

St. Hubertus, im Volksmund St. Mokka, Schmidt.

in Luxemburg. Im Juli 1955 zieht das Großherzogtum seine Soldaten aus Bitburg zurück.

Auch die Niederlande stellen hohe Forderungen der Wiedergutmachung. Sie betreffen zwar nicht die Eifel, sondern den linken Niederrhein, den sie nach Ausweisung der deutschen Bevölkerung für sich beanspruchen. Aber es werden 1949 nur kleine Gebiete abgetreten (Selfkant, Wyler, Elten), die 1963 an Deutschland zurückfallen. Es kommt Deutschland, besonders der Eifel zugute, daß die Europa-Idee immer stärker das nationale Denken zurückdrängt. So entsprechen die westlichen Grenzen der Eifel schließlich im großen und ganzen denen der Vorkriegszeit.

Die Bewohner von Eupen – Malmedy – St. Vith, die im Zweiten Weltkrieg auf deutscher Seite gekämpft haben, genießen wie die Luxemburger den Vorteil, den Siegermächten anzugehören und verfügen sofort über ein reichliches Warenangebot. Viele Eifeler nutzen diese Gelegenheit – wie schon berichtet –, um gegen Butter und Eier im ausländischen Grenzgebiet andere notwendigen Lebensmittel, wie Mehl und Zucker, aber auch Kaffee, Schokolade und Zigaretten zu eigenem Gebrauch einzutauschen. Zu diesen Hamstergängen schließt man sich meist in Gruppen zusammen, die nach Einbruch der Dunkelheit abends losziehen, Wald- und Feldwege nehmen, um Zollkontrollen möglichst zu entgehen.

Als die Grenzgänger des Ortes Schmidt einmal morgens zur Zeit der heiligen Messe nicht zurück sind, läßt der Pfarrer beten „für eine glückliche Heimkehr unserer Männer". Diese sind ausgezogen, um Kaffee mitzubringen, dessen Verkauf dazu beitragen soll, die in den Hürtgenwald-Kämpfen zerstörte Kirche wieder aufzubauen. Sie kehren „glücklich" heim und wiederholen den Grenzgang noch einige Male. So kann das Gotteshaus St. Hubertus wieder aufgebaut werden. Als Pfarrer Josef Bayer 1959 Schmidt verläßt, um die Pfarrstelle in Aachen-Eilendorf zu übernehmen, ernennen ihn die dankbaren Bewohner von Schmidt zum Ehrenbürger ihres Dorfes. Die Kirche trägt weit und breit den Namen St. Mokka.

In Mützenich bei Monschau sind Kirche und die meisten Häuser stehen geblieben, aber das Schmuggeln bietet sich dort geradezu an; denn durch die Gemarkung der Gemeinde verläuft die Landesgrenze, fast 500 Hektar Wald und 300 Hektar Wiesen liegen in Belgien. In kleinen Gruppen zieht man mehrfach in der Woche in das benachbarte Eupen. Auf dem Heimweg schleppt fast jeder 20 bis 30 Kilogramm Kaffee mit sich. Zu Hause warten schon Profis aus dem Kölner Raum, die die Waren auf Lastwagen abtransportieren. So durchlebt man die schweren Jahre ohne Not und kann sich auch einige Neuanschaffungen leisten. Die Heimatkirche bekommt sogar ein neues Geläut.

Mit der Zeit hat sich in Teamarbeit alles genau eingespielt. Die Frau eines Zollbeamten verrät den Dienstplan der Zöllner, nicht ganz uneigennützig, denn täglich kann sie ihren Bohnenkaffee trinken. Andere beobachten ringsum das Gelände und halten bei Gefahr Verbindung mit einem Trompeter, der dann blitzschnell in die Nacht hinausposaunt „Ein Männlein steht im Walde ...". Wenn die Gefahr vorbei ist, spielt er ein abgesprochenes Signal zur Entwarnung.

Pfarrer Scheidt predigt sonntags schon mal vom „ sündigen Dorf", aber in Wirklichkeit steht er treu zu seinen Schäflein. Als die Zollfahndung Köln anläßlich der Dorfkirmes 52 Männer wegen Schmuggeldelikte vom Tanzboden weg verhaften läßt und diese im Klingelpütz zu Köln einsitzen, besucht sie ihr Pastor und prägt ihnen ein, daß neben den zehn Geboten Gottes noch drei weitere streng einzuhalten seien:

11. Gebot: Du brauchst Dich nicht selbst zu belasten,
12. Gebot: Du darfst keinen anderen beschuldigen,
13. Gebot: Du kannst die Aussage verweigern.

Die Männer halten sich streng daran. So reicht die Beweiskraft des Staatsanwaltes nicht weit. Es folgt ein mildes Urteil von nur geringen Geldstrafen[92]

Insgesamt gesehen sind die Verhältnisse in jenen Jahren natürlich unerfreulich; die Not der meisten wird ständig größer, während wenige „Schwarzhändler" gewaltig verdienen. Jeder weiß, so kann es nicht lange weitergehen. Daß die Haupteisenbahnstrecke Köln – Trier zwei Tage vor Weihnachten (1947) wieder in Betrieb genommen wird, kommt vielen für ihre „Maggel"- oder Hamsterfahrten sehr gelegen.

XVII. Die Aufwärtsentwicklung (1945–1960)

1. Währungsreform. Von der Trizone zur Bundesrepublik (1948–1949)

In den Jahren 1947 und 1948 verschlechtert sich die Lebenslage weiter. Da die Waren knapp sind und ein Geldüberhang besteht, schnellen die Preise gewaltig in die Höhe. Auf dem Schwarzmarkt gibt es Waren nur zu stark überhöhten Preisen. Für eine ausländische Zigarette zahlt man 8 bis 12 RM, für ein Pfund Butter 400 RM. Armut breitet sich immer mehr aus. Stabile Preise sind dringend geboten.

Endlich kündigt die Militärregierung mit folgenden Worten eine Währungsreform an: „Alles Altgeld mit Ausnahme von Kleingeld tritt außer Kraft, Münzen und Noten bis zu einer Mark bleiben in Umlauf. Das neue Geld heißt Deutsche Mark (DM); jede Deutsche Mark hat 100 Deutsche Pfennige."

Der Stichtag wird erst am Tage vorher bekannt gegeben. Es ist Sonntag, der 20. Juni 1948. Jeder erhält an diesem Tage für den entsprechenden Betrag in Rentenmark 40 Deutsche Mark, nach einem Monat nochmals 40 DM. Für weiteres verfügbares Altgeld gibt es folgende Regelung: man bekommt für 100 Rentenmark 6.50 DM. Die ehrlichen Geldbesitzer sind also weitgehend gerupft worden, während die Eigentümer an Sachwerten, wie Grund und Boden, Häuser Produktionsmittel und Waren, ungeschoren davonkommen. Deshalb sucht man, durch ein Lastenausgleichsgesetz in den 50er Jahren größere Härten auszugleichen.

Es ist fast ein Wunder, was sich unmittelbar nach dem Tage der Währungsreform abspielt. Zur Überraschung der Käufer sind die vorher fast leeren Geschäfte plötzlich reichlich mit Lebensmitteln und Gebrauchsgegenständen gefüllt. Die Mark ist wieder etwas wert, bald sogar in der ganzen Welt. Gründe der schnellen Aufwärtsentwicklung sind:

1) Das erfolgreiche Wirtschaftssystem, nämlich die von Ludwig Erhard eingeführte soziale Marktwirtschaft, nach der die Wirtschaft nicht durch staatliche Verwaltung, sondern durch den Markt, d.h. durch Angebot und Nachfrage gesteuert wird. Preise und Löhne werden auf dem Markt ausgehandelt und nicht staatlich festgelegt.

2) Die finanzielle Hilfe von 1,5 Mrd. seitens der USA (Marshallplan) seit April 1948. Nur knapp ein Drittel der Hilfsgelder muß später zurückgezahlt werden.

3) Der beispiellose Fleiß der deutschen Bevölkerung.

Die freie Marktwirtschaft hat natürlich auch Anfangsschwierigkeiten. Nach vier Monaten sind die Preise um 23 Prozent gestiegen, dagegen die Löhne nur unerheblich. Allmählich gleichen sich Preise und Löhne einander an, wobei erfreulicherweise die Löhne stärker angehoben werden als die Preise. Besonders die Gewerkschaft kämpft für dieses Ziel. So wächst der Lebensstandard der Bevölkerung.

Wie intensiv die Menschen damals für einen bescheidenen Wohlstand haben schuften müssen und wie sehr sich nach Jahrzehnten die Wirtschaftslage gebessert hat, soll ein Vergleich zwischen 1949 und 1987 verdeutlichen (Statistisches Bundesamt). Ein einfacher Facharbeiter muß arbeiten:

Konsumgut	1949	1987
für 1 Kilo Bohnenkaffee	22 Std., 37 Min.	68 Minuten
für 1 Kilo Schweinekotelett	4 Std., 35 Min.	37 Minuten
für 1 Kilo Butter	4 Std., 13 Min.	28 Minuten
für 1 Kilo Zucker	58 Min.	6 Minuten

Im August 1948 beginnt die Spielbank in Bad Neuenahr als erste Nachkriegsbank wieder ihren Betrieb. Täglich bringt sie in einem Personenzug von Düsseldorf über Köln Interessenten vom Rhein an die Ahr. Diese Tatsache ist ein Beweis, wie schnell sich genügend Reichtum gebildet hat, um auch nicht lebensnotwendige Ausgaben zu tätigen.

Die Währungsreform gilt nur für die drei westlichen Zonen. Die Sowjetzone geht einen gesonderten Weg und gründet einen eigenen Staat, die DDR. Um der deutschen Wirtschaft beim Wiederaufbau besser helfen zu können, unterzeichnen die Amerikaner und Briten im September 1946 ein Abkommen, das ihre beiden Zonen zur Bizone vereinigt. Verwirklicht wird das „Vereinigte Wirtschaftsgebiet" im Juni 1947. Die Ausführung liegt unter Aufsicht der beiden Militärmächte auf deutscher Seite. Gebildet wird dazu:

1) der Wirtschaftsrat als Legislative; dieses Parlament besteht zunächst aus 52, später aus 104 Abgeordneten;
2) der Verwaltungsrat als Exekutive, mit den fünf Abteilungen:
   a) Ernährung und Landwirtschaft, Direktor Heinrich Lübke (später Bundespräsident),
   b) Verkehr,
   c) Wirtschaft, Direktor Ludwig Erhard,
   d) Finanzen,
   f) Post- und Fernmeldewesen.

Die Direktoren der fünf Abteilungen unterstehen einem Oberdirektor. Alle werden vom Parlament, also vom Wirtschaftsrat gewählt. Das Amt des Oberdirektores erhält Dr. Hermann Pünder, der väterlicherseits aus der Eifel stammt und als Nachfolger Adenauers von 1946–1948 Oberbürgermeister von Köln war.

In der Bizone bessern sich die Lebensverhältnisse nach der Währungsreform erstaunlich schnell, im Gegensatz zur französischen Zone. Dieses negative Gefälle können die Franzosen schließlich nicht mehr verantworten; die Kritik der Bevölkerung verstärkt sich. Die Franzosen sind gezwungen, sich in der Deutschlandpolitik den Engländern und Amerikanern anzupassen. Mit Wirkung vom 1. August 1948 treten sie der Bizone bei, es entsteht die Trizone. Jetzt nimmt auch die Südeifel an der wirtschaftlichen Aufwärtsentwicklung teil, wenn auch noch ein Unterschied zwischen dem Norden und dem Süden bestehen bleibt; denn Entnahme und Demontagemaßnahmen der Franzosen sind noch nicht beendet. Großen Anklang bei der Bevölkerung findet 1949 der Schlager eines Kölner Karnevalisten: „Wir sind die Eingeborenen von Trizonesien."

Um aus der rein wirtschaftlich orientierten Trizone auch einen politischen Staat zu bilden, wählen die Landtagsabgeordneten der westlichen Länder, also aus der Trizone 65 Vertreter zu einem neuen Gremium, dem „Parlamentarischen Rat". Dieser tritt unter dem Vorsitz von Konrad Adenauer am 1.9.1948 in Bonn zusammen und erarbeitet in monatelangen Verhandlungen eine Verfassung, das Grundgesetz, das mit 53 gegen 12 Stimmen (der bayerischen Abgeordneten) verabschiedet wird (8.5.49). Mit knapper Mehrheit (33 : 29) wird Bonn und nicht Frankfurt zur provisorischen Hauptstadt erklärt. Die feierliche Verkündung des Grundgesetzes erfolgt in Bonn am 23. Mai 1949. An diesem Tage beginnt mit Konrad Adenauer als Bundeskanzler (1949–1963) die Bundesrepublik Deutschland. Die Nähe der Hauptstadt Bonn zur Eifel vermittelt den Bewohnern unseres Gebirges einen stärkeren politischen Kontakt, als dieser zu Berlin, der Hauptstadt des Deutschen Reiches und zugleich des Landes Preußen, gegeben war. Auch die jetzigen Landeshauptstädte Düsseldorf und Mainz (bis 1950 Koblenz) sind von der Eifel aus verhältnismäßig günstig zu erreichen und erleichtern unseren Bewohnern die Anteilnahme am politischen Leben.

2. Ankurbelung der Wirtschaft in der Bundesrepublik

1948 hat die Bundesrepublik 480 000 Arbeitslose. Bis Februar 1950 ist diese Zahl auf das Vierfache angestiegen. Manche Betriebe konnen im kapitalistischen Wettbewerb nicht mithalten; sie verkleinern ihren Betrieb oder schließen ganz. Dann ist die Bevölkerung um dreieinhalb Millionen Vertriebene und Flüchtlinge angewachsen. Seit 1950 verbessern sich die Lebensverhältnisse deutlich. Die letzten Lebensmittelkarten (Zucker und Fett) und auch die Bezugsscheine für Warenzuteilungen entfallen. Weitgehend hören die Engländer und Amerikaner, zögernd die Franzosen auf, deutsche Betriebe abzubauen. Endgültig bringt der Deutschlandvertrag (26.5.1952) das Ende jeder Demontage. Nun können die Betriebe investieren und mit neuer Technik und verbesserten Methoden die Produktion neu aufnehmen. Die Zuwachsraten klettern aufwärts, die Löhne steigen.

Auch in der Eifel ist die Aufwärtsbewegung spürbar. Die Handwerker haben genügend Aufträge, da vieles im argen liegt. Es gibt zwar noch Arbeitslose, zumal

Perlenbachtalsperre bei Monschau.

sich die Belebung der Wirtschaft in unserem Gebirge nicht so schnell vollzieht. Doch für jene, die flexibel sind, bieten sich viele Arbeitsmöglichkeiten, da Straßen, Wege, Brücken, Versorgungs- und Kanalanlagen wieder hergerichtet oder neu gebaut werden müssen. Viele Menschen erfordert der Hochbau: Schulen, Krankenhäuser, Amtsgebäude und Privathäuser sind zu renovieren, zu erweitern, zu modernisieren oder neu zu errichten. Auf dem Gebiet der Jugendpflege werden allein im Kreise Schleiden in den 50er Jahren 21 Turn- und Gymnastikhallen, 7 Lehrschwimmbecken, 4 Freibäder und 39 Sportplätze gebaut.[93] Ein großes Bauobjekt stellt die 1955 beginnende Erweiterung der Rurtalsperre Schwammenauel zu einer der größten Talsperren der Bundesrepublik (205 Mio m^3) dar. Um dieselbe Zeit ist die Perlenbachtalsperre bei Monschau bereits fertiggestellt (1953–1955). Es beginnt der Bau der Oleftalsperre bei Hellenthal (20 Mio m^3). Das Eisenwerk Jünkerath hat die Zahl seiner Beschäftigten auf 750 Personen erhöht.[94] 1955/56 herrscht Vollbeschäftigung.

Im allgemeinen Aufschwung hinkt die Südeifel immer noch der Nordeifel hinterher. Deshalb liebäugeln viele Menschen mit einem Anschluß nach NRW. 133 000 Personen der Regierungsbezirke Trier und Koblenz fordern im April 1956 eine Volksabstimmung zugunsten einer eventuellen Neugliederung ihres Gebietes. Diese

Abstimmung findet jedoch nicht statt, da das Bundesverfassungsgericht einen „durchsetzbaren Rechtsanspruch“ verneint. Unzweifelhaft hätte die Mehrheit in den beiden Regierungsbezirken damals für den Anschluß an NRW gestimmt; die Südeifel wäre allzu gern wieder mit der nördlichen Eifel vereint worden.

Gradmesser für die Aufwärtsentwicklung in der Eifel ist der zunehmende Warenverkehr auf den Eisenbahnstrecken. Der Güterumschlag auf der Hauptstrecke Köln – Trier erreicht in den 50er Jahren täglich etwa 400 Waggons. Die Bahn, damals wichtigster Verkehrsträger, befördert zwei Drittel aller Güter auf der Schiene. Aber immer stärker tritt das Auto in den Vordergrund.

In Schmidtheim (Gemeinde Dahlem) hat man sich der neuen Verkehrslage noch nicht angepaßt. Im Sommerhalbjahr bewegen sich täglich etwa 400 Vierbeiner gemütlich durch die Hauptstraße zu dem zwei Kilometer entfernten Weideland. Fast eine halbe Stunde lang ist dadurch die Straße blockiert. Mittags werden die Milchkühe zum Melken zurückgeführt und nach gewisser Zeit wieder auf die Weide getrieben. Abends kehren Kühe und Rinder ins Dorf zurück. Die Straße ist also viermal blockiert, insgesamt etwa zwei Stunden lang, dazu auch noch stark verschmutzt. Es hagelt natürlich Proteste seitens der Autofahrer, denen man sich nicht länger verschließen kann. Im Spätherbst 1954 wird der Weidegang endgültig eingestellt. Damit verschwindet die letzte dörfliche Rindviehherde der Eifel, zugleich mit ihr der letzte berufsmäßige Kuhhirt mit Hütejunge, Hund und Tuthorn. Ein bis dahin verbliebenes Stück Romantik mußte der Hektik unserer Zeit weichen.[95]

Das Auto beherrscht immer mehr die Straßen. 1956 ist Deutschland nach den USA bereits der größte Autoproduzent der Welt. Allein von 1954–1957 verdoppelt sich bei uns die Zahl der PKW. In der Eifel leistet sich eine ständig wachsende Zahl der Bewohner ein Auto, meistens um außerhalb des Wohnortes eine Arbeitsstelle annehmen zu können. Durchweg finden sich Arbeitskollegen, die mitfahren und einen Anteil der Fahrkosten übernehmen. Im Kreise Schleiden gibt es 1957 1853 PKW und bei 18 500 Beschäftigten bereits 8 200 Pendler. Mit der Mobilität steigt auch die Zahl der Zuwanderer und Abwanderer. Viele Menschen verlassen die Eifel, andere zieht es in unser Gebirge. So verzeichnet der Kreis Schleiden für die 50er Jahre eine Abwanderung von 30 000 Menschen gegenüber einem Zuwachs (Geburten und Zuwanderung) von 27 000 Personen. Die aktive Geburtenbilanz von 8 pro Tausend liegt weit über der von NRW (5,2 pro Tausend) und der der Bundesrepublik (4,9 pro Tausend.

Unter den Zugewanderten aus der DDR und den Ostgebieten befinden sich viele Protestanten, so daß in der Eifel neue evangelische Gemeinden entstehen, die jedoch durchweg Diaspora-Charakter haben. So umfaßt die neue evangelische Gemeinde Blankenheim das weiträumige Obergebiet von Ahr, Urft und Kyll, die heutigen Gemeinden Dahlem, Nettersheim und Blankenheim. Größere Verkehrsprobleme entstehen kaum, da sich das Verkehrsnetz der Post inzwischen so engmaschig entwickelt hat, daß die Menschen der kleinsten Dörfer mit dem Omnibus in die größeren Orte fahren können.

In den Jahren 1958 und 1959 bekommt die Aufbau-Konjunktur einen Dämpfer. An der Ruhr türmen sich die Kohlehalden, da die Verbraucher Erdöl und Erdgas den Vorzug geben. Diese sind verhältnismäßig preiswert. Es genügt ein Knopfdruck zur Bedienung der Heizungsanlage. Der Kohlenkrise des Jahres 1958 folgt 1959 die Stahlkrise, da Japan und Südafrika wegen geringer Lohnzahlungen billiger liefern können. Dasselbe Problem hat die Textilindustrie. Sie ist arbeitsintensiv, erfordert also bei uns hohe Lohnkosten, während andere Länder weit geringere Löhne zahlen und deshalb den Preis unterbieten. So müssen zahlreiche Textilbetriebe, z.B. in Monschau, schließen. Sofort ist die Bauindustrie in Mitleidenschaft gezogen. Im Neuwieder Becken werden nur noch 500 000 Tonnen Schwemmsteine hergestellt, 90 Prozent weniger als 1955; allerdings steigt der Absatz 1961 wieder stark an und beträgt dann 6 800 000 Tonnen.

Für Mechernich ist es ein schwerer Schlag, als hier 1957 der Bergwerksbetrieb eingestellt wird und 1200 Personen entlassen werden. Dabei birgt Mechernich das größte Bleivorkommen in Europa. Das Erz liegt jedoch verhältnismäßig tief, und der Abbau wird durch viele Wasseradern so erschwert, daß sich die Einfuhr von Blei preisgünstiger gestaltet als der Abbau im heimischen Bergwerk. Der Schornstein des Betriebes, der „lange Emil" (134 m), wird 1961 gesprengt. In Mechernich lassen sich zum Glück andere Industrien nieder, z.B. Keramikwerke und ein Maschinenbaubetrieb (Firma Dörries).

Insgesamt gesehen haben sich in den 50er Jahren die Lebensverhältnisse in der Eifel sehr gebessert, im Norden mehr als im Süden. Das Bruttosozialprodukt ist um mehr als 100 Prozent gestiegen, das Einkommen hat sich verdoppelt, und die Hälfte der Haushalte besitzen schon Waschmaschine, Kühlschrank, Fernsehgerät. Fast ein Drittel der Familien nennen bereits ein Auto ihr eigen.

3. Zerschundener Wald und neue Wege in der Landwirtschaft

Dem Eifelwald sind auch nach dem Krieg harte Wunden geschlagen worden. Weite Waldgebiete fallen dem Reparationshieb der Franzosen zum Opfer. Dann folgt ein unglaublicher Baumbefall durch die Borkenkäfer. Zwei Arten dieses Käfers treten 1947 in größerer Zahl auf und vermehren sich explosionsartig. Hervorgerufen ist diese Plage einmal durch das umfangreiche Nahrungsangebot, das den Käfern zur Verfügung steht, nämlich die zerschossenen Wälder und die Menge der Holzabfälle, die bei den Reparationshieben angefallen sind, zum zweiten durch das für sie günstige Klima, nämlich der warme Sommer 1947. Die Käfer haben Gelegenheit und genug Zeit, sich zu vermehren, da die Bestimmungen der Militärregierung zur Käferbekämpfung sehr lasch sind. So erreicht die Plage 1948 ihren Höhepunkt, zumal es für den Käfer nochmals einen günstigen trockenen Sommer gibt.

Wald im Kalltal.

Erst jetzt beginnen die intensiven Bekämpfungsmaßnahmen zur Vernichtung des Käfers unter dem Einsatz von großen Mengen Gift, besonders von Kalkarsen. Ganze Flächen werden entseucht und die angefallenen Bäume gefällt, wobei die Rinde vom Baum entfernt und verbrannt wird. Die Massenvermehrung des Käfers und damit die Größe der Katastrophe beweist eine Probezählung, allerdings an einer besonders befallenen Waldstelle der Vulkaneifel: fast 40 000 vergiftete Käfer werden je Festmeter Holz gezählt.[96]

Mit Auslauf des Jahres 1950 ist man über den Borkenkäfer Herr geworden. Doch schon kommt der nächste Schlag. Im Januar 1951 verursachen starker Schneefall in Verbindung mit Rauhreif und Sturm schwere Schneebrüche, die ebenfalls gewaltige Schäden anrichten. Es bedarf jahrelanger Pflege, bis die stehengebliebenen Bestände wieder einigermaßen in Ordnung gebracht und die ausgedehnten Kahlflächen erneut aufgeforstet sind. Neben den vorherrschenden Fichtenbeständen werden jetzt etwa zur Hälfte Laubbäume angepflanzt.

Unterschiedlich verläuft die Entwicklung in der Landwirtschaft. Die verhältnismäßig ebenen Gebiete der Voreifel sind vorwiegend Ackerfelder. Die dortigen Bauern kommen von 1945–1948 recht und schlecht über die Runden. Nach der Währungsreform bessern sich die Bedingungen. Es gibt wieder wertvolles Saatgut, vor allem neue landwirtschaftliche Maschinen, die durch immer bessere Technik das eigene Schaffen erleichtern und Arbeitskräfte einsparen. Auch staatliche Hilfen werden angeboten, um das Notwendige erwerben zu können. Im allgemeinen wird der kleine Viehbestand abgeschafft, wodurch bisherige Wiesenflächen unter den Pflug genommen werden. Zunehmend spezialisiert man sich.

Der Viehbestand im Kreise Schleiden

Jahre	Rindvieh	Schweine
1938	31 862	13 944
1945	20 500	3 700
1949	28 279	9 447
1956	29 274	13 872
1962	35 771	12 106

In der Hocheifel ist während der fünfjährigen Kriegszeit der Rindviehbestand erheblich gesunken, allein in den beiden letzten Kriegsjahren um 40 Prozent. Auch in den folgenden Notjahren hat sich kaum die Möglichkeit geboten, die entstandenen Lücken mit wertvollen Tieren auszufüllen. Die Behörden haben sich zwar bemüht, aus Schleswig-Holstein, Friesland und Oldenburg Vieh ins Rheinland und in die Nordeifel einzuführen. Doch in der Regel wird nur minderwertiges Nutzvieh geliefert. Nach der Währungsreform erhält man für gutes Geld auch erstklassige Tiere, die allerdings hoch im Preise liegen. Nur wenige Tiere kann man deshalb einkaufen. Noch 1956 liegt die Zahl des Tierbestandes im Kreis Schleiden und wohl in der gesamten Eifel unter der vom Jahre 1938.[97]

Aufschlußreich ist die Milchleistungsprüfung, die anzeigt, wie stark nach dem Kriege Fettmenge und -Qualität ansteigt. Die Zahl der Betriebe, die sich im Kreise Schleiden dieser Prüfung unterzieht, wächst erheblich an.[98]

Durchschnittsleistung der Milchproduktiom

Jahre	Betriebe	Kuhzahl	Milch (kg)	Fett (kg)	Fett Prozent
1947	46	290	2 516	86	3,42
1953	549	2 761	3 696	128	3,47
1956	702	3 712	3 764	136	3,60

Da manche Tiere von Tuberkulose befallen sind, rückt man seit 1955 dieser Krankheit besonders zu Leibe. Die Molkerei zieht bei Tbc.-Kranken pro Liter Milch bis zu 4 Pfennigen ab. So hat der Landwirt ein besonderes Interesse daran, einen nur gesunden Viehbestand zu haben. In verhältnismäßig kurzer Zeit ist dieses Ziel erreicht. Vor der Anschaffung neuer Tiere entscheidet sich der Landwirt erst einmal für den Kauf eines Traktors, um sich die Arbeit zu erleichtern. Damit aber stellt sich die Frage der Tierauswahl ganz neu.

Um 1890 und in den darauf folgenden Jahren hat man das robuste Glanvieh eingeführt, das sich als Zugtier besonders eignet. Beim jetzigen Traktorbesitzer fällt jedoch dieser Gesichtspunkt weg. Es gibt in der Eifel einige Tiere der Simmentaler Rasse; man entscheidet sich jedoch für das Niederungsvieh, das ursprünglich aus Holland stammt und rotbunt und schwarzbunt gezüchtet ist. Obwohl das schwarzbunte Tier die bessere Milchleistung bringt, zieht man die rotbunte Art vor. Sie bringt eine höhere Milchleistung als die Glaner Kuh, setzt jedoch mehr Fleisch an als das schwarzbunte Tier und ist wegen der größeren Robustheit den klimatischen Verhältnissen der Eifel besser gewachsen. In den 50er Jahren setzt sich die neue Rasse durch, und mit den 60er Jahren schwindet das Glanvieh (fast) völlig aus der Eifel, wie folgende Statistik (auch aus dem Kreis Schleiden) mit der stark sinkenden Zahl der Vatertiere beweist:

Jahr	Bullen insgesamt	rotbunt	schwarzbunt	Glaner Rasse
1935	144	82	22	40
1957	132	115	13	4

Es gibt Zuschüsse auch zum Kauf von Kunstdünger und Zusatz- Futtermittel. Vom Grenzlandausschuß erhalten die Kreise Schleiden und Monschau lange Jahre jährlich 22 Millionen DM. Das Land Rheinland-Pfalz gewährt seinen Landwirten in der Südeifel ebenfalls Gelder aus dem Eifel-Hunsrück-Fond.

Eine Zeitlang nach dem Kriege waren die meisten Molkereien wegen Zerstörung oder Beschädigung ihrer Anlagen noch nicht betriebsfähig, deshalb hatte sich bei den Viehhaltern das Selbstbuttern wieder eingebürgert. Die Besatzungsmächte greifen hier ein und verbieten den Verkauf der Landbutter direkt vom Hofe und verpflichten den Landwirt, die im Haushalt nicht benötigte Milch an eine Molkerei zu liefern. Diese zahlt, da die Nachfrage groß ist, einen relativ höheren Preis für die Milch als in den vorangegangenen Jahrzehnten. Einen zusätzlichen Absatzmarkt schafft seit 1957 zudem die Europäische Wirtschaftsgemeinschaft (EWG), die einen festen Absatzpreis garantiert. So hat der Milchlieferant monatlich ein festes Einkommen.

Dennoch erreicht der kleine Landwirt kaum das Existenzminimum; für ihn sind die Betriebsauslagen (Maschinen, Kunstdünger, Zusatzfutter) zu hoch. Viele suchen sich deshalb einen Arbeitsplatz in Gewerbe oder Industrie, der sich auch weitgehend wegen der ansteigenden Konjunktur finden läßt. Während um 1950 noch etwa die Hälfte der Dorfbewohner in der Eifel Landwirtschaft betreibt, geht diese Zahl in den

Kühe rotbunt und schwarzbunt prägen die Eifelwiesen.

50er Jahren immer mehr zurück. Die freigewordenen Parzellen gehen durch Kauf oder Pacht an die verbleibenden landwirtschaftlichen Betriebe, die nun über ein größeres Areal verfügen und daher ihr Einkommen verbessern.

4. Die frühen 50er Jahre: Aufhebung des Besatzungstatuts – Deutsche Aufrüstung – das Parteienspektrum – Verbesserungen im sozialen Bereich

Die Gegensätze zwischen den drei westlichen Alliierten einerseits und den Russen andererseits verschärfen sich im Laufe der Nachkriegsjahre. Schon die Teilung Deutschlands in die zukünftige Bundesrepublik und DDR im Lauf des Jahres 1949 ist Ausdruck der beiden gegensätzlichen Fronten. Eine kriegerische Auseinandersetzung scheint nicht ausgeschlossen zu sein. Deshalb bauen die Amerikaner 1952 bei Bitburg und Spangdahlen zwei große Militärflugplätze. 1954 errichten sie einen Fliegerhorst bei Büchel, gegen den die Regierung in Rheinland-Pfalz vergeblich Protest einlegt.

Bei einer Stationierung von fast 10 000 amerikanischen Soldaten ergeben sich für deutsche Zivilangehörige ein paar tausend Arbeitsplätze, die natürlich begrüßt werden und die auch die Bauwirtschaft ankurbeln. Auf der anderen Seite bringen Flugplätze und Soldaten Beeinträchtigungen durch Lärm und Unruhe mit sich. Aber da die Menschen die Besatzer nicht mehr wie nach dem Ersten Weltkrieg als Feinde, sondern als Verbündete und sogar als Freunde ansehen, nehmen sie solche Mißhelligkeiten in Kauf. Zwischen deutschen Mädchen und amerikanischen Soldaten entstehen Bindungen, von denen Hunderte zur Heirat führen.

1953 verlangen die Amerikaner ein Gelände für Düsenjäger im Raume Köln. Ihnen bietet Bundeskanzler Adenauer dafür das Areal Dahlemer Binz an. Gegen diesen Vorschlag erheben die örtlichen Stellen und die politischen Vertreter scharfen Protest. Geht es doch darum, das obere Urft- und Kyllgebiet als beliebtes Erholungsgebiet zu retten und das ein Jahr zuvor (1952) gegründete Kloster der Trappistinnen – das einzige in Deutschland – vor der Nachbarschaft eines lärmenden Düsenflugplatzes zu bewahren. Die Argumente der Abwehrfront sind schließlich so überzeugend, daß Adenauer seinen Vorschlag zurücknimmt. Das obere Urft- und Kyllgebiet ist als beliebtes Erholungsgebiet (Kronenburg) gerettet worden.

Je stärker sich die Westmächte und Rußland entzweien, um so dringlicher wächst bei den Alliierten der Wunsch, unser Land in ihr Bündnis einzubeziehen und uns eine Streitmacht zuzubilligen. Bereits im Oktober 1950 findet eine Arbeitskonferenz ehemaliger Wehrmachtsführer unter strengster Geheimhaltung in der Eifel statt, und zwar in der Abtei Himmerod. Hier einigt man sich, daß nur unter der Voraussetzung der Gleichberechtigung ein deutscher Verteidigungsbeitrag möglich sei. Nach Jahren erklären sich die Alliierten dazu bereit.

Am 5. Mai 1955 verkünden die Hohen Kommissare der drei Westmächte in feierlicher Proklamation die Aufhebung des Besatzungsstatuts. Die Bundesrepublik Deutschland erhält eine Teilsouveränität. Nach dem "Fall der Mauer", dem 9. November 1989 werden in den 90iger Jahren auch in der ehemaligen DDR die Truppen der russischen Armee abgezogen, womit ganz Deutschland endgültig den Besatzungsstatus verliert. Noch im Jahre 1955 werden die ersten Freiwilligen der Bundeswehr vereidigt. 1956 beschließt der Bundestag nach heftigen Debatten im Parlament das Gesetz über die allgemeine Wehrpflicht, das in der Eifel, wie in ganz Deutschland, nicht immer auf Verständnis stößt. Allerdings findet man sich mehr und mehr mit den Gegebenheiten ab. Natürlich belebt die militärische Aufrüstung den deutschen Wirtschaftsmarkt. Übrigens bezieht ein Luftwaffenversorgungsregiment 1957 die leer gewordenen Gebäude des Mechernicher Bleibergwerks; es sind die ersten deutschen Soldaten, die in der Eifel Garnison nehmen.

Adenauers Ziel ist die Aussöhnung mit Frankreich. Tatsächlich erreicht er, daß die Franzosen ihre östlichen Nachbarn nicht mehr als „Erbfeinde“ ansehen, sondern als befreundete Partner. Diese neue Einstellung kommt nicht zuletzt der Eifel zugute. Die von Adenauer geführte CDU erhält in der Eifel damals mehr als drei Viertel der abgegebenen Stimmen. Die meisten Deutschen billigen diese Politik; 1957 erringt die

CDU in der Bundesrepublik die absolute Mehrheit. Dagegen erreicht die SPD in der Eifel nicht einmal 10 Prozent. Sie kann zwar mit Hilfe der FDP kurzfristig (1956–1958) in Düsseldorf die Landesregierung bilden, muß sich jedoch auf Bundesebene mit rund 30 Prozent der Stimmen zufrieden geben.

Um regierungsfähig zu werden, vollzieht die SPD einen radikalen Richtungswechsel. 1959 garantiert sie im „Godesberger Programm" das Privateigentum, die Unternehmerinitiative, und – besonders wichtig für die Eifel – sie bekennt sich zur Toleranz gegenüber der Kirche. Die nun zur Volkspartei gewordene SPD gewinnt künftig auch in der Eifel immer stärker an Stimmen. Die KPD, die in der Nachkriegszeit eine nur kleine, aber treue Anhängerschaft besitzt – sehr gering ist ihre Zahl in der Eifel –, wird 1956 wegen ihrer ablehnenden Haltung zur freiheitlich demokratischen Grundordnung vom Bundesverfassungsgericht verboten. Das Zentrum sinkt immer mehr zur Bedeutungslosigkeit ab. Die Grünen spielen in den 50er Jahren noch keine Rolle. Die FDP erhält in der Eifel etwa 5,8 Prozent. Auf der kommunalen und regionalen Ebene spielt sie jedoch keine wichtige Rolle, da damals in den Kreistagen und in den Vertretungen der Ämter und Gemeinden die CDU durchweg die absolute Mehrheit besitzt und keine Koalition eingeht.

Vellerhof bei Blankenheim.

Den Parteien und den 1949 neu gegründeten Gewerkschaften ist es zu verdanken, daß die Marktwirtschaft sich nicht bloß zur freien Marktbetätigung entwickelt, sondern die soziale Komponente stark berücksichtigt und sich zu einer sozialen Marktwirtschaft entwickelt. Dazu gehören die progressive Staffelung der Steuern, die Subventionen, die Ausweitung der Renten, Krankengelder und Sozialbeiträge. Das verbesserte soziale Netz kommt auch den Eifelern zugute, von denen – wenigstens bis dahin – sehr viele nicht auf der Sonnenseite des Lebens standen. Auch die Eifeler Landwirte erhalten jetzt eine Altersrente.

Vorbildlich für soziales Verhalten ist weiterhin die Arbeiterkolonie Vellerhof bei Blankenheim, die den Krieg ohne größere Schäden überstanden hat. 1948 übernehmen die „Armen Brüder vom Heiligen Franziskus in Aachen" die Obhut. Sie erhöhen die Bettplätze auf 120 und errichten zusätzlich ein Altersheim für 40 Personen. In der Kolonie finden heimatlose Männer gleich welcher Konfession Unterkommen. Vielseitige Beschäftigung bieten neben der Landwirtschaft eine Schneiderei, Schuhmacherwerkstatt, Schlosserei, Schreinerei und Wäscherei. Eine große Bücherei bietet geistige Kost. Die Menschen auch seelisch aufzurichten, gehört selbstverständlich zur Aufgabe des Hauses.

5. Die Schulverhältnisse und die Entfaltung des kulturellen Lebens

In der Eifel werden weiterhin die Schulen im September 1944 geschlossen, als das Gebirge durch Bomben und Granaten schwer heimgesucht wird. Im allgemeinen dauert die Schulpause eineinhalb Jahre. Nur einige Schulen in der Eifel beginnen schon früher mit dem Unterricht, im September 1945, z.B. die Volksschule in Nettersheim und die Gymnasien in Monschau und Wittlich. In den meisten Orten müssen die Schulgebäude, die oft schwere Zerstörungen aufweisen, erst hergestellt werden, und Lehrer müssen zur Verfügung stehen. Viele frühere Lehrer sind parteipolitisch belastet. Im Kreise Schleiden hat z.B. ein parteifanatischer Schulrat in Schleiden die etwa 200 Lehrpersonen hart bedrängt, der NS-Partei beizutreten. Nur zwei Lehrer an einklassigen Schulen sind dieser Anweisung nicht gefolgt. Sie erhalten nach dem Krieg von der britischen Besatzungsmacht die ersten Schulstellen des Kreises: der eine als Schulrat, der andere als Rektor der größten Schule des Kreises in Mechernich. Alle anderen müssen zunächst die Entnazifizierungsstellen durchlaufen und manchmal lange auf eine weitere Einstellung warten.

Die Lehrer haben es am Anfang sehr schwer, weil frühere Schulbücher nicht mehr benutzt werden dürfen und neue noch nicht vorhanden sind. Neue Rechenbücher sind bald verfügbar, auf Lese- und Geschichtsbücher muß länger gewartet werden. Die Besatzungsmächte fordern die „Reeducation", die Umerziehung zur Demokratie.

Beim Lehrplan des Gymnasiums geht man auf die Zeit vor 1933 zurück und übergeht Neuerungen der folgenden 12 Jahre (Nazizeit). Es wird wieder streng nach

Geschlechtern getrennt, und alle Höheren Jungenschulen müssen mit Latein als erste Fremdsprache beginnen. Erst zu Ende der fünfziger Jahre setzt sich ein breitgefächertes höheres Schulwesen durch. Das Regel-Gymnasium beginnt schließlich mit Englisch, das auch an den Volksschulen ab dem 5. Schuljahr als Fremdsprache gelehrt wird.

Im April 1946 läßt die englische Militärverwaltung abstimmen, ob die von den Nationalsozialisten eingerichtete Simultanschule bleiben oder die Bekenntnisschule wieder eingeführt werden soll. In der Eifel ist das Votum eindeutig (im gesamten NRW: Durchschnitt 70 Prozent). Die katholischen und evangelischen Bekenntnisschulen werden erneut eingerichtet. Auch das von den Nazis entfernte Kreuz erhält wieder seinen Platz an der Wand des Klassenzimmers. In den weiteren Jahren treten die Gemeinden vielfach untereinander in Wettbewerb, um ein möglichst schönes und modernes Schulgebäude zu besitzen; einige erhalten ein eigenes Lehrschwimmbecken. Allmählich wächst der Trend, ab dem 5. Schuljahr eine weiterführende Schule zu besuchen.

Groß ist damals in der Bevölkerung das Gefühl der Gemeinsamkeit. Die Vereine leben wieder auf und entfalten eine rege Tätigkeit. Man übt auch im kleinen Ort Theaterstücke ein, die meist in den Weihnachtswochen mehrfach aufgeführt werden, weil alle einmal dabei sein wollen. Ebenfalls gut besucht werden die Theatervorstel-

Kloster Steinfeld.

Einladung zu einem Musikfest im Kloster Steinfeld aus dem Jahre 1946.

lungen in den zentralen Orten der Eifel, wo die Bühnen der Städte Trier, Koblenz, Bonn, Aachen, Köln und Neuß in den Wintermonaten ein Gastspiel geben. Voll besetzt sind auch die wenig noch vorhandenen Lichtspieltheater. Da sie nicht ausreichen, werden häufig die Säle der Gasthöfe in Kinosäle verwandelt. Man bedenke: Fernsehen gibt es noch nicht. Rundfunkgeräte stehen längst nicht in allen Häusern.

Auch die Kirche bemüht sich, größere Veranstaltungen in die Eifel zu bringen. Im August 1946 zelebriert der damalige Aachener Bischof im Eifeldom zu Steinfeld ein feierliches Pontifikalamt (Bruckners Missa solemnis in b-moll) und nachmittags wird ein Konzert unter Mitwirkung des Aachener Domchors gegeben; aufgeführt werden Werke von Hayden und Schubert. Zuhörer sind vor allem Menschen aus der Nordeifel, die zu Fuß, per Rad oder mit einem Omnibus, von denen es damals nur wenige gibt, angereist sind. Das Steinfelder Musikfest, eine seitdem Jahr für Jahr wiederkehrende Veranstaltung, findet immer mehr Zuspruch; es kommen Musikfreunde aus dem ganzen Rheinland, aus Belgien und Holland. Das Rahmenprogramm ist geblieben: Nach einem feierlichen Pontifikalamt am Vormittag bieten nachmittags berühmte Orchester und Chöre eindrucksvolle Konzerte.

In Notjahren ist für den Staat die Kultur ein Stiefkind. Doch allmählich fördern auch die Behörden den geistigen Bereich. In Nordrhein nimmt der Landschaftsverband 1953, der fünf Jahr später seinen Sitz von Düsseldorf nach Köln verlegt, seine Tätigkeit wieder auf. Neben dem Straßenbau und sozialen Aufgaben fördert er die Pflege von Kunst und Wissenschaft. Überhaupt unterstützen die Behörden die geistigen und kulturellen Belange und stehen hilfreich den Vereinen zur Seite. Sie geizen nicht mit Bauhilfen und lassen sich die Erhaltung und Wiederherstellung von Kunstdenkmälern große Summen kosten.

1951 erscheint wieder der Eifelkalender, der sich seit 1956 Eifel-Jahrbuch nennt und wertvolle Beiträge liefert, die die Vergangenheit unseres Gebirges verdeutlicht und erschließt und die Gegenwart mit ihren Problemen unmittelbar dem Leser vermittelt. Auch die Kreise wetteifern miteinander, um mit ihrem Kalender oder Jahrbuch ihren Kreis mit einer guten Visitenkarte zu präsentieren.

Größere Beachtung räumt man in den Kreisen und Städten dem Ausbau der Volkshochschulen und der Erwachsenenbildung ein. Ihr Programm enthält Kurse, Vorträge und Studienfahrten. Auch die Kirche nimmt zahlreiche Kulturaufgaben wahr, erneuert die Bibliotheken des Borromäusvereins und gibt große Summen aus, um Kirchen neu aufzubauen und zu restaurieren.

XVIII. Die Zeit von 1960 bis 1990

1. Verwaltungsreform und Verkehrserschließung

In NRW werden 1969 die bisherigen Amtsbezirke aufgelöst; die ehemaligen Verwaltungssitze werden zugleich zentrale Gemeinden. Es bleiben im Lande NRW von bisher 2 356 noch 396 Gemeinden bestehen. Im Kreise Schleiden werden 60 Orte zu 8 Gemeinden zusammengefaßt. Ihnen unterstehen jeweils eine Reihe Ortschaften, die keinen eigenen Bürgermeister und keinen Gemeinderat mehr besitzen. Sie sind lediglich im Rat der zentralen Gemeinde mit einem oder mehreren Ratsmitgliedern vertreten.

Im Lande Rheinland-Pfalz steht bei der Gebietsreform 1968/71 ebenfalls das Prinzip der Konzentration im Vordergrund. Die Mittelpunktsgemeinde erhält hier den Namen Verbandsgemeinde. Im Unterschied zur Nordeifel verfügen jedoch die der Verbandsgemeinde zugeordneten Orte vielfach über ihre Eigenrechte. Sie haben weiterhin einen Ortsbürgermeister und ihren Ortsgemeinderat. In Rheinland-Pfalz unterstehen 1972 den 164 Verbandsgemeinden 2 278 Einzelgemeinden. Es werden z.B. im Kreise Ahrweiler den 87 Gemeinden 4 Verbandsgemeinden (Adenau, Altenahr, Bad Breisig, Grafschaft) und 3 Städten (Bad-Neuenahr-Ahrweiler, Remagen, Sinzig) verwaltungsmäßig unterstellt. Im Kreis Daun gehören zu den fünf Verbandsgemeinden Daun, Gerolstein, Hillesheim, Obere Kyll, Kelberg von da an 109 Ortschaften.

Der Gebietsreform auf der unteren Ebene folgt die Konzentration im mittleren Verwaltungsbereich (1.1.1972 in NRW). Der Regierungsbezirk Köln wird nach Auflösung des Regierungsbezirkes Aachen um dieses Gebiet vergrößert. Zugleich schrumpft die Zahl der Kreise. Der Neuordnung zum Opfer fallen die flächenmäßig großen aber an Einwohnern armen Kreise. Dieses Schicksal trifft den Kreis Schleiden. Sieben seiner Gemeinden (Blankenheim, Dahlem, Hellenthal, Kall, Mechernich, Nettersheim und Stadt Schleiden) vergrößern den Kreis Euskirchen flächenmäßig um 823 km² und um 65 000 Einwohner, so daß nunmehr der neue Kreis Euskirchen flächenmäßig zum größten Kreisgebiet in NRW aufsteigt (1990: 1249 km², 168 000 Einwohner). Das Eifelvorland mit der Stadt Rheinbach scheidet verwaltungsmäßig aus der Eifel aus und wird dem Rhein-Siegkreis mit Siegburg als Hauptstadt zugewiesen.

Auch der Kreis Monschau verschwindet. Er bringt die drei Gemeinden Monschau (mit dem Dorf Zweifall), Simmerath, Roetgen mit 27 000 Einwohnern in den Landkreis Aachen ein. Die vorher zu Monschau gehörenden Dörfer Schmidt, Vossenack, Hürtgenwald fallen an den Kreis Düren, dem vom Kreis Schleiden ebenfalls die Stadt Heimbach zugewiesen wird. Weitere kleine Veränderungen ergeben sich außerdem in den Gebietsgrenzlagen.

Schnellstraßen und Autobahnen erschließen die Eifel.

Kreisverwaltung Daun.

Ebenso ergeht es den Kreisen in der südlichen und östlichen Eifel. Sie werden aufgelöst und mit den benachbarten Kreisen der Ebene zusammengelegt. So entstehen die größeren Kreise Mayen-Koblenz, Bernkastel-Wittlich und Bitburg-Prüm, der nach seiner Fläche der größte Kreis im Lande Rheinland-Pfalz wird. Als einziger bleibt in der Zentraleifel nur der Kreis Daun bestehen (911 km^2, 57 000 Einwohner). Mit 62,5 Personen je km^2 ist er der am geringsten besiedelte Landkreis in Rheinland-Pfalz. Auch hier gibt es Veränderungen in den Grenzbereichen; zwölf Gemeinden aus dem Kreise Mayen wechseln 1970 in den Kreis Ahrweiler, dem auch die Verbandsgemeinde Brohltal zugewiesen wird. Dagegen verlassen den Kreis Ahrweiler die Verbandsgemeinde Kelberg und der Ort Nohn; sie schließen sich dem Kreis Daun an. Die Verbandsgemeinde Stadtkyll (bisher Kreis Prüm) vereinigt sich mit Jünkerath (Kreis Daun) zur „Verbandsgemeinde Obere Kyll", die ebenso wie Kopp, Mürlenbach und Densborn Daun zugeschlagen werden. Mit der neuen Kreisordnung erfolgen weitere kleine Veränderungen.

Hier ist ein kurzer Rückblick angebracht: Die bevölkerungsarme und verkehrsungünstige Eifel hat nie ein wirkliches Machtzentrum innerhalb ihres Gebirges besessen. Die ihr zugehörigen Bischofssitze und Fürstenresidenzen befinden sich außerhalb in Köln, Trier, Luxemburg und Jülich.[99] Als die französische Revolution die Machthaber beseitigt, machen die Preußen im 19. Jahrhundert neben Trier und Köln die Städte Koblenz und Aachen zum Sitz eines Regierungspräsidenten. Dem Gebirge gestehen die Preußen Kreisstädte zu: Monschau, Schleiden, Adenau, Prüm, Daun. In unserer Zeit verschwinden außer Daun auch diese, ebenso wie Aachen als Regierungssitz. Selbst Mayen und Wittlich müssen den Hauptsitz ihrer Verwaltung in eine Stadt der Flußebene verlegen. Wie 1848 will Prüm auch um 1970 nicht nur Kreisstadt bleiben, sondern Sitz eines größeren Gebietes werden. Doch die „Aktionsgemeinschaft Westeifelkreis" kann sich wie 1848 auch diesmal nicht durchsetzen. Von Daun abgesehen, besitzt die Eifel in ihrem eigentlichen Gebirgsteil heute keine Kreisstadt mehr.

Für die Bewohner der Zentraleifel ist der Weg zur Kreisstadt länger geworden. Aber es gibt zwei wesentliche Veränderungen gegenüber früheren Zeiten. Die Gebirgsbewohner sind auch in den neuen Verwaltungsstädten demokratisch vertreten, und es ist bei den heutigen Verkehrsbedingungen leichter als früher, wo man nur mit Pferd und Wagen oder gar zu Fuß reisen mußte, um in die nähere Kreisstadt zu gelangen. Nicht mehr benachteiligt sind heute jene Dörfer, die keinen Anschluß an das Eisenbahnnetz gefunden haben. Ihre Einwohner haben die bequeme Möglichkeit, mit dem Auto die Kreisstadt zu besuchen, selbst zu den kleinen Orten hat man gute Anbindungswege. An Dörfern mit engen Ortsdurchfahrten und unübersichtlichen Kurven führen jetzt Umgehungsstraßen vorbei. Ebenso wie die Eifel einst durch ein dichtes Eisenbahnnetz erschlossen worden ist, verfügt sie nunmehr über vorzüglich ausgebaute Straßen.

In der Nordeifel erschließt die Autobahn Tondorf-Euskirchen (E 29; fertig 1983) die Verbindung nach Köln und in den niederrheinischen Raum. Sehr bequem ist die

Sportflugzeug auf der Dahlemer Binz – das neue Verkehrsmittel?

Autobahn durch die gleichzeitig fertiggestellte Schnellstraße Prüm – Tondorf und durch weitere breite Zugangsstraßen zu erreichen. Der schon lange geplante Weiterbau von Tondorf in südliche Richtung nach Mehren (Anschluß an die Autobahn nach Trier) ist durch den Einspruch von Naturschützern in seiner Streckenführung mehrfach geändert und aufgeschoben worden. Es war vorgesehen, 1995 mit dem Ausbau des fehlenden Teilstückes zu beginnen; denn dieser Lückenschluß ist aus strukturpolitischen und wirtschaftlichen Gesichtspunkten geboten. Die schon 1975 fertiggestellte Autobahn Trier – Koblenz bezieht auch den Kreis Mayen in den Fernverkehr ein. In die große linksrheinische Nord-Südstraßenachse (E 31) mündet die Autostraße Bonn-Meckenheim. Das Wettrüsten zwischen Schiene und Straße entscheidet sich schon in den 60er Jahren zugunsten der Straße. Omnibusse, die auch die abseits gelegenen Dörfer anfahren, erhalten den Zulauf der Menschen, während die Bahn mit immer weniger Gästen rote Zahlen schreibt. So werden eine Reihe Eisenbahnstrecken in der Eifel stillgelegt, so die Eisenbahnlinien Dümpelfeld-Lissendorf (1972) und Jünkerath-Losheim (1981), die allerdings 1986 für den gelegentlichen Güterverkehr wieder geöffnet wird. Man bedenke: 1990 befördert die Bahn bundesweit nur noch rund 20 Prozent der Güter; also etwa vier Fünftel der Waren und Materialien muß der Straßenverkehr bewältigen. In den Ballungszentren der Ebene sind kilometerlange Staus, Massenunfälle und völlig überlastete Straßen alltäglich. Man kann fast von einem Chaos sprechen.

Dagegen ist das Straßenbild in der Eifel noch erträglich. Hier zeigt sich die gute Seite der Abgeschiedenheit, obwohl die Zahl der Autos in unserem Gebirge gewaltig zugenommen hat, sogar mehr als in anderen Teilen Deutschlands. Im Januar 1984 steht der Kreis Bitburg-Prüm mit 35 680 PKW und PKW-Kombiwagen an der Spitze aller Landkreise in Rheinland-Pfalz. 1989 (1.7.) besitzen im Kreis Daun 1000 Einwohner 510 PKW, mehr als je 1000 Einwohner im Lande Rheinland-Pfalz (506) und im Bundesgebiet (484) vorhanden sind. Dasselbe Ergebnis finden wir in den anderen Eifelkreisen. Die folgende Tabelle zeigt die Entwicklung des PKW-Bestandes im Altkreis Schleiden von 1983 bis 1990.

PKW Bestand in:	1983	1985	1990
Blankenheim	3 024	3 128	3 833
Hellenthal	3 590	3 793	4 430
Kall	3 919	4 287	5 219
Mechernich	8 586	9 297	11 179
Nettersheim	2 588	2 853	3 477
Schleiden	5 339	5 668	6 728
insges. Altkreis Schleiden	28 046	28 026	34 866
insges. Kreis Euskirchen	67 051	71 489	86 300

2. Das Wahlverhalten der Bevölkerung in den zwei Ländern der Eifel

Die Verhältnisse in der südlichen Eifel haben sich in den 70er Jahren den Gegebenheiten der Nordeifel immer mehr angenähert. Dennoch erheben sich Stimmen für ein politisch einheitliches Rheinland, also für den Anschluß an NRW. 1975 setzen die Bewohner der Regierungsbezirke Trier und Koblenz einen Volksentscheid durch, an dem aber nur 40 Prozent der Bevölkerung teilnehmen. Für die meisten ist eine Veränderung kein Thema mehr. Inzwischen hat es nämlich das Land Rheinland-Pfalz geschafft, sich von einer landwirtschaftlichen Region zum Industrieland zu entwickeln. Noch 1962 hat das Land das geringste Bruttosozialprodukt in der Bundesrepublik; Ende der 70er Jahre ist es bereits auf die fünfte Stelle bei den Flächenländern aufgerückt.

Den Menschen in der Südeifel geht es kaum schlechter als den Bewohnern im Norden. Entsprechend fällt die Abstimmung aus. Nur 32 Prozent der Wähler sind noch für den Anschluß; dagegen entscheiden sich 67 Prozent für den bestehenden Zustand. Die 30jährige Zusammmengehörigkeit mit der Pfalz hat die Beziehungen vertieft; man ist zusammengewachsen. Schließlich sind die Grenzen zur Nordeifel keine Barrieren mehr. Es bleibt also dabei, daß die Eifel zwei Bundesländern angehört. Auch in den weiteren Jahren setzt sich die Aufwärtsentwicklung in Rheinland-Pfalz fort. Zu Ende des Jahres 1990 zählt das Land 3,7 Millionen Einwohner und ist 19 800 km^2 groß.

Im politischen Bereich sind Nord- und Südeifel weiterhin eine Hochburg der CDU. Diese Partei erhält bis 1965 in fast allen Kreisgebieten der Eifel eine Mehrheit von mehr als 75 Prozent. Auch in den weiteren zehn Jahren kann sie noch zwei Drittel der Stimmen für sich verbuchen, sinkt dann weiter ab, behält jedoch bei den Bundestagswahlen bis 1990 die absolute Mehrheit.

Die SPD liegt vor dem Godesberger Programm (1959) in der Eifel nur knapp bei 10 Prozent, im Ausnahmefall (Kreis Bitburg) bei 15 Prozent, erreicht dann bald 20 Prozent; 1990 entscheidet sich fast jeder vierte Eifeler bei der Bundestagswahl für die SPD. Die Landtagswahlen bringen ihr ein noch besseres Ergebnis: in Rheinland-Pfalz votieren 1987 für die SPD 38,8 Prozent der Wähler. Erstmalig verliert die CDU (45,1 Prozent) 1987 die absolute Mehrheit und ist auf eine Koalition mit der FDP (7,3 Prozent) angewiesen. Die eigene Partei entzieht damals dem langjährigen (seit 1976) Ministerpräsidenten Bernhard Vogel das Vertrauen. Carl Ludwig Wagner (CDU), bisher Oberbürgermeister der Stadt Trier, wird in Mainz Ministerpräsident (1987–1991). Die große Wende bringt die Wahl im April 1991, in der die SPD (44,8 Prozent) überraschend mit 6 Punkten vor der CDU (38,7 Prozent) abschneidet. Die SPD ist auf eine Koalition angewiesen; diese ist prinzipiell möglich mit der FDP (6,9 Prozent) oder mit den Grünen (6,4 Prozent). Die SPD entscheidet sich für ein Zusammengehen mit der FDP. Rudolf Scharping (SPD) wird in Mainz Ministerpräsident (ab 1991). Die Wahl ist bundesweit von Bedeutung, da nunmehr die SPD die Mehrheit im Bundesrat besitzt. In NRW hat die SPD schon seit 1980 die absolute Mehrheit mit Johannes Rau als Ministerpräsident (seit 1978, gewählt bis 1995).

Als Protestbewegung zu den „etablierten Parteien" bildet sich eine neue Partei „Die Grünen". Sie finden vor allem Anhänger bei der jungen Wählerschaft, deren aktives Wahlrecht 1970 von 21 auf 18 Jahre, das passive Wahlrecht (also selbst gewählt zu werden) von 25 auf 21 herabgesetzt worden ist. Die „Grünen" kämpfen gegen die zunehmende Belastung von Natur und Umwelt, lehnen ein Wirtschaftssystem ab, das ständiges Wachstum fordert. Sie sind gegen Kernenergie und setzen sich für eine stärkere Gleichberechtigung der Frauen ein. Bereits in den 70er Jahren sind die „Grünen" in Stadt- und Kreisparlamenten vertreten, schaffen den Einstieg in den Landtag von Baden-Württemberg und Bremen und 1983 auch in den deutschen Bundestag. In der Eifel finden die Grünen anfangs nur wenige Anhänger, werden dann aber stärker und sitzen in der 2. Hälfte der 80er Jahre in manchen Gremien von Gemeinden und Kreisen. Bei den Bundestagswahlen (1989) schaffen sie allerdings nicht die 5 Prozent-Sperrklausel; sie verlieren sogar Stimmen in der Eifel. Nur in Koalition mit der ostdeutschen Partei „Bündnis 90" können sie nochmals in den Bundestag einziehen. Sie schneiden schlecht ab, weil sie innerhalb ihrer Partei zu sehr zerstritten sind und die anderen Parteien sich auch der neuen Themen, vor allem des Umweltschutzes annehmen. Seit Juli 1986 gibt es ein Bundesumweltministerium.

3. Wellen wirtschaftlicher Aufwärtsentwicklung

Bereits in den 50er Jahren hat sich bei uns das Wirtschaftswachstum verdoppelt. Von 1960–1966 nimmt die Eifel wie die Bundesrepublik am ökonomischen Aufstieg teil. Es entstehen neue Bauunternehmen, holz- und kunststoffverarbeitende Werke, Kleiderfabriken, eisen- und bleiverarbeitende Betriebe, Werke für Maschinen- und Gerätebau, Betriebsstätten für Nahrungs- und Genußmittel. Dennoch erreicht damals die Südeifel gegenüber der Gesamtentwicklung in Rheinland-Pfalz nur ein Drittel, gegenüber der Bundesrepublik nur ein Viertel des Wirtschaftswachstums.

In jenen Jahren sind am Ausbau der Mosel 4000 Personen beschäftigt, von ihnen ein Teil aus der Südeifel. Nach der Fertigstellung der Bauarbeiten (1964) kommen transporttechnische Vorteile der Mosel auch unserem Gebirge zugute. Mit der Zahl der zunehmenden Betriebe sinkt die Zahl der Arbeitslosen. Selbst zahlreiche Flüchtlinge sind bald arbeitsmäßig integriert. Im Jahre 1961 haben bis zum Bau der Mauer

„Fahrender Warenmarkt", Baasem 1994.

an der Westgrenze zur Bundesrepublik im August viele Menschen die DDR verlassen, zuletzt täglich 1500 bis 2000 Personen.

Gestoppt wird der wirtschaftliche Aufstieg im Herbst 1966; beim Warenbedarf ist eine gewisse Sättigung eingetreten. Die Unternehmer sind verunsichert, sie zögern zu investieren, die Produktion geht zurück. Es betrifft vor allem die Stahlwerke, den Maschinenbau und die Elektroindustrie. Große Firmen lösen ihre Töchterbetriebe in der Eifel auf oder verringern die Zahl der Beschäftigten. Auch das Holzgewerbe und die Steinindustrie sind in Mitleidenschaft gezogen. Insgesamt steigen die Arbeitslosenzahlen im Winter 1966/67 von 100 000 auf fast 700 000 an. Besonders betroffen sind die strukturschwachen Kreise der Südeifel; hier liegt die Quote zwischen 10,7 und 22 Prozent, während der Bundesdurchschnitt 3,4 Prozent ausmacht.

Die wirtschaftliche Krise wirkt sich auch im politischen Bereich aus. Bundeskanzler Erhard (1963–1966) tritt zurück, Kurt Georg Kiesinger wird in Bonn Kanzler einer großen Koalition (1966–1969). In NRW lösen 1966 die Sozialdemokraten in Gemeinschaft mit der FDP die CDU in der Regierung (1958–1966) ab. In Rheinland-Pfalz überwindet die rechtsradikale Nationaldemokratische Partei (NPD) die 5 Prozent-Sperrklausel und zieht in den Landtag zu Mainz ein.

Nun schaffen es Bundeswirtschaftsminister Schiller (SPD) und Finanzminister Strauß (CSU), die eng zusammen arbeiten, in erstaunlich kurzer Zeit „die Karre aus dem Dreck„ zu ziehen. Mit Hilfe von staatlichen Investitionsspritzen (7,8 Milliarden) und mit Krediten kurbeln sie die Wirtschaft von neuem an. Schon 1967/68 geht die Zahl der Arbeitslosen auch in der Eifel zurück. Als unter Bundeskanzler Willi Brandt (1969 bis 1974) die politische Öffnung zum Osten hin erfolgt, betrachtet man diese Entwicklung in der Eifel wie überall mit großem Interesse. Die sozialliberale Regierung verbessert die Beziehungen zur DDR und schließt Verträge mit den Ostblockstaaten, 1970 mit Polen und der UdSSR. Ein langer Frieden scheint bevorzustehen und damit weiteres wirtschaftliches Wohlergehen.

Doch dann folgt ein neuer Einbruch. Arabische Staaten führen 1973 Krieg gegen Israel. Der Krieg dauert zwar nicht lange, aber die Folgen sind erheblich und lang andauernd. Zunächst steigt der Ölpreis von 2,7 auf 9,8 Dollar je Barrel (159 l). Wieder erhöhen sich die Preise, der Export geht zurück, die Steuern klettern, die Inflationsrate nimmt zu. Diesmal überspringt die Arbeitslosenquote die Millionenmarke. Erschütterungen erleiden die Bau-, Elektro- und Chemieindustrie. Besonders die Autoindustrie ist betroffen. Allein das Volkswagenwerk kündigt 1974 25 000 Beschäftigten. Im Winter werden 1,35 Millionen Arbeitslose registriert; es sind 5,9 Prozent der Erwerbstätigen, bis dahin die höchste Quote in der Bundesrepublik. Natürlich ist die Eifel in Mitleidenschaft gezogen. In den Gemeinden des früheren Kreises Schleiden steigt die Zahl der Arbeitslosen von 1,9 Prozent im Jahre 1972 innerhalb der weiteren fünf Jahre auf 7 Prozent (1977) an.

Das Auf und Ab im Wirtschaftsgefüge verunsichert natürlich die Menschen. Noch schlimmer als die materiellen Verluste sind die Auswirkungen im seelischen Bereich.

Man sieht pessimistisch in die Zukunft, glaubt, es habe den Menschen noch nie so schlecht gegangen wie in der Gegenwart. Viele sind der Ansicht, sie könnten es nicht verantworten, Kinder „in die Welt zu setzen". 1972 weist die Bundesrepublik erstmals ein Geburtendefizit auf; die Zahl der Geburten ist geringer als die Zahl der Toten.

Doch nun das Erstaunliche: Der Kreis Bitburg-Prüm stellt bereits 1970, der Kreis Ahrweiler 1971 ein Geburtendefizit fest, und das von uns öfter zitierte Dorf Baasem (E. 500) zählt schon 1968 mehr Tote (5) als Geborene (2). Diese Entwicklung setzt sich dort seitdem konstant fort. Von 1968–1990 stehen 75 Geburten 142 Todesfällen gegenüber.[100] Natürlich spielen bei der Entscheidung der Kinderzahl neben Zukunftspessimismus auch andere Faktoren eine Rolle (Berufstätigkeit der Frau, Wohlstandsdenken). Doch uns kommt es in erster Linie darauf an, aufzuzeigen, daß die Eifel den allgemeinen Trends nicht mehr generell hinterherhinkt. Die Differenz zwischen Stadt und Land ist weitgehend geschwunden; Veränderungen vollziehen sich (fast) gleichzeitig. Natürlich gibt es Unterschiede in der Höhe des Geburtendefizits, das z.B. in den 70er Jahren in der Eifel in wenig unter dem des Bundesdurchschnitts liegt, sich diesem jedoch etwa zehn Jahre später immer mehr angleicht und schließlich zur selben Zahl hin tendiert.

In der zweiten Hälfte der 70er Jahre geht es ökonomisch wieder aufwärts. Vor allem erholt sich die Bauindustrie. Spürbar verbessert sich der Dachschieferbergbau bei Mayen. Das Jahr 1976 bringt der Wirtschaft das größte Wachstum (5,6 Prozent) seit 1949. Bis 1979 steigt der Kurs wieder an, allerdings in der Eifel ein wenig langsamer als in der ubrigen Bundesrepublik. Am hohen Gewinn der Wirtschaft wollen die Gewerkschaften die Arbeitnehmer stärker teilhaben lassen. Ende des Jahres 1978 streiken die Stahlarbeiter mehr als sechs Wochen; sie erreichen eine Lohnerhöhung von 4 Prozent und die stufenweise Einführung der 40-Stundenwoche (bis 1983). Die Arbeitslosenzahl geht seit 1979 leicht zurück und erreicht auch in der Eifel einen Rückgang, z.B. im Altkreis Schleiden um 2 Prozent. Doch dann schwappt der Wirtschaftswellengang wieder nach unten. Die Erdölförderländer (OPEC) schrauben den Ölpreis erneut herauf, von 17 auf 28 Dollar je Barrel. Es kommt zu weltweiten Konjunktureinbrüchen. In der Bundesrepublik wächst der Schuldenbetrag 1981 auf rund 80 Milliarden DM (1980: 60 Mrd.). Die Gesamtschulden von Bund, Ländern und Gemeinden betragen 500 Mrd. DM. In der Bonner Koalition (SPD, FDP) kommt es zu Differenzen in der Wirtschaftspolitik und Zwistigkeiten. Im Oktober 1982 folgt Helmut Kohl (CDU) Helmut Schmidt als Bundeskanzler. Bei Neuwahlen im März 1983 verfehlt die CDU nur knapp die absolute Mehrheit: in der Eifel bleibt sie stärkste Partei, verliert jedoch Stimmen an die SPD. Kohl wird als Bundeskanzler bestätigt und führt eine Koalition mit der FDP.

Die Rezession hat auch die Eifel empfindlich getroffen; manche Betriebe überleben nicht. Doch die gebliebenen Unternehmen des produzierenden Gewerbes vermögen ihre Betriebe zu festigen und zu erweitern, zumal ein Steuerentlastungsgesetz die Wettbewerbsfähigkeit der mittelständischen Unternehmen verbessert. So haben 59

Großbäckerei in Hallschlag.

Betriebe des Kreises Bitburg-Prüm mit 4 450 Personen im Jahre 1983 nicht weniger Beschäftigte als 1979. Im Gebirge sind die kleinen und mittleren Betriebe das Rückgrat der Volkswirtschaft. Nur ganz wenige beschäftigen mehr als 500 Personen.

1983 wird die Mehrwertsteuer auf 14 Prozent angehoben. Der wirtschaftliche Wettbewerb verschärft sich, insbesondere gegenüber der internationalen Konkurrenz. Sogar bei den Wirtschaftsriesen kommt es zu Erschütterungen. Der zweitgrößte Elektrokonzern AEG ist aus Zahlungsunfähigkeit gezwungen, einen Vergleich anzumelden. Das Scheichtum Kuwait erwirbt für 2,35 Milliarden 25 Prozent Höchst-Aktien. In der Bundesrepublik übersteigt die Zahl der Arbeitslosen die 2 Millionen-Grenze. Jede 12. Erwerbsperson ist ohne Beschäftigung. Der Einsatz modernster Computer-Technologie führt bundesweit zu fast 12 000 Firmenzusammenbrüchen und zu massiven Arbeitsplatzverlusten. In NRW steigen die Arbeitslosenzahlen von 4,6 Prozent (1980) auf 11 Prozent (1988), im Altkreis Schleiden in fast derselben Zeit von 5,3 Prozent (1980) auf 12,5 Prozent (1987).[101] Im Mai 1984 tritt ein Vorruhegesetz in Kraft, gültig zunächst für die Geburtsjahrgänge 1926–1930 bei mindestens 65 Prozent des Bruttolohnes. Beeinflußt haben diese Maßnahmen die starken Geburtenjahrgänge der ersten Nachkriegsjahre, die auf den Arbeitsmarkt drängen.

Trotz der hohen Arbeitslosenzahlen bessern sich insgesamt die wirtschaftlichen Verhältnisse. Staatsverschuldung und Preisanstieg können gebremst werden; die Industrie ist wieder bereit zu investieren. Erstmalig übersteigt 1986 das Exportvolumen der Bundesrepublik erheblich das der Vereinigten Staaten, und zwar um 243 Milliarden Dollar. Demgemäß erhöht sich auch die Zahl der Arbeitsplätze.

Besonders spürbar bessern sich die Verhältnisse in der Eifel. Hier überwiegen die kleingewerblichen und die mittelständischen Wirtschaftsbetriebe, für deren Existenzfestigung in jenen Jahren höhere Landeszuschüsse fließen. Die Gelder sind gut angelegt. In der Nordeifel steigt die Zahl der Arbeitsplätze (1978–1986) um 5,8 Prozent (in NRW: 0,2 Prozent). Dasselbe erfreuliche Ergebnis ist in der Südeifel festzustellen: 1987 erreicht allein der Kreis Daun einen Arbeitsplatzzuwachs von 28 Prozent (Rheinland-Pfalz 12 Prozent).

1988 verzeichnet die Weltwirtschaft nochmals einen Konjunkturrückgang. Der Dollar sinkt, bei Kohle und Stahl drohen Massenentlassungen. Hart ist die Eifel betroffen. Hier liegt die Arbeitslosenquote deutlich über dem Bundesdurchschnitt; es verzeichnen der Kreis Daun 16,8 Prozent und der Altkreis Schleiden 11,3 Prozent Erwerbslose. 1988 registriert man im Kreis Daun je 1000 Einwohner 75 Beschäftigte des verarbeitenden Gewerbes, im Lande Rheinland-Pfalz dagegen 102 und in der Bundesrepublik sogar 116 Personen. Doch sehr bald floriert die Wirtschaft wieder, erfreulich hoch ist der Anstieg in der Eifel, wo sogar die niedrigste Arbeitslosenzahl seit Dezember 1980 registriert wird. Die Arbeitslosigkeit beträgt im September 1990 in den Kreisen Bernkastel-Wittlich 5,5 Prozent (so auch im Lande Rheinland-Pfalz), Bitburg-Prüm 5,3 Prozent, Daun 5,6 Prozent; und im Altkreis Schleiden 5,9 Prozent.

Die Eifel hat damit weniger Erwerbslose als zur selben Zeit die Bundesrepublik mit 6,9 Prozent und das Land Nordrhein-Westfalen mit 8,6 Prozent aufzuweisen. Eine erfreuliche Feststellung! Zu dieser Entwicklung haben Flexibilität und andauernder Fleiß der Eifeler Bevölkerung entscheidend beigetragen. Erfreulich ist jedoch auch der Stand in der gesamten Bundesrepublik. Die Handelsbilanz schließt zum Jahresende 1990 mit einem Überschuß von 76,7 Mrd. Dollar ab. Damit verbunden ist ein reales Wachstum von 4,6 Prozent, das höchste seit 14 Jahren (1976). Die starken Warenlieferungen (50 Milliarden DM) in die ehemalige DDR haben dazu beigetragen. Die Zahl der Arbeitslosen sinkt unter die 2 Millionen-Grenze, obwohl über 100 000 Übersiedler und Aussiedler bei uns Zuflucht genommen haben. Dann weckt der Golfkrieg, der Krieg gegen den Irak, neue Ängste.

Im Jahre 1990 entwickelt sich bei uns eine hohe Wirtschaftsblüte, aber noch bedeutender ist das politische Ergebnis des Jahres. Die Menschen der ehemaligen DDR stürmen und rebellieren gegen ihre Obrigkeit. Nach diesem Erfolg fordern sie – schneller, als es alle erwartet haben – die Einheit der Deutschen („Wir sind ein Volk“) und zugleich Freiheit, Rechtssicherheit und Wohlstand. Es ist ein Glücksfall, daß wir in der Lage sind, finanziell großzügig helfen zu können, so daß die Menschen der ehemaligen DDR aus der Talsohle einer Planwirtschaft allmählich unserem

Wirtschaftsniveau näherkommen. Offizieller Tag der deutschen Wiedervereinigung ist der 3. Oktober 1990.

Doch die Euphorie über die neugewonnene Freiheit weicht sehr schnell der Ernüchterung. Die ostdeutsche Wirtschaft ist trotz Finanzspritzen aus dem Westen auf dem internationalen Weltmarkt kaum oder gar nicht wettbewerbsfähig, die Ostmärkte brechen zusammen, und die bauliche Substanz der Städte und Gemeinden ist so marode, daß nur Milliardeninvestitionen den drohenden Zerfall aufhalten können. Ohne die fortwährende Hilfe des Westens wird der Aufschwung Ost nicht zu verwirklichen sein.

4. Die Entwicklung von Handel, Gewerbe und Industrie

Im vorigen Kapitel haben wir den Rahmen der wirtschaftlichen Entwicklung in der Bundesrepublik aufgezeichnet und deren Auswirkungen auf die Eifel vermerkt. Nun wollen wir im einzelnen darlegen, wie sich Handwerk, Gewerbe und Industrie in den letzten Jahrzehnten bei uns entwickelt haben.

Immer mehr kleine Handwerksstätten in der Eifel stellen in diesen Jahrzehnten ihren Betrieb ein. Manche Berufe hat die Zeit überholt, so sind Hufschmied und Stellmacher, der Pflug und Bauernwagen fertigte, nicht mehr gefragt. Andere Handwerker werden weiter benötigt, aber sie schaffen den Anschluß an die moderne Zeit nicht; vielfach fehlt auch der Nachfolger. Die Herstellung der Produkte hat sich durch Technisierung und Rationalisierung entscheidend geändert. Die meisten der ehemaligen Werkstätten sind technisch-kaufmännische Betriebe geworden, in denen mit verbesserten Werkzeugen und modernen Kleinmaschinen größere Leistungen erzielt werden. Von ihnen sind viele zu Mittelbetrieben angewachsen und von einem größeren Kundenkreis abhängig, der infolge der guten Verkehrsmöglichkeiten auch in weiter entfernten Gebieten bedient werden kann. So gibt es in den Städten rings ums Gebirge heute Eifeler Landbrot, um nur einen Handwerkszweig herauszustellen. Großbäckereien befinden sich etwa in Daun (Großbäckerei Servaty) und in Hallschlag.

In einzelnen Ortschaften haben es einige Handwerkszweige zu wirtschaftlichem Erfolg gebracht. Über die Eifel hinaus ist Marmagen bekannt durch seine Stukkateure. In Mayen blüht das Dachdeckerhandwerk und besonders die Kunst des Schieferdeckens. Brockscheid kennt man weithin durch das Gießen von Kirchenglocken.[102] Die im 19. Jahrhundert in der Eifel blühende Gerberindustrie, die in der ersten Hälfte des 20. Jahrhunderts (außer im 1. Weltkrieg) keine entscheidende Rolle mehr spielt, hält sich nach dem 2. Weltkrieg nur noch in einigen kleinen Betrieben im Raume Prüm und in Münstereifel. Diese Familienunternehmen müssen allerdings scharf kalkulieren, um überhaupt bestehen zu können. 1969 schließt in Münstereifel

Produkte vergangener Handwerke heute im Bauernmuseum, Lammersdorf.

Geräte, Bauernmuseum, Lammersdorf.

Sattel und Lederriemen, Bauernmuseum, Lammersdorf.

die letzte Eichenlohgerberei (Fa. Hoever) nicht nur der Eifel, sondern des ganzen Rheinlandes.

Von den Eisenbetrieben in der Eifel haben sich drei ins 20. Jahrhundert hinübergerettet, die Werke in Jünkerath, Quint und Vussem. Die Jünkerather Maschinenfabrik[94] wird 1965 von der DEMAG übernommen, entwickelt sich schnell aufwärts und zählt 1967 bereits 700 Beschäftigte und um 1970 850 Personen. Die Wirtschaftskrise 1973/74 überlebt das Werk, doch muß es seine Belegschaft verringern. Das wirtschaftliche Tief des Jahres 1982 zwingt das Unternehmen, die Maschinenfabrik aufzugeben. Nur die Gießerei bleibt bestehen; sie zählt 1987 270 Beschäftigte.

Die Eisenhütte in Quint, die seit 1951 zum Klöckner Konzern gehört, steigert in den 60er Jahren die Produktion, die Belegschaft zählt 1964 über 400 Beschäftigte. 1971 produziert die Gießerei noch 9 600 Tonnen, übersteht aber die Krise in der Stahlindustrie nicht, so daß das Werk 1972 mit 300 Beschäftigten endgültig seinen Betrieb einstellt.[103]

Das Werk in Vussem, das mehrfach den Besitzer wechselt (bis 1954 Firma Girards, dann Fa. Dörries, ab 1988 die Firma Dörries-Scharmann) schließt die Eisengießerei im Jahre 1978. Es bleibt dann nur die Fabrik, die sich auf den Bau von Werkzeugmaschinen spezialisiert. 1990 hat der Betrieb in Vussem 380 Beschäftigte mit 30

Auszubildenden.[104] Größter Arbeitgeber der Nordeifel ist die Otto Junker Stiftung in Lammersdorf (Gemeinde Simmerath), die das Unternehmen (gegründet 1924) nach dem Tode des Alleininhabers Dr. ing. Otto Junker übernommen hat. Das Werk, das 830 Mitarbeiter beschäftigt (1990), davon 64 Auszubildende, zählt 1990 noch zu den international renommierten Herstellern von Anlagen zum Schmelzen, Gießen, Wärmebehandeln und Erwärmen von Metallen. Das Unternehmen hat in 40 Ländern Niederlassungen; „Junker-Anlagen" sind in mehr als 70 Staaten der Erde installiert. Ein wesentliches Ziel der Firma ist die Förderung des qualifizierten Ingenieurnachwuchses.[105]

Schon im ersten Tief unseres Zeitraumes (1966) verstummt die letzte Traßmühle der Eifel. Im Brohltal sind die Zeugen einer einst blühenden Steinindustrie noch zu sehen: graufarbige Traßfelsen mit vielen Höhlen und Tunnels. Auch die meisten Steinbruchbetriebe im Raume Kottenforst überleben die 60er Jahre nicht, da sie zu kostenaufwendig arbeiten. Der „Verein Basaltwerke für Mayen und Umgebung" hält sich nur bis 1970.

Den Traß hat die Zementindustrie verdrängt. Die Kalkbrüche im Gebiet der Eifeler Kalkmulden und die dortigen Zementwerke in Sötenich und Ahrhütte steigern ihren Umsatz. Auch die Bimsindustrie arbeitet in den Jahren der wirtschaftlichen Belebung auf Hochtouren. Ihr Absatz nimmt ständig zu.[106] Die Bauindustrie blüht in jenen Jahren. Allerdings nimmt die Zahl der Beschäftigten stark ab, weil die Produktion mehr und mehr automatisiert wird.

Die Holzindustrie ist in der Eifel von besonderer Bedeutung, da hier der Waldbestand mehr als ein Drittel der Gesamtfläche ausmacht. Die meisten Sägewerksbetriebe liegen rohstofforientiert in den waldreichen Gebieten.[107] Das Zusammenwachsen Europas schafft größere Märkte, nimmt der Eifel auch die Randlage. Das gut ausgebaute Straßennetz läßt über den Hauptleistungsträger LKW Entfernungen an Bedeutung verlieren. Hierzu kommt ein fleißiger Arbeiterstamm – hier sind Arbeitskräfte noch verfügbar. All das hat auch in der Eifel zu einer Industrialisierung der Sägewerke geführt. Sie arbeiten mit viel Technik mittels Gatter, aber

Otto Junker Stiftung, Lammersdorf, Wassergekühlte Kokille.

Zementwerk Sötenich, bei Urft.

Sägewerk Krumpen, Frauenkron.

doch zunehmend mit Spanertechnik in Verbindung mit Band- oder Kreissägen. Die Betriebsgrößen wachsen ständig. Vor 20 Jahren war ein Sägewerk mit 25.000 Festmeter Einschnitt groß. Heute gilt dies für 100.000 Festmeter. So, wie es im Hunsrück eine Konzentration namhafter Groß-Sägewerke gibt, erleben wir gerade jetzt in der Eifel den Betrieb oder die Installierung von immerhin 5–6 größeren Spanerbetrieben auf engstem Raum. Es sind dies die Firmen Gross in Schöneseiffen, Schuhmacher in Kall, Hermes in Stadtkyll, Krumpen in Hallschlag mit vorgeschalteter belgischer Rundholzhandlung, die Firma Schuhmacher in Nettersheim sowie die Firma Graf Beissel in Schmidtheim. Die Kapazität liegt zusammen bei über einer halben Million Festmetern. Die Betriebe schneiden Nadelholz ein, genauer gesagt die Fichte, den Preußenbaum also. Man kann sagen, die Fichte ist der Brotbaum der Eifel, übrigens auch der Brotbaum vieler Gemeinden. Laubholz wird weniger eingeschnitten, nur etwa ein Zehntel der Nadelholzmenge. Die höhere Produktivität führt zu einem Rückgang der Beschäftigten in den Produktionsanlagen. Die erwähnten 500.000 Festmeter bieten etwa 300 Menschen Arbeit.

Absatzschwerpunkte des Schnittholzes sind: die großen Städte Köln, Aachen, Bonn, Trier, das Ruhrgebiet, die Großräume Hamburg und Frankfurt, zunehmend die neuen Bundesländer, nicht zuletzt Nord-Belgien, Holland, Frankreich, England. Andererseits bewirkt das Angliedern einer Weiterverarbeitung zur besseren Wertschöpfung zusätzliche Arbeitsplätze. Die Arbeiter und Angestellten sind gut bezahlt und gut ausgebildet.

So naheliegend es auch ist, den einzelnen Sägebetrieben Weiterverarbeitungen anzugliedern, so selten wird es praktiziert. Vielmehr wurden große weiterverarbeitende Betriebe mit teilweise noch höherem Kapitalbedarf und wesentlich mehr Beschäftigten als selbständige Einheiten konzipiert und aufgebaut. Es sind dies: Fenster Meeth; Renerwest, Kaisersesch; Mohr-Holzleimbau, Trier; Fa. Josef Müller, MOMÜ-Fenster, Trier; Fa. Oster Massivholzmöbel, Cochem; Borne Türen, Trier; Fa. Wagner Leistenfabrik, Andernach; Fa. Streif-Fertigbau, Weinsheim; Türenwerke Streif, Weinsheim; Prümer-Holzbau; Howesta-Türenfabrik, Kruft.

Das Bier, das Betriebe in zahlreichen Orten in der Eifel viele Jahrhunderte hergestellt haben, war wegen seiner hervorragenden Wasserqualität sehr begehrt. Wegen dieses Gütezeichens, aber auch weil sich manche Inhaber als gute Kaufleute erwiesen haben, behaupten sich weiterhin eine Anzahl kleiner Brauereien gegenüber der großen Konkurrenz. Sie sind zu mittelgroßen Betrieben angewachsen, so die Brauereien in Gemünd, Monschau (Felsenkeller), Mayen und Niedermendig. Die Firma Th. Simon in Bitburg hat sich zu einer der bedeutendsten Privatbrauereien Deutschlands und zu einer der modernsten Braustätten Europas entwickelt. Der Slogan „Bitte ein Bit" wirbt in ganz Deutschland nicht nur für ein hervorragendes Bier, sondern auch für die Stadt Bitburg. Die Firma Simon setzte 1990 3 Millionen Hektoliter Bitburger Pils ab und steigert damit gegenüber dem Vorjahr ihren Umsatz um 14,4 Prozent auf fast 420 Millionen DM. Der gesamte Getränkeabsatz der Bitburger Gruppe erreicht 1990 ein Umsatzvolumen von weit über 800 Millionen DM.

Felsenkeller Brauerei, Monschau.

Kalk- und Adolitwerk Pelm bei Gerolstein.

Weithin bekannt ist auch das Eifel-Mineralwasser: Die Apollinaris-Quelle kommt aus Bad Neuenahr, die Nürburgquelle aus Dreis-Brück. Den Herkunftsort zeigen selbst an: der „Tönnissteiner – der Dauner (Dunaris) sowie der Gerolsteiner Sprudel. Der Gerolsteiner Sprudel“ ist mit rund 500 Beschäftigten der größte Arbeitgeber der Stadt Gerolstein. Das Mineralwasser, ein Geschenk der Natur, ist in unseren Tagen zum beliebtesten alkoholfreien Getränk geworden.

Zu einem eigenen Industriestandort hat sich Wittlich (16 000 E.) entwickelt . Der Stadt ist es gelungen, durch eine kontinuierliche Wirtschaftsförderung mit derzeit etwa 14 000 Beschäftigten (viele Einpendler) ein beliebter Industriestandort zu werden, wozu nicht zuletzt die günstige Verkehrslage der Stadt beigetragen hat. Die bekanntesten Betriebe sind das Armaturenwerk der Firma Ideal Standard (1900: 1 200 Arbeitsplätze), die Dunlop Reifenwerke (800 Beschäftigte) sowie „Dr. Oetkers Tiefkühlkost GmbH“ (400 Beschäftigte).

Im Kreise Bitburg-Prüm haben Dudeldorf, Irrel, Speicher, Ferschweiler und Mettendorf in den 80er Jahren Gewerbegebiete ausgewiesen und damit neue Industrien angesiedelt, die auf den Binnenmarkt ausgerichtet sind. Die Stadt Prüm (5 500 E.), die ihre Bedeutung als Gerberstadt einbüßte, hat sich ebenfalls für neue Industrien geöffnet. Eine Reihe Arbeitsplätze bieten: ein bedeutender holzverarbeitender Betrieb, ein Werk für Fertigbauten, eine Fabrik zur Herstellung von Motor- und Metallkreissägen und eine Niederlassung für den landwirtschaftlichen Bereich (Trocknungs – Saatgut – Siloanlagen).

Auch in der Stadt Gerolstein (8 000 E.) bieten neben dem „Gerolsteiner Sprudel“ ein Betonwerk, eine Drahtwaren- und eine Pumpenfabrik hunderten Personen Beschäftigung. Von ihnen kommen viele aus dem nahen und weiten Umland. So hat Gerolstein sechsmal soviel Einpendler (2 100) wie Auspendler (350). Die Einpendler Gerolsteins und die der anderen Eifeler Städte kommen jeweils aus den vielen Orten der nahen und weiten Umgebung. Fast 2 000 Auspendler registriert 1987 der Kreis Bitburg-Prüm. In der Verbandsgemeinde Arzfeld sind 56 Prozent Tagespendler und 1800 Wochenpendler. Die Verbandsgemeinde Neurburg (11 000 E.) zählt 2 200 und die Gemeinde Blankenheim 1 500 Auspendler, von denen viele im Kölner Raum einer Arbeit nachgehen. Die Eifel erreicht eben noch nicht die Leistungsstärke der Regionen in der Ebene.

5. Die revolutionäre Veränderung in der Landwirtschaft

Schon in den 50er Jahren hat sich in der Eifel die Landwirtschaft gewaltig verändert. Doch in den drei letzten Jahrzehnten vollzog sich eine riesengroße Umwälzung im Agrarbereich. Die wesentlichen Merkmale sind:

1) Auf derselben Fläche wird das Doppelte an Ertrag erzielt,

2) Erheblich weniger Arbeitskräfte leisten diesen Mehrertrag.

Gründe für die Ertragssteigerung sind:
- das bessere Saatgut,
- der gezielte Einsatz der chemischen Düngemittel,
- die wirksame Schädlingsbekämpfung,
- die Hochleistungsqualität des Rindviehs,
- die Zusatzfütterung mit Kraftfutter,
- eine bessere Bodennutzung nach dem Flurbereinigungsverfahren,
- die intensive Bodenverarbeitung durch moderne Maschinen,
- die bessere Ausbildung der Landwirte,
- die Spezialisierung,
- die (verfehlte) Agrarpolitik der EG.

Was einst Menschenhand und Menschenkraft bewirken mußten, leisten heute in besserer Qualität veränderte Anbau-Methoden, die Mechanisierung und die Anwendung der Chemie bei Düngung und Pflanzenschutz. Immer größere und verbesserte Maschinen werden eingesetzt: Ackerschlepper, Saatmaschinen, Düngerstreuer, Heuwender, Heulader, Mähmaschinen, Mähdrescher, Ballenpresser. Das einst anstrengende und zeitraubende Handmelken besorgt nun überall die Melkmaschine. Den

Milchunion Hocheifel „Muh", bei Pronsfeld.

Bauernhof, Rheinisches Freilichtmuseum, Kommern.

einst von Ochsen in langsamen Trott gezogenen hölzernen Bauernwagen gibt es nicht mehr. Traktoren befördern heute auf leichten gummibereiften Wagen die schweren Lasten zielsicher und effizient. Diese Anschaffungen erfordern viel Geld, und deshalb ergeben sich für die meisten hohe Betriebskosten, die kaum einen Überschuß belassen oder lediglich eine Verdienstspanne, die zum Leben nicht ausreicht. So sehen sich die kleineren, durchweg auch mittleren Landwirte wirtschaftlich gezwungen, von der Landwirtschaft Abstand zu nehmen. Die Tendenz geht zu einem größeren Flächenbestand, um überhaupt überleben zu können.

Den allgemeinen Entwicklungsverlauf zeigt das Beispiel Baasem: 1960 gibt es hier noch 94 Familien, die nur in der Landwirtschaft tätig sind. Bis 1990 haben alle 37 Familien, die bis zu 5 ha Landfläche bearbeiten, die Landwirtschaft aufgegeben. Von den übrigen 57 Betrieben haben bis heute zwei Drittel den bäuerlichen Berufsstand verlassen. Übrig geblieben sind nur noch 18 Betriebe, von denen heute sieben im Haupterwerb und 11 im Nebenerwerb Landwirtschaft betreiben. Also in den letzten 30 Jahren sind mehr als vier Fünftel der Betriebe aufgegeben worden; dieser Abwärtstrend wird sich in Zukunft fortsetzen.

Dieselbe Entwicklung vollzieht sich in der gesamten Eifel. In den letzten 40 Jahren (1950–1990) sind von den Bauernhöfen der Eifel bis zu einer Größe von 20 Hektar

Geräte für die bäuerliche Selbstversorgung.

etwa zwei Drittel verschwunden.[108] Im Kreise Daun liegt die Zahl noch höher: Von 7 200 Betrieben im Jahr 1949 sind 1989 noch 2 100 übriggeblieben. Von den landwirtschaftlichen Betrieben in der Größenordnung 20–30 Hektar hat ebenfalls ein beträchtlicher Anteil aufgegeben. Die freigewordenen Flächen übernehmen in der Regel die Bauern, die 30 und mehr Hektar bewirtschaften. Ihre Höfe sind flächenmäßig um mehr als die Hälfte gewachsen, z.T. sogar um ein Vielfaches, wie die Statistik aufweist. Die Landkreise Bitburg-Prüm, Bernkastel-Wittlich und Daun besitzen 1989 (in derselben Reihenfolge) 232 (44), 161 (20), 133 (14) Bauernhöfe mit 50 und mehr Hektar Größe. (In Klammern die Zahlen von 1971). Viele Bauernhöfe siechen in der Eifel wie in der ganzen Bundesrepublik aufgrund zu kleiner Betriebsgrößen wirtschaftlich dahin. Andere Länder haben einen besseren Zuschnitt ihrer bäuerlichen Betriebe und besitzen deshalb im internationalen Markt eine bessere Ausgangsposition, wie unsere Tabelle zeigt:

Die durchschnittliche landwirtschaftliche Betriebsgröße

in Rheinland-Pfalz	13,0 ha Flächenausstattung
in der Bundesrepublik Deutschland	17,6 ha Flächenausstattung
in Frankreich	30,7 ha Flächenausstattung
in Großbritannien	68,9 ha Flächenausstattung
in USA	185,0 ha Flächenausstattung

Dazu kommen z.B. in Frankreich und in den meisten Regionen Amerikas bessere klimatische Verhältnisse.

Die aufgegebenen Landflächen übernehmen in der Regel die Bauern, die 30 und mehr Hektar bewirtschaften. Im Kreis Daun hat die Zahl der Betriebe, die über 50 ha Größe liegen, allein in 8 Jahren (1978–1986) um mehr als das Doppelte zugenommen, von 41 auf 88. Dort bearbeiten die über 40 ha großen Betriebseinheiten ein Drittel der gesamten landwirtschaftlichen Nutzfläche.

Durch die Flurbereinigungsverfahren sind manche Betriebe außerhalb der Ortschaft als Siedlungshöfe inmitten des eigenen Landbesitzes neu entstanden. So fallen die langen Zeiten für An- und Abfahrt weg; auch lassen sich große Flächen zeitsparender bewirtschaften. Die bessere Ausbildung der Landwirte und der Übergang zur Spezialisierung ermöglichen ebenfalls bessere Erträge.

Bisher waren die Landwirte der Hocheifel weitgehend Selbstversorger. Sie haben zwar überwiegend Viehzucht betrieben, aber haben einen großen Teil ihrer Landflächen auch unter den Pflug genommen (rund 1/3), um ihre Großfamilie und die Tiere (Rinder, Schafe, Schweine, Hühner) mit allem versorgen zu können. Die dann noch zur Verfügung stehenden Felder reichten als Grünland nicht aus, um weitere Tiere zu halten.

In unserer Zeit erfolgt der große Wandel vom Selbstversorger zum Spezialisten: in der Zentraleifel zum Milch-Viehhalter, zumal sich die günstige Gelegenheit bietet, durch Kauf und Pacht den eigenen Betrieb zu erweitern und so einen größeren und damit mehr lohnenden Viehbestand zu halten. Die meisten ehemaligen Ackerfelder werden nun Grünland (Kreis Daun fast 70 Prozent) und geben der Gemarkung ein neues Landschaftsbild.

Die Milchwirtschaft allein bringt zumindest soviel ein, daß man sich schließlich ganz auf diese verlegt und mit dem erlösten Geld andere Lebensmittel kaufen kann. Der Prozeß der Spezialisierung vollzieht sich in erstaunlich kurzer Zeit. Einige Bauern ziehen noch Kartoffeln und Gemüse für den eigenen Bedarf. Die meisten kaufen jedoch alles ein: Brot, Eier, Kartoffeln, Gemüse. Sie beziehen aus der Molkerei auch Milchprodukte (Butter, Käse, Quark, Sahne), sogar Kraftfutter, das erstmalig zum Preis der Milch in einem günstigen Verhältnis liegt.

Inzwischen haben sich die Molkereien auf eine große und jährlich steigende Milchlieferung eingestellt. Zu den erfolgreichen Molkerei-Genossenschaften gehören die Molkerei Blankenheim, das Molkereiwerk Hillesheim und die Milchunion Hocheifel, die sich aus den Molkereien Bleialf, Schönecken, Üttfeld und Mettendorf gebildet hat. Bereits 1966 beträgt die Gesamtlieferung an die Molkereien der Eifel 300 Millionen kg; 100 Millionen DM Milchgelder fließen damals an die Tierhalter. Bis 1990 erreicht allein die Milchunion Hocheifel fast die gleiche Milchanlieferung.[109]

Milchanlieferung an die Milchunion	Durchschnittslieferung pro Kuh und Jahr
1950 6 Mio Liter	rund 1 100 Liter
1960 37,5 Mio Liter	rund 2 200 Liter
1970 90 Mio Liter	rund 3 336 Liter
1980 130 Mio Liter	rund 4 209 Liter
1985 209 Mio Liter	rund 4 546 Liter

Die Milchviehhaltung, zu der es in der Hocheifel keine Alternative gibt, hat sich zum Schwerpunkt der Landwirtschaft herausgebildet. Aber immer weniger Menschen finden eine ausreichende Existenz in der Landwirtschaft. Im Kreise Daun betrug der

Anteil der Erwerbstätigen in der Land- und Forstwirtschaft 1970 noch 25,6 Prozent, im Jahr 1988 nur noch 7,9 Prozent. Viele freigewordenen Arbeitskräfte aus der Landwirtschaft haben als Arbeiter und Angestellte einen Arbeitsplatz gefunden. Manche sind in den Dienstleistungssektor abgewandert, der mit 55 Prozent im Kreis Daun eine wichtige Rolle spielt. Die meisten fanden auswärts eine Beschäftigung, zumal wenn sie bereit waren, eine weite Anfahrtsstrecke in Kauf zu nehmen. Für die Arbeitssuchenden der Nordeifel bieten sich günstigere Gelegenheiten. Für sie liegen die Verdichtungsgebiete Köln/Bonn und das Wirtschaftszentrum Aachen in relativer Nähe.

Ein großer Anteil der kleineren und mittleren landwirtschaftlichen Höfe in der Eifel sind im Gegensatz zu den großen Betrieben nicht existenzfähig. Die Eltern arbeiten noch aus Anhänglichkeit, die Kinder aber haben sich längst eine andere Beschäftigung gesucht. So ist schon vorprogrammiert, daß die Zahl der landwirtschaftlichen Betriebe weiter schrumpfen wird. Von den 2 180 landwirtschaftlichen Voll- und Nebenerwerbshöfen (1988) werden sicher noch einige hundert verschwinden. Verhältnismäßig wenige Menschen arbeiten heute (1990) noch hauptberuflich in der Landwirtschaft. Es sind

Blick in einen halbverlassenen Hof.

in Rheinland-Pfalz	4,7 Prozent
in Nordrhein-Westfalen	2,3 Prozent
im Kreise Euskirchen	3,7 Prozent

Den Bauern in der Eifel geht es heute zwar erheblich besser als in früheren Jahrzehnten und Jahrhunderten. Aber das Einkommen liegt unter dem Normalverdienst anderer Berufsgruppen. Vor mehr als hundert Jahren hat man den Fehler gemacht, die Preise für Agrarprodukte bewußt niedrig zu halten, dafür aber die Preise für alle anderen Waren verhältnismäßig hoch anzusetzen. Denselben Fehler haben auch viele andere Länder gemacht. Dadurch ist der Einkommensstand der Bauern in Relation zu anderen Gewerben niedrig geblieben. Die Schere im Einkommen zwischen den übrigen Berufsgruppen und dem Bauernstand klafft heute finanziell so weit auseinander, daß die Landwirte nur durch Subventionen des Staates und der EG recht und schlecht über die Runden kommen. Sechs Staaten (Italien, Frankreich, die Bundesrepublik Deutschland, die Benelux-Staaten) gründen 1957 die Europäische Wirtschaftsgemeinschaft (EWG) mit dem Ziel, einen gemeinsamen Markt auch für die ländlichen Produkte zu schaffen, und zwar mit festen Preisen und Abgaben.

Wegen ihrer großräumigen landwirtschaftlichen Flächen und der meist besseren klimatischen Verhältnisse können die Farmer in den USA, in Kanada, Australien, Neuseeland billiger produzieren als wir in Europa. Die EWG setzt deshalb die Preise für landwirtschaftliche Produkte niedrig an, schüttet aber dafür Subventionen an die Landwirtschaft aus und garantiert die Abnahme der Produkte. Preis- und Absatzgarantien sowie Subventionen sind jedoch ökonomisch bedenklich, auf jeden Fall widersprechen sie den Prinzipien der Marktwirtschaft. Da die Landwirte für ihre Produkte einen relativ hohen Preis erzielen, produzieren sie immer mehr; Absatz und Preis sind ja garantiert. Die Überproduktion hat negative Auswirkungen; die intensive Bodenbenutzung mit hohem Einsatz von Kunstdünger und Pflanzenschutzmittel laugt den Boden aus und schädigt das Grundwasser. Die Produktion immer mehr zu fördern, statt die Überschüsse zu drosseln, ist eine falsche Agrarpolitik. Die Vorratsstellen, die alles abnehmen, haben schließlich einen gewaltigen Überschuß. Es bilden sich volle Getreidesilos, Butterberge und Trockenmilch- Bestände. Diese Lagerungen kosten viel Geld. Anschließend werden die Produkte billig im Inland oder weit unter Preis ins Ausland (z.B. in die frühere Sowjetunion) abgesetzt. Nur mit enormen Preisabschlägen läßt sich die Ware verkaufen.

Inzwischen hat sich der Bereich der EWG vergrößert; er nennt sich jetzt Europäische Gemeinschaft (EG), da man neben der wirtschaftlichen auch die politische Einheit erstrebt. Es schließen sich der Vereinigung 1973 Dänemark, Großbritannien und Irland an, später noch Griechenland (1981), dann Spanien und Portugal (1986). In den drei Jahren (1983–1985), in denen 9 Länder zur EG gehören, werden in der Gemeinschaft jährlich etwa 2,2 Millionen Tonnen Butter gefertigt. Davon werden 1 Mio. Tonnen zu normalen Preisen abgesetzt, 600 000 to verbilligt (bis 60 Prozent Nachlaß) der Nahrungsmittelindustrie und privaten Käufern im Inland meist zu

Weinberge bei Ahrweiler.

Weihnachten angeboten. Die verbleibende 1 Million t verkauft die EG ins Ausland zu Preisen, die die Herstellungskosten bei weitem nicht decken. Jemand hat ausgerechnet[110], daß 1 Million Tonnen Butter 4 Milliarden Stück Butter zu je 250 Gramm ergeben, das entspricht einem Berg von der Höhe der Kölner Domtürme (157 m) und einer Grundfläche von 82 m^2. Die Überschuß-Butter geht z.B. 1984 an die damalige Sowjetunion, dabei entsteht ein Verlust von 1.40 DM je Päckchen. Bei 4 Milliarden Stück zahlt der Steuerzahler demnach eine Subvention von 5,6 Milliarden DM.

Immer noch herrscht ein Überschuß an Agrarprodukten. Der Staat ist verpflichtet, das aufzukaufen, was der Markt nicht freiwillig abnimmt. Die Lagerhäuser der EG speichern Ende 1990 einen Überschuß von:

18	Millionen Tonnen Getreide
700 000	Millionen Tonnen Rindfleisch
300 000	Millionen Tonnen Butter

Dabei entstehen weiter Milliarden Kosten für die Lagerung wie für die Verwertung der überschüssigen Produkte, die sich nur mit enormen Preisabschlägen verkaufen lassen. Garantiepreise und Subventionen entsprechen nicht der gültigen Marktwirtschaft. Aber noch fehlt der große Durchbruch seitens der Politik.

Diese verfehlte Politik ruft überall Kopfschütteln hervor, ebenso bei unseren Landwirten, denen es auch nicht paßt, sich ständig als Almosenempfänger fühlen zu müssen. Aber nur größere Absatzmengen und relativ hohe Preise gewähren ihnen ein einigermaßen ausreichendes Einkommen. Um dem Überangebot an Waren entgegenzuwirken, geht man bald den umgekehrten Weg: man unterstützt die Bauern, wenn sie ihre Produktion drosseln oder gar den Betrieb schließen.

Dieselbe falsche Politik wie in der Bauernschaft ist bei den Winzern an Mosel und Ahr angewandt worden. Diese bekommen zunächst Zuschüsse, um möglichst viele Rebstöcke, sogar in den Tälern anzupflanzen. Bald wird zuviel Wein erzeugt, es gibt einen Wein-See, schließlich folgen wie bei den Bauern Subventionen, wenn man Flächen wieder stillegt. Die Winzer an der Mosel haben dieselben Absatzsorgen, obwohl sich ihr Wein, besonders der Riesling, einen guten Namen erworben hat. Nicht anders geht es den Winzern an der Ahr, wo sich das größte Rotweingebiet Deutschlands befindet.

Viele landwirtschaftliche Betriebe sind und bleiben in der Krise. Manchen von ihnen dürfte sich ein neues Arbeitsfeld eröffnen, nämlich die Beschäftigung in der Landschaftspflege und beim Landschaftsschutz. Gute Aussichten bestehen auch bei der Umstellung des Betriebes auf biologischen Anbau, d.h. Verzicht auf chemische Düngung und auf giftige Spritzmittel. Innerhalb von fünf Jahren muß der Gesamtbetrieb auf biologisch-dynamische Anbauweisen umgestellt werden.

6. Vermehrte Umweltschäden und wachsendes Umweltbewußtsein

Seitdem Menschen auf dieser Erde sind, gibt es Eingriffe in die Natur und damit Umweltschäden, die sich jedoch in der Vergangenheit in Grenzen hielten. Noch bis zum Zweiten Weltkrieg wissen die Bewohner der Eifeldörfer, das Problem der Entsorgung von Abfällen sinnvoll zu lösen. Ein Teil der Abfälle (Essensreste, Gemüseabfälle, Kartoffelschalen) landen in den Viehtrögen, andere nicht genießbare Weichteile auf dem Misthaufen. Die festen Gegenstände werden in eine dafür vorgesehen Grube oder auf einen Sammelplatz eingelagert, wohin das Material einmal oder mehrmals jährlich gefahren wird.

In der Zeit nach dem letzten Weltkrieg wird jenes jahrhundertelang geltende Verfahren außer Kraft gesetzt. Immer kleiner ist die Zahl der landwirtschaftlichen Betriebe geworden; es fehlen somit die Viehtröge und die Misthaufen. Dann fällt bei wachsendem Wohlstand immer mehr Abfall an: Flaschen, Gläser, Plastiktaschen, Pergamentpapier und anderes Packmaterial, und zwar in solcher Fülle, daß eine geregelte Entsorgung von der einzelnen Familie nicht mehr zu bewältigen ist.

Nach einem Abfall-Beseitigungs-Gesetz (1972) werden die Landkreise und die kreisfreien Städte für eine geordnete Abfallbeseitigung verantwortlich gemacht. Sie sind gehalten, die entstehenden Kosten durch Gebühren wieder hereinzuholen. Die

Familien werden verpflichtet, Mülleimer anzuschaffen, die von der Müllabfuhr geleert werden.

Ein ernstes Problem ist auch in der wasserreichen Eifel das Wasser geworden. Durch Gülle, Überdüngung und Verschmutzung werden Fließgewässer verseucht und langsam das Grundwasser beeinträchtigt. Das Trinkwasser ist nicht mehr so rein wie früher. Ärgerlich ist es, wenn wegen Wasserverschmutzung die normale Wasserleitung gesperrt werden muß. Aus hygienischen Gründen werden an das Trinkwasser hohe Anforderungen gestellt, vielfach sind Zusatzmittel wie Chlor notwendig. Auch wächst die Erkenntnis, daß das köstliche Naß nicht unbegrenzt zur Verfügung steht. Um hier zu sparen und die Kosten gerecht zu verteilen, werden auch in den Häusern der Eifeldörfer Wasseruhren angebracht.

Neben der Versorgung mit frischem Wasser ist auch die Entsorgung der Abwässer zu einem Problem geworden. Im allgemeinen werden die Gebrauch- und Schmutzwasser in eine Kanalisation und dann in eine Kläranlage geleitet, deren Bau sich als kostspielig erweist. Die Gemeinde Dahlem muß wegen ihrer weiten Flächenausdehnung (93 km^2) und wegen großer Höhenunterschiede gleich drei Kläranlagen mit einem Kostenaufwand von 40 Millionen DM bauen (1979–1985). Anschließend wird die nach Einwohnern kleinste Gemeinde (3800 E.) in NRW zum größten Schuldner im Land. Auch die Entsorgung der Gülle, die durch den größeren Viehbestand in Menge anfällt, richtet weiteren Schaden an. Man fährt die Gülle auf die Felder, aber ein „Zuviel“ verursacht eine Versäuerung des Bodens mit vielen Folgeproblemen für Pflanzen, Nutztiere und den Wasserhaushalt. Eine Überdüngung jedweder Art ist schädlich.

Unkrautvernichtungsmittel (Pestizide) belasten ebenfalls das Erdreich in Gärten und auf Feldern. Die Rückstände des chemischen Düngers und der Pestizide führen der Erde viele Salze und Schwermetalle zu. Pflanzenschutzmittel (Herbizide) haben für den Ertragsanstieg des Getreides eine positive Wirkung, verringern aber die Vielfalt der Wildpflanzen und belasten ebenfalls den Boden. Insektenschutzmittel vernichten zwar die schädlichen Insekten, aber sie treffen ebenso die nützlichen Kleintiere, ganz abgesehen davon, daß man dadurch den Vögeln die Nahrungsgrundlage entzieht.

Die intensiven Ackerbaumethoden und die zunehmende Technik tun oft ebenfalls dem Boden Gewalt an. Wissenschaftler haben festgestellt: ein Gramm gesunder Boden enthält 1 Milliarde (!) Bodenbakterien, 1/2 Million Pilze und 100 000 Algen.[111] Boden ist also ein lebendiger Organismus, der die absterbenden Teile der Pflanzen zersetzt, sie in Humus umwandelt und zugleich die im Boden befindlichen Mineralien verarbeitet, die wiederum den Pflanzen die für sie notwendigen Nährstoffe liefern. Ohne Mikroorganismen können Pflanzen nicht existieren.

Viele Erkenntnisse, die wir heute haben, waren noch vor Jahrzehnten nicht in das allgemeine Bewußtsein gedrungen. Damals war es das Ziel der früheren Kulturämter (heute: Landesämter für Agrarordnung), möglichst viel Nutzland zu schaffen. Auf den nicht bewirtschafteten Naturraum nahm man keine oder nur wenig Rücksicht;

es wurden Feuchtwiesen und wasserreiche Senken trockengelegt, Böschungen gerodet, Bäche begradigt und Entwässerungsgräben gezogen. Heute bemühen sich die Umlegungsbehörden, die verschiedenen Kleinlebensräume zu erhalten, die Böschungen mit Weißdorn, Schneeball, Traubenkirsche, Ahorn, Aspe und Schlehdorn zu bepflanzen und an den Wirtschaftswegen Sträucher und Bäume anzulegen.

Die Urft, kanalisiert bei Schmidtheim.

1971 bildet sich in der Nordeifel eine „Arbeitsgemeinschaft Umweltschutz" mit dem Ziel, die Bewohner durch Vorträge und Informationen auf die eigene Verantwortung für die Umwelt hinzuweisen. Dieser Aufgabe widmen sich dann auch die „Grünen". Sie alle bringen den Menschen zum Bewußtsein, daß immer mehr Straßen, immer mehr Autos, immer größere Industriebetriebe, mehr Spraydosen und elektrische Handapparate, immer aufwendigere Verpackungen und vieles mehr unseren Naturhaushalt belasten und das Gleichgewicht der Natur stören. Im September 1983 verabschiedet die Bundesregierung das Aktionsprogramm „Rettet den Wald". Auch in der Eifel hat ein Drittel des Waldes durch Verunreinigung der Luft und des Bodens Schaden genommen. Das Waldsterben wird zu einem Hauptthema der öffentlichen Diskussion. Die Opposition gegen neue Projekte wächst. Viele treten auf den Plan, wenn eine neue Straße geplant wird oder eine noch fehlende Autobahnlücke geschlossen werden soll. So verhindern Naturschützer seit Jahren den Ausbau der Autobahnteilstrecke Tondorf – Mehren oder den Weiterbau der von Lüttich kommenden Autostraße von Winterspelt bis zum Anschluß an die Autobahn Trier – Koblenz.

In früheren Jahren hat man in der Eifel die Ansiedlung jeglicher Industrie wegen der neuen Arbeitsplätze begrüßt. Heute wehren sich auch im kleinsten Eifeldorf die Bewohner dagegen, wenn eine Industrie angesiedelt werden soll, die der Umwelt Schaden bringt.

Als 1980/81 eine Firma, die bereits entsprechende Grundstücke angekauft hat, in Baasem einen großen Kalksteinbruch und eine Kalkmühle errichten will, um dem Braunkohlenrevier Kalkstaub zu liefern, treten einige Bewohner dem Vorhaben entgegen. Sie weisen auf Luftverschmutzung, Beeinträchtigung der Wasserversorgung, Lärmbelästigung, negative Auswirkungen für den Fremdenverkehr hin. Ihr Protest hat Erfolg – sie setzen sich durch. Erstaunlich ist ihre mutige Sprache. Dem Bürgermeister schreiben sie: „Wir werden alle uns zu Gebote stehenden Möglichkeiten nutzen, um uns diesem Plan zu widersetzen ... Die Zeiten sind vorbei, in denen wir alles ohne Widerspruch hinnehmen."[112]

7. Veränderung der Dorfstruktur: „Unser Dorf soll schöner werden"

Zur Jugendzeit der heute älteren Generation waren die meisten Dörfer der Hocheifel noch (fast) reine Bauerndörfer. Vor den Häusern, gebaut aus einheimischem Steinmaterial, befand sich durchweg der Misthaufen. Scheune und Stallungen waren entweder an das Wohnhaus angebaut oder standen rechtwinklig zum Hauptbau. Manche waren mit Stroh bedeckt. Im Garten vor oder (und) hinter dem Haus zog man Salat, Gemüse, Kräuter, Frühkartoffeln. Für Blumen war meist nur Platz entlang eines schmalen Gartenpfades. Das ganze Erdreich mußte für die notwendigen Dinge des Alltags ausgenützt werden; Blumen gehörten meist nicht dazu.

Strohgedecktes Fachwerkhaus mit Misthaufen, Reinisches Freilichtmuseum, Kommern.

So stand dicht aneinander gedrängt Haus an Haus. Der historisch gewachsene Ortskern, mit der Kirche als Mittelpunkt, bildete in der überwiegenden Zahl der Gemeinden einen Kreis, den bäuerliche Gärten, oft auch Obstwiesen umgaben, daran schloß sich die Flur an. Gleichzeitig gab es auch Straßendörfer, in denen sich die Siedlungsstruktur an dem Verlauf der Hauptstraße ausrichtete.

Das Eifeldorf vor tausend Jahren hat in seinen wesentlichen Zügen nicht viel anders ausgesehen als das Dorf um 1900. Jedenfalls war es diesem in seiner Struktur der Anlage und in der Lebensweise der Menschen ähnlicher als dem heutigen Dorf. Hieran mag man ermessen, in welcher Geschwindigkeit sich in unserer Zeit Entwicklungen vollziehen.

Nach dem ersten Weltkrieg wagt man behutsam, den Dorfkern aufzubrechen

Blankenheim.

und baut erste Häuser an Straßen, die aus dem Ort herausführen. Mit wachsendem Wohlstand häufen sich die Neubauten an diesen Ausfallstraßen. Sie sind freistehend; man will dem Nachbar nicht zu nahe sein, mag aber auch nicht alleine wohnen. Oft paßt man sich in der Architektur der städtischen Bauweise an. Die Häuser, die aus Ziegelsteinen, Schwemmsteinen oder anderen bearbeiteten Materialien gebaut sind, könnten auch an der Stadtrandsiedlung stehen.

Eine große Veränderung erlebt der Ortskern. Da die meisten Bewohner keine Landwirtschaft mehr betreiben, stehen Scheunen und Stallungen leer. Oft werden sie in einen Hausumbau einbezogen; denn man beansprucht eine geräumigere Wohnung; überhaupt eine höhere Wohnkultur.

Oft dienen die alte Scheune oder der Stall als Garage, Werkstatt oder als Abstellplatz, z.B. für einen alten Traktor mit Anhänger, den man zu Gelegenheitsfahrten braucht, etwa um Holz aus dem Wald zu holen.

Ehemalige Wirtschaftsgebäude und alte Wohnhäuser haben Bewohner aus der Stadt als Alterssitz oder Zweitwohnung neu hergerichtet. So bleiben Altgebäude erhalten, jedenfalls in ihrer äußeren Form, und werden ständig oder zeitweise mit Leben gefüllt. Vereinzelte Strohdächer sind für Fremde eine Attraktion geworden. Wo früher Misthaufen waren, befindet sich jetzt ein größerer Hof oder ein Blumengarten. Der Ziergarten hat den bäuerlichen Nutzgarten verdrängt. Das Kuhdorf alter Prägung ist verschwunden.

Die Umgestaltung, die das Auto für das Dorf bewirkt hat, ist nicht hoch genug zu veranschlagen. Es gibt kaum einen Haushalt, der nicht einen PKW besitzt. Darum sind die Straßen asphaltiert, selbst die abgelegene Gasse hat eine Teerdecke. Asphaltierte Plätze gibt es an Rathäusern, an der Kirche und an Wirtshäusern. Die früher überhaupt nicht oder nur schwach erhellten Straßen sind jetzt oft durch elektrische Straßenlaternen hell erleuchtet. Nicht selten passen die in den 50 – 70er Jahren errichteten öffentlichen Bauten (Sparkassen, Banken, Rathäuser) überhaupt nicht zum alten Dorfbild. Zu seiner Schönheit tragen die Überlandleitungen und die vielen Fernsehantennen auch nicht bei, aber sie gehören nun mal zu unserer Zivilisation.

„Unser Dorf soll schöner werden", Plittersdorf an der Ahr.

Dagegen hat sich der Wettbewerb „Unser Dorf soll schöner werden" vorteilhaft für das Dorf ausgewirkt. Aber auch diese Bewegung hat eine Entwicklung durchgemacht. Anfangs zeichnet man Dörfer aus, die mit Blumenpflanzungen und Blumenkübeln schön geschmückt und sauber hergerichtet waren, selbst wenn sich die Ortsstruktur dem Erscheinungsbild der Stadt angeglichen hat. So steht der erste Landeswettbewerb 1961 unter dem Motto „Unser Dorf in Grün und Blumen". Dagegen melden Architekten, Bauplaner, Denkmalpfleger und andere Widerspruch an. Sie betonen, es sei die vordringliche Aufgabe des Wettbewerbs, den Ort in seiner alten Struktur zu erhalten und das Neue dem bestehenden Dorfbild anzupassen; sie können sich mit ihrer Meinung durchsetzen. Als neues Ziel verkündet nunmehr der Wettbewerb „Nach Möglichkeit den alten Bestand zu belassen und zu pflegen, Neues dem Alten anzupassen, Unschönheiten zu beseitigen, im baulichen, denkmalpflegerischen und ökologischen Bereich das Dorfbild zu verbessern, also verfallene Schuppen und alte Zäune zu beseitigen, die Düngerhaufen dem öffentlichen Blick zu entziehen, Häuser neu zu verputzen, Fachwerkhäuser zu erhalten, Dächer zu erneuern, Ziergärten anzulegen, Grünanlagen zu schaffen, Bänke aufzustellen, aber auch störende Reklame zu beseitigen." Kommissionen besuchen innerhalb der einzelnen Kreise die Dörfer und bestimmen jeweils die „schönsten" Dörfer.

Die drei an erster Stelle ausgezeichneten Orte jeden Kreises nehmen am Wettbewerb ihres zuständigen Landes teil, also die Dörfer der südlichen Eifel am Wettbewerb in Rheinland-Pfalz, die Kreissieger der Nordeifel an der Entscheidung in Nordrhein-Westfalen. Zahlreiche Dörfer unseres Gebirges haben in den vergangenen Jahren Gold- Silber- oder Bronzemedaillen auf Landesebene erhalten. Die Landessieger wiederum stellen sich dem Bundeswettbewerb, an dem oft auch unsere Dörfer vertreten sind. Einige haben beim Wettbewerb sogar die höchste Auszeichnung erhalten, die Deutschland zu vergeben hat: die Gold- oder Silbermedaille auf Bundesebene. Diese seltene Auszeichnung haben z.B. errungen: Plittendorf (Ahr), Reifferscheid, Dockendorf, Meckel und einige andere Dörfer.

8. Verlust der Dorfmitte: Kirche – Schule – Gemeinderat

So wie die Kirche im Mittelpunkt des Dorfes stand und steht, so war in der Vergangenheit auch ihre Lehre die Mitte des dörflichen Lebens. Man lebte mehr nach dem Kirchenjahr als nach dem Jahr des Kalenders. Das Fest der Kirchweihe, die Kirmes, feierte man als größtes Fest des Dorfes. Auf Lichtmeß (2. Februar) traten Knechte und Mägde ihre neue Dienststelle an; viele verließen diese am Martinstag (11. November). Die Dorfjustiz (Dat Dier jagen) bestrafte den, der das Leben mit der Kirche in schwerwiegender Weise mißachtete.

Die Kirche begleitete den einzelnen von der Taufe bis zur Totenmesse. Der Tag des Namenspatrons, der Namenstag, besaß Vorrang vor dem Geburtstag. Das Glockenläuten am Mittag und am Abend rief zum Gebet auf. Die christliche Lehre diente jedem als Richtschnur für das Tages- und Jahresgeschehen. So vollzog sich das Leben über tausend Jahre, auch wenn schon mal einige im Glauben weniger „glühten" als die Gesamtheit des Dorfes.

Ein deutlicher Einbruch erfolgt in der Nazizeit durch den Kampf der Partei gegen jede religiöse Betätigung. Gerade jetzt stehen einige besonders eng zu ihrer Kirche, während bei vielen die antichristliche Propaganda Wirkung zeigt. Daneben bringen Tausende von Arbeitern und Soldaten, die vor dem 2. Weltkrieg in der Eifel Quartier beziehen, liberales Gedankengut ins Eifeldorf. Nach dem Kriege gibt es zwar eine gewisse Rückbesinnung auf die traditionellen Werte, und die Kirche hat vorübergehend wieder großen Einfluß.

Allmählich erfolgt jedoch der große Umbruch. Heute ist die Kirche nicht mehr die Institution, die das Dorf prägt. Manche leben außerhalb der Kirche, andere folgen ihr nur noch halbwegs. Sie gehen sonntags nicht mehr regelmäßig zum Gottesdienst, die Verrichtung des früher so selbstverständlichen täglichen Gebetes ist nicht mehr die Regel, und die Anweisungen des Pfarrers finden oft wenig Gehör. Manche treue Gläubigen nehmen Anstoß an den Erneuerungen des zweiten Vatikanischen Konzils (1962–65). Die Kirche, die bis dahin strenge Hüterin von Tradition und Konservativismus war, paßt sich in mancher Beziehung der modernen Zeit an. Religiöse Übungen und liturgische Formen, die jahrhundertelang Gültigkeit hatten, werden geändert, einige abgeschafft und beim Volk beliebte Heilige im Kanon der Kirche gestrichen. So sind Christopherus, Barbara, Margarete, Katharina nicht mehr im römischen liturgischen Jahreskalender verzeichnet. Die Streichungen haben Verwirrung hervorgerufen. Aber es ist auch liberales Gedankengut, das in der Stadt längst vorherrscht, in das Eifeldorf eingedrungen. Radio, Fernsehen, Presse und Kontakte zur weiten Umwelt (Auto) haben das Fenster für andere Wertordnungen und Weltbilder geöffnet. Immer lauter werden auch in der Eifel die Stimmen, daß die Kirche zu sehr an alten Grundsätzen festhalte und sich zu wenig um die Probleme und Nöte unserer Zeit kümmere.

Die christliche Haltung der Eifelbewohner fand in der Vergangenheit stets beredten Ausdruck im täglichen Leben, aber auch auf der politischen Ebene. Seit Generationen bekennen sich fast alle Bewohner zur maßgebenden christlichen Partei, anfangs für das „Zentrum", später für die CDU. In jüngster Zeit zeigt sich jedoch eine abnehmende Tendenz für die CDU; dennoch bleibt die Eifel lange Zeit eine Hochburg dieser Partei. Deutlich zeigt die Landtagswahl in Rheinland-Pfalz im April 1991 den Wendepunkt; erstmalig überrundet die SPD die CDU. In der Südeifel bleibt die CDU stärkste Partei, weil ihr die ältere Generation überwiegend die Treue hält.

Dorfkirche im Ortskern von Baasem.

Kronenburg.

Bei den Jüngeren besteht diese enge Bindung jedoch nicht mehr. So hat ein Wahlinstitut ermittelt: Im Kreis Daun nimmt die CDU gerade noch die 50 Prozent-Hürde, aber erreicht 16 Prozent weniger Stimmen als 16 Jahre zuvor (1975). Die Jungwähler (18–24 Jahre) haben zu 43 Prozent die SPD gewählt (30 Prozent CDU), bei den 25–45-Jährigen hat diese Partei einen Vorsprung von 20 Prozent. Natürlich haben bei dieser Wahlentscheidung auch andere Gründe als die Konfessionszugehörigkeit eine Rolle gespielt. Gründe, andere Parteien zu wählen, gab es auch früher schon, aber die christliche Grundhaltung war damals im Gegensatz zur Jetztzeit stets ausschlaggebend für das Wahlverhalten.

In der vergangenen Zeit war der Pastor im Dorfe nicht nur Vermittler und Hüter des christlichen Glaubens, sondern einfach die Autoritätsperson schlechthin. Sein Rat wird befolgt, seine Weisungen sind bindend und machen auch vor der privaten Sphäre nicht halt. Mit „Herr“ wird er angeredet, meist als einzige Person im Dorfe. Kritik an seiner Person ist nicht zulässig. Widersacher gegen Geistliche – so die Meinung der Dorfbewohner – würde Gott mit Leid und Unglücksfällen heimsuchen. Heute muß sich der Pfarrer auch der Kritik der Dorfbewohner stellen; der Geistliche ist nicht mehr unangreifbar. Auch darin zeigt sich die Veränderung im christlichen Dorfleben.

Diese Wandlung hat weiter Folgen. Nur noch wenige Söhne der Eifel wollen Theologie studieren. Die meisten Priester kommen heute aus der Stadt, aber ihre Zahl reicht bei weitem nicht aus. Während früher jedes Eifeldorf seinen Seelsorger hatte, muß heute ein einziger Priester zwei, drei oder noch mehr Orte „versorgen“. Die seelsorgliche Betreuung jedes einzelnen ist nicht mehr möglich. Auch die relative Distanz zum Kirchengebäude vergrößert sich. Zwar befindet sich die Kirche in der Mitte des alten Dorfkerns, doch an den Ausfallstraßen des Ortes werden immer mehr Häuser gebaut, die weiter von der Kirche entfernt liegen.

Neben der Kirche hat sich in der Vergangenheit die Schule als stabile Säule des Dorflebens erwiesen; sie war einbezogen in den Rhythmus der Dorfgemeinschaft. Im 19. Jahrhundert und in den ersten Jahrzehnten unseres Jahrhunderts treten der Dorfschullehrer neben dem Ortsgeistlichen als Autoritätspersonen in das öffentliche

Kronenburg.

Leben des Dorfes. Meist leitet der Lehrer den Kirchenchor, oft den weltlichen Musikverein, er steht einer Theatergruppe vor und ist Ansprechpartner der Bevölkerung in kulturellen Angelegenheiten. In den Jahren 1965–1975 vollzieht sich auch hier der große Wandel. In den größeren zentral gelegenen Dörfern werden die Schulen erweitert oder neu gebaut, um auch die Schüler der umliegenden Dörfer aufnehmen zu können. Die Schulen in den meisten Dörfern, die oft zuvor noch einmal auf den modernen Stand gebracht worden waren, stehen plötzlich leer, werden schließlich verkauft oder anderen Zwecken zugeführt.

Natürlich hat die größere Schule ihre Vorteile. Jeder Geburtenjahrgang hat meist seine eigene Klasse, Fachlehrer unterrichten, und es stehen reichliche Hilfsmittel für den Unterricht zur Verfügung. Auf der anderen Seite liegt auch der große Nachteil, daß die Schüler täglich bei Wind und Wetter „auf Achse“ sein müssen, eine Strapaze, die besonders die Kleinen trifft.

Weggefallen ist der im Orte wohnende Lehrer als Bezugsperson für Eltern und Kinder, der immer für ein Gespräch und eine Beratung bereitstand; weggefallen ist er auch als Repräsentant für den kulturellen Bereich, besonders auf dem Gebiet der Heimatkunde. Das „ Dorf ohne Lehrer“, das „Dorf ohne Schule “ ist ein spürbarer Verlust.

Die letzte Gemeindeordnung (um 1970) hat den meisten Dörfern der Nordeifel Rechte der Selbstbestimmung genommen oder sie eingeschränkt. Lediglich die Zentralgemeinde besitzt zusammen mit den ihr zugehörigen Dörfern einen Bürgermeister und einen Gemeinderat; der einzelne Ort ist darin nur noch mit einem oder mehreren Mitgliedern vertreten. So hat die von uns mehrfach erwähnte Gemeinde Dahlem, der sechs Orte zugehören (Dahlem, Schmidtheim, Baasem, Kronenburg, Berk, Frauenkron), nur einen Bürgermeister und – in der laufenden Wahlperiode (1989–1994)21 Gemeindevertreter, von denen nur ein einziger in Baasem (480 Einwohner) beheimatet ist. Von den 21 Mitgliedern sind also 20 aus den benachbarten Ortschaften, die auch über örtliche Angelegenheiten des Dorfes Baasem befinden.

In der Südeifel dagegen hat die Gemeindeordnung dem einzelnen Ort weitgehend seine Selbstbestimmungsrechte belassen. Hier besitzen die der Verbandsgemeinde unterstellten Dörfer weiterhin ihren Ortsbürgermeister und ihren Ortsgemeinderat, also ihre eigenen Vertreter, die ihr Ohr nahe am Pulsschlag ihrer Mitbewohner haben. Sicherlich ist die Regelung im Süden „bürgernäher“ als die in der Nordeifel.

9. Wandel in der Lebensweise

Die Struktur des Dorfes um die letzte Jahrhundertwende läßt sich eher mit dem Zustand um 900 oder 1 000 vergleichen als mit der Situation von 1990. Ähnlich verhält es sich mit der Lebenshaltung und Lebensweise der Menschen. Die Veränderung im religiösen Bereich haben wir bereits dargelegt. Noch bleibt übrig, den Wandel im sozialen Bereich aufzuzeigen.

Die Bewohner der Eifel lebten in früheren Jahrhunderten sehr bescheiden. Ihr gewöhnlicher Speisezettel aus dem Mittelalter und aus der Neuzeit ist uns bis ins 18. Jahrhundert in Versform überliefert:[113]

Morgens Brei
un(d) nichts dabei
Mittags Zopp
un damit ob (damit aufhören)
Abends Mos
un 'ne kahle Foß (kalter Fuß)

Es gab also morgens Haferbrei, mittags Milch- oder Erbsensuppe (Zopp), abends Mus (Mos). Im Sommer war dies frisches Gemüse, z.B. Stielmus, im Winter Sure Kappes (Sauerkraut), Kohlrabi oder eingemachte rote Beete. Dazu wurden Kornbrot, Butter und Salz gereicht. Selten gibt es Speck oder Fleisch. Zur wesentlichen Bereicherung der Mahlzeit tragen die Kartoffeln bei, die seit der zweiten Hälfte des 18. Jahrhunderts in der Eifel als eßbar gelten; genannt werden sie hier Jrumpere oder

Grumpere (Grundbirne); im Kölner Raum Erpelen (Erdäpfel). Bis in die Mitte unseres Jahrhunderts hinein gibt es in vielen Familien täglich dreimal Kartoffeln. Die Verse des oben zitierten mittelalterlichen Gedichtes lauten jetzt:

Morgens Brei
un Jrumpere dabei,
Mittags Zopp
un Jrumpere drob
Ovends Mos
un Jrumpere noch

Dagegen fallen die Mahlzeiten heute so reichlich aus wie in der Durchschnittsfamilie in der Stadt. Auch in der Garderobe unterscheiden sich die Bewohner des Dorfes kaum mehr von den Städtern, während noch im 19. Jahrhundert die „Ländler“ als solche in der Stadt sofort erkannt wurden.

Sehr deutlich zeigt sich der soziale Wandel der Landbevölkerung im häuslichen Bereich. Man wohnt nicht mehr in wenigen und engen Räumen, die Wohnkultur steht der in der Stadt kaum noch nach oder übertrifft sie sogar. Man leistet sich geräumige Räume, dazu ein Badezimmer mit Dusche und Badewanne. Eine Wassertoilette ersetzt das frühere Plumpsklosett außerhalb des Hauses.

Kochherd, Bauernmuseum Lammersdorf.

Die alten Zimmereinrichtungen sind verschwunden – nicht immer ein Vorteil. Die rustikalen Möbel, die Standuhr, die Kinderwiege, der gußeiserne Herd, die Takenplatte, der Takenschrank, der Milchschrank, das Butterfaß, die alten Töpfe, das Spinnrad – sie alle haben ausgedient. An ihrer Stelle stehen heute glatte, gerade und pflegeleichte Möbelstücke, Elektroherd, Kühlschrank, Kühltruhe, Waschmaschine, vielleicht sogar eine Spülmaschine, dazu Telefon, Radio, Fernsehgerät und eine Ölheizung mit Thermostatregelung.

Früher herrschte reges Leben im Dorfe. An gleicher Stätte waren Arbeit, Freizeit und Wohnen vereint. Heute sind die meisten als Arbeiter und Angestellte auswärts beschäftigt, verlassen früh morgens den Ort und kehren erst gegen Abend zurück. Das Dorf ist für die meisten nur noch Wohn- und Schlafstätte. Da sich die Schulen in den größeren Ortschaften befinden, sind selbst die Kinder einen großen Teil des Tages nicht im Heimatdorf.

In der Vergangenheit war das Gemeinschaftsgefühl stark ausgeprägt. Allen war das vertrauliche „ Du “ selbstverständlich. Nur die Alten wurden mit „Ihr“ angeredet. In einigen Gegenden forderten auch die Eltern von den Kindern das „ Ihr“. Sie waren in erster Linie Autoritätspersonen; ihnen hatte man Respekt entgegenzubringen.

Die Dorfgemeinschaft nahm unmittelbar und spürbar am Schicksal des anderen Anteil. Bei Unglücken oder Krankheiten ist nachbarliche Hilfe selbstverständlich. In der Jetztzeit hat man vorsorglich für alle Eventualitäten eine Versicherung abgeschlossen.

Deshalb fühlen sich die Mitbewohner des Dorfes nicht mehr oder kaum noch für die Notlagen einzelner Bürger verantwortlich. Das „Für-Einander-Einstehen“ ist dem „Für-sich-allein-stehen“ gewichen. Man ist ärmer geworden, was die mitmenschlichen Beziehungen anbetrifft. Allerdings besteht im Dorf, wo man sich noch immer kennt, eine größere Hilfsbereitschaft als in der anonymen Großstadt, wo man sich gegenseitig fremd ist.

Auch das Leben in der Familie hat sich verändert. Die Großfamilie gehört der Vergangenheit an. Die neue Kleinfamilie hat durchschnittlich zwei Kinder. Onkel und Tante wohnen für sich, in der Regel auch die Großeltern. Die Familienmitglieder arbeiten nicht mehr gemeinsam in Hof, Stall, Garten und Feld. Tagsüber hat jeder seine individuelle Beschäftigung. Nur abends ist die Familie versammelt, aber dann beansprucht das Fernsehen Augen und Ohren. In Pausen spricht man vielleicht von der letzten Ferienreise oder plant schon den nächsten Urlaub, ein Wort, das noch vor Jahrzehnten für die ländliche Bevölkerung unbekannt, bzw. ohne praktische Bedeutung war.

Die Altersstruktur zeigt ebenfalls die sozialen Wandlung in unserer Zeit. Es gibt verhältnismäßig viele alte Leute; denn heute erreichen Mann und Frau ein Durchschnittsalter, das fast doppelt so hoch ist wie vor einem Jahrhundert. Um 1890 lag die durchschnittliche Lebenserwartung für Männer bei 39, für Frauen bei 40 Jahren. Heute werden Männer im Schnitt 72, Frauen sogar 78 Jahre alt. Da auch die früheren Landwirte eine Altersrente erhalten, ist das Dorf heute größtenteils „Rentnersitz“. Diese Entwicklung wird auch dadurch verstärkt, daß immer mehr Personen vor ihrem 65sten Lebensjahr in den Ruhestand gehen. Auch verleben manche Rentner aus der Stadt ihren Altentag auf dem Lande. Sie sind ins Dorf gezogen, da sie hier ruhiger leben, billiger eine geräumige Mietwohnung beziehen und preiswerter ein Eigenheim erwerben können. Oft stammt ein Ehepartner der zugezogenen Familie aus dem Dorf. Die Zugezogenen tragen neue Ideen ins Dorf, die nicht ohne Einfluß bleiben. Trotz dieser vielen Veränderungen erfolgt dennoch keine radikale Umstrukturierung. Das Dorf behält auch wieder seine jahrhundertelang bestehenden Eigenarten.

Bauernmuseum, Lammersdorf.

Adenau.

Die alten Kirchenfeste bestimmen, wenn auch in mehr säkularisierter Form, weiterhin das soziale Leben. Viele Vereine lassen das althergebrachte Kulturgut neu beleben. Ebenfalls zeigt sich ein wiedererwecktes Interesse an Heimatgeschichte und an der Pflege von Kunstdenkmälern und alten Bauwerken.

10. Landschaftspflege: Eifeler Naturparks

Der Mensch hat sich zum Herrn der Schöpfung erhoben, sich die Erde „untertan" gemacht und sie zum eigenen Nutzen rücksichtslos ausgebeutet im Glauben, die Natur so trimmen zu können, wie man es für gut und angemessen hält. Die Anmaßung des Menschen, Herr über die Natur zu sein, hat sich als Irrweg herausgestellt. Wir müssen uns bewußt sein, daß der Mensch selbst ein Teil der Schöpfung ist. Die Natur ist die Basis unserer Existenz. Für unser Überleben sind wir auf Boden, klares Wasser und reine Luft angewiesen.

In früherer Zeit stand bei uns stets das wirtschaftliche Denken im Vordergrund, nicht der Naturschutz. Hier müssen wir umdenken. Die ökologisch intakte Landschaft hat Priorität. Die Qualität des Lebensraumes, wie sie die Eifel noch in hohem Maß aufweist, muß künftig Vorrang vor der Quantität des wirtschaftlichen Wachstums haben. Es ist nicht immer leicht zu entscheiden, ob der Erhalt der Natur oder die Beschaffung neuer Arbeitsplätze vorzuziehen ist. So verursacht die Industrie „Steine und Erden" schwerwiegende Eingriffe in die Natur. Aber wir brauchen Sand, Kies und Steine, gleichzeitig schafft diese Industrie auch notwendige Arbeitsplätze. Für manches Ratsmitglied ist es gewiß nicht leicht, hier immer die richtige Entscheidung zu treffen. Eines aber dürfte unbestritten sein: Eine die Natur stark schädigende Industrie kann nicht mehr zugelassen werden.

Die Eifel soll in erster Linie Erholungsgebiet sein. Dazu bieten sich vor allem die Naturparks in der Eifel an. Als Naturpark bezeichnet man eine großräumige Landschaft von besonderer Schönheit und Anziehungskraft, die unbeschadet ihrer wirtschaftlichen Nutzung vorrangig der Erholung der Bevölkerung dient und im besonderen Maße vor naturzerstörenden Eingriffen geschützt wird. Einige Teile der Naturparks sind besonders schutzwürdig und unterliegen strengen Naturschutzgesetzen: In der Nordeifel, z.B. das Venngebiet bei Lammersdorf, das Rur- und Perlbachtal oberhalb von Monschau, die Alendorfer Kalkmulde, die Kakushöhle bei Eiserfey-Weyer und das Eschweilertal bei Münstereifel.

Im großen und ganzen gelten für die Naturparks nur eingeschränkte Nutzungsrechte. Die Grundeigentümer und die gewerbliche Wirtschaft sind weitgehend frei in ihren Investitionsentscheidungen und lediglich geringen Einschränkungen unterworfen. Für die Besucher gelten die Auflagen, der Natur keinen Schaden zuzufügen, das Landschaftsbild nicht zu verunstalten, auf den markierten Wegen zu bleiben, also nicht querein durch Feld und Wald zu laufen. Um Tier und Pflanzen zu schützen,

sind die Wege behutsam angelegt. Tausende Kilometer Wanderwege führen quer durch die Naturparks, um den Menschen die Vielfalt von Fauna und Flora zu erschließen. Der Wanderer soll sich den ganzen Tag wohl fühlen. Es gibt Schutzhütten, Grillstätten, Zelt- und Campingplätze. Auch weiträumige Parkplätze ermöglichen die Anfahrt vieler Besucher. In der Eifel befinden sich drei Naturparks, von denen zwei ins westliche Nachbarland übergreifen. Es sind:
- der Deutsch-Luxemburgische Naturpark[114],
- der Deutsch-Belgische Naturpark[115],
- der Naturpark Kottenforst-Ville.

Der 1958 gegründete „Naturpark Südeifel“ (433,5 km^2) und das Erholungsgebiet „Kleine Luxemburger Schweiz“ (358km^2) werden 1971 zum 1. europäischen Naturpark vereinigt. Wegen seiner großen Vorzüge verleiht der Europarat in Straßburg (1973) dem Deutsch-Luxemburgischen Naturpark (791,5 km^2) das „Europa-Diplom“. Diese Auszeichnung erhielt der Naturpark fünf Jahre später zum zweiten Male. Höchste Bewunderung verdienen die abwechslungsreiche und bizarre Schönheit der Landschaft und der kulturträchtige Boden mit seinen vielen Kunststätten. Der Naturpark erstreckt sich westlich und östlich der Grenzflüsse Ur (Our) und

Hohes Venn.

Sauer. Er bildet ein großes Waldgebirge, dessen Kernstück auf deutscher Seite das Ferschweiler Plateau und die angrenzenden Hochflächen mit den Tälern von Prüm, Nims, Enz bilden. Der Park umfaßt Felsenschluchten mit Quellbächen, Kalksteinhöhlen, Grotten, zwei Stauseen, interessante Keuperhügel zwischen Wintersdorf und Roth, aber auch Wiesentäler mit Orchideen und Wacholder, z.B. an der Prüm. Auf der rechten Seite der Grenzflüsse befinden sich die „Luxemburger Schweiz“ mit dem reizvollen Müllertal und andere Naturschönheiten.

Gerade durch die Abgeschiedenheit des Gebietes, besonders auf deutscher Seite, haben sich zahlreiche Zeugen aus der Vergangenheit erhalten: Vorgeschichtliche Werkzeuge, Reste römischer Villen (Bollendorf) und Weihestätten, Frankengräber, Burgen und Kirchen aus romanischer und gotischer Zeit, Pestkreuze, Gotteshäuser und Schlösser aus der Epoche des Barock sowie steinerne Wegkreuze; auch die Namen der Dörfer, Fluren und Pfarrpatrone sind Künder vergangenen Geschehens.

Mit einem zweiten Nachbarland, mit Belgien, bildet die Eifel einen weiteren europäischen Naturpark. 1960 entsteht der Naturpark Nordeifel.[116] Er umfaßt den früheren Kreis Monschau, den größten Teil des Altkreises Schleiden und südliche Gebiete der Kreise Aachen-Land und Düren. 1969 kommen Teile des Kreises Prüm dazu, die Schneifel mit dem großen Waldgebiet „Schwarzer Mann“. Zwei Jahre später (1971) erfolgt die Vereinigung des Naturparks Nordeifel (1 760 km^2) mit dem Belgischen Naturpark (678 km^2), der das belgische Hohe Venn, das Tal der Ur (Our) von Manderfeld bis Ouren und das Gebiet der Talsperren von Robertville und Bütgenbach einschließt. Der Deutsch-Belgische Naturpark, der sich mit 2 400 km^2 fast mit der Größe des Großherzogtums Luxemburg (2 586 km^2) messen kann, ist durch seine landschaftliche Schönheit und seine vielen Kulturdenkmäler besonders ausgezeichnet. Es sind zu erwähnen: der Waldreichtum (45 Prozent), 14 Stauseen, die eindrucksvollen Buntsandsteinformationen im Tal der Rur, mehr als ein Dutzend namhafter Burgen (Monschau, Nideggen, Schleiden, Blankenheim, Reifferscheid, Kronenburg, Dreiborn, Eicks u.a.), viele sehenswerte Kirchen und Kapellen, berühmte Klöster (Prüm, Mariawald) und viele Zeugen aus römischer Zeit.

Der Naturpark Kottenforst-Ville umfaßt das „Drachenfelser Ländchen“ mit dem Kottenforst und setzt sich nördlich auf dem Höhenrücken der Ville bis auf die Linie Liblar-Brühl fort. Ein zweiter Teil liegt südlich von Rheinbach in den Bergen der Nordeifel. Das Drachenfelser Ländchen, heute in der Gemeinde Wachtberg gelegen, leitet seinen Namen von dem ehemaligen Landesherren, dem Burggrafen von Drachenfels im Siebengebirge ab.

Zu diesem Naturpark gehören die Wasserburgen Gudenau und Odenhausen und der Rodderberg, der zur Vulkangruppe um Maria-Laach zählt. Im Kottenforst gibt es besonders schöne Laubwaldbestände, die bis in das Bonner Stadtgebiet reichen. Weiter südlich geht das Kottenforstplateau in den Höhenrücken der Ville über, die durch ihr Wald- und Seengebiet besonders reizvoll ist. Der zweite südlich von Rheinbach gelegene Teil des Naturparks besitzt als Mittelpunkt den beherrschenden

Naturpark Nordeifel, Belgien.

Römische Villa, Bollendorf an der Sauer.

Römische Villa, Bollendorf.

Tomberg (316 m), dessen Burg (heute Ruine) im Mittelalter die Krönungsstraße Frankfurt – Aachen im Raum Rheinbach geschützt hat. Dieser Teil zeichnet sich durch schöne Waldwege entlang idyllischer Waldweiher aus.

11. Die Wild- und Freizeitparks der Eifel

Eine Abwechslung eigener Art bieten den Eifelern und den Gästen die verschiedenen Wildparks der Eifel, in die zusätzlich noch Freizeitanlagen einbezogen sind. Hier leben nur Tiere, die in Europa beheimatet sind oder hier einst heimisch waren. Die einzelnen Gehege sind so angelegt, daß die Tiere in für sie typischer Landschaft möglichst artgemäße Verhältnisse vorfinden. In der Vulkaneifel gibt es drei Wildparks, die durch die „Deutsche Wildstraße“ zu erreichen sind (Gesamtlänge 158 km). Den Anfang macht:

- der Hirsch- und Saupark Daun. Hier tummeln sich auf einer 200 Hektar großen Fläche Hirsche, Sauen, Damwild, Auerochsen und Wisente. Die Besucher haben die Möglichkeit, auf einer 12 km langen Auto- und Wanderstraße oder auf einem der sechs Beobachtungstürme die Tiere in freier Wildbahn zu beobachten. Ein besonderes Erlebnis ist im Herbst die Brunftzeit des Rotwildes. Von Daun führt die „Deutsche Wildstraße" an den drei Dauner Maaren vorbei nach Manderscheid und Brockscheid (Glockengießerei) und weiter nach Gondorf. Hier befindet sich

- der Wild- und Freizeitpark Eifel. Die Tiere bewegen sich teils in freier Wildbahn, teils in eingezäuntem Gelände. Von gut gebauten Wanderwegen aus kann man die Tiere beobachten: Stein- und Gamswild, Murmeltiere, Wildkatzen, Luchse, Füchse, Mufflons, Gemsen, Steinböcke, Hirsche und Sauen. In einer abgesonderten Schlucht haben sogar Braunbären eine neue Heimat gefunden. Für die Kleinen gibt es Kinderspielplätze und Rutschbahnen; zum Essen laden Restaurants ein. Die Wildstraße führt weiter in das nahegelegene Bitburg, vorbei am Stausee Biersdorf durchs Kylltal nach Kyllburg, Gerolstein und Pelm. Dort befindet sich auf einer Anhöhe
- der Adler- und Wolfspark Kasselburg. Er ist eine Musteranlage für den Greifvogelschutz. Aus nächster Nähe kann man die Falken beim Greifflug beobachten. Dazu gibt der Falkenmeister nähere Erklärungen. Zudem kann man Waldwildpferde, Wildschweine, Füchse, Dachse und sonstige Kleinraubtiere, wie Wiesel, Iltisse und Frettchen in einer für sie natürlichen Umgebung beobachten. das weiträumige Wolfsgehege findet nicht minder Aufmerksamkeit, besonders zur Zeit der Fütterung (15 Uhr). Die direkte Rückfahrt zum Ausgangspunkt Daun beträgt 15 Kilometer. Auch in der Nordeifel befinden sich einige Wildgehege.
- Das Wildgehege Hellenthal ist oberhalb vom Olefsee in herrlicher Waldlandschaft gelegen. In einem 60 Hektar großen Gelände leben Hirsche, Rehe, Wildschafe, Wildschweine. Aber auch Adler, Falken, Habichte und Bussarde werden hier artgemäß gehalten. Greifvögel, die aus Sizilien, Sardinien, Ungarn, Skandinavien und Deutschland stammen, werden von Greifvogelwarten vorgeführt.
- Der Wildpark Schmidt bei Heimbach beherbergt auf einer 110 Morgen naturnahen Fläche alle Arten heimischer Waldtiere.
- Der Hochwildschutzpark Kommern bietet neben vielen anderen Tierarten auch Auerochsen Auslauf und Nahrung.

XIX. Die Eifel in ihrer Einzigartigkeit

1. Landschaftsbilder: Kalkmulden – Vulkane – Maare – Talsperren

Die deutschen Mittelgebirge haben manche Gemeinsamkeiten: die bunten Wälder, das weite Grün der Wiesen und das mannigfache Farbenbild der Ackerfluren; dazu tritt die Vielfalt von Höhen und Tiefen, von steilen Bergen und wasserreichen Tälern. In dieses Landschaftsbild ordnen sich die idyllisch gelegenen Städte, die schmucken Dörfer und die vertrauten Weiler ein. Doch die Eifel hat auch besondere Züge und ragt deshalb vor den anderen Gebirgen Deutschlands und Europas heraus: Schon das aus Schiefer, Grauwacke und Kalkstein bestehende Grundgebirge ist in seiner Vielfalt eindrucksvoll. Die Eifel-Kalkmulden sind Fundgruben von Fossilien (besonders bei Gerolstein), die einzigartig sind und in der ganzen Welt Beachtung finden. Auch heute bringen die Eifeler Kalkgebiete wegen der wasserdurchlässigen und schnell erwärmenden Böden eine mannigfache Flora hervor, die so kein anderes deutsches Gebiet aufzuweisen hat. Von eigenwilligem Reiz ist die Vulkaneifel, das „Land der erloschenen Feuer". Die Erdgeschichte ist hier deutlich sichtbar. Ihre Zeugen sind Basaltberge, Tuffauswürfe, Lavagestein, Kratertrichter und Maare. Die höchsten Berge der Eifel und viele ihrer Höhen sind aus Basalten gebildete Vulkankuppen; entstanden sind sie vor rund 43–33 Millionen Jahre: Die Hohe Acht (747 m), die Nürburg (678 m), der Hochkelberg (674 m), der Michelsberg (588 m) bei Münstereifel und der Tomberg (410 m) bei Rheinbach.

Nur 10 000 Jahre ist es her, daß die jüngsten Vulkane in der Eifel ihre glühende Magma ausspien. Damals bildete sich der Laacher See. Seiner Entstehung ging eine echte Katastrophe voraus; kilometerweit erstrecken sich heute die abgelagerten Auswürfe des Vulkans, in denen sich Skelette von Mensch und Tier befinden (z.B. am Martinsberg bei Andernach). Fast derselben Zeit gehört der Eifel-Vulkanzug an, der sich von Bad Bertrich bis Ormont erstreckt. Dort weisen erstarrte Basaltfelder auf frühere Lavaergüsse hin.

Ein besonderes Charakteristikum der jüngsten Vulkanzeit sind die vielen Kratertrichter. Sie sind Überbleibsel der Tätigkeit von 54 Vulkanen. Sie entstanden durch Gasexplosionen und bilden einen meist runden Hohlraum, dessen wasserundurchlässiger Steinbereich Wasser aufnimmt und bewahrt. Die Wassermenge regelt sich ausschließlich durch Regenfall und Verdunstung. Maare nennen wir diese mit Wasser gefüllten einstigen Eruptionskrater. Andere Kratertrichter haben sich im Laufe der Zeit mit Schwemmland angefüllt und tragen den Namen Trockenmaare. Jedes Maar hat seine Eigenart und fügt sich jedesmal in anderer Weise in die Landschaft ein; kein Maar gleicht dem anderen. Diese einmaligen Zeugen vulkanischer Prozesse sind umgeben von einem Ringwall aus Tuff und Sand.

Felsenformation bei Monschau.

Der Laacher See (331 ha, 53 m tief) ist ein großes Einbruchsbecken (Caldera) der Eifel. Er präsentiert sich in besonderer Schönheit und ist von bewaldeten Höhen umgeben, die aus einstigen Vulkanen bestehen. Der See wird, anders als die meisten wasserundurchlässigen Maare, von zahlreichen unterirdischen Quellen gespeist. Die Wasser fließen durch einen künstlichen Stollen ab, so daß der Wasserspiegel (2,5 km lang, 1,9 km breit) immer die gleiche Höhe aufweist. Ein bequemer Spazierweg (rund 8 km) führt rings um den See.

Bei Daun haben wir gleich drei große Sprengtrichter, die sich um den Mäuseberg in verschiedener Höhenlage gruppieren und ein zusammenhängendes Naturschutzgebiet bilden. Besonders eindrucksvoll ist das Totenmaar (16,8 ha, 51 m tief), auch Weinfelder Maar genannt. Es war das Lieblingsmotiv des Eifelmalers Fritz von Wille. Das Gemünder Maar (7,2 ha, 38 m tief), ein kreisrundes Gewässer, ist zum Baden freigegeben. Das Schalkenmehrener Maar (21,6 ha, 21 m tief) dehnte sich ursprünglich über zwei nebeneinander liegende Erdtrichter aus (Doppelmaar). Doch die bäuerliche Bevölkerung hat das Wasser des einen Maares künstlich abgeleitet, um so fruchtbares Land zu gewinnen. Bei Gillenfeld liegt das zweitgrößte Maar, das Pulvermaar (36 ha, 74 m tief). Der See ist umgeben von Hängen, die mit Buchen bepflanzt sind. Das azurblaue Wasser rührt von einer Quelle her, die unter dem Wasserspiegel hervorsprudelt. Nicht weit entfernt stoßen wir auf das Holzmaar (6,8 ha, 21 m tief), dessen Wasser schöne Seerosen schmücken und an dessen Ufern der Botaniker seltene Pflanzen entdeckt.

Das kleine Ulmener Maar ist unmittelbar am gleichnamigen Ort gelegen, dessen Häuser sogar bis an den See heranreichen. Es wird besonders gern von Badenden aufgesucht, da eine warme Quelle dem Wasser eine erhöhte Temperatur verleiht. Das westlich von Manderscheid gelegene Meerfelder Maar besteht ebenfalls aus einer nur kleinen Wasserfläche (17 m tief); es ist der Restsee innerhalb des größten Maartrichter der Eifel (1 500 m x 1 200 m), dessen überwiegender Teil von Land (heute fruchtbare Äcker) angeschwemmt ist. Unter den mehr als 50 Maartrichtern gibt es noch weitere kleine wassergefüllte Maare (z.B. Hinkelsmaar, Dürre – oder das Torfmaar bei Brockscheid, Immerather Maar, südöstlich von Gillenfeld). Am

Laacher See.

Pulvermaar.

Rurtalsperre.

Kratersee Windsborn wachsen seltene Orchideen, Hirschzungen und Farne. Die letzten Spuren des Vulkanismus in der Eifel sind die Mineralquellen, die in Daun, Gerolstein, Birresborn und an anderen Stellen aus dem Boden sprudeln, darunter eine 32 Grad warme Glaubersalzquelle, die dem kleinen Ort Bertrich zum anerkannten Kur- und Badeort verholfen hat.

Während die Maare als Kratertrichter von der Natur gebildet wurden, sind die Talsperren in der ersten Hälfte unseres Jahrhunderts von Menschenhand geschaffen worden. Sie sind Staubecken der Wasserzuflüsse und verhindern Überschwemmungen und versorgen weite Gebiete mit Trink- und Gebrauchwasser. Manche dienen auch der Stromversorgung. In der Folge bringen wir eine Aufzählung der Talsperren, geordnet nach der Entstehungszeit:

- Die Urfttalsperre (1904, 45,5 Mio m^3) bei Gemünd ist zeitweise durch den nahen Truppenübungsplatz für Zugänger gesperrt; sie dient der Stromerzeugung.
- Die Dreilägerbachtalsperre (1911, 4,3 Mio m^3) bei Roetgen versorgt den Aachener Raum mit Wasser und ist besonders reizvoll gelegen.
- Das Staubecken Obermaubach (1934, 1, 7 Mio m^3) in der Gemeinde Kreuzau ist von waldreichen Bergen umgeben und dient auch dem Wassersport.
- Die Kallbachtalsperre (1936, 2,1 Mio m^3) liegt im schönen Waldgebiet in der Gemeinde Hürtgenwald und liefert Wasser für die Industrie des Aachener Bezirkes.
- Die Rurtalsperre (1937, 100 Mio m^3) befindet sich beim Ausfluß der Urftalsperre in die Rur; ihr ist ein Großwasserkraftwerk angeschlossen. Der weitere Ausbau erfolgte bis 1959 (205 Mio. m^3). Sie ist die größte Talsperre der Bundesrepublik.
- Die Perlenbachtalsperre (1952, 08 Mio m^3) oberhalb von Monschau dient der Trinkwasserversorgung.
- Die Oleftalsperre (1965, 20 Mio m^3), umgeben von Laub- und Nadelwäldern, bedient einen Teil der Nordeifel mit Trinkwasser.
- Die Wehebachtalsperre (1980, 25 Mio m3) versorgt den Aachener und Dürener Raum vorwiegend mit Trinkwasser.

- Die Steinbachtalsperre (1936, 1,1 Mio m3) bei Euskirchen liefert der dortigen Industrie Brauchwasser. Sie war 6 Jahre (1985–1991) geschlossen, da der Staudamm schwere Schäden aufwies. Doch Bürgerinitiativen und Kommunalpolitiker ermöglichten eine Ausbesserung für 12 Millionen DM. Stausee und angrenzendes Waldfreibad stehen den Ausflüglern erneut zur Verfügung. Auch Bootsfahrten sollen bald wieder möglich sein.
- Die Madbachtalsperre bei Loch (1938, 70 000 m3) ist durch eine Rohrleitung mit der Steinbachtalsperre verbunden.
- Der Stausee im Wirfttal bei Stadtkyll (1978, 20 000 m3) liegt in landschaftlich reizvoller Lage.
- Der Kronenburger See (1986, 260 000 m3) an der oberen Kyll ist für den Wassersport freigegeben und besitzt ein großes Freizeitgelände mit Spielwiesen und Spielplätzen für Minigolf, Tischtennis, Schach und Mühle.
- Der Stausee Bitburg (1972, 1,5 Mio m3) liegt im landschaftlich reizvollen Prümtal, 12 km von Bitburg entfernt, und ist für Wassersportmöglichkeiten geöffnet, ebenso der Stausee bei Ralingen, der aus der hier gestauten Sauer besteht.

2. Die Eifel: Urlaubs- und Erholungsgebiet

Naturparks, Kalkmulden, Vulkanberge, Maare und Talsperren der Eifel sind besondere Attraktionen für den Gast unseres Gebirges. Dazu gewähren die weiten Wälder Erholung. Ihr Reizklima weist die Eifel als besonderes Erholungsgebiet aus, und die günstige mittlere Höhenlage von 400–700 m ist für die meisten Menschen gut verträglich. Den Kranken und Genesenden bieten sich in erster Linie die Badeorte und Heilbäder an. Vier Orte besitzen das Adelsprädikat „Bad“:

- Bad Neuenahr-Ahrweiler (26 000 E.) Beide namhaften Städte vereinigten sich 1969 zugleich mit benachbarten Dörfern zu einer Stadtgemeinde. Beide haben in unserem Jahrhundert eine gewaltige Aufwärtsentwicklung erlebt. Neuenahr erhält 1927 das Prädikat „Bad“ und 1951 die Rechte einer Stadt; zugleich belebt sich das Kurleben. Ahrweiler, bereits 1248 Stadt, besitzt neben Münstereifel den besterhaltenen mittelalterlichen Stadtbering in den Rheinlanden aus dem 13. Jahrhundert mit Wallgraben, Türmen, Toren. Es ist mit seinen winkligen Gassen, den schönen Fachwerkhäusern, seiner gotischen Hallenkirche und dem weiten Marktplatz ein architektonisches Schmuckstück. Bad-Neuenahr-Ahrweiler wird jährlich von Hunderttausenden Gästen besucht, die Heilung bei Diabetes, Magen- Darm- Galle, Leber, Nierenerkrankungen und bei Herz- und Kreislaufstörungen suchen. Abwechslung findet der Gast in vielen Freizeiteinrichtungen, im Kurpark und eventuell auch im Spielkasino.
- Bad Münstereifel ((4 200 E. im Kerngebiet, insgesamt 17 000 E.). 1926 wird es als Zentrale des Kneippbundes für Westdeutschland Kneippkurort und erhält ein

Am Meerfelder Maar.

repräsentatives Kurhaus (1928). Zu Beginn des Zweiten Weltkrieges (1939) besitzt die Stadt 13 Kurheime, Hotels und Pensionen mit fast 300 Fremdenbetten. Man zählt knapp 6 000 Gäste und 70 000 Übernachtungen. Nach dem Krieg läuft der Fremdenbetrieb langsam wieder an, überschreitet jedoch schon nach knapp zehn Jahren die Belegungszahlen von 1939. Im Jahre 1956 werden bereits 100 000 Übernachtungen gezählt. Im selben Jahr erhält Münstereifel den Beinamen Kneippheilbad, einen Titel, den damals in der Bundesrepublik nur sieben Orte führen. In den Rheinlanden ist dies allein unsere Stadt, die sich seit 1967 Bad-Münstereifel nennen darf. Zur Zeit (1990) verfügt es über 8 Sanatorien, Kurhäuser und Kurheime verschiedener Größenordnungen und Kategorien, 2 Erholungsstätten, 25 Hotels bzw. Pensionen und 2 Kurparks. Es stehen etwa 1 400 Betten zur Verfügung, die 1990 über 60 000 Gästen ca. 220 000 Gesamtübernachtungen boten. Das Kurgebäude wurde jüngst durch ein Bastelzentrum und eine moderne Lehrküche erweitert.

– Bad Bertrich, idyllisch im Tal der Üß gelegen, ist umgeben von hohen bewaldeten Hängen, die mit Laub- und Nadelwäldern bestanden sind. (Differenz der Höhenlage 250 m). Einen großen Aufschwung nimmt der Ort nach dem Zweiten Weltkrieg. 1966 werden 16 300 Kurgäste gezählt. 1975 wird dem Badeort das auf der Hochfläche gelegene Kennfuß eingemeindet. Beide Ortsteile haben nur

8 000 Einwohner. Der Kurgast, der Stille sucht, findet 70 Kilometer lange, gepflegte Wanderwege; der Ort verfügt auch über Thermalbad, Kur- und Naturpark, Tennisplätze, Minigolfplatz und sonstige Freizeitmöglichkeiten.

- Bad Breisig, Heil- und Thermalbad an der Mündung des Vinxt- und Frankenbaches, besteht seit 1969 aus den drei Ortschaften Bad Niederbreisig (Bad seit 1958), Oberbreisig und Rheineck. Es erhält 1970 Stadtrechte. Mit der Erschließung der ersten Therme beginnt 1914 die Entwicklung zum Badeort, die Schritt für Schritt zum erwünschten Erfolg führt. Zur Zeit besitzt der Badeort zwei Kurmittelhäuser, ein Thermalbad, zwei Thermal-Hallenbäder und als erstes dieser Art ein Thermal-Wellenbad. Den Ort suchen Menschen auf, die Heilung für Herz- und Kreislaufstörungen, für Rheuma- Diabetes und Nierenerkrankungen suchen.
- Tönisstein, leitet seinen Namen von dem 1809 aufgehobenen Karmelitenkloster Antoniusstein ab. Der Kurbetrieb hat hier nicht Fuß fassen können. Nach dem Ersten Weltkrieg gibt es zwar Belebungsversuche, doch ohne einschneidenden Erfolg. 1934 geht der Besitz der Badeeinrichtung von der Familie Thyssen an den Besitzer des Heilbrunnen über, aber die Erwartungen erfüllen sich nicht, es muß 1974 endgültig von seinem „Bad" Abschied nehmen. Seitdem befindet sich in den Räumen des ehemals zum Bad gehörenden Hotels Kurfürstenhof eine Fachklinik für Suchtkranke. Neben dem Kneippheilbad Münstereifel pflegen ebenfalls die

Erschließung des Fremdenverkehrs, Heimbach 1994.

Kneippkurorte Gemünd, Daun, Kyllburg, auch Manderscheid die Wasserkuren nach der Methode von Pfarrer Kneipp.

- Der Kneippkurort Gemünd liegt an der Mündung der Olef in die Urft, die entlang einer schönen Uferpromenade einige Kilometer entfernt in den Urftsee einläuft. Gemünd, das seit 1972 zur Stadt Schleiden (12 000 E.) gehört, ist besonders bei Herz- und Kreislauferkrankungen gefragt und besitzt neben vielen Hotels und Pensionen ein Kurhaus, einen Kurpark und eine Stadthalle für 600 Personen.
- Daun (7 000 E.), im Zentrum der Vulkaneifel gelegen, ist ebenfalls Kneippkurort und auch Mineralheilbad. Es besitzt einen Mineralbrunnen, eine Kurklinik und eine psychosomatische Klinik. Der Kurort ist auf Herz- und Kreislauferkrankungen und auf Katarrhe der oberen Luftwege spezialisiert. Die Stadt (Verleihung 1337, Erneuerung 1951), beherrscht von der auf hohem Basaltkegel gelegenen gleichnamigen Burg, liegt ganz in der Nähe der drei obengenannten Maare.
- Kyllburg, Kneipp- und Luftkurort (1 300 E.), liegt inmitten des landschaftlich reizvollen Kylltales. Die Stadt (Wiederverleihung 1956) bietet mit Kneipp-Sanatorium, Kurhotel, Kurpark und dem nahen Stadtwald eine ideale Kombination für Kur und Erholung.
- Manderscheid (1 300 E.), staatlich anerkannter Heilklimakurort mit Kneippkurheim, gehört mit seinen beiden majestätischen Burgruinen und dem durch Fels-

Bad Münstereifel, Rathaus.

Thermal Bad, Bad Breisig, Detail.

Gerolsteiner Sprudel, Gerolstein.

wände eng gewundenem Liesertal zu den landschaftlich reizvollsten Orten der Eifel. Der Kurort, mit Recht „Perle der Eifel" genannt, bietet dem Gast viele Freizeitangebote und herrliche Spazierwege in die nahe und weite Umgebung (Maare, Kloster Himmerod).

Noch etwa 20 weitere Orte in der Eifel berufen sich auf ihr Heilklima und nennen sich Luftkurort. Jede dieser Ortschaften hat ihre Besonderheit und ist Ausgangspunkt für herrliche Spaziergänge. Besondere Glanzpunkte der Nordeifel sind die überwiegend im Tal gelegenen malerischen Städte an der Rur. Monschau (2 200 E.), Nideggen (1 800 E.) und Heimbach (1500 E., Stadt 1343, dann 1959) sind alle bekrönt mit einer Burg oder Burgruine. Überaus romantische Burgflecken der Nordeifel sind ferner Reifferscheid, Wildenburg und Kronenburg. Nettersheim hat es in den letzten Jahren verstanden, seine geschichtlichen und landschaftlichen Vorzüge herauszustellen; es ist Ausgangspunkt der römischen Wasserleitung nach Köln und besitzt zahlreiche weitere Hinterlassenschaften aus römischer Zeit.

Auch Städte der südlichen Eifel haben ihre Besonderheit und entwickeln sich immer stärker zu Zentren des Tourismus:

- Gerolstein (5 500 E.), staatlich anerkannter Luftkurort, liegt herrlich eingebettet in dem lang gestreckten Kylltal und in den aufsteigenden Hängen einer Felsenlandschaft. Die Stadt (Stadtrechte 1336, verloren 1856, wieder verliehen 1953) und Umgebung sind für den geologisch Interessierten eine wahre Fundgrube; hier finden sich in großer Zahl Ablagerungen einer vor 350 Millionen Jahre untergegangenen Tierwelt (Triboliten, Korallen, Seelilien, Armfüßler, Muscheln). Eine Vulkansandgrube läßt Gestein aus früheren Epochen der Erdgeschichte zutagetreten.

- Hillesheim (2 500 E.), in geschützter Talmulde gelegen, berühmter Marktflecken in Vergangenheit und Gegenwart, strahlt mit seiner turmbekrönten Stadtmauer mit Treppen und Wehrgängen (13. Jahrhundert.), den engen Gassen und seinen Häuserfassaden mittelalterliche Atmosphäre aus.
- Prüm (5 000 E.), einstige Hauptstadt eines eigenen Klosterstaates, verfügt in seiner Salvator-Basilika über das Grab eines deutschen Kaisers (Lothar I, 855+), das einzige Kaisergrab in der Eifel. Heute erfreut sich der Luftkurort mit seinem an die Stadt heranreichenden Wald eines regen Fremdenverkehrs.
- Wittlich (16 000 E.), herrlich gelegen im Liesertal, eingebettet zwischen Eifelhöhen und Moselbergen, besitzt einen eindrucksvollen Marktplatz mit barockem Rathaus (1650), barocker Markuskirche (1709) und schönen Bürgerhäusern. Die Säubrennerkirmes (2. Augusthälfte) ist ein weithin bekanntes historisches Brauchtumsfest mit Braten von Schweinen am Spieß. Der Ursprung der Sage: Als die Stadt einst vom Feinde bedroht wurde, fand ein Wachsoldat den Bolzen nicht, um das Stadttor zu verschließen; er behalf sich mit einer Rübe, die er in das Riegelloch steckte. Diese zerbiß in der Nacht ein hungriges Schwein, das Tor sprang auf, und die Feinde konnten einrücken. Darauf beschlossen die Stadtväter, alle Schweine öffentlich zu verbrennen.
- Bitburg (10 000 E.) liegt auf der Wasserscheide Nims-Kyll im fruchtbaren Bitburger Gutland. Mit dem Hause Beda ist es ein bemerkenswertes Kulturzentrum und wird jährlich Treffpunkt für kulturell tätige europäische Grenzlandgruppen.

Prüm.

Kaum zu überbieten sind eine Fahrt oder Wanderung entlang der Ahr, die einer Brunnenstube in Blankenheim entquillt. Ihr Tal ist eines der schönsten und lieblichsten Deutschlands. Im ersten Drittel ist der Fluß umrahmt von üppigen Wie-

Burg Eltz.

sen und sanften Berghöhen. Im mittleren Teil, etwa ab Kreuzberg, umgeben die Ahr schroffe Schieferfelsen und steile Weinhänge. An den Ufern umzäunen sie die reizvollen Ortschaften Altenahr, Mayschoß, Rech, Dernau, Ahrweiler und Bad Neuenahr. Dann öffnet sich die Landschaft weithin und bietet Platz für viele kleine Weindörfer, die mit den Orten des mittleren Flußtales das einzige geschlossene Rotweingebiet Deutschlands bilden.

Auch das Brohltal und die Täler von Elz, Lieser, Salm, Kyll, Nims, Enz, Prüm beeindrucken den Gast und bieten immer wieder neue und einzigartige Ausblicke. Orte und Burgen laden dort zum Verweilen ein: Burgbrohl, dann Monreal, Burg Pyrmont, Burg Eltz (Eltztal), Manderscheid und Wittlich an der Lieser, Dreis und Klausen im Tal der Salm. Stadtkyll, Gerolstein, Birresborn, Mürlenbach, St. Thomas und Kyllburg (Kyll), Schönecken an der Nims, Neuerburg an der Enz, ferner Prüm, Waxweiler und Prümzurlay im Tale der Prüm. Die noch heute bewohnte Burg Eltz, die besterhaltene Burg der Eifel, ist eines der malerischsten Bauten. Ausgangspunkt zu einer Besichtigung ist das auf dem höchsten Punkt des Maifeldes gelegene Städtchen Münstermaifeld (1 700 E.). Ebenfalls kann Schloß Bürresheim besichtigt werden, das auf einem Felsrücken im Nettetal bei Mayen vieltürmig thront und sich im Besitz des Landes Rheinland-Pfalz befindet (seit 1938).

Begehrte Ausflugsziele sind die Klöster der Eifel: Maria-Laach (Benediktiner), Mariawald (Trappisten), Steinfeld (Salvatorianer), Himmerod (Zisterzienser), Springiersbach (früher Augustiner Chorherren, jetzt Noviziat der Karmeliten), ebenfalls das ehemalige Kloster St. Thomas (einst adelige Frauenabtei), jetzt theologische Bildungsstätte.

Der südöstliche Teil der Eifel ist nur dünn besiedelt und weist zerklüftete Täler und Schluchten mit fischreichen Bächen und bizarren Felsformationen auf. Vor allem erfreut sich das Tal der Ur besonderer Beliebtheit. Der Grenzfluß durchfließt in 75 km Länge vom Quellgebiet im Losheimer Graben (Höhe 660 m) bis zur Mündung in die Sauer bei Wallendorf eine romantische Landschaft, auf deren Felsvorsprüngen sieben sagenumwobene Ritterburgen, bzw. deren Ruinen thronen: Clerf, Dasburg, Stolzenberg, Falkenstein, Brandenbourg, Vianden und Roth. Ausgangspunkte eines lebhaften Tourismus sind: Bollendorf (1 700 E.), Luftkurort mit etwa 200 000 Übernachtungen. Ernzen, Ferschweiler, Roth (Ur), das mit seiner bedeutenden romanischen Kirche und der Kommende eine malerische Baugruppe bildet, und Dasburg, dessen Burgruine den Talhang überragt.

Eine Wanderung durch das einsame Venn ist ebenfalls empfehlenswert. Landschaftlich ist das Gebiet (400–600 m über dem Meer) von ursprünglicher Schönheit. Vorherrschend sind Weideflächen, Waldgebiete und streckenweise Hochmoore. Inmitten des Naturparkes „Hohes Venn" liegt die belgische, vor allem deutschsprechende Stadt St. Vith, die gegen Ende des letzten Weltkrieges fast dem Erdboden gleichgemacht wurde (98 Prozent zerstört), sich heute mit 3 200 Einwohnern (Großgemeinde 8 600 E. mit 14 700 ha Flächengröße) zu einem hochmodernen Ort entwickelt hat. Während mit ihrem Ausbesserungswerk (500 Beschäftigte) die Eisenbahn (1977 stillgelegt) bis in unsere Zeit hinein den Bewohnern Hauptarbeitgeber war, ist die Stadt heute ganz auf Touristik ausgerichtet und durch ihren Autobahnanschluß (1981) bestens zugänglich. Den Gästen bieten sechs Hotels, vier Cafés, viele Gaststätten und Privatpensionen Unterkunft und Geselligkeit; Entspannung und Erholung ermöglicht das Venn und der große Waldbereich, der die Stadt umgibt.

Ehemals waren es Eichenwälder, die den florierenden Gerbereien in St. Vith die Lohe lieferten. Aber um 1850 mußte die Eiche der „Preußischen Fichte" weichen. Das reichlich anfallende Holz verarbeiten heute heimische Sägewerke.

Schulzentrum nennt sich heute mit Recht die Stadt, in die fast täglich die meisten der 2 000 Schüler aus der nahen und weiten Umgebung einreisen. In den Internaten wohnen auch manche Schüler aus Deutschland. Ein besonders gelungenes Bauwerk, ganz aus heimischen Bruchsteinen errichtet, ist die modern neuromanische Pfarrkirche, die auch im Innern mit sakraler Kunst ausgestaltet ist.

Circa 25 km in nördlicher Richtung von St. Vith liegt die Stadt Malmedy (6 500 E.), einst Sitz der ältesten Benediktinerabtei (648) des späteren Deutschen Reiches. Stadt und Umgebung sind etwa seit der ersten Jahrtausendwende unserer Zeitrechnung Mittelpunkt eines wallonischen Sprachgebietes, das rund 12 000 französisch sprechende Bewohner aufweist und sieben größere Dörfer umfaßt: Malmedy, Bévercé, Faymonville, Bellevaux, Ligneuville, Robertville, Weismes.

Das einst bedeutende Lederzentrum Malmedys besitzt heute eine Gerberei, zwei Papierfabriken, eine Holzwarenfabrik und andere kleinere Werke. Wie St. Vith ist Malmedy ein bedeutender Ort des Fremdenverkehrs. Für Unterkunft und Verpflegung sorgen fast 30 Hotels, Gasthöfe und Pensionen mit etwa 2 000 Betten. Dazu kommen ein Feriendorf und ein Campingplatz mit 550 Stellplätzen. Ferner bietet die Stadt vielerlei Möglichkeiten, sich zu jeder Jahreszeit in den verschiedenen Sportarten zu betätigen. Weiter 30 km nördlich liegt die größte Stadt der belgischen Ostkantone: Eupen, (18 000 E., 300 m hoch), gelegen am Fuß des Hohen Venn und in der Nähe der Wesertalsperre (25 Mio m3 Inhalt).

Wegen der Schönheit unseres Gebirges und seines Erholungswertes haben verschiedene Institutionen für den Kreis ihrer Angehörigen Heime und Erholungszentren geschaffen. Touristenverbände und Unternehmer des In- und Auslandes haben darüber hinaus Feriendörfer errichtet.

Es gibt: ein Feriendorf der deutschen Bundespost in Prüm, das niederländische Feriendorf Felsenhof in Gerolstein, Ferienparks bei Daun und Gillenfeld, ein Feriendorf im Wirfttal in Stadtkyll, ein Ferienpark in Kronenburg. Letzterer erhält 1986 wegen seiner besonders freundlichen Ferienangebote einen Preis unter den Ferienparks in Nordrhein-Westfalen und im gleichen Jahr eine hohe Auszeichnung beim Bundeswettbewerb. Die Kronenburger Ferienstätte besteht aus 130 Häusern, die für große und kleine Familien eingerichtet sind und über 760 Betten verfügen. Den Gästen stehen Hallenschwimmbad, Sauna, Solarium, Tennis und Tischtennisplätze, Minigolfanlage, Bocciabahn, Rollschuh und Eislaufbahn und natürlich Restaurant und Einkaufsladen zur Verfügung.

Auch haben Städte, karitative und religiöse Verbände in der Eifel Häuser übernommen oder neu gebaut, um ihrem Personenkreis Erholung und eine preiswerte Ferienunterkunft zu bieten. So unterhält „das katholische Ferienwerk Oberhausen“ in Baasem die Familienstätte St. Ludger. Hier stehen 124 Gästen 44 Zimmer zur Verfügung. Bevorzugt werden aufgenommen: Behinderte, kinderreiche und sozial schwache

Abtei von Stavelot, Belgien.

Familien. Als Freizeitangebot sind vorhanden: Hallenschwimmbad, Bücherei, Leseraum, Grillstätte, ein Fußballplatz, ein Abenteuerplatz mit Kletter- und Spielgeräten. Wir nennen dieses Haus nur als Beispiel für viele andere.

Dem Gast, der ohne PKW die Eifel aufsucht, bieten die Omnibuslinien der Post Gelegenheit, jeden möglichen Zielort aufzusuchen. Im Gebiet der Rurtalsperre hat sich die Post etwas Besonderes einfallen lassen. Von Erkensruhr (Gemeinde. Simmerath, 200 E.), wo kein Durchgangsverkehr die wohltuende Ruhe stört, ist seit 1968 eine Postkutsche eingesetzt. Dreimal täglich fährt sie durch ein waldreiches Tal nach Einruhr (3 km) zum Obersee der Rurtalsperre, sie bietet Reisenden Platz und befördert die Brief- und Paketzusendungen, die sogar einen Sonderstempel erhalten.

Um den Fremdenverkehr in der Nordeifel „zu stärken, auszubauen und damit zur Attraktivität der Region beizutragen“ wird im Sommer 1989 in Aachen die Vereinigung „Eifel-Touristik“ gegründet, die bereits nach Jahresfrist 170 Mitglieder zählt. Zu ihnen gehören die drei Kreise der Nordeifel (Euskirchen, Düren, Aachen-Land), 22 Städte und Gemeinden, 16 Verkehrsvereine, der Landesverkehrsverband NR, ferner zahlreiche Kreditinstitute, Hotel- und Gastronomiestätten. Von der Geschäftsstelle in Bad-Münstereifel, dem Sitz der „Eifel Touristik“, geht Werbematerial an die Presse, an Reisebüros und an internationale Agenturen. Auf den Messen in Gent, Brüssel, London, Nordwijk, Berlin, Hannover, Essen und Köln ist die Vereinigung bereits 1989/90 vertreten und kann der Eifel Tausende neuer Gäste zuführen. Die drei Eifelkreise registrieren 1989 insgesamt 1 556 000 Übernachtungen.

Auch in der Südeifel wird der Fremdenverkehr immer mehr ein beachtlicher Wirtschaftsschwerpunkt. 1989 zählt allein der Kreis Daun 1,8 Millionen Übernachtungen. Dazu kommen zehn Campingplätze mit 1 300 Stellplätzen. 1983 steht der Kreis Bitburg-Prüm mit 2 Campingplätzen und 3 750 Stellplätzen an der Spitze.

3. Freizeitbeschäftigungen: Jugendwandern – Segelfliegen – Wasser- und Wintersport

Die Eifel besitzt eine Fülle markierter Wanderwege, bietet zahlreiche Möglichkeiten zum Übernachten und erweist sich daher als ideales Wandergebiet für die Jugend, die davon zunehmend Gebrauch macht. Deutsche Jugendherbergen (DJH), die in Nordrhein dem Landesverband Rheinland (in Düsseldorf-Oberkassel) unterstehen (in Klammern stehen die leicht abgerundeten Übernachtungszahlen für 1990) befinden sich in:

- Blankenheim (1989: 16 000) In der 2. Hälfte 1990 wurde die Burg-Jugendherberge wegen Restaurierung geschlossen.
- Gemünd (21 000)
- Hellenthal (2 400)

- Baasem-Kronenburg (12 000) nahe dem Kronenburger-See, 8 km von Belgien entfernt.
- Monschau-Burg (15 000)
- Monschau-Hargard (23 000)
- Münstereifel (22 000)
- Nideggen (19 000)
- Rurberg (29 000)

Die ebenfalls neun DJH in der Südeifel unterstehen dem Landesverband Rheinland-Pfalz (Mainz)
- Altenahr (12 500)
- B.-Neuenahr-Ahrweiler (12 500), erst 1990 neu errichtet, verfügt über behaglichen Wohnkomfort.
- Bollendorf (20 000)
- Cochem (21 500)
- Daun (15 000)
- Gerolstein (23 000)
- Manderscheid (10 500)
- Mayen (16 500)
- Prüm (7 000)

Natürlich befinden sich in den die Eifel umsäumenden Städten Aachen, Köln, Bonn, Koblenz, Trier weitere Jugendherbergen, die häufig besucht werden und sich vortrefflich als Ausgangspunkte für Eifel-Wanderungen eignen. In drei Jugendherbergen der Eifel sind die „Naturfreunde“ Träger, und zwar in Berg bei Altenahr, in Mendig und in Obermaubach.

Ahrweiler, Blick auf Weinberge.

Manche Städte außerhalb der Eifel unterhalten in unserem Gebirge ein Landschulheim, in dem sich jeweils für einige Wochen eine Schulklasse aufhält. Solche Häuser befinden sich in der Nordeifel u.a. in Blankenheim, Kronenburg, Gemünd, Urft, Müllenborn und Kerpen (Kreis Daun). Die Eifel beherbergt etwa 20 Jugendzeltlagerplätze an schönen Ausflugsorten oder dort, wo es viele Freizeitmöglichkeiten gibt. Sehr begehrt

Campingplatz bei Dahlem.

ist das ständig geöffnete Jugendlager des Eifelvereins im Schilsbachtal an der Rurtalsperre. Neben Zelten hat der Platz auch Blockhütten und feste Gebäude mit Selbstkochküchen sowie Tages- und Schlafräumen.

Für Erwachsene ist der Urlaub im Zelt oder in Wohnwagen ebenfalls sehr beliebt. Für diese Urlauber stehen in der Eifel etwa 35 Campingplätze zur Verfügung. Sehr groß ist dort der Anteil der Ausländer (Niederländer, stärkste Gruppe, gefolgt von Briten, Dänen, Belgiern, Franzosen und Schweden).

Segelfliegen ist möglich am Flugplatz Senheld bei Daun und auf dem Flugsportzentrum Dahlemer-Binz, einem der schönsten Sportflugplätze in den Rheinlanden. 1955 nimmt der Luft-Sportclub (LSC) Eifelflug das 45 ha große Gelände in Pacht. Nun wird das Areal unter persönlichem Einsatz der Luftsportfreunde ausgebaut. Es entstehen das Clubheim mit Schulungsräumen, Schlafsälen, einer Gaststätte, einer Flugzeughalle, einer Kinderspielstätte und einem Parkplatz. 1961 ist der Aufbauabschnitt abgeschlossen. Fünf Jahre später übernehmen die Gemeinde Dahlem, der LSC Eifelflug und eine Flugzeugbaufirma die „Flugplatz GmbH Dahlemer Binz". Gebaut werden neue Start- und Landebahnen, ein neuer Flugkontrollturm und eine weitere Flughalle. Seit 1986 ist der Flugplatz Binz Grenzübergangsstelle. Damit ist der Auslandsflugverkehr möglich geworden. In Daun kann man sich sogar zu einem Kurs im Fallschirmspringen anmelden; Drachenfliegen ist in Nürburg möglich.

Für die Freunde des Wassersports bieten sich in der Eifel an: die Rur- und Oleftalsperre, das Meerfelder Maar und der Laacher See, das Kronenburger Staubecken und die Stauseen bei Bitburg und Ralingen, ferner einige Eifelflüsse. Die Prüm am Bitburger See ist flußauf- und flußabwärts Ausgangspunkt für Rudern, Paddeln, Segeln und Kanufahrten. Dort besteht auch eine Regattastrecke (500 m, 1 000 m, 10 000 m Rundkurs). Ebenfalls bei Monschau bietet die Rur Gelegenheit zu Kanu- und Wildwasserrennen. Mut erfordert wegen zahlreicher Stromschnellen eine Kajakfahrt von Heimbach nach Zerkall. Für Wasserwanderungen eignen sich Rur und Ahr, bei Hochwasser auch Kyll und Prüm im Unterlauf, ebenfalls Sauer und Ur. Für waghalsige Sportler gibt es Kletterschulen in Nideggen, Heimbach und Gerolstein.

Für den Wintersport bieten sich in der Eifel vornehmlich fünf Gebiete an. Das höchstgelegene Skigebiet der Nordeifel (höchste Anhöhe 660 m) sind die Pisten von Hollerath-Udenbreth, die zahlreiche Übungshänge mit Lift und Sprungschanze aufweisen. Eigene Hütten haben dort der Kölner Sportverein und der Bonner Skiclub. Der „Schwarze Mann" in der Schneifel bei Prüm besitzt ein hochgelegenes (650 m) und ausgedehntes Skigelände mit zwei idealen Skipisten, inklusiv Lifte, einer Rodelbahn und einem Eislaufplatz. Der Prümer Skiclub, der hier eine Hütte besitzt, führt Skilehrgänge durch. Die Nürburg (678 m) verfügt über ein ideales Wintersportgelände mit Sprungschanze; der Abfahrtshang, 1 200 m lang, weist einen Höhenunterschied von 200 m auf.

Etwa 150 m Höhendifferenz (550–400 m) überwindet die fast einen Kilometer lange Piste östlich von Monschau bei Rohren; ein Lift ist vorhanden. Rodelmöglichkeit bietet dort mit einem Gefälle von 170 m eine 2 km lange Strecke. Eine weitere Skipiste mit 400 m langem Schlepplift gibt es am Nordhang des Mäuseberges (561 m). Höhenrücken bei Büdesheim, Kopp und Betteldorf eignen sich ebenfalls für Ski- und Rodelfahrten. Die Wintersportmöglichkeiten in der Eifel sind jedoch zeitlich sehr begrenzt, da die kalte Witterung nicht lange genug anhält, um ausreichenden Schneefall zu gewährleisten.

4. Wachsender Bildungsdrang auch in der Eifel

Noch im 19. Jahrhundert ist das Gymnasium in Münstereifel die einzige höhere Schule unseres Gebirges mit Abiturberechtigung. So ist es nur wenigen Jungen in der Eifel möglich, die höheren Schulen in Münstereifel oder in den Städten am Rand des Gebirges in Düren (seit 1636), Aachen, Bonn, Koblenz oder Trier zu besuchen. Die meisten Eltern sind nicht in der Lage, Fahrtkosten und Schulgeld zu zahlen. Die Auslagen für den Aufenthalt in einem Internat sind erst recht nicht aufzubringen. Im übrigen haben die Eltern durchweg auch kein besonderes Interesse daran, den Sohn „studieren" zu lassen, es sei denn, er wolle Priester werden. Dafür bieten sich dann die preiswerten und für mittellose Eltern sogar kostenlosen Klosterschulen an.

Der Zulauf zur höheren Schule verstärkt sich in der Eifel, als ab 1871 die Eisenbahnstrecken zur täglichen Fahrt benutzt werden können. Inzwischen sind vor allem in den Kreisstädten weiterbildende Schulen entstanden. Diese Bürger- oder Stadtschulen bestehen nur aus den ersten drei bis fünf Anfangsklassen eines Gymnasiums, entwickeln sich später zu Progymnasien (auch die 6. Klasse = Untersekunda, die zur „mittleren Reife" führt), dann zu Vollgymnasien. Diesen Weg gehen z.B. folgende Schulen in der Eifel:

Orte	Bürgerschule	Progymnasium	Gymnasium
Prüm	1852	1856	1892
Euskirchen	1851	1877	1905
Schleiden	1866	1923	1936
Wittlich	1861	1922	1937

In Wittlich wird außerdem das 1876 gegründete Lehrerseminar in eine Aufbauschule umgewandelt.

Haus Beda, Rückfront, Bitburg.

Mädchengymnasium, Rheinbach.

Die Gymnasien sind fast bis zur letzten Jahrhundertwende den Jungen vorbehalten, während den Mädchen der Zugang zu ihnen nicht gestattet ist. Erst 1893 eröffnet der Verein Frauenbildung-Frauenstudium im liberalen Baden, in Karlsruhe, das erste Mädchengymnasium Deutschlands, dem bald andere in den weiteren Ländern des Reiches folgen. In der Eifel entsteht das erste Mädchengymnasium, allgemein bis 1938 Lyzeum genannt, 1904 in Wittlich. Die Schule wird 1932 von Ursulinen-Schwestern übernommen, bietet aber nur die fünf unteren Klassen bis zur Obertertia an. Noch lange hält man in der Eifel Klosterschwestern für besonders geeignet, die heranwachsenden Mädchen weiterzubilden: 1911 eröffnen Schwestern Unserer Lieben Frau die höhere Mädchenschule in Rheinbach und 1921 gründen Ursulinen-Schwestern in Münstereifel ein Lyzeum, das zur „mittleren Reife" führt (Abitur ab 1966). Heftig ist der Kampf um die Zulassung der Frauen zum Studium an einer Universität; erstmalig können sich Abiturientinnen im Jahre 1908 im Rheinland an einer Hochschule immatrikulieren. Abiturientinnen aus Lyzeen der Eifel gibt es erst etwa zehn Jahre später. Nach dem 1. Weltkrieg steigt die Zahl der Eifeler Jungen und Mädchen, die ein Gymnasium besuchen, nur mäßig an.

Die 50er Jahre bringen die Wende. Es geht den Menschen wirtschaftlich besser, das Schulgeld entfällt (1956), und die Verkehrsverhältnisse gestalten sich günstig. Die Postbusse steuern auch die kleinen Orte der Eifel an; oft werden für die Schüler eigene Busse eingesetzt. Seit den 60er Jahren sind die meisten Kinder auf den öffentlichen Verkehr angewiesen, da sich viele Grundschulen und die meisten Hauptschulen nur noch in den zentralen Orten befinden, in der Südeifel in den Verbandsgemeinden.

Dem Wunsch der Eltern nach einer besseren Ausbildung für ihre Kinder sucht die Hauptschule durch ein vertieftes Lehrangebot, besonders in den Fächern Deutsch und Mathematik, und durch die Erweiterung des Stundenplans zu entsprechen: Englisch tritt als neues Fach hinzu, zusätzlich können freiwillige Arbeitsgemeinschaften gewählt werden. Dennoch setzt sich bei den Eltern der Trend fort, den Kindern eine weiterführende Ausbildung zu geben. Von ihnen wünschen viele den Zugang zu einer Schule mit einem gehobenen mittleren Abschluß, der auch die Möglichkeit bietet, zu einem Gymnasium überzuwechseln. So entstehen in der Eifel eine Reihe Realschulen wie in Adenau, Blankenheim, Euskirchen, Monschau, Wittlich, Bitburg, Prüm, Neuerburg und Speicher. Doch im Laufe der Jahre wird der Ansturm, von der Grundschule sofort auf das Gymnasium überzugehen, immer stürmischer. Die Belegungszahlen der Gymnasien wachsen an. Zahlreiche neue höhere Schulen öffnen in der Eifel ihre Pforten, so in Meckenheim, Rheinbach, Sinzig, Vossenack, Gerolstein. Allein der Kreis Bitburg-Prüm besitzt heute fünf Gymnasien, und zwar in Bitburg, Prüm, Niederprüm, Neuerburg und Biesdorf. Die kleinen Orte Schleiden, Münstereifel und Daun haben sogar zwei Gymnasien, ebenso die Stadt Wittlich. Im Schuljahr 1990/91 zählen in der Bundesrepublik Deutschland erstmals die Anfangsklassen der Gymnasien mehr Schüler als die der Hauptschulen. Und das Erstaunliche:

Die Eifel hängt im Bildungsstreben nicht wie früher hinterher, sie ist sogar bei den Vorreitern, wie folgende Zahlen belegen:
Die Anzahl der Schüler in den Anfangsklassen (Schuljahr 1990/91)

Kreis	Gymnasiasten	Hauptschüler	Realschüler
Daun	1 673	1 505	914
Altkreis Schleiden	2 161	1 939	691

Im Kreise Bitburg-Prüm überwiegt noch die Zahl der Hauptschüler (2 741), aber die Gesamtzahl der Gymnasiasten (2 163) und der Realschüler (1 875) liegt weit vor der Zahl der Hauptschüler (2 741–4 038).

Was die Schülerzahl betrifft, ist die Hauptschule[117] im ganzen auf den 2. Platz zurückgefallen; die Realschule nimmt unverändert den 3. Rang ein (bundesweit 26,5 Prozent). Es folgen die Gesamtschule (6,4 Prozent) und die Sonderschule (4,1 Prozent).

Die Abgänge nach Abschluß des Gymnasiums sind in Deutschland gewaltig angestiegen. 1950 machen die Abiturienten etwa 6 Prozent eines Geburtenjahrganges aus, 1990 sind es 30 Prozent. Von ihnen nehmen etwa 70 Prozent ein Studium auf. Entsprechend haben sich die Zahlen der Studenten in der Bundesrepublik erhöht. 1950 zählen wir 111 500 Studenten, sie wachsen auf 840 000 (1975), weiter auf 1 400 000 (1985), und 1990 auf 1 600 000 an.

Insgesamt gesehen ist es eine durchaus bedenkliche Entwicklung, wenn die Zahl der Studenten höher liegt als die Zahl der Lehrlinge. In der Eifel scheint diese Entwicklung noch nicht zu bestehen. Bundesweit sind 78 Prozent der Studienanfänger (1990) Kinder von Eltern, die selbst nicht studiert haben. Dieser Gruppe gehört sicher ein noch größerer Prozentsatz der Eifeler Studenten und Studentinnen an. Was den Eltern in ihrer Jugend vornehmlich aus wirtschaftlichen Gründen nicht möglich gewesen ist, ermöglichen sie heute oft mit erheblichen eigenen Einschränkungen ihren Söhnen und Töchtern. Auch staatliche Beihilfen (Bafög) tragen dazu bei, daß Jungen und Mädchen auch aus ärmeren Eifeler Familien ein Studium beginnen können. Gegenüber den früheren Jahrzehnten hat die Eifel auch im geistigen Bereich gewaltig aufgeholt; sie ist nicht mehr ein Schlußlicht.

5. Der Eifelverein als Kulturträger für das Schrifttum der Eifel

Der Eifelverein ist nicht nur ein Wanderverein, wie viele annehmen, sondern bemüht sich nicht minder intensiv um die kulturellen Belange der Eifel. Zum erweiterten Vorstand des mehr als 100 Jahre alten Vereins gehört ein Hauptkulturwart. Die meisten der etwa 160 Ortsgruppen besitzen ebenfalls einen lokalen Kulturwart, der

Frühjahrstagung des Eifelvereins 1992 in Adenau.

sich darum bemüht, daß Geschichte, Geographie, überhaupt alle Aspekte der Heimatpflege, Beachtung finden. Sicherlich ist der Eifelverein mit seinen rund 32 000 Mitgliedern einer der Hauptkulturträger der Eifel.

Wir erwähnten bereits das gut eingerichtete Museum des Eifelvereins in Mayen. Angegliedert ist ihm eine umfangreiche Spezialbibliothek mit fast 8 000 Bänden, die das bisher erschienene Schrifttum über die Eifel enthält und jährlich durch die neu erschienenen Schriften ergänzt wird. Dazu trägt der Eifelverein selbst das meiste bei.

Regelmäßig erscheint das fast 250 Seiten starke Eifel-Jahrbuch, vor 1956 Eifel-Kalender genannt. Es enthält wertvolle Beiträge aus Vergangenheit und Gegenwart und stellt Persönlichkeiten vor, die sich um die Eifel verdient gemacht haben. Auch Gedichte, Essays und Novellen finden dort ihren Platz.

Das Kontaktblatt unter den Mitgliedern ist die Zweimonatszeitschrift „Die Eifel". Sie bringt Nachrichten aus den einzelnen Ortsgruppen, orientiert über die Gegenwartsaufgaben und macht einen Gebirgsteil zum Schwerpunkt einzelner Hefte.

In der Schriftenreihe „Die schöne Eifel" hat der Eifelverein über 20 Hefte herausgebracht, in denen namhafte Orte oder auch Landschaften ausführlich und umfassend vorgestellt werden. In dieser Reihe erschienen die Schriften: Eschweiler, Stolberg, Monschau, Rheinbach, Bad Münstereifel, Nettersheim, Blankenheim, Mechernich-Kommern, Heimbach, Gemünd, Schleiden, Hellenthal, Schmidtheim, Kronenburg, Hillesheim, Daun, Manderscheid, Neuerburg, Wittlich, Bad-Bertrich, Eupen und der Deutsch-Luxemburgische Naturpark. Manche Ausgaben sind mehrfach aufgelegt worden. Das Standardwerk über unser Gebirge ist der „Eifelführer“, der bereits in der 36. Auflage vorliegt. Hier werden alle Orte der Eifel vorgestellt, Hinweise auf Unterkunftsmöglichkeiten gegeben, in prägnanter Kürze die einzelnen Sachgebiete über das Gebirge behandelt und die rund 3 000 Wanderwege beschrieben. 60 Wanderkarten verlegt der Eifelverein und vertreibt die meisten Neuerscheinungen über die Eifel. Das Verlagsprogramm umfaßt acht Seiten; darunter Beschreibungen, Sachbücher, Biographien, Erzählungen und rund 50 Bildbände.

Als korporatives Mitglied gehört der Eifelverein dem „Rheinischen Verein für Denkmalpflege und Landschaftsschutz “ an, der gemeinsam mit anderen die in den 20er und 30er Jahre erschienenen, aber längst vergriffenen „Kunstdenkmäler der Eifelkreise“ in unverändertem Nachdruck neu herausgebracht hat. So steht dieses hervorragende Werk dem interessierten Leser wieder zur Verfügung. Gewissermaßen ergänzt werden die Nachdrucke durch die „Kunstführer“, die der „Rheinische Verein“ jährlich veröffentlicht.

Der Landschaftsverband Rheinland trägt mittelbar und unmittelbar durch die ihm unterstehenden Institutionen zum Schrifttum des Rheinlandes und damit auch der Eifel, besonders der nördlichen Eifel bei. Die Monatszeitschrift „Neues Rheinland“ widmet sich hauptsächlich kulturellen Themen. Die alle drei Monate erscheinende Zeitschrift „Rheinische Heimatpflege“ ist eine Fundgrube für Geschichte und Kultur. Die „Rheinischen Vierteljahresblätter“ bringen Themen der geschichtlichen Landeskunde sowie des rheinischen Volkslebens und Brauchtums.

In einigen größeren Orten der Eifel gibt es neben den Eifelvereins-Ortsgruppen, die oft auch publizistisch tätig sind, Geschichtsvereine, die häufig in eigener Verantwortung geschichtliche Veröffentlichungen herausgeben. Der Geschichtsverein Monschauer Land e.V. ediert jährlich ein Jahrbuch, das wertvolle Beiträge der Rur-Eifel und des Hohen Venn enthält. Der Geschichtsverein Prümer Land e.V. besitzt sogar eine eigene Zeitschrift „Der Prümer Landbote“ und hat bereits beachtliche Monographien herausgebracht.

Seit 1990 gibt es auch einen „Geschichtlichen Arbeitskreis Bitburger Land“, der eine Zeitschrift mit dem Titel „Beiträge zur Geschichte des Bitburger Landes“ betreut.

Eine Tageszeitung, die die Eifeler Durchschnittsfamilie früher überhaupt nicht oder nur im Winter bezog, kommt heute in fast jedes haus. Sie berichtet nicht nur über das Tagesgeschehen, sondern vermittelt auch Wissenswertes über den Heimatraum. Ein großer Teil des oben genannten Schrifttums aus der Eifel war mir zugänglich und gab mir die Möglichkeit, über die vielseitigen Geschehnisse unserer Zeit im Zusammenhang berichten zu können.

Titelseite der alle zwei Monate erscheinenden Mitgliedszeitschrift des EIFELVEREINS: DIE EIFEL.

XX. Die Eifel in der Gegenwart: Der Übergang zum nächsten Jahrtausend

1. Die politischen Entwicklungen

1.1 Die neunziger Jahre in Deutschland

Die 90er Jahre stehen in Deutschland ganz im Zeichen der wiedergewonnenen Einheit. Über 40 Jahre lang waren Osten und Westen voneinander getrennt und durch unterschiedliche politische und ökonomische Systeme geprägt. Am 9. November 1989 öffnet die DDR die Grenzen zu Westberlin und später zum ganzen Bundesgebiet. Mit der Öffnung der Mauer beschleunigt sich der innere Zerfall der DDR. Die SED verliert die Hälfte ihrer Mitglieder, die unrühmliche Rolle der STASI wird aufgedeckt, immer mehr Ostdeutsche zieht es in den Westen. Allein 1989 verlassen 343.854 Bewohner die DDR, um im Westen Fuß zu fassen. Unter diesen krisenhaften Umständen beschließt die DDR Regierung, die freien Wahlen zur Volkskammer auf den März 1990 vorzuziehen. Nach der Wahl bildet sich in der DDR eine große Koalition aus CDU/DSU (Demokratische Soziale Union – eine DDR-Schwester der CSU), dem DA (Demokratischer Aufbruch), den Liberalen und der SPD unter Führung der CDU mit Ministerpräsident Lothar de Maiziere.

Dann überschlagen sich die Ereignisse: Am 21. Juni beschließen Volkskammer und Bundestag gemeinsam eine Resolution, in der die „Oder-Neiße-Grenze" zu Polen bestätigt und der Staatsvertrag gebilligt wird. Mit diesem Schritt ist der Weg zur Einheit geebnet, weil nunmehr auch die Sieger des Zweiten Weltkrieges in den so genannten „2+4-Gesprächen" der Wiedervereinigung zustimmen. Michail Gorbatschow billigt dem Abzug der russischen Truppen aus der DDR und gibt auch seinen anfänglichen Widerstand gegen den Beitritt Gesamtdeutschlands zur NATO auf. In einer Nachtsitzung beschließt die Volkskammer im August, den Beitrittstermin zur BRD auf den 3. Oktober 1990 zu legen. Deutschland ist wieder ein souveräner Staat.

Die politische Einheit Deutschlands ist zwar 1990 vollzogen, damit aber keineswegs die innere Einheit zwischen den Menschen beider Landesteile. Trotz großer wirtschaftlicher Anstrengungen und Transferzahlungen der alten Bundesländer in Milliardenhöhe bleibt im Verlauf der 90er Jahre der wirtschaftliche Aufschwung im Osten weitgehend aus. Zu den wirtschaftlichen Problemen kommen Identitätskonflikte: „Wessis" und „Ossis" stehen sich oft unversöhnlich gegenüber. Die Menschen im Osten fühlen sich von den „besserwisserischen" Vorgesetzten aus dem Westen an die Wand gedrückt, die aus dem Westen kommenden Manager und Verwaltungsfachleute beklagen sich über die mangelnde Flexibilität und Kooperationsbereitschaft der Menschen aus dem Osten. Nostalgie macht sich breit, die in den zunehmenden Wahlerfolgen der SED Nachfolgepartei PDS zum Ausdruck kommt. Auch an der

Wende zum neuen Jahrtausend bleibt der Vollzug der inneren Einheit ein noch unfertiges Projekt der deutschen Politik.

Neben der Einheit Deutschlands ist die Dekade von 1990 bis 2000 durch drei politische Trends bestimmt: der zunehmenden Globalisierung von Wirtschaft und Politik; der weiteren Integration Europas und des Übergangs von einer bipolaren Machtverteilung (USA versus UdSSR) zu einer, von einer einzigen Supermacht bestimmten Weltpolitik (USA). Alle drei Trends sind eng miteinander verwoben. Die Globalisierung in Wirtschaft, Politik und Kultur bereitet den Weg für eine politisch bedeutendere Rolle des vereinigten Deutschlands im internationalen Staatenverbund vor. Im Jahre 1999 beteiligt sich Deutschland erstmalig nach dem Zweiten Weltkrieg an einer kriegerischen Intervention im Kosovo im Rahmen einer von der NATO koordinierten Aktion gegen Restjugoslawien unter Slobodan Milosovic. Mit dem Zusammenbruch des Kommunismus reiht sich Deutschland als eine der wirtschaftlich und politisch einflussreichen Staaten der Welt in die Gemeinschaft der Kräfte ein, die ein internationales Ordnungsgefüge auf der Basis von Menschenrechten und demokratischen Entscheidungsformen zum Durchbruch verhelfen wollen.

Gleichzeitig werden weitere Hürden auf dem Weg zu einer politischen Einheit in Europa überwunden. Mit dem Maastricht-Abkommen werden die Grundsteine für eine neue Währungseinheit, den EURO, als europäische Grundwährung gelegt. Das Schengener Abkommen erleichtert die Ein- und Ausreise innerhalb der Europäischen Gemeinschaft. Ein herber Rückschlag für die europäische Integration ist der erzwungene Rücktritt der EU-Kommission in Jahre 1999, nachdem eine Expertenkommission Vetternwirtschaft und unregelmäßige Haushaltsführung bei einer Reihe

So sieht die neue europäische Währung, der EURO, aus. Im Bild das „Flaggschiff“ der neuen Währung.

von EU-Behörden festgestellt hatte. Am Ende des 20. Jahrhunderts bleibt das Projekt „Europa" weiterhin unvollendet, aber es gibt kein „Zurück" mehr zu einer nationalstaatlichen Machtausübung. Die Musik wird zunehmend in Brüssel gespielt.

1.2 Die Verhältnisse in der Eifel: Entferntes Echo aus der großen Politik

Wie wirken sich diese nationalen und internationalen Trends auf die Eifel aus? Zunächst bedeutet die Wiedervereinigung für den westlichsten Teil Deutschlands keinen wesentlichen Einschnitt in der Tagespolitik. Wie überall in West und Ost wird auch in der Eifel das Ende des Kalten Krieges begrüßt; die Parteien, die sich besonders für eine schnelle Einheit des Landes einsetzen, also CDU/CSU und die FDP, erhalten – ähnlich wie im übrigen Bundesgebiet – auch in der Eifel bei den Bundestagswahlen von 1990 und 1994 satte Mehrheiten. Tabelle 1 gibt die gesamtdeutschen Wahlergebnisse für die Bundestagswahlen von 1990, 1994 und 1998 wieder. Vergleichend dazu zeigt Tabelle 2 die entsprechenden Ergebnisse aus den Wahlkreisen Daun und Euskirchen in der Eifel. Während bundesweit die Koalition 1990 knapp 55% und 1994 rund 48% der Stimmen erhält, schneidet sie in den beiden Wahlkreisen der Eifel noch wesentlich positiver ab. Zwar haben die bürgerlichen Parteien in der Eifel schon immer die größte Resonanz gefunden, im Verlaufe der 70er und 80er Jahre steigt der Anteil der SPD Wähler jedoch stetig an. Dennoch bleibt die CDU in allen Wahlkreisen der Eifel die dominante politische Kraft.

Tabelle 1: Wahlen im Bundesgebiet (in Prozentwerten)

	CDU/CSU	SPD	FDP	B'Grüne	PDS	Sonstige
Bund 1990	43,8	33,5	11,0	5,0	2,4	4,3
Bund 1994	41,5	36,4	6,9	7,3	4,4	3,5
Bund 1998	35,2	40,9	6,2	6,7	5,1	5,9

Quelle: Weltalmanach 1997 und 1999 (Fischer: Frankfurt am Main).

Neben der Einheit wirkt auch das Thema „Europa und Globalisierung" auf das politische Leben der Eifel ein. Mit der Abnahme der Bedeutung nationaler Gesetzgebung und Regierungsgewalt, wächst auf der einen Seite die Einflussnahme der übernationalen Schaltstellen der Macht, wie die EU-Kommission in Brüssel, auf der anderen Seite nimmt aber auch die Bedeutung regionaler politischer Einheiten zu.

Tabelle 2: Bundestagswahlergebnisse in zwei Eifeler Landkreisen (Euskirchen und Daun) in Prozentwerten

	CDU/CSU	SPD	FDP	B'Grüne	Sonstige
Bund 1990					
EUSKIRCHEN	50,3	30,6	13,2	3,9	2,7
DAUN	58,9	24,8	9,9	3,3	o.A.
Bund 1994					
EUSKIRCHEN	47,2	34,0	6,5	8,9	3,4
DAUN	56,7	29,5	6,5	5,0	o.A.
Bund 1998					
EUSKIRCHEN	43,9	37,1	8,7	5,8	4,6
DAUN	50,7	32,9	7,1	4,9	o.A.

Quellen: Visitenkarte. Kurzinformation über über den Landkreis Daun (1990 bis 1998). Kreiverwaltung Daun, Öffentlichkeitsarbeit sowie Statistische Rundschau für die Kreise Nordrhein-Westfalens Kreis Euskirchen. Landesamt für Datenverarbeitung und Statistik Nordrhein-Westfalen 1990 bis 1997.

Die Tendenz, regionale Bezüge stärker in den Vordergrund zu schieben, läßt sich auch in der Eifel verfolgen. Zum einen zeigt sich bei den Europawahlen eine signifikant niedrigere Wahlbeteiligung als bei allen anderen Wahlen, Kommunalwahlen eingeschlossen. So lag zum Beispiel die Wahlbeteiligung der Bürgerschaft in der Stadt Monschau, wie Tabelle 3 deutlich zeigt, bei den Europawahlen 1994 bei 62,2 % und 1999 bei 49,3 %.

Demgegenüber gingen bei der Kommunalwahl wie auch bei der Bundestagswahl 1994 über 86% der Wahlberechtigten zur Wahlurne. Bei den Kommunalwahlen 1999 waren es rund 70%. Generell läßt sich der Bundestrend zur Politikverdrossenheit auch in der Eifel beobachten, wenn man dazu als Indikator den Prozentsatz der Nichtwähler heranzieht. Dieser Trend ist aber, von den Europawahlen einmal abgesehen, in der Eifel wesentlich weniger stark ausgeprägt als in den anderen Regionen und Bundesländern in Deutschland. Zum Vergleich sei nur auf die knapp 50% Wahlbeteiligung bei den Kommunal- und Kreistagswahlen in Baden-Württemberg 1999 hingewiesen.

Tabelle 3: Wahlverhalten der Wähler in Monschau und zu Monschau gehörigen Ortsteilen von 1990 bis 1999

	CDU/CSU	SPD	FDP	B'Grüne	PDS	Wahl beteiligung
Bund 1990	61,1	22,7	10,5	4,0	1,8	84,4
Europa 1994	57,4	23,3	4,8	9,9	4,6	62,2
Kommunal 94	58,8	28,6	3,9	8,8	o. A.	86,8
Bund 1994	57,0	26,6	7,4	7,1	1,9	86,9
Land 1998	59,2	25,8	4,1	9,7	1,2	69,8
Bund 1998	48,9	32,4	8,6	6,5	3,6	86,6
Europa 1999	63,1	23,7	3,3	6,7	3,2	49,3
Kommunal 99	61,5	24,6	2,9	4,5	6,4*	69,6
Bürgermeister 1999	62,1	30,3	1,2	3,3	3,1	69,6

* Stimmen des neu gegründeten Bürgerforums Monschau

Quelle: Wahlstatistik der Stadt Monschau
Quelle: Weltalmanach 1997 und 1999. (Fischer: Frankfurt am Main)

Ein zweiter Beleg für die zunehmende Bedeutung regionaler Themen gegenüber nationalen oder vor allem übernationalen Belangen findet sich in der Erfolgsbilanz von freien Wählergemeinschaften und regional organisierten Initiativen. So erreicht in Monschau das neu gegründete Bürgerforum in der Kommunalwahl von 1999 auf Anhieb 6,4% der Stimmen und damit zwei Sitze im Stadtrat. In der Gemeinde Heimbach kommen die freien Wählergemeinschaften auf 13,3%, in Simmerath auf 7,4% und in Nideggen die unabhängigen Wähler auf 9,8% der Stimmen. Die Wählergemeinschaften haben sich zusammengeschlossen zu einem „Runden Tisch Wasserwirtschaft Eifel". Dazu gehören auch die beiden Kreisverbände von Bündnis 90/Grünen von Düren und Euskirchen. Die Mitgliederzahl dieser Verbände umfaßt ca. 27.000 Bürger.

Hauptthemen der Kommunalwahlen sind lokale Streitpunkte, wie die Abwassergebühren, der Aufbau dezentraler und nachhaltiger Kommunalstrukturen, die Einführung so genannter lokaler Agenda-21-Prozesse (dabei geht es um die lokale Umsetzung eines beim Umweltgipfel in Rio de Janeiro vereinbarten nachhaltigen

Entwicklungskonzeptes, das gleichzeitig umweltgerecht, wirtschaftsfördernd und sozialverträglich sein soll) und die Förderung der lokalen Wirtschaftsstruktur durch Direktvermarktung heimischer Waren und Dienstleistungen und der damit verbundenen Regionalisierung der Produktpalette. Auch der Natur- und Landschaftsschutz soll auf lokaler Ebene für die Eifelbewohner intensiviert werden. Oberstes Ziel ist die Stärkung der Region in einer zunehmend globalisierten Wirtschaft und Gesellschaft.

Ein dritter Beleg für die Bedeutungszunahme regionaler Strukturen in einem europäischen Verbund ist die Einbindung der Eifel in die Euregio-Initiative. Regionale Politik sprengt die alten nationalen Grenzen. Die Grenzgebiete der Eifel zu Belgien, Luxemburg und den Niederlanden werden in diesen Verbund der Euregio einbezogen. Ziel der wirtschaftlichen und politischen Bemühungen ist es, die geographische Region um Lüttich, Maastricht, den Eifel-und Ardennenraum sowie den Großraum Aachen zu einer effektiveren wirtschaftlichen und auch politischen Einheit zusammenzuführen.

Auch wenn die politische Integrationsarbeit im Rahmen von Euregio nur langsam voranschreitet, so hat sie doch einen wichtigen Impuls zur grenzüberschreitenden Zusammenarbeit privater und öffentlicher Träger geleistet. So finden regelmäßige

Schilderwald in Eupen: Die mehrsprachigen Hinweisschilder weisen auf die zunehmende europäische Zusammenarbeit im Rahmen der EUREGIO Initiative hin.

Tabelle 4: Wahlergebnisse der Kreistagswahlen in den Kreisen Euskirchen, Daun und Aachen 1999 (in Prozentwerten)

Kreise	CDU/CSU	SPD	FDP	B'Grüne	UWV FWG	PDS u. Sonstige
EUSKIRCHEN	58,7	22,9	6,4	5,6	5,3	1,0
DAUN	54,0	29,3	2,7	4,6	9,4	o.A.
AACHEN	52,5	36,8	3,0	5,3	–	Rep.: 0,6
						PDS: 1,6

Quellen: Fax des Oberkreisdirektors von Euskirchen vom 23. 9. 1999; Visitenkarte 2000. Kurzinformation über den Landkreis Daun sowie Eifeler Nachrichten vom 13. 9. 1999, S. 4

kulturelle Veranstaltungen im Grenzgebiet statt, an denen künstlerische Initiativen diesseits und jenseits der Landesgrenzen beteiligt sind. Äußeres Zeichen der Bedeutung des Euregio-Verbundes ist der wirtschaftliche Erfolg des Regionalflughafens in Luxemburg[118]. Jahre 1998 fertigte der Flughafen insgesamt 1,5 Millionen Passagiere ab. Das neue Cargo-Center, das ebenfalls von der Luxair betrieben wird, belegte 1999 mit 413.000 Tonnen Fracht den sechsten Platz in Europa.

Bei aller Betonung regionaler Belange lassen sich in der Eifel natürlich auch die politischen Trends der 90er Jahre auf bundes- wie landespolitischer Ebene (in der Eifel die beiden Bundesländer: Nordrhein-Westfalen und Rheinland-Pfalz) ablesen. Bei den Wahlergebnissen der Bundestagsahlen 1990, 1994 und 1998 zeigen sich in den beiden Landkreisen Daun und Euskirchen ähnliche Wählerbewegungen wie im Bundesgebiet insgesamt (siehe Tabellen 1 und 2 sowie Tabelle 4).

Die kleineren Parteien haben in der Eifel, wenn man von den in der Kommunalpolitik tätigen freien Wählergemeinschaften einmal absieht, wenig Resonanz. Der Anteil der Wähler bei den Bündnis 90/Grünen ist bis 1998 stetig angewachsen, im Gegensatz zu den 80er Jahren, wie dies im vorigen Kapitel noch anklang. Aber auch in den 90er Jahren liegen die Prozentwerte für Bündnis 90/Grünen in der Regel unter den jeweiligen Landes- bzw. Bundesdurchschnittswerten. Besonders positiv schneiden die Bündnis 90/Grünen bei den Europawahlen ab.

Rechte oder linke Splitterparteien haben so gut wie keinen Einfluss auf das Wahlverhalten in der Eifel. Obwohl im westlichen Bundesgebiet rechte Gruppierungen in vielen ländlich geprägten Wahlkreisen relativ erfolgreich abschneiden, liegen die Prozentwerte für Republikaner und andere rechte Gruppen im Eifelraum meist unter zwei Prozent und damit sogar unter dem Bundesdurchschnitt. Auch die PDS als Partei links von der SPD kann in den 90er Jahren kaum Fuß in der Eifel fassen, was im übrigen auch für ganz Westdeutschland gilt.

Innerhalb des Zeitraumes von 1990 bis 2000 fällt auch die Veränderung der Kommunalverfassung in Nordrhein-Westfalen. Das nach britischem Vorbild geschaffene System der Gegenüberstellung von ehrenamtlichen Bürgermeistern und hauptamtlichen Gemeindedirektoren sowie ehrenamtlichen Landräten und hauptamtlichen Oberkreisdirektoren wurde im Jahre 1999 abgeschafft und durch eine Personalunion der beiden Funktionen ersetzt, wie dies im Land Rheinland-Pfalz von Anfang an der Fall gewesen ist. Damit einher geht die Erweiterung der demokratischen Wahlrechte: Seit 1999 können die Bürgerinnen und Bürger erstmals ab 16 Jahre und ohne Einschränkung durch die ansonsten geltende 5-%-Klausel in den Gemeinden und Kreisen, die zum Land NRW gehören, den Bürgermeister und den Landrat direkt wählen. Bei den ersten Wahlen kommt es – ähnlich wie in vielen anderen Bundesländern – zu einem Entscheidungsverhalten der Wähler, das mehr Wert auf Persönlichkeit als auf Parteizugehörigkeit legt. So wird etwa in der Eifelgemeinde Roetgen die CDU mit 46,4% stärkste Partei im Gemeinderat, bei der Direktwahl des Bürgermeisters erreicht der Kandidat der SPD allerdings die absolute Mehrheit von 51,2%. Auch Einzelbewerber, die nicht von einer Partei oder Wählergruppe aufgestellt sind, können als Folge der kommunalen Verfassungsreform für das Bürgermeisteramt kandidieren. In der kleinsten Gemeinde der nordrhein-westfälischen Eifel, in Dahlem, braucht ein Einzelbewerber nur 63 Unterschriften, um als Kandidat zugelassen zu werden.

1.3 Neue Herausforderungen

Wie wird sich das politische Klima in der Eifel in den nächsten Jahren entwickeln? Vor welchen Aufgaben und Problemen wird die Eifel in Zukunft stehen? Auf diese Fragen gibt es natürlich keine eindeutigen Antworten, aber sehr wohl einige, sich am Horizont der Politik abzeichnende Tendenzen.

Zunächst einmal wird der Trend zu wirtschaftlichen und politischen Globalisierung und Europäisierung weitergehen. In dieser Situation kommt der Entwicklung eines regionalen Profils der Eifel vorrangige Bedeutung zu. Dabei geht es zunächst um die Stärkung der regionalen Wirtschaft, einschließlich Tourismus und Landwirtschaft. Die Schaffung einer kulturellen Identität im Rahmen von pluralen Lebensstilen und Lebensweisen sowie von politischer Schlagkraft im Rahmen demokratischer Willensbildung wird noch einige Zeit benötigen. Die Erreichung dieser Ziele ist aber daran gebunden, dass der lokale Partikularismus überwunden und durch kooperative Formen der gemeinsamen Politikverknüpfung ersetzt wird.

Kooperative Formen der Zusammenarbeit setzen eine Abkehr von der Kirchtumspolitik traditioneller Kommunalpolitik voraus. Obgleich es im Rahmen des Subsidiaritätsprinzips geboten ist, politische Aufgaben so weit wie möglich zu dezentralisieren, wird es angesichts des wirtschaftlichen Drucks unvermeidbar sein, stärkere Kooperationsprojekte zwischen den Gemeinden und Kreisen ins Leben zu rufen bzw. weiter auszubauen. Das beginnt mit gemeinsamen Initiativen zur Förderung von Tourismus und „sanfter“ Freizeitaktivität und endet mit gemeinsamen Programmen zur Ansiedlung zukunftsträchtiger Betriebe und Organisationen. Auch für Naturschutz, Landschaftsförderung, Wasserschutz und andere Umweltbelange zahlt sich langfristig eine koordinierte Politik über den Tellerrand des kommunalen Politikbereichs hinaus aus.

Gleichzeitig kann die Eifel als Natur- und Kulturraum nur ihre Eigenständigkeit bewahren, wenn sie sich bewußt auf ihre Traditionen, ihre Eigenarten und besonderen Qualitäten besinnt. Dies ist eine Querschnittsaufgabe öffentlicher und privater Organisationen. Im Mittelpunkt sollte ein Leitbild „Eifelraum" stehen, bei dem die erwünschten Entwicklungen beschrieben und die dazu notwendigen Maßnahmen ausgearbeitet werden. Zum Beispiel könnten die erwünschten Entwicklungsprozesse durch die, auch in der Eifel immer populärer werdenden, Projekte im Rahmen der „Lokalen-Agenda-21"-Prozesse aufgegriffen und im Dialog mit den betroffenen Gruppen und Bürgern erarbeitet werden. Zudem ist eine Pflege der gelebten Traditionen unabdingbar, um die Eigenart des Raumes und seiner Bewohner zu bewahren. Um ein Gegengewicht zum „globalen Einheitsbrei" zu schaffen, ist eine bewußte Politik des Erhalts und der Förderung regionaler Besonderheiten wünschenswert.

Die Eifel steht dabei unter hohem Druck. Obwohl die Bevölkerung in Deutschland leicht absinkt und sich dieser Trend auch in NRW und Rheinland-Pfalz beobachten lässt, nimmt die Bevölkerung in der Eifel in vielen Landkreisen seit der Wende zu. Dies kann am Beispiel des Kreises Euskirchen und einiger dazugehörenden Gemeinden verdeutlicht werden (Tabelle 5). Auch in anderen Gemeinden und Kreisen ist ein Zuwachs an Bevölkerung zu beobachten. So wuchs zum Beispiel in der Gemeinde Simmerath die Bevölkerung mit Hauptwohnsitz innerhalb der Gemeinde von 11.195 Einw. im Jahre 1992 auf 14.716 Einw. im Jahre 1997.

Tabelle 5: Bevölkerungsstand im Kreis Euskirchen am 31. Dezember 1995

	Kreis Euskirchen	Bad Münstereifel	Blankenheim	Dahlem
Bevölkerung	182.177	17.718	8.292	4.161
Zuzüge	11.302	1.300	659	241
Fortzüge	9.314	972	586	211
Saldo*	+ 2.001	+ 252	+ 73	+ 41

* Saldo: Lebendgeborene minus Verstorbene sowie Zuzüge minus Fortzüge.

Quelle: Statistische Rundschau für die Kreise Nordrhein-Westfalens. Landesamt für Datenverarbeitung und Statistik NRW 1997, S. 44.

Die Zunahme der Wohnbevölkerung ist auf der einen Seite ein klares Indiz für die Attraktivität dieses Raumes und seiner Lebendigkeit, bedeutet auf der anderen Seite aber auch eine Bedrohung der gewachsenen sozialen und kulturellen Strukturen sowie eine starke Belastung für Umwelt und Natur. Der Pendler- und Ausflugsverkehr zehrt an der Umweltqualität. Nahezu jeder zweite der 5,7 Millionen Arbeitnehmer im Land Nordrhein-Westfalen muß jeden Tag weite Wege zum Arbeitsplatz zurücklegen[119]. Rund 2,7 Millionen Beschäftigte pendeln sogar über die Staatsgrenzen hinaus. Seit 1990 hat sich die Zahl der Pendlerströme um mehr als 30% erhöht. Die räumliche Trennung von Arbeit und Wohnen ist zunehmend zum Regelfall geworden.

Dies gilt auch für die Eifel: Die Zahl der Auspendler aus dem Kreis Euskirchen in andere Gemeinden und Städten beträgt rund 35.000 Personen, das sind 62,5% der Beschäftigten mit Wohnsitz im Kreis. Im Vergleich dazu liegt die Quote in Nordrhein-Westfalen bei 43,8%. In den Kreis Euskirchen pendeln dagegen nur 23.000 Personen ein, das entspricht einer Quote von 52,3%. Die entsprechende Quote für das Land liegt bei 44,7%. Viele Menschen wählen also die Eifel als ihren Wohnsitz, arbeiten aber in den wirtschaftsstarken Städten der Umgebung. Eines der negativen Begleiterscheinungen des Pendelverkehrs ist die Zunahme des privaten Pkw-Aufkommens, das in der Eifel exponentielle Ausmaße angenommen hat. Bild 3 zeigt ein

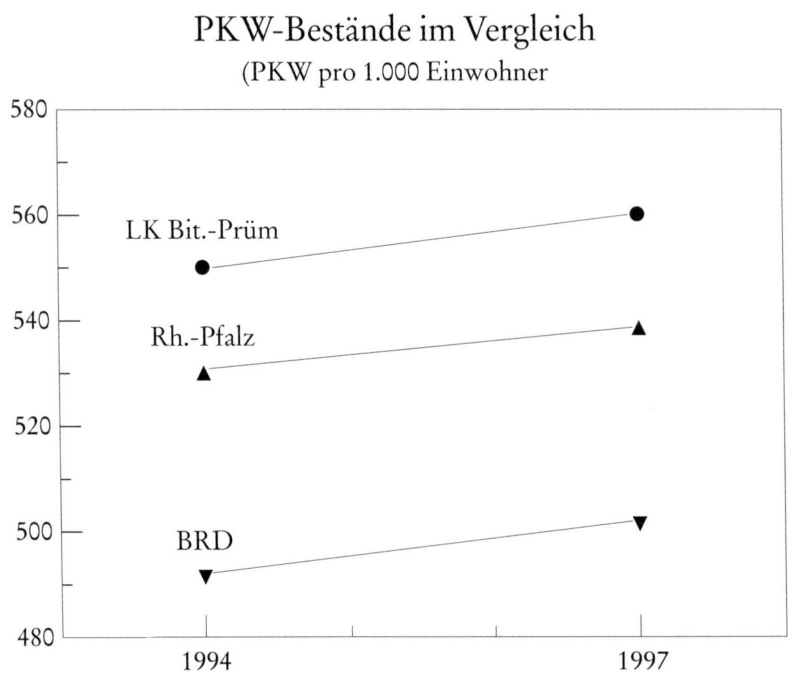

Die Zunahme der PKW-Bestände.

Vergleich der Steigerungsraten für Bevölkerung, Arbeitsplätze und Pkw-Bestand im Kreis Euskirchen. Auf den ersten Blick erkennt man, dass die Zahl der Pkws bei weitem die größten Steigerungsraten aufweist. Die Zahl der zugelassenen Pkws lag 1990 bei 101.360 und stieg bis 1997 auf 121. 202 (ein Zuwachs von rund 20%).

Neben den Umweltbelastungen durch die wachsende Mobilität verringern auch viele landwirtschaftlichen Praktiken, etwa Düngung und Schädlingsbekämpfung, die Qualität der Umwelt. Natürlich kann die Lösung nicht darin bestehen, um die Eifel einen Zaun zu ziehen, den modernen Entwicklungen zu trotzen und alle neuen wirtschaftlichen Aktivitäten zu behindern. Ebensowenig kann aber ein hemmungsloses Wachstum von Landnutzung und Umweltverbrauch angesagt sein. Es gilt, mit Augenmaß die richtige Balance zwischen Entwicklung und Erhalt, zwischen Aktivität und Ruhe, zwischen Tradition und Modernisierung zu finden.

2. Die wirtschaftliche Entwicklung

2.1 Die neunziger Jahre in Deutschland

Die wirtschaftliche Entwicklung in Deutschland ist noch eindeutiger als im Bereich der Politik von der Globalisierung bestimmt. Das Markenzeichen „Made in Germany“ verliert zunehmend seine Bedeutung, weil Produkte, selbst wenn sie in Deutschland hergestellt werden, in immer größerem Maße von Zulieferungen aus dem Ausland abhängig sind. So besteht etwa ein Mercedes aus Einzelteilen, die aus über 30 verschiedenen Ländern stammen. Statt „Made in Germany“ müßte eigentlich „Made in Everywhere“ auf solchen Produkten zu lesen sein.

Mit der Globalisierung von Märkten geht ein starker Wettbewerbsdruck einher. Produkte und Dienstleistungen sind weltweit nur dann auf den internationalen Märkten absetzbar, wenn das Preis-Leistungsverhältnis stimmt. Zwar sind die Kunden von Investitions- und Konsumgütern bereit, für gute Qualität mehr zu zahlen, aber im Verlauf der Internationalisierung der Produktion und des weltweiten Austauschs von produktivitäts-fördernden Wissens verfügen immer mehr Länder über die wirtschaftlichen Kapazitäten zur Herstellung von qualitativ hochwertigen Produkten. In einem Hochlohnland, wie der Bundesrepublik Deutschland, ist die Wettbewerbsfähigkeit deshalb davon abhängig, dass die Arbeitsproduktivität laufend erhöht wird.

Der Zwang zur Erhöhung der Arbeitsproduktivität hat zwei Folgen: Zum einen müssen die Arbeitskräfte selbst immer besser ausgebildet und geschult sein, um den Anspruch auf hohe Produktivität auch einzulösen. Zum zweiten reichen die in den letzten Jahren erzielten wirtschaflichen Wachstumsraten nicht aus, um allen Arbeitssuchenden eine Beschäftigung zu verschaffen. Insofern hat sich in den 90er Jahren das Problem der Arbeitslosigkeit weiter verschärft. Im Jahre 1998 lag die Arbeitslosenquote bei 11,2%, davon im Westen bei rund 9%, im Osten bei rund 18%. Jeder 10. Westdeutsche und jeder 5. Ostdeutsche war also im Jahre 1998 arbeitslos. Der Anteil der Langzeitarbeitslosen und der Anteil der wenig qualifizierten Arbeitssuchenden steigt seit Anfang der 90er Jahre kontinuierlich und dramatisch an. Erst an der Wende von 1999 zu 2000 läßt sich eine leichte Entspannung auf dem Arbeitsmarkt beobachten.

Der Trend zur weiteren Rationalisierung wird auch in Zukunft anhalten. So rechnet das Beratungsunternehmen „Prognos" damit, dass bis zum Jahre 2020 etwa ein Fünftel der Arbeitsplätze in der deutschen Industrie abgebaut werden. In der Chemie und in dem Bauhauptgewerbe sollen danach jeder dritte, bei Maschinenbau und Elektrotechnik jeder fünfte Arbeitsplatz verloren gehen. Dagegen prognostizieren die Wirtschaftsforscher einen Zugang bei den Beschäftigungszahlen im Dienstleistungssektor bis 2020 von rund 2,5 Millionen Personen[120]. Während die größeren Betriebe in Deutschland auch in Zukunft Arbeitskräfte freisetzen, werden in der mittel- und kleinständischen Wirtschaft neue Arbeitsplätze geschaffen. Allein im Jahre 1998 wurden in Betrieben unter 10 Beschäftigten insgesamt 60.000 neue Arbeitsplätze eingerichtet[121].

Globalisierung und Modernisierung der Wirtschaft verändern auch die Wirtschaftsstruktur. Immer weniger Arbeitskräfte werden im primären Sektor der Land- und Forstwirtschaft sowie im sekundären Sektor des produzierenden Gewerbes benötigt. Wenn man bedenkt, dass etwa in der Land- und Forstwirtschaft zu Beginn des 20. Jahrhunderts noch über 35% der Erwerbstätigen beschäftigt waren, sank dieser Anteil in Deutschland zu Ende dieses Jahrhunderts auf unter fünf Prozent. Auffangbecken für die freigesetzten Arbeitskräfte ist der tertiäre Sektor der Dienstleistungen. Inzwischen lassen sich aber auch dort immer mehr Tendenzen zur Rationalisierung beobachten. Wo liegen dann noch weitere Möglichkeiten für wirtschaftliche Expansion und Beschäftigung?

In der internationalen Diskussion wird dabei insbesondere auf drei Felder hingewiesen: Informations- und Kommunikationstechnologien, die Anwendung der Gentechnik und die Ausweitung des persönlichen Dienstleistungssektors (Freizeit, Beratung, Kommunikation). Zweifelsohne ist die Informations- und Kommunikationsbranche eine der am schnellsten wachsenden Branchen in Deutschland und weltweit. Dagegen ist der Anteil der Gentechnik an der Gesamtwirtschaft noch unbedeutend, wenn auch das Potential an Wertschöpfung als sehr erfolgversprechend angesehen wird[122]. Hohe Beschäftigungseffekte, allerdings mit eher geringem Wertschöpfungspotential, werden mit personenbezogenen Dienstleistungen in Verbindung gebracht. Wenn man bedenkt, dass die deutsche Gesellschaft immer mehr aus älteren Menschen bestehen wird und diese zunehmend Dienstleistungen für Gesundheit und Wohlbefinden in Anspruch nehmen werden, ist der Bedarf an solchen Dienstleistungen in jedem Falle gegeben. Dazu tritt die Nachfrage nach Freizeitaktivitäten, nach Beratungen in unterschiedlichen Lebenslagen sowie nach sozialer und psychologischer Hilfestellung.

Aus all diesen Gründen ist es schwierig, die künftige wirtschaftliche Situation in Deutschland vorherzusagen. Dazu kommt die zunehmende Vernetzung der einheimischen Wirtschaft mit den Entwicklungen im globalen Maßstab. Durch vielfältige Kapitalverflechtung, durch die enorme Zunahme des Welthandels und durch die Kopplung der internationalen Finanzmärkte können Ereignisse, die an beliebigen Plätzen auf der Welt vorgefallen sind, auf die wirtschaftliche Lage in Deutschland Einfluss nehmen. Das wirtschaftliche Geschehen ist gleichzeitig komplexer und vernetzter geworden.

2.2 Die wirtschaftliche Situation in der Eifel

Alle die globalen Trends, die für Deutschland als ganzes gelten, sind natürlich auch für die Eifel maßgeblich. Betriebe, die in der Eifel angesiedelt sind, müssen sich in gleicher Weise wie Betriebe außerhalb der Region dem globalen Wettbewerb stellen. Dies scheint aber, wenn man sich die Zahlen der Statistik vor Augen führt, den Wirtschaftsunternehmen in der Eifel zumindest ansatzweise zu gelingen. Dazu einige Zahlenwerte: Die Bruttowertschöpfung (mit dem Begriff der Bruttowertschöpfung ist in der Ökonomie der Zugewinn an Leistungen für die Volkswirtschaft gemeint) liegt im Landkreis Daun bei rund 27.000 DM pro Einwohner (74.780 DM pro Erwerbstätigen), ein im Vergleich mit anderen Regionen ähnlichen Zuschnitts akzeptabler, wenn auch nicht berauschender Wert.

Tabelle 6: Die Arbeitslosenquote in Prozentwerte des Bundes und ausgewählter Eifelkreise

	1992	1994	1996	1998	1999
Bund	8,5	10,6	11,5	12,3	9,9
Kreise Euskirchen	o. A.	7,5	7,7	8,0	7,6
Bitburg	6,1	8,1	9,6	9,8	9,1
Daun	5,6	6,8	7,5	7,2	7,6
Prüm	5,3	6,6	6,8	7,7	7,0
Gerolstein	6,0	8,3	8,3	8,8	7,9
Altkreis Monschau	5,0	6,9	8,1	7,8	7,2

Quellen: Fax vom Arbeitsamt Aachen vom 23. 9. 1999. Presse und Öffentlichkeitsarbeit; Frankfurter Allgemeine Zeitung vom 10. 11. 1999.

Im Landkreis Bitburg-Prüm liegt der Wert bei rund 26.000 DM (Durchschnitt für Rheinland-Pfalz ist 35.258 DM). Im Kreis Euskirchen liegt die Bruttowertschöpfung pro Erwerbstätigen (nicht Einwohner!) bei 70.089 DM (Bezugsjahr 1988) und beim verfügbaren Einkommen je Einwohner bei knapp 20.000 DM. Zwar sind die dazu gehörigen Durchschnittswerte in NRW um rund 10% höher als im Kreis Euskirchen, in diesem Vergleich sind aber die wirtschaftsstarken Großstädte mit einbezogen.

Diese Durchschnittszahlen sagen allerdings noch wenig über die Verteilung der Wirtschaftskraft im Eifelraum aus. Ähnlich wie in ganz Deutschland gibt es auch in der Eifel bevorzugte und benachteiligte Gebiete, wenn es um die wirtschaftliche Leistungsfähigkeit geht. Nach wie vor sind zum Beispiel die peripheren, grenznahen Bereiche, wie der Westen und Südwesten sowie die moselnahe Gebiete, durch wirtschaftliche Strukturschwächen gekennzeichnet. Hier gibt es weder ein Zuwachs an Wohnbevölkerung, wie dies seit 1987 in den meisten Eifelkreisen zu beobachten ist, noch kommt die Bruttowertschöpfung auch nur annähernd an den jeweiligen Landesdurchschnitt heran[123]. Verglichen mit den wirtschaftlichen Problemen, unter denen die Bevölkerung in der Eifel im 19. und frühen 20. Jahrhundert gelitten hat – und darüber ist ja in den vergangenen Kapiteln vielmals die Rede gewesen –, ergibt sich jedoch für die Eifel als ganzes ein verhalten optimistisches Bild, was die wirtschaftliche Lage betrifft.

Auch bei den Arbeitslosenzahlen schneidet der Eifelraum relativ günstig ab. Trotz seiner Randlage in Deutschland liegen die Arbeitslosenquoten in der Regel unter dem Bundes- bzw. Landesdurchschnitt. Die Quoten sind in Tabelle 6 wiedergegeben. Nimmt man den im Landkreis Aachen aufgegangenen ehemaligen Kreis Monschau als Bezugsgröße für den Eifeler Teil des Landkreises Aachen, dann zeigt sich auch hier eine günstige Entwicklung der Arbeitslosigkeit. Auch der Landkreis Bitburg-Prüm konnte sich gegenüber dem Bundesschnitt der letzten Jahre in der Beschäftigungslage positiv behaupten, obwohl durch die Schließung der US-Air-Base Bitburg 660 zivile Dauerarbeitsplätze weggefallen waren und eine Kaufkraftverlust von über 200 Millionen DM eingetreten war[124].

Versucht man eine Gesamtbilanz zu ziehen, dann ergibt sich ein gemischtes bis günstiges Bild der wirtschaftlichen Entwicklung des letzten Jahrzehntes im Eifelraum. Sowohl von der Wirtschaftskraft wie auch von den Beschäftigtenzahlen kann sich die Eifel gegenüber vergleichbaren Regionen in Deutschland sehen lassen. Dennoch zeigt sich auch in diesem Raum ein dramatischer Strukturwandel, der, wenn auch in unterschiedlicher Schärfe, in ganz Deutschland zu beobachten ist. So ist etwa die Zahl der Erwerbstätigen, die im Kreis Euskirchen in der Land- und Forstwirtschaft beschäftigt sind, von 1987 bis 1994 um 27,6% gesunken. Ähnlich dramatische Rückgänge sind auch in den anderen Eifelkreisen zu verzeichnen. Die bis in die 50er Jahre stark dominierende Agrarwirtschaft hat im Laufe des Strukturwandels immer mehr an Gewicht verloren. So sind im Kreis Euskirchen nur noch rund 3,5% der Beschäftigten in diesem Sektor tätig (in NRW sind es sogar nur 1,8%).

Tabelle 7: Bruttowertschöpfung im Landkreis Daun nach Wirtschaftssektoren in Prozentwerten

	Je Einwohner in DM	Land- u. Forst-wirtsch.	Prod. Gewerbe u. Hand-werk	Handel Verkehr	Dienst-leistung privat	Dienst-leistung öffentlich
1990	20.000	4,4	40,3	12,4	24,3	18,5
1992	21.260	4,1	40,1	12,5	25,3	18,1
1996	27.210	3,2	42,6	11,7	25,1	17,5
1999/2000	24.780	3.0	37,8	10,5	30,4	18,3

Quelle: Kreisverwaltung Daun: Fax vom 23. 9. 1999

Tabelle 8: Bruttowertschöpfung im Kreis Bitburg und im Land Rheinland-Pfalz nach Wirtschaftssektoren in Prozentwerten

	Je Einwohner in DM	Land- u. Forst-wirtsch.	Prod. Gewerbe u. Hand-werk	Handel Verkehr	Dienst-leistung privat und öffentlich
1990					
Bitburg	23.040	7,2	40,4	14,5	37,8
Rheinland-Pfalz	31.550	o.A.	o.A	o.A.	o.A.
1992					
Bitburg	26.318	7,2	40,4	14,5	37,8
Rheinland-Pfalz	35.175	1,7	41,8	14,4	42,1
1994					
Bitburg	26.812	6,4	40,4	13,1	40,1
Rheinland-Pfalz	35.258	1,4	38,4	14,5	45,7

Quelle: Geschäftsberichte der IHK Trier von 1995 bis 1998, S. 41; IHK-Jahresbericht 1997, S. 21.

Auch die Anteile an der Bruttowertschöpfung in den einzelnen Kreisen spiegeln den Bedeutungsverlust der Landwirtschaft als Wirtschaftsfaktor wider. Im Landkreis Daun ging der Anteil der Bruttowertschöpfung durch land- und forstwirtschaftliche Nutzung von 4,4% im Jahre 1990 auf 3,0% im Jahre 1999 zurück, während der Anteil der privaten Dienstleistungen im gleichen Zeitraum von 24,3% auf 30,4% anstieg. Tabelle 7 vermittelt einen Überblick über die Veränderung der Anteile an der Bruttowertschöpfung von 1990 bis 1999 im Landkreis Daun. Tabelle 8 zeigt die gleiche Entwicklung für den Landkreis Bitburg. Dort ist der primäre Sektor etwas stärker vertreten als in den anderen Kreisen, aber auch hier verliert die Land- und Forstwirtschaft relativ an Gewicht.

Selbst bei dem landwirtschaftlichen Exportschlager der Eifel, den Weinen vor allem von Mosel und Ahr, ist das Bild etwas getrübt. Im Kammerbezirk Trier, in denen der Weinbau hauptsächlich floriert, wurden im Jahre 1989 rund 65.000 Hektoliter Wein in die USA exportiert. In den darauf folgenden Jahren sank die exportierte Menge bis auf 43.000 Hektoliter ab, um dann Ende der 90er Jahre den Stand von 1989 erneut zu erreichen. Den Weinbauern ist es also gelungen, verlorenes Terrain wieder gutzumachen; an eine Expansion ist aber zur Zeit nicht zu denken. Selbst in den Hochburgen des Weinbaus, wie etwa Ahrweiler und Bad Neuenahr, verdienen heute die Gewerbetreibenden mehr Geld mit dem Tourismus als mit dem Verkauf ihrer Weine[125].

Wo sind nun die Gewinner im wirtschaftlichen Wettbewerb? Vergleichbar mit dem Bundestrend ist auch in der Eifel ein klarer Bedeutungszuwachs des tertiären Sektors zu verzeichnen. Tabellen 7 und 8 zeigten bereits deutlich eine Zunahme der Dienstleistungsbranche gemessen am Anteil der Wertschöpfung insgesamt. Noch dramatischer fällt diese Bilanz aus, wenn man die Anzahl der Beschäftigten betrachtet. In Tabelle 9 ist die Bilanz der Zuwächse und Abnahmen der Beschäftigungszahlen von 1987 bis 1994 in den wichtigsten Wirtschaftssektoren für den Kreis Euskirchen (im Vergleich zu allen Kreisen des Landes NRW) wiedergegeben. Schon auf den ersten Blick auf die Statistik wird deutlich, dass die größten Zuwächse im Bereich der Dienstleistungen von Unternehmen und freien Berufen (+41,1%) zu verzeichnen sind, gefolgt von Zuwächsen bei Organisationen ohne Erwerbscharakter bzw. bei den Dienstleistungen privater Haushalte (+38,4%).

In beiden Fällen sind die Zuwächse höher als im Durchschnitt aller Kreise des Landes Nordrhein-Westfalens (ohne Einbezug der kreisfreien Städte). Unterdurchschnittlich ist dagegen der Zuwachs bei der Wachstumsbranche Nachrichtenübermittlung und Verkehr. Mit 14,5% liegt der Kreis Euskirchen deutlich unter dem Durchschnitt von 21,6% im Lande. Ähnlich sieht auch die Situation im Kreis Bitburg-Prüm aus. Dort erhöhte sich die Zahl der Beschäftigten in den 41 Industriebetrieben des Landkreises von 1990 bis 1995 um 5%. Die Industriedichte liegt aber mit 60 industriellen Arbeitnehmern deutlich unter dem Bundes- bzw. Landesdurchschnitt von rund 83 Beschäftigten je 1.000 Einwohner.

Das gleiche Bild ergibt sich, wenn man den Kreis Bitburg-Prüm betrachtet. Auch hier finden sich die meisten Zuwächse im Bereich der Dienstleistungen[126]. Dramati-

Tabelle 9: Beschäftigung nach Wirtschaftssektoren Vergleich Kreis Euskirchen mit allen Kreisen von NRW für das Jahr 1994

Sektoren	Anteil Kreis Euskirchen	Veränderung 1987-94	Anteil alle Kreise NRW	Veränderung 1987-94
Energiewirtschaft und Wasserversorgung	0,8	- 2,0	2,5	-24,5
Verarbeitendes Gewerbe	23,6	+ 1,2	31,4	- 2,3
Baugewerbe	8,3	+10,1	6,9	+12,7
Handel	14,3	+11,8	15,6	+22,4
Verkehr, Nachrichtenübermittlung	6,3	+14,5	4,8	+21,6
Kreditinstitute, Versicherungen	1,9	+ 6,4	1,8	+13,5
Dienstleistungen von Unternehmen und freien Berufen	18,2	+41,1	16,7	+38,7
Organisationen ohne Erwerbscharakter, private Haushalte	7,4	+38,4	6,1	+31,6
Gebietskörperschaften und Sozialversicherung	15,3	- 6,0	11,3	- 3,5
Land- und Forstwirtschaft, Tierhaltung und Fischerei	3,8	-27,6	2,9	-21,3

Quelle: Statistische Rundschau für die Kreise NRW-Landesamt für Datenverarbeitung und Statistik NRW 1997, S. 31.

sche Rückgänge finden sich dagegen bei den landwirtschaftlichen Betrieben. Waren im Jahre 1960 im Kreis Bitburg-Prüm noch rund 11.000 landwirtschaftliche Betriebe laut amtlicher Statistik tätig, so sank diese Zahl bis 1996 auf lediglich 3.200 Haupt- und Nebenerwerbsbetriebe. Gleichzeitig fand auch ein dramatischer Strukturwandel statt: Im Zeitraum von 1950 bis 1996 verringerte sich der Teil der Fläche, der für Ackerland genutzt wurde, von 51.000 ha auf 29.000 ha; dagegen vergrößerte sich der Teil der Fläche, der für Grünland genutzt wurde, von 31.000 auf 51.000 ha. Um dem „Betriebesterben“ in der Landwirtschaft entgegenzuwirken, werden zunehmend öffentliche Überbrückungsgelder und Ausgleichszahlungen gewährt. Im Jahre 1997 förderte z.B die Kreisverwaltung Bitburg-Prüm den Agrarsektor mit rund 33 Millionen DM. Zum Ausgleich der Preissenkungen im Getreidesektor werden den Landwirten produktionsspezifische Ausgleichszahlungen für den Anbau von Getreiden, Ölsaaten, Eiweißpflanzen u.a.m. gewährt[127].

Friedlich grasen die Kühe auf einer Eifelweide. Zunehmend werden in der Eifel Ackerflächen in Grünland umgewandelt.

Die in der Wirtschaftsstatistik übliche Aufteilung in primären, sekundären und tertiären Sektor verstellt oft den Blick für die Wirtschaftsbereiche, die bei dieser Grobaufteilung leicht untergehen, nicht eindeutig zuzuordnen sind oder in mehrere Kategorien aufgenommen werden können. Darunter fällt auch das Handwerk. Anders als beim primären Sektor und zum Teil auch beim sekundären Sektor kann sich das Handwerk in der Eifel weiterhin behaupten und in den meisten Kreisen Zugewinne an Umsatz und Beschäftigung verzeichnen. Die Beschäftigung im Vollhandwerk stieg von 1977 bis 1996 im Kreis Bitburg-Prüm um 42%, im Kreis Daun um 27% und im Kreis Bernkastel-Wittlich um 30 Prozent[128]. Während die Entwicklung in Bitburg über dem Landesdurchschnitt liegt, ist sie in den anderen beiden Kreise leicht unter dem Durchschnitt. Die meisten Handwerksbetriebe der Eifel haben weniger als 10 Beschäftigte; dennoch sind es gerade diese kleineren Betriebe, die einen großen Anteil an der Schaffung neuer Arbeitsplätze haben. Allein in der Region Trier gab es 1999 rund 13.400 Arbeitsplätze mehr im Handwerk als 1977; in den anderen Regionen der Eifel sind die Trends durchaus ähnlich.

Neben dem Handwerk ist in der Eifel auch die Getränkeindustrie zu nennen. Hier sind es vor allem zwei Firmen, die über die Eifel hinaus Geltung haben: Gerolsteiner

Brunnen und die Bitburger Getränke Gruppe. Seit 1979 hat die Bitburger Brauerei die Mehrheit an der Gerolsteiner Brunnen Unternehmensgruppe übernommen. Die neue Bitburger Getränke Verwaltungsgesellschaft, unter deren Dach inzwischen mehr als zehn verschiedene Unternehmen zusammenwirken, verkaufte 1999 rund 2,8 Millionen Hektoliter Bier sowie 4,1 Millionen Hektoliter alkoholfreie Getränke (davon 4,08 Millionen durch die Gerolsteiner Gruppe). Im Jahre 1998 erreichte die Unternehmensgruppe einen Umsatz von 670 Millionen DM. An den Eifel-Standorten der Unternehmensgruppe waren 1999 mehr als 800 Mitarbeiter tätig, weltweit sind es 1.006.

Was besagen all diese Zahlen für den Wirtschaftsstandort „Eifel“? Zum einen ist die wirtschaftliche Bedeutung der Landwirtschaft ständig gesunken, sowohl in Zahlen der Beschäftigung als auch in Zahlen der Wertschöpfung. Gleichzeitig stagniert das produzierende Gewerbe, ohne aber seine Bedeutung für den Wirtschaftsraum zu verlieren. Gewinner ist der Bereich Dienstleistung, wobei die persönliche Dienstleistung im Sinne von Tourismus, Gastgewerbe und Beratung im Vordergrund steht. Der Kurbetrieb als besondere Form des Tourismus hat allerdings infolge der angespannten Finanzlage im öffentlichen Gesundheitswesen einen Rückgang erlebt. Inzwischen bemühen sich die Kurorte um neue Kunden, die unabhängig von den Krankenkassen Programme aus dem „Wellness- und Fitness-Bereich“ in Anspruch nehmen. Noch ist unklar, ob diese Verlagerung die Einbußen durch die von den Kassen restriktiver gehandhabten Zuschüsse zu den Kuren wettmachen können. Andere Dienstleistungen sind ebenfalls noch in den Kinderschuhen. Kommunikations- und Informationstechniken begründen in der Eifel bislang keinen nennenswerten Wachstumsmarkt. Ebensowenig wächst der Markt für den Einzelhandel, der in anderen Regionen der beiden Länder Nordrhein-Westfalen und Rheinland-Pfalz vor allem in der Nähe von Großstädten stark an Bedeutung zugenommen hat. Große Einkaufszentren sprießen allerdings auch in der Eifel wie Pilze auf der grünen Wiese. Diese Entwicklung wird aber vom Einzelhandel selbst mit gemischten Gefühlen betrachtet und führt zu einem Aussterben der kleinen ortsansässigen Läden.

2.3 Ein Beispiel wirtschaftlicher Entwicklung: die Stadt Monschau

Um die statistischen Daten über die wirtschaftliche Lage der Eifel mit etwas mehr Leben zu füllen, soll in diesem Kapitel eine Gemeinde herausgestellt werden, an derem wirtschaftlichen Schicksal man gut die Trends der letzten Jahre und Jahrzehnte ablesen kann. Dazu eignet sich im besonderem Maße die Stadt Monschau.

Bei der kommunalen Neugliederung 1972 wurde der kleine Kreis Monschau aufgelöst; das Gebiet wurde zum größten Teil in den Kreis Aachen überführt. Viele Arbeitsplätze verschwanden mit der Kreisverwaltung und anderen betroffenen Verwaltungsbereichen (Sparkasse, Krankenkasse u.a.). Zum Ausgleich wurde ein neues Gewerbegebiet bei Imgenbroich eingerichtet, das mittlerweile Arbeitsplätze für 1.300 Beschäftige anbietet. Trotz großer Fluktuation von Betrieben und Arbeitsstätten anderswo ist die Zahl der Gewerbebetriebe in Monschau und Umgebung über das letzte Jahrzehnt weitgehend gleich geblieben. Im Jahre 1989 zählte die amtliche Statistik 833 Gewerbebetriebe, im Jahre 1994 wurde ein Tiefstand von 790 Betrieben registriert, während im Jahre 1998 wiederum ein Anstieg auf 806 Betriebe zu verzeichnen war.

Im Altkreis Monschau sind vor allem drei Firmen von Bedeutung: die Firma Dürr, die u.a. Reinigungsanlagen für die Fahrzeugindustrie produziert, die Firma Weiss-Druck, die im Druckereibereich tätig ist, und die Firma Junker, die Industrieöfen zum Schmelzen, Gießen, Erwärmen und Warmbehandeln von Metallen für die Halbzeugindustrie und Gießereien herstellt. Von den 670 Mitarbeitern, die weltweit (unter anderem auch in Tschechien) für das Unternehmen Junker arbeiten, waren im Jahre 1999 noch rund 440 in Simmerath/Lammersdorf (1990 waren es noch 830) tätig. Rund 300 Beschäftigte stammen auch aus Lammersdorf oder Umgebung. Die Firma bietet 14 Auszubildenden einen Ausbildungsplatz[129]. Die Firma Dürr beschäftigt weltweit 4.100 Mitarbeiter. Nach Monschau zog es sie 1971 wegen des günstigen Landpreises und des Arbeitskräftepotentials. Im Jahre 1999 waren am Standort Monschau-Imgenbroich 170 Personen in der Tochterfirma Dürr-Ecoclean tätig. Nach einem Einbruch der Wirtschaftslage in den Jahren 1992/93 mit vielen Entlassungen hat sich die Firma wieder erholt. Steigende Umsätze sind seit einigen Jahren zu verzeichnen. Im Oktober 1999 war eine chinesische Delegation bei dem Werke zu Gast, um eine Zusammenarbeit vorzubereiten[130].

Der größte Arbeitgeber in Monschau ist die Firma Weiss. Auf ihre wechselvolle Geschichte soll hier etwas näher eingegangen werden[131]. Dank der Pressefreiheit, die der Preußenkönig Friedrich Wilhelm IV für Preußen und damit auch für die Eifel gewährte, wurde in Monschau 1848 (März) eine Wochenzeitung mit dem Titel „Stadt- und Landbote" gedruckt[132]. Den Lesern wurde versprochen, „sie zu unterhalten und zu belehren ohne jede politische oder religiöse Polemik". Gegründet wurde die Zeitung von Dr. med. Paul Lambert Pauls. Sie kostete 30 Silbergroschen im Jahr, ein vergleichsweise günstiges Angebot, wenn man bedenkt, dass die Menschen damals in Düren für einen Scheffel Kartoffeln bereits 20 Silbergroschen auf den Tisch legen mussten. Der „Stadt- und Landbote" bildete später den Grundstock für die Druckerei, die Peter Weiss im Jahre 1875 gründete[133]. Druckerei und angeschlossener Verlag gingen nach dem frühen Tod des Gründers 1889 an die Witwe Josephine über, die im Jahre 1921 den Betrieb an ihren Sohn Jacob übergab. Jacob Weiss erkannte die Zeichen der Zeit und öffnete die Zeitung, die immer noch „Stadt- und Landbote" hieß, für die gewerbliche Werbung. Großkaufhäuser und Markenfirmen inserierten nunmehr in der in Monschau und Umgebung beliebten Zeitung. Mit dem Geld aus der Werbung finanzierte Jacob Weiss innovative Technologien in der Druckerei, etwa eine moderne Satzmaschine.

Ein starker wirtschaftlicher Einbruch erfolgte in der Nazizeit, da Anzeigenaufträge z.B. jüdischer Kunden ausblieben. Im Jahre 1936 wurde die Zeitung verboten. Nach dem Zweiten Weltkrieg fingen der Erbe Hans Georg Weiss und seiner Ehefrau

Mathilde erneut von vorne an, konnten aber schnell wieder in der Branche Fuß fassen. Druckerei und Verlagshaus florierten. Gleichzeitig beschritt der Unternehmer eine steile Karriere in der Politik. Im Jahre 1966 gründete er den „Wochenspiegel", das wöchentlich erscheinende Anzeigenblatt, das kostenlos jedem Haushalt zugestellt wird. Bereits im August 1990 gründete Weiss-Druck+Verlag in der ehemaligen DDR ein Verlagsunternehmen, um auch dort Anzeigenblätter zu verlegen. Das Vertriebsgebiet liegt in den Ländern Sachsen und Brandenburg und erstreckt sich von Zittau im Süden bis Cottbus im Norden, von Herzberg im Westen bis Görlitz im Osten. Im Jahre 1993 belegte Weiss-Druck+Verlag den siebten Platz aller deutschen Anzeigenblattverlage. Gemäß der stürmischen wirtschaftlichen Entwicklung des Unternehmens wuchs auch die Zahl der Beschäftigten. Waren es 1952 nur vier Mitarbeiter, so stieg die Zahl bis 1975 auf 80 Personen an, im Jahre 1992 auf 400 Festangestellte und im Jahre 1999 auf 560 Personen, allein im Stammbetrieb Imgenbroich[134]. In dieser Zahl sind die Aushilfskräfte, nebenamtliche Boten und Handelsvertreter nicht einbezogen. Zur Weiss-Gruppe zählen inzwischen 22 Einzelfirmen, an denen die Familie Weiss meist mehrheitlich beteiligt ist. Der Juniorchef Georg Weiss leitet seit einigen Jahren mehrere Tochterunternehmen der Gruppe. Somit geht der Betrieb langsam auf den Enkel der 4. Generation über.

Blick auf das Handwerker-Innovationszentrum Monschau (HIMO).

Auch wenn die Firma Weiss weiterhin auf Expansionskurs ist, so ist es dennoch die Regel bei den größeren Betrieben, dass es zu Rationalisierungen im Verlauf der letzten beiden Dekaden gekommen ist, während eine Reihe von kleineren Betrieben neue Arbeitsplätze geschaffen haben. Ähnlich wie im Kreis Euskirchen zeigt sich auch im Monschauer Raum, dass landwirtschaftliche Betriebe kaum mehr eine Rolle spielen. Einige Landwirte betreiben inzwischen im Nebenerwerb Windkrafträder oder bieten Ferien auf dem Bauernhof an. Die gewerbliche Wirtschaft kann weiterhin ihren Platz behaupten, und die Dienstleistungsbranche gewinnt zunehmend an Einfluss. Für den Standort Monschau sprechen die relativ günstigen Grundstücks- und Erschließungskosten (trotz hoher Kanalgebühren), der hohe Freizeitwert und die im Vergleich zu anderen Eifelstandorten gute Verkehrslage.

Für die Erweiterung des Gewerbegebietes hat die Stadt Monschau 1,2 Millionen DM im neuen Haushalt 2000 veranschlagt. Die Stadt sieht gute Chancen, dass sich weitere Betriebe dort ansiedeln. Denn bei einem Pendleraufkommen von ca. 45% ist es sinnvoll, mehr Arbeitsplätze vor Ort zu schaffen und Anreize für private Investitionen für die ansässige Bevölkerung zu geben. Als ein Erfolg kann auch das Handwerker-Innovationszentrum Monschau (HIMO) gewertet werden[135]. Dort können sich junge Unternehmer und Existenzgründer aus dem Handwerk und den handwerksnahen Branchen niederlassen. Zur Zeit (1999) ist das Zentrum zu 85% ausgelastet. Es bietet rund 100 Personen einen Arbeitsplatz. Im HIMO, dem ersten bundesweit handwerksorientierten Gründerzentum, soll der Start in die Selbstständigkeit erleichtert werden. Büroräume und Montage-Hallen stehen im HIMO für Betriebe zur Verfügung. Alle Mieter können den zentralen Kopier-, Fax- und Schreibdienst nutzen. Die Mietverträge werden in der Regel für fünf Jahre abgeschlossen, Verlängerung ist möglich. Die Gesellschafter (Stadt Monschau, Wirtschaftsförderungsgesellschaft des Kreises Aachen, die Handwerkskammer Aachen, die Industrie- und Handelskammer Aachen, Sparkasse Aachen, Landesentwicklungsgesellschaft NRW sowie die Gemeinde Bütgenbach) erhoffen, dass die Jungfirmen hier eine gesunde wirtschaftliche Basis schaffen und sich dann im Kreise ansiedeln. Durch die Lage in unmittelbarer Anbindung an Belgien gehen von diesem Zentrum auch grenzüberschreitende Impulse für Innovationen aus. Dies zeigt sich auch in der finanziellen Beteiligung der deutschsprachigen Gemeinschaft Ostbelgiens sowie bei der gemeinsamen Konzeption von Lehrgängen mit dem Zentrum für Aus- und Weiterbildung des Mittelstandes in St. Vith. Erst im Oktober besuchte ein japanisches Filmteam im Auftrag des Verlages Nikkei das HIMO, um den Wandel einer ländlichen Region zum Technologie-Standort zu dokumentieren[136]. Bei allem Erfolg des Zentrums muss jedoch auch erwähnt werden, dass die HIMO-Betreiber-Gesellschaft noch rote Zahlen schreibt (im Jahre 1998 waren es 300.000 DM), auch wenn dies als Anlaufverluste eingeplant war.

Trotz eines Fehlbetrages im städtischen Haushalt 1999 von 1,06 Millionen DM und trotz höherer Ausgaben und steigender Schulden beurteilt Bürgermeister Theo Steinröx die Entwicklungschancen für die Stadt weiterhin positiv[137]. Eine Rücklage von rund 5,5 Millionen Mark erleichtert es der Gemeindeführung, die laufenden Defizite auszugleichen. Allerdings sind diese Rücklagen bis 2003 aufgebraucht, wenn sich die finanzielle Lage der Stadt nicht bessert. Die städtischen Wirtschaftsförderer sehen aber positive Entwicklungen am Horizont: So werden etwa die Einnahmen für die Gewerbesteuer für 2000 auf 8.5 Millionen DM veranschlagt; das sind 1,5 Millionen DM mehr als 1995. Die günstigen Wirtschaftsprognosen bestätigen die optimistische Einschätzung der Verwaltung und der politischen Spitze.

Auch wenn ein Ort wie Monschau von der politischen Willenskraft zu einer modernen wirtschaftlichen Entwicklung zeugt, so ist das Bild der Wirtschaft in der Eifel insgesamt nicht ganz zu rosig zu malen. Zwar bemühen sich die Kreise und Gemeinden, neue dauerhafte Wirtschaftsstrukturen zu schaffen. So gelang es zum Beispiel der Gemeinde Bitburg, auf dem ehemaligen Gelände der US-Air-Base in weniger als drei Jahren über 100 ha Gewerbe- und Industrieflächen zu vermarkten[138]. Eine entsprechende Anzahl von Unternehmen hat sich dauerhaft auf dem Konversionsareal angesiedelt.

In anderen Eifelregionen sind die Erfolge dagegen ausgeblieben. So rührt die relativ günstige Beschäftigungslage in der Eifel auch daher, dass Tausende von Eifeler Bürgern tagtäglich in die ökonomisch starken Metropolen von Köln, Düsseldorf, Aachen und auch Trier pendeln. Ein zweiter Wermutstropfen in der ansonsten positiven Wirtschaftsbilanz der Eifelregion besteht in der nach wie vor problematischen Wirtschaftsstruktur. Die Tatsache, dass in der Eifel eine relativ hohe Zahl der Arbeitsplätze im produzierenden Gewerbe verblieben sind, stellt im Zeitalter der Globalisierung und internationaler Wettbewerbsfähigkeit eine Gefährdung dar. Auch an der Eifel wird der Trend einer Abschwächung des sekundären Sektors für die Wirtschaft des Raumes nicht vorbeigehen. Ohne den Ausbau der Dienstleistungsbranche wird dieser Wandel kaum sozialverträglich zu bewältigen sein. Aus vergleichbaren Studien über Strukturwandel lässt sich ablesen, dass es wenig Sinn macht, in einer Region neue Dienstleistungen anzubieten, die dort keine traditionelle Verankerung besitzen, selbst wenn sie von der öffentlichen Hand finanziell unterstützt werden[139]. So sehr man sich eine verstärkte Ansiedlung, etwa der Computer- und Multimedia-Industrie, in der Eifel wünschen würde, so wenig wahrscheinlich ist eine solche Entwicklung, zumindest außerhalb der Region Aachen, die über die TH eine besondere Anbindung an informationstechnische Institute anbieten kann. Ansonsten lautet die Devise des modernen Regionalmarketing: Kernkompetenzen stärken und zukunftsträchtige Felder wie Satelliten um diese Kernkompetenzen zentrieren.

Welche Kernkompetenzen ließen sich in diesem Zusammenhang nennen? An erster Stelle ist hier der Tourismus zu nennen. Eng zusammen mit der Entwicklung des Tourismus sind die Felder: Direktvermarktung landwirtschaftlicher Produkte, die Ausdehnung der handwerklichen und kunsthandwerklichen Produktion, die Entfaltung von regionalen Märkten mit regionalen Produkten sowie die Erweiterung des Angebots an Erholung, sportlichen Betätigungen, kulturellen Veranstaltungen und Freizeitmöglichkeiten zu nennen. Auf diese besondere Entwicklungsmöglichkeit der Eifeler Wirtschaft soll im folgenden Kapitel gesondert eingegangen werden.

2.4 Tourismus und Regionalvermarktung: Neue Perspektiven für die Eifel

Seit über 100 Jahren wird der Eifelraum als Stätte der Erholung und der Freizeit genutzt, wie dies schon in den beiden vorherigen Kapiteln ausführlich beschrieben wurde. Mit dem Aufkommen von Tourismus und der Zunahme neuer Freizeitaktivitäten ergab sich für die lokale Bevölkerung, die aus der kargen Landwirtschaft nur das Nötigste für das Leben erwirtschaften konnte, eine neue Perspektive. Die Eifel bietet gerade für die Menschen der umliegenden Großstädte umfassende Chancen, eine einzigartige Natur- und Kulturlandschaft kennenzulernen, sich in gesunder Umgebung zu erholen, sich sportlich zu betätigen, Stätten von Kultur, Wirtschaft und Religion zu besichtigen und die besondere Ästhetik der Landschaft zu genießen.

Die Eifel verfügt über eine Reihe von gut ausgebauten Fernstraßen (von der Achse Aachen-Monschau einmal abgesehen), über die Touristen in die Eifel gelangen können. Dagegen ist die Verkehrsanbindung vieler Orte an das Fernstraßennetz aus wirtschaftlicher Sicht noch ungenügend. Ausbau des Straßennetzes und Erhalt der Naturlandschaft stehen natürlich im Konflikt zueinander. Hier den richtigen Mittelweg zu finden, bleibt auch in der Zukunft eine wichtige Herausforderung. Weniger problematisch ist dagegen der Ausbau der Fahrradwege. Im August 1999 übergab der EIFELVEREIN der Öffentlichkeit eine Ausarbeitung detaillierter Fahrradrouten für eine durchgehende Fahrt von Aachen bis Trier unter Einbeziehung von Gebieten in Belgien und Luxemburg[140]. Weitere Fernradwege sollen folgen. Die Wanderwege sind dank des EIFELVEREINS gut ausgebaut und bieten für alle Alters- und Interessengruppen eine Vielzahl unterschiedlicher Schwierigkeitsgrade – vom Spaziergang bis zur Kletterpartie. Gleichzeitig kann man in der Eifel nahezu jede Sportart betreiben, die es weltweit gibt. Von mondänen Golfplätzen, über Wassersportanlagen und Skipisten bis hin zum Delta-Fliegen reicht die Palette der Sportangebote. Über das Erleben von Natur und Landschaft hinaus ist die Eifel, wie die bisherigen Kapitel dieses Buches bereits deutlich belegt haben, eine Stätte intensiver kultureller Aktivitäten. Ob Klöster, Kirchen, Museen, Schlösser, Burgen oder Profanbauten –

Ausflugsverkehr in die Eifel. Die kurvigen Straßen sind vor allem bei Motorradfahrern sehr beliebt.

die Eifel besitzt einen immensen Reichtum an kulturellen Bauwerken und Kunstdenkmälern. Dazu kommen Relikte aus vorhistorischer, römischer oder frühchristlicher Zeit, die auf die Jahrhunderte alte Geschichte des Raumes verweisen.

Insofern liegen die wesentlichen Voraussetzungen für eine touristische Erschließung des Eifelraumes vor. Um diese Einkommensquelle für die Eifel noch besser zu nutzen, wurden im Jahre 1989 die Eifel-Touristik NRW e. V. gegründet und im Jahre 1996 die Eifel Agentur. Zum 1. Januar 2000 haben sich Eifel-Touristik und Eifel-Agentur zu einer Touristk-Agentur Eifel zusammengeschlossen. Ebenfalls vereint haben sich im Jahre 1999 die drei Nordeifelkommunen Monschau, Simmerath und Roetgen zur „Eifel-TIC", dem Touristischen Informations-Center. Die drei Organisationen werden u.a. von den Kreisen, den Kommunen, der Euregio Maas-Rhein, der Region Aachen und vor allem von der Europäischen Union mit getragen. Vergleichbares ist im Süden der Eifel mit der Gründung der Eifel-Tourismus-Gesellschaft (ET) zum 1. Oktober 2000 entstanden. Hauptgesellschafter sind die Kreise Bitburg-Prüm und Daun. Die Organisationen haben sich zur Aufgabe gestellt, die Potentiale der Eifel für touristische Zwecke zu nutzen und ein entsprechendes Marketingkonzept zu entwickeln und umzusetzen. Inzwischen sind die Unterkünfte in der Eifel im gesamten Bundesgebiet elektronisch zu buchen. Auskunft gibt auch das Internet (www.eifel-touristik.de). Als zentrale Bestandteile eines ganzheitlichen Tourismuskonzeptes betont zum Beispiel die Eifel-Agentur die folgenden Merkmale der Eifel[141]:

- Die Vielfalt der auch grenzüberschreitenden Natur- und Kulturlandschaft;
- den Reichtum an kulturellen Besonderheiten;
- die Qualität regionaler Produkte;
- die Umweltqualität;
- die Nähe zu den Ballungsräumen;
- das ausgedehnte Wander- und Radwegenetz.

Tabelle 10 zeigt die Entwicklung des Fremdenverkehrs in Häusern mit mehr als neun Betten von den Jahren 1990 bis 1998 für die Mitglieder der Eifel-Touristk NRW e.V[142]; Tabelle 11 gibt die Zahlen der Gäste und Übernachtungen im Landkreis Daun (ohne Privatquartiere und kleine Hotels) wieder.

Beide Tabellen belegen augenscheinlich die große wirtschaftliche Bedeutung des Fremdenverkehrs für die Eifel. Das gleiche gilt auch für den Kreis Euskirchen. Dort wurden im Jahre 1990 insgesamt 202.242 Gäste gezählt, die im Durchschnitt 4,4 Tage in Hotels oder anderen Unterkünften verbracht haben.

Die Zahlen weisen auf das große wirtschaftliche Potential des Fremdenverkehrs für den Eifelraum hin. Denn die Besucher bringen nicht nur den Hotels und Gaststätten des Raumes Einkommen, sie beleben auch die lokale Wirtschaft mit ihren regionalen Produkten (Bau- und Möbelindustrie, Kunstschlosser, Blumenläden, Bäckereien u.a.) und tragen zum Ausbau von Kultur-, Sport- und Freizeitaktivitäten bei, die auch den Einheimischen zugute kommen. Darüber hinaus vermittelt der Tourismus auch neue Impulse für die Landwirtschaft über die traditionellen Angebote der „Ferien auf dem Bauernhof" hinaus. Aufgrund der Bodenverhältnisse und der

Tabelle 10: Ausgewählte Indikatoren des Fremdenverkehrs im Einzugsgebiet der Eifel-Touristik NRW GmbH

	Mitglieder	Gästezahlen absolut	Umsatz in taus. DM	Provision in taus. DM
1990	184	1.095	109	29
1991	200	3.167	345	35
1992	219	4.454	593	55
1993	226	4.020	804	87
1994	230	5.095	875	83
1995	233	5.103	936	100
1996	248	3.827	640	65
1997	263	3.800	740	80
1998	280	o. A.	800	90

Quelle: 10 Jahre Eifel-Touristik NRW e. V. 1989-1999, Postfach 1346, 53897 Bad Münstereifel, S. 12 sowie Eifel Touristk e.V. Geschäftbericht 1996/1997, S. 11

Tabelle 11: Übernachtungszahlen im Kreis Daun

	GÄSTE ohne Campingplatzbesucher	Übernachtungen ohne Camping
1970	64.650	365.418
1980	197.312	1.211.520
1985	244.959	1.412.146
1990	259.924	1.476.657
1992	355.999	1.910.370
1994	363.370	1.848.539
1996	360.100	1.705.703
1997	347.593	1.577.023
1998	335.483	1.566.234

Quelle: Visitenkarte 1990-2000 vom Landkreis Daum sowie Brief von der Vulkaneifel Touristik & Werbung GmbH vom 29. 9. 1999 (unterschrieben von Heike Pid-Caspers).

klimatischen Bedingungen ist die Landwirtschaft in der Eifel gegenüber anderen Regionen in Europa strukturell benachteiligt. Darauf wurde ja bereits in den vorherigen Kapiteln hingewiesen. Sie ist auf Dauer nur dann überlebensfähig, wenn es ihr gelingt, qualitativ hochwertige und ökologisch unbedenkliche Produkte im regionalen Maßstab an den Mann respektive Frau zu bringen. Da Touristen im Urlaub gutes und gesundes Essen besonders wertschätzen, liegt hier eine besonders zukunftsträchtige Marktchance. Die Bauern können ihre Produkte nicht nur den Restaurants und Gaststätten des Raumes anbieten, sie haben auch die Möglichkeit, durch Bauernmärkte und andere Formen des Direktmarketing Besucher anzusprechen und sie mit qualitativ hochwertigen Produkten zu versorgen[143]. In diesem Sinne bereitet die Eifelagentur gerade ein neues Logo vor, das unter dem Titel „Eifeler Köstlichkeiten" die Chancen der Direktvermarktung von landwirtschaftlichen Produkten, aber auch von handwerklichen Erzeugnisse verbessern hilft. So kann der Tourismus den Sektor Dienstleistungen im weitesten Sinne neu beleben und gleichzeitig den primären Sektor „Land- und Forstwirtschaft" stärker in diese Dienstleistungen einbeziehen. Dazu passt auch die besondere Qualität ausgewählter Eifeler Restaurants und Gaststätten. Im Jahre 1999 erhielt als viertes Restaurant in ganz Deutschland das Waldhotel Sonnora in Dreis (Vulkaneifel) die begehrte Drei-Sterne-Auszeichnung der Michellin-Führers.

Trotz des großen Potentials ist auch hier Vorsicht angebracht: Die statistischen Zahlen in Tabelle 11 zeigen nämlich auch, dass nach einem grandiosen Start der neuen Tourismus-Initiativen Mitte der 90er Jahre ein Einbruch erfolgte. So ging die Zahl der Übernachtungen von 1994 auf 1995 im Landkreis Daun um 0,81% zurück, im Landkreis Bitburg-Prüm verbesserte sich die Quote jedoch um 6,9% (im Vergleich dazu: Rheinland-Pfalz von 1994-95 um 3,4%[144]). Zwar ist die absolute Zahl der Gäste kaum gesunken, dafür ging aber die Zahl der Übernachtungen zurück ebenso wie der damit verbundene Umsatz. Es gibt mehrere Gründe für diesen Einbruch Mitte der 90er Jahre: Zum einen erlahmte die Reisefreude der Ostdeutschen, die in den ersten Jahren nach der Wende jede Chance nutzten, um die ihnen jetzt offenstehende westliche Welt zu bereisen. Davon profitierte auch die Eifel.

Zum zweiten setzt sich seit Mitte der 90er Jahren ein neuer Trend zum Kurzurlaub und zu Tagesausflügen durch. Die Einkommenslage in Deutschland ist insgesamt angespannter geworden, und die Menschen in den Ballungsräumen vermeiden die für sie teuren Übernachtungen. Wenn auch viele Tagesausflügler laut Statistik im Schnitt oft mehr Geld pro Tag ausgeben als die meisten Langzeitgäste, so konzentrieren sich diese Tagesausflügler doch meist auf einige wenige sonnige Tage im Jahr, sodass die Tourismusbranche hier kein regelmäßiges Einkommen beziehen kann. Zum dritten wurde die Eifel Opfer ihres eigenen Erfolges: Zunehmende Touristenscharen verstopfen Straßen und Wege, lange Schlangen bilden sich an den Wochenenden auf den großen Zufahrtsstraßen, und ganze Menschenmengen wälzen sich durch die Vororte in Richtung Monschau oder Nideggen, bzw. in Richtung einiger besonders gern besuchten Eifelstauseen wie den Rursee. Kein Wunder, dass bei diesem Stress viele potentiellen Eifelurlauber lieber zu Hause bleiben.

Inzwischen hat man aus den Einbrüchen der 90er Jahre gelernt. Die Umsätze sind erneut angestiegen und die Gästezahlen bleiben auf hohem Niveau. Das neue Motto heißt „Sanfter Tourismus". Darunter versteht man die Abkehr von massentouristischen Veranstaltungen und eine Hinwendung zu qualitativ hochwertigen, abwechslungsreichen und ganzheitlichen Tourismuskonzepten. Jeder Gast soll das Gefühl haben, als seien die Angebote für Erholung und Freizeit ganz nach seinen Bedürfnissen gestrickt worden. So schreibt auch der Eifel Touristik NRW e. V. in seinem Geschäftsbericht von 1997/1998: *„Die Chancen in der Eifel liegen weniger im Preiswettbewerb als im Qualitätswettbewerb. Aus der Sicht des Gastes ist das Preis-Leistungsverhältnis entscheidend. ... Dem Markttrend folgend wird sich die Destination Eifel stärker spezialisieren und vor allen Dingen qualifizieren müssen*[145]*"*.

Die Voraussetzungen dafür, dass die Tourismusbranche in der Eifel eine Zukunft hat, sind von der natürlichen Ausstattung und vom kulturellen Angebot aus gesehen mit Sicherheit gegeben. Davon zeugt auch die große Zahl der inzwischen erschienenen Eifel-Führer und Bildbände. Wanderführer, Reiseführer, Motorrad-Reiseführer, Beiträge zur Regionalgeschichte, Überblicke über die Fahrradwege, die wieder aufgelegten Bücher von Clara Viebig über das Leben in der Eifel um 1900 sowie die Flut

Die einzigartige Landschaft der Eifel ist eine besondere Attraktion für Besucher aus dem In- und Ausland. Der Erhalt der Landschaftsvielfalt erfordert einen behutsamen Ausbau der Kapazitäten nach dem Modell des sanften Tourismus.

von Eifelkrimis (hervorzuheben sind hier die Krimis von Jaques Berndorf, einem Wahl-Eifeler und weitgereisten Reporter, unter anderem vom Spiegel[146]) sind ein belebtes Zeugnis der kulturellen und touristischen Attraktivität der Eifel.

Allerdings gibt es auch Risiken: Wie bei allen Erfolgen im Tourismus kann sich eine Region auch auslaugen. Zu viele Touristen sind weder mit dem Naturschutz noch mit dem Bedürfnis nach Ruhe, Entspannung und hoher Umweltqualität zu vereinbaren. Ein zu starkes Eingehen auf die Bedürfnisse der Besucher kann zu einer sozialen und kulturellen Verflachung führen und die gerade vom Besucher gewünschte Identität von Landschaft, Kultur und Menschen gefährden. Es wird also in Zukunft darauf ankommen, die Wachstumsmöglichkeiten im Bereich Tourismus beherzt zu nutzen und auszubauen, ohne aber in die Fehler des seelenlosen Massentourismus zu verfallen, der kurzfristige Gewinne versprechen mag, aber über längere Zeit keine Perspektive für Wirtschaft und einheimische Bevölkerung bietet. Das Konzept eines kulturverträglichen Tourismus setzt auf qualitativ hochstehende Angebote, nutzt die Möglichkeiten der regionalen Vermarktung von regional erzeugten Produkten, macht sich die regionale Vielfalt an Natur- und Kulturlandschaften zu Nutzen, um zielgruppen-gerechte Angebote zu entwickeln, und besinnt sich bewußt auf die historisch gewachsenen Stärken des Raumes.

3. Die Eifel als Naturraum: Der Reiz des Mittelgebirges

3.1 Natur und Umwelt: Die Suche nach Ursprünglichkeit und Ruhe

Der Wunsch nach einer naturnahen und intakten Umwelt einigt nahezu alle Bewohner Deutschlands[147]. Zwar ist das Thema Umwelt nicht mehr so populär wie noch vor einigen Jahren, aber die überwiegende Mehrheit der Deutschen spricht sich nach wie vor für eine Verbesserung des Umweltschutzes aus. In einer nationalen Umfrage wurden die Bundesdeutschen 1996 zum Beispiel befragt, welchen Stellenwert das Thema „Umweltschutz“ auf einer Skala von 0-10 einnehme (Tabelle 12). Das Ergebnis ist eindeutig: Mit einem durchschnittlichen Wert von 8, 3 (West) und 8, 5 (Ost) bleibt der Umweltschutz einer der Spitzenreiter in der Prioritätenskala der Befragten, auch wenn er gegenüber den Befragungen aus den Vorjahren vom ersten auf den dritten Platz der Prioritätenskala gerutscht ist.

Wenn man nach Europa blickt, dann ist die Sorge um eine intakte Umwelt in der Bevölkerung aller europäischen Staaten seit Anfang der 80er Jahre immer unter den fünf wichtigsten genannten Problembereichen zu finden.

Dies gilt auch für die 1996 durchgeführte Eurobarometer-Studie, in der turnusmäßig die Bevölkerung aller EU-Mitglieder repräsentativ befragt wird. In den nordischen Ländern (Dänemark, Niederlande) erhielt der Umweltschutz den Spitzenplatz in der Sorgenliste, in Deutschland und anderen mitteleuropäischen Staaten landete er im oberen Mittelfeld.

Tabelle 12: Die Bedeutung verschiedener gesellschaftspolitischer Problemfelder in Deutschland (Mittelwerte von 0-10)

Befragte	West	Ost
Verminderung der Arbeitslosigkeit	9.2	9.6
Verbesserung der Verbrechensbekämpfung	8,4	9.2
Verbesserung des Umweltschutzes	8.3	8,5
Mehr tun für die Aufrechterhaltung der Wettbewerbsfähigkeit der deutschen Wirtschaft	8,0	8,3
Mehr tun für den Erhalt des Sozialstaats	7,7	8,8
Verbesserung der Wohnraumversorgung	7,4	7,6
Verringerung des Zuzugs von Ausländern	6,9	6,9

Quelle: Bundesumweltministerium (1997): Umweltbewußtsein in Deutschland. Ergebnisse einer repräsentativen Bevölkerungsumfrage 1996. Eine Information des Bundesumweltministeriums. Berlin, S. 7.

In der schon erwähnten nationalen Umfrage aus dem Jahre 1996 wurden auch spezielle Wahrnehmungen über den Umweltzustand erhoben. Daraus einige Ergebnisse: Über 70 Prozent der Deutschen sind beunruhigt, wenn sie darüber nachdenken, unter welchen Umweltverhältnissen unsere Kinder und Enkelkinder wahrscheinlich leben müssen. Mit Empörung und Wut über aufgedeckte Umweltprobleme reagieren 65 Prozent im Westen und knapp 62 Prozent im Osten Deutschlands. Rund zwei Drittel der Bevölkerung ist auch der Meinung, dass wir auf eine Umweltkatastrophe zusteuern. Dementsprechend sind auch rund die Hälfte der befragten Bürger bereit, zugunsten der Umwelt Einbußen im Lebensstandard in Kauf zu nehmen. Als Ausdruck dieser Umweltsensibilität sind die Befragten willens, Konsumverhalten und Lebensstil den ökologischen Notwendigkeiten anzupassen

Die Sozialforschung hat auch die Bereitschaft der deutschen Haushalte getestet, im Konsumbereich auf ökologische Verträglichkeit zu achten. So waren es 1975 nur 18 Prozent der westdeutschen Haushalte, die zugunsten der Umwelt auf Konsum verzichten wollten, 1980 waren es bereits 22 Prozent und 1990 schon 65 Prozent[148]. Im Jahre 1996 gaben 37 Prozent im Westen und 27 Prozent im Osten an, sie würden höhere Preise für umweltfreundliche Produkte in Kauf nehmen. Teilweise bereit dazu waren zusätzlich 34% im Westen und 33% im Osten[149]. Ob diese verbale Bereitschaft auf Konsumverzicht auch in wirkliches Handeln übersetzt wurde, lässt sich aus den Umfragen natürlich nicht ersehen.

Auch die Ursprünglichkeit von Natur ist ein wichtiges Anliegen der Deutschen. Interessant in diesem Zusammenhang ist eine Studie einer jungen amerikanischen Wissenschaftlerin, die das Naturverständnis von Deutschen, Schweizern und Amerikanern untersucht hat[150]. Ihre Methode bestand darin, Spaziergänger in Nationalparks und Erholungswäldern zu begleiten, deren Eindrücke über zwei bis drei Stunden hinweg zu sammeln und mit ihnen über das Gesehene bzw. Nicht-Gesehene und Vermisste zu reflektieren. Die Ansichten über die Natur waren zwischen Deutschen, deutschsprachigen Schweizern, französischsprachigen Schweizern und Amerikanern wesentlich weniger unterschiedlich, als die Autorin ursprünglich vermutet hatte. Die meisten sahen in der Natur ein Refugium, das es gegen die Allmacht von Technik und Zivilisation zu schützen gelte. Ebenso häufig wurde Natur als Standort der eigenen Identitätsfindung und als Chance der eigenen Verankerung in einer realen statt virtuellen Heimat betrachtet. Bei den meisten Befragten wurde die schleichende Umwandlung von Naturfläche in Zivilisationsfläche als eine unumkehrbare, aber keineswegs begrüßenswerte Veränderung begriffen.

Die Ergebnisse all dieser Befragungen machen deutlich, dass in der Bevölkerung zwei sich gegenseitig ergänzende Naturbilder vorherrschen. Zum einen sehen die Menschen in der Natur einen Hort von Schönheit, Muße und Reproduktion, zum anderen ein von der Zivilisation bedrohtes und schutzwürdiges Gut. Auf der Basis dieser verschiedenen Umfragedaten wird ersichtlich, dass eine saubere Umwelt und eine weitgehend naturnahe Gestaltung von Landschaft und Umgebung wichtige Pluspunkte für die Attraktivität einer Region sind. Gute Luft und viel Landschaft reichen sicher nicht aus, um Tourismus und hohe Lebensqualität zu gewährleisten; sie sind aber notwendige Bestandteile einer zukunftsfähigen regionalen Entwicklung.

3.2 Die Eifel als Naturraum: Neuere Entwicklungen

So sehr der Eifelraum für seine natürlichen Landschaften berühmt ist, und diese Natürlichkeit auch eines der besonders attraktiven Merkmale ausmacht, so sehr muss betont werden, dass das, was dem unvoreingenommenen Besucher als Natur erscheint, ein Produkt der kulturellen Gestaltung von Boden und Landschaft ist. Die Eifellandschaft ist in ihrem heutigen Aussehen weitgehend durch menschliche Arbeit transformiert, d. h. bewusst umgestaltet worden. Über Jahrhunderte hinweg haben Bauern und Förster diese Landschaft durch ihre Tätigkeit geprägt. Die vielen Nadelbäume, die heute die Wälder der Eifel säumen, sind erst vor rund 100 Jahren gepflanzt worden. Die wohl ursprüngliche Bewaldung der Eifel bestand weitgehend aus Mischbeständen unterschiedlicher Laubbäumen. Inzwischen wird bei Aufpflanzungen diese Mischwaldkultur wieder angestrebt. Alle diese Transformationen waren von der Notwendigkeit getrieben, einen bescheidenen Lebensunterhalt aus den Potentialen einer eher kargen Landschaft für die dort lebenden Menschen sicherzustellen. Die Nutzung von Holz, der Anbau von Getreide, Obst und Gemüse sowie die Viehhaltung sicherten die physische Existenz der Bevölkerung. Große Reichtümer ließen sich damit nicht verdienen.

Inzwischen haben Holz- und Landwirtschaft nur noch einen geringen Anteil an der Wirtschaftskraft des Eifelraums. Allerdings sind noch mehr als 80% der Fläche in der Region von der Land- und Forstwirtschaft geprägt. Prof. Wolfgang Schumacher vom Deutschen Bauernverband schreibt über die Landwirtschaft in der Eifel:

„Ackerbau- und Gemischtbetriebe, die vorrangig in den Übergangsregionen der Börde zur Eifel angesiedelt sind, produzieren insbesondere Weizen, Roggen, Hafer, Raps und Braugerste. Vor allem in den höher gelegenen Regionen der Eifel hat die Bedeutung des Ackerbaus in den letzten Jahren immer mehr abgenommen, der Stellenwert der Grünlandwirtschaft mit den Bereichen Milchviehhaltung und Mutterkuhhaltung nahm stetig zu. Die meisten Landwirte der Grünlandregion haben ihre Betriebe auf Milchwirtschaft ausgerichtet, sodass den Produkten Milch und Rindfleisch eine besondere Bedeutung zukommt. Schwarz- und rotbunte Kühe auf ausgedehnten, reich strukturierten Grünlandflächen prägen im Sommer das Bild der Eifel, wobei die Herdengröße in den letzten zehn Jahren deutlich zugenommen hat[151]*“*

Ein Blick auf eine naturbelassene Heidefläche im Hohen Venn. Viele Bemühungen des Landschaftsschutzes sind heute auf eine Renaturierung ehemals intensiv genutzter forstwirtschaftlicher Flächen ausgerichtet.

Der internationale Wettbewerb, vor allem die Vorgaben aus Brüssel, machen es den Land- und Forstwirten immer schwerer, die von ihnen kultivierten Flächen extensiv zu nutzen, wie dies aus Natur- und Umweltschutzgründen sinnvoll wäre. Dieses Problem teilen sie mit fast allen Landwirten in Europa. Aus diesem Grunde wird seit Jahren um eine neue Agrarpolitik gerungen, bei der die wirtschaftlichen Interessen der Landwirte mit den Erfordernissen der Natur- und Kulturpflege in Einklang gebracht werden sollen.

Dabei hat sich auch das Leitbild für den Naturschutz gewandelt. Kaum jemand will das Rad der Geschichte zurückdrehen und die Eifel in einen Zustand zurückversetzen, wie er etwa vor der Besiedlung mit Menschen ausgesehen haben könnte. Ökologen haben zudem festgestellt, dass Mitte des 19. Jahrhunderts in Deutschland die größte

Artenvielzahl und die breit gefächertste Landschaftsvielfalt herrschten[152]. Dies gilt in eingeschränktem Maße auch für die Eifel, wiewohl die Kahlschläge zu Ende des 18. und zu Beginn des 19. Jahrhunderts und die darauf folgende Aufforstung mit Fichten der Eintönigkeit des Landschaftsbildes Vorschub geleistet haben[153]. Insofern ist für den Erhalt von Naturflächen das Bild des 18. oder 19. Jahrhunderts zum Leitmotiv für die Rekultivierung von Landschaft geworden.

Um dieses Leitbild in die Tat umzusetzen, beteiligen sich viele Eifelbauern auf freiwilliger Basis an extensiven Bewirtschaftungsprogrammen, bei denen geringer Düngereinsatz, ein Verzicht auf Pflanzenschutzmittel und eine Begrenzung der Viehdichte auf den Grünflächen vorgeschrieben sind[154]. Allein im Kreis Euskirchen wird annähernd die Hälfte des Grünlandes nach den Kriterien der Agrarumweltprogramme bearbeitet. Auch engagieren sich viele Landwirte freiwillig für den Naturschutz: Mehr als 1.000 Landwirte der Eifel pflegen zur Zeit über 6.500 ha arten- und blütenreiche Wiesen, Weiden und Magerrasen mit einer Vielzahl von seltenen und gefährdeten Tier- und Pflanzenarten. Nach Befragungen des Deutrschen Bauernverbandes sind über zwei Drittel der Landwirte in der Eifel bereit, Grtünflächen nach den Kriterien der Naturschutzprogramme zu bewirtschaften. Offenkundig liegt den Landwirten die Vielfalt und Schönheit der Landschaft am Herzen.

Es macht also Sinn, die wirtschaftlich genutzten Äcker, Wiesen und Wälder insgesamt naturnäher zu bewirtschaften. Dabei muss man mit Ertragseinbußen pro Hektar rechnen, der Gewinn für Landschaft, Natur und Fremdenverkehr ist aber bei weitem höher zu bewerten als der mögliche Verlust durch geringere Erträge. Das Problem, wie die von den Ertragsverlusten betroffenen Landwirte angemessen an den Vorteilen einer extensiven Wirtschaft beteiligt werden können, ist bis heute in Europa ungelöst. Es bleibt die Hoffnung, dass einerseits der Verbraucher mehr Bereitschaft zeigt, für ökologisch verträgliche Produkte mehr zahlen zu wollen, und andererseits die Politik neue Möglichkeiten eröffnet, Einkommen in der Landwirtschaft durch Natur- und Kulturschutz zu sichern. „*Der Landwirt kann nicht nur ‚Landschaftspfleger' für die Touristen sein, der ländliche Raum darf nicht als dekorative Kulisse dienen. Die Landschaft muss ein lebenswerter und erlebbarer, ein wirklich 'biologischer' ländlicher Raum sein*[155]." Dieses Zitat aus einem Naturführer der Eifel zeigt die Richtung auf, nach der sich die künftige Entwicklung im ländlichen Raum orientieren sollte.

Neben der Landschaftserhaltung durch extensive Landwirtschaft ist auch der klassische Naturschutz ein wichtiges Instrument für die Bewahrung der Eifel-Landschaft. Bei der Einrichtung von Naturparks ist man in der Eifel vorsichtig, aber konsequent vorgegangen. Zwei größere Naturparks sind innerhalb des Eifelraums angesiedelt; der Deutsch-Belgische Naturpark im Norden und der Deutsch-Luxemburgische Park im Süden.

In beiden Naturparks ist wirtschaftliches Handeln unter bestimmten Auflagen erlaubt, Kernzonen sollen aber ganz der natürlichen Sukzession überlassen bleiben. Zum Teil werden die „Sünden" des letzten Jahrhunderts wieder ausgetilgt, so werden etwa im Hohen Venn die Fichtenwälder gefällt, die erst in preußischer Zeit als Holzplantagen angelegt wurden.

Für das Überleben der auf der roten Liste stehenden Pflanzen und Tiere reichen diese Naturparks aber nicht aus, weil viele Arten größere Räume benötigen, um zu gedeihen oder zu überleben. Aus diesem Grunde wird seit einiger Zeit intensiv über Verbindungskorridore nachgedacht, durch die einzelne Naturschutzgebiete miteinander vernetzt werden können. So sind in jüngster Zeit viele kleinere Naturschutzflächen und Biotope entstanden. Zunehmend sind auch private Initiativen in diesem Feld tätig geworden. So schaffen zum Beispiel die Sielmanns Natur-Ranger im Hohen Venn neue Feuchtbiotope, um die Vielfalt von Fauna und Flora zu erhalten[156]. An vielen Wochenenden sind die freiwilligen Helfer der Natur-Ranger, das sind Schüler, Studenten und Erwachsene, für den Naturschutz im Einsatz.

Die zweite Bedrohung von Natur- und Landschaftsbild liegt in der Zunahme der Bebauung und Versiegelung. Obwohl die Gesamtheit der Fläche für Siedlungen und Verkehrsflächen in der Eifel weit unterhalb der 10% Marke liegt, wird doch das Landschaftsbild durch die Vielzahl der neuen Siedlungen, durch die vielen Straßen und Parkplätze sowie durch übertriebene Flurbereinigung erheblich gestört. Dazu kommt noch die zunehmende Individualisierung der Baustile: Prägten früher Fach- oder Bruchsteinhäuser das Dorf- und Stadtbild in der Eifel, so finden sich heute vom Schwarzwaldhaus bis zum Betonbau, von der Klinkerfassade bis zum Holzfertighaus alle in Deutschland vorfindbaren Häuser- und Bautypen. So sehr diese Individualisierung von Baustilen ein Zeichen von Wohlstand und Selbstverwirklichung ist, so sehr kann sie das gesamte Erscheinungsbild einer Landschaft negativ beeinflussen. Zwar läßt sich, wie später im Unterkapitel Kultur noch deutlich herausgestellt wird, bei vielen Bürgern eine Rückbesinnung auf die alten Traditionen feststellen, dies hat aber bislang noch nicht zu einer integrativen Raumplanung geführt, bei welcher der Gesamteindruck angemessen berücksichtigt wird.

Neben Natur und Landschaft spielt natürlich auch der Umweltschutz eine wichtige Rolle. Anders als die Industrieregionen um die Eifel herum, spielt die Luft- und Wasserverschmutzung durch Groß- oder Schwerindustrie in der Eifel selbst keine signifikante Rolle. Das war in früheren Zeiten durchaus anders: Die Bleiwerke von Mechernich und viele Hammerwerke in der Nord- und Südeifel haben damals erheblich zur lokalen Verschmutzung von Wasser und Umgebung beigetragen. Heute sind die Belastungsfaktoren vor allem durch drei Quellen bestimmt: Importe von Schadstoffen aus der Umgebung (vor allem bei der Bildung von Ozon), den motorisierten Straßenverkehr und den privaten Energieverbrauch (und Konsum). Dazu kommen noch die Belastungen des Grundwassers durch Nitrate. Da diese überwiegend aus der Landwirtschaft stammen, hat das Regierungspräsidium in Köln erwogen, Höfe in der Nähe von Wasserschutzgebieten umzusiedeln, was bei den betroffenen Landwirten und Gemeinden heftige Konflikte ausgelöst hat.

An der Nitratbelastung, auch im Bereich Boden und Luft, sind vor allem aber die vielen Kraftfahrzeuge beteiligt. Dieses Problem muss als noch ungelöst angesehen

So wie die Natur wieder zum Vorbild für die Landschaftsgestaltung geworden ist, so werden zunehmend auch die Bausünden der unmittelbaren Vergangenheit durch eine Anpassung an die ursprünglichen Baustile ausgeglichen. Bild oben zeigt ein durch Eternit-Platten verschandeltes Eigenheim, das dank ihrer Besitzerin wieder im alten Fachwerkstil renoviert wurde. Das Resultat der Renovierung erkennt man auf Bild unten.

werden. Die Zahl der privaten Kraftfahrzeuge steigt im Eifelraum stärker an als das Bevölkerungs- und Wirtschaftswachstum. Dazu kommen die Millionen Fahrzeuge der Touristen. Fahrzeuge belasten nicht nur die Luft mit Stickoxiden und anderen Schadstoffen, sondern führen auch zu Lärmimmissionen und indirekt zur Landschaftszerschneidung. So problematisch der Verkehr auch ist, so bleibt doch allen Beteiligten bewusst, dass die wirtschaftliche Kraft der Region auf der Mobilität ihrer Bewohner und der touristischen Attraktion für auswärtige Besucher beruht. Nur ein zu viel an Verkehr hat nicht nur negative Auswirkungen auf Natur und Umwelt, es schreckt auf Dauer auch die erwünschten Besucher ab.

Bei den importierten Umweltbelastungen aus den industrialisierten Nachbarregionen können die politisch Verantwortlichen in der Eifel wenig gegensteuern. Besonders problematisch ist die Bildung von bodennahem Ozon, das durch die Verbindung von Kohlenwasserstoffen und Stickoxiden bei Sonnenlicht gebildet wird, sich dann aber in der Nacht wieder auflöst, sofern genügend Kohlenwasserstoffe in der Luft verfügbar sind. Dies ist in den Ballungsräumen der Großstädte der Fall, weil dort auch während der Nacht die Emission von Kohlenwasserstoffen kontinuierlich anfällt. Aus diesem Grunde sinkt in den Hochbelastungsgebieten der Ozonspiegel in der Nacht drastisch ab. Nicht so jedoch in den Gebieten am Rande der Großstädte: Dort bildet sich das Ozon bei Tage, wegen des geringen Verkehrs während der Nachtstunden kann sich das Ozon aber nicht rückbilden und konzentriert sich weiter auf. Insofern ist es auch nicht verwunderlich, dass die höchsten Ozonwerte in Nordrhein-Westfalen und in Rheinland-Pfalz nicht in den Großstädten oder Industrieregionen, sondern in den ländlichen Gebieten wie Eifel oder Hunsrück gemessen werden. Da viele Menschen gerade diese Regionen aufsuchen, um sich zu erholen und „gute Luft" zu tanken, ist die Ozonproblematik eine ernsthafte Bedrohung für den Erholungsmarkt. Inzwischen haben die Umweltpolitiker das Problem erkannt und versuchen, mit Hilfe neuer vorsorgender Konzepte effektive Abhilfe zu schaffen.

Im Rahmen der Umweltpolitik ist natürlich auch die Energieversorgung zu nennen. Die meisten Eifeler heizen ihre Wohnung mit Erdöl; der Strom wird überwiegend aus den Kraftwerken im Aachener und Kölner Raum bezogen. Strom wird auch in den Talsperren der Region erzeugt. Seit 1904 speist das Kraftwerk Heimbach Strom ins öffentliche Netz. Zunehmend sieht man aber auch Windräder, die inzwischen das Landschaftsbild an vielen Stellen der Eifel prägen. Die Meinungen über die Windkraftanlagen gehen weit auseinander: Für die einen sind sie Monumente einer sanften, auf regenerativen und naturverträglichen Quellen beruhenden Energieversorgung, für andere sind sie Schandflecken im Landschaftsbild. Wenn die seit 1998 regierende Koalition von SPD und Bündnis 90/Grünen allerdings ihr Vorhaben wahr machen will, aus der Kernenergie auszusteigen und gleichzeitig den Verbrauch fossiler Energieträger wegen der drohenden Erwärmung der Erdatmosphäre zu drosseln, wird man nicht nur in der Eifel auf regenerative Energiequellen zurückgreifen müssen. Für die Verhältnisse in der Eifel ist dabei neben den Talsperren und Windkraftanlagen vor allem an die Nut-

Zunehmend bestimmen Windräder das Bild der Eifel.

zung von Biomasse, an energiesparenden Maßnahmen zur Isolierung von Häusern und an passive Solarnutzung in Gebäuden zu denken.

Versucht man, eine Gesamtbilanz der Natur-, Landschafts- und Umweltqualität der Eifel zu ziehen, dann kann diese Region mit einigen großen Trümpfen aufwarten: zwei große Naturparks, viele kleinere Naturschutzgebiete, unzählige geschützte Biotope, eine noch immer einzigartige Fauna und Flora sowie geringe Umweltbelastungen bei den Flüssen, Bächen und Seen. Dennoch sind einige Warnzeichen am Horizont nicht zu übersehen: vor allem muß eine bessere und umweltverträglichere Lösung für den Individualverkehr gefunden werden.

Dass Ausflugsfahrten auch erlebnisreich mit der Bahn erfolgen können, beweist die Popularität der Venn-Bahn, die von Mai bis Oktober samstags und sonntags von Eupen und Raeren in Belgien über Monschau und Kalterherberg weiter nach Belgien bis nach Butgenbach, Malmedy und Trois-Ponts fährt und die Touristen zum Wandern, Stadtbummel oder Schwimmen bringt[157]. Nach einigen Stunden werden die Ausflügler wieder zurück zum Ausgangsplatz gebracht, wo das Auto auf den Reisenden wartet. Leider ist der Venn-Bahn der wirtschaftliche Erfolg bisher nicht beschieden gewesen.

Auch Busse erschließen für Touristen den Eifelraum; Die Buslinie Eupen-Monschau bringt seit November 1999 an den Wochenenden belgische Touristen ohne

Parkplatzprobleme zu dem stark frequentierten Monschauer Weihnachtsmarkt. Insgesamt gesehen ist aber der öffentliche Nahverkehr in der Eifel noch viel zu wenig ausgebaut. Hier sind noch weitere Potentiale auszuschöpfen, obwohl Regionalbahnen nach wie vor mit wirtschaftlichen Schwierigkeiten zu kämpfen haben.

Neben den Umweltproblemen durch den Verkehr ist auch die Gewässergüte anzusprechen. Sie entspricht noch nicht überall der obersten Güteklasse. Gelegentlich sind auch pathogene Belastungen (wie Bakterien) im Trinkwasser des Raumes aufgetreten. Der Eintrag von Belastungen durch Landwirtschaft, Truppenübungsplätze und Gewerbe in die Talsperren des Landes erfordern zum Teil weitgehende Wasserschutzmaßnahmen und eine intensive Wasseraufbereitung für die Trinkwassernutzung. Dabei sind in den vergangenen Jahren auch deutliche Kapazitätsengpässe aufgetreten. Wird das Wasser in den Talsperren aufgrund der hohen Nachfrage in trockenen Sommerzeiten knapp, dann hat dies negative Auswirkungen auf die Wassergüte wie auf die ökologische Qualität der Seen, Talsperren und Wasserabläufe[158]. Alle diese Probleme lassen sich, zumindest in einem verträglichen Ausmaß, lösen, sofern der politische Wille dazu vorhanden ist und die Bevölkerung entsprechend mitmacht.

4. Die Eifel als Kulturraum: Vielfalt und Kleinode

4.1 Wandel und Kontinuität

Es gibt wohl kaum eine Generation in der Geschichte des Abendlandes, die in so kurzer Zeit so viele und vielfältige Wandlungsprozesse durchlebt hat wie die Menschen des späten 20. Jahrhunderts. Dauerte der Umbruch von der Agrar- zur Industriegesellschaft mehr als 100 Jahre, so ist die zur Zeit verlaufende Entwicklung zur Informationsgesellschaft von einem atemberaubenden Tempo bestimmt. Die „Digitalsierung“ von Wirtschaft und Kultur, die Beschleunigung von Informationsaustausch und technologischer Innovation, die Globalisierung von Warenverkehr und Kapitalmarkt sowie die Pluralisierung von Lebensstilen und Lebensgewohnheiten sind alles viel beschriebene Begleiterscheinungen des rapiden Wandels moderner Gesellschaften.

An diesen Entwicklungen nimmt natürlich auch die Bevölkerung in der Eifel teil. Wenn auch die konservativeren Töne in einem Raum, der stark von einer bäuerlichen Tradition geprägt ist, vorherrschen, so kann sich doch die Eifel nicht den modernen Trends gesellschaftlicher Entwicklung verschließen. Gleichzeitig hat aber gerade das konservative Element in der oft chaotisch erscheinenden Vielfalt sich widersprechender Entwicklungen eine wichtige Funktion zur Bewahrung und Pflege der heimischen Kultur. Durch die Rückbesinnung auf traditionelle Wohn- und Lebensformen, durch das bewußte Erinnern an geschichtliche Traditionen und durch die Pflege der kulturräumlichen Sitten und Gebräuche haben es die Bewohner der Eifel bei aller Heterogenität und allen Wandlungserscheinungen bislang verstanden, das einzigartige Gesicht dieser Landschaft weitgehend zu bewahren und den gewachsenen Kulturraum in seiner Eigenart zu erhalten.

Das fängt mit der Wahl von Wohn- und Lebensstilen an. Wer heute durch die Eifel fährt, entdeckt auf der einen Seite ein Wiedererstarken alter Traditionen, eine liebevolle und detaillgerechte Pflege alter Baudenkmäler, historisch getreu restaurierte Eifelkirchen, eine Wiederbelebung von alten Volksfesten und Umzügen, eine Vielfalt von Festivals, Festspielen und kulturellen Veranstaltungen sowie eine erneute Hinwendung zur Heimatpflege. Kurzum: die Eifeler Bürger haben seit Mitte der 80er Jahre eine Renaissance oft schon verschütteter Traditionen und Gebräuche ausgelöst. Es gibt kaum mehr einen Ort in der Eifel, der nicht besondere Ortsfeste, meist am Geburtstag des Namenspatrons der Ortskirche, feiert, der nicht historische Jubiläen zum Anlass nimmt, um entsprechend aufwendige Feiern zu veranstalten, der Karnevalsumzüge organisiert und der die alten Denkmäler pflegt und ins rechte Licht setzt.

Überall in der Eifel sind neue Museen entstanden. Vorhandene und zum Teil verstaubte Museen wurden umgebaut und mit neuem Leben erfüllt. Neu eingerichtete oder wiederbelebte kulturelle Festivals sind das ganze Jahr über an der Tagesordnung. So veranstaltete früher die Stadt Monschau zwischen 1947 und 1954 auf der Burg und vor dem „Roten Haus“ viel-beachtete Freilicht-Aufführungen. Diese Tradition soll neu beseelt werden. Ab dem Jahre 2000 soll es dort auch wieder eine „Open-Air Klassik“ Festival unter freiem Himmel à la Verona geben. Vor der 800 Jahre alten Kulisse sollen Opernfreunde und Theaterfans (in Zusammenarbeit mit den Kyrburgfestspielen) unterhalten werden. Die Stadt Monschau betreibt sogar ein eigenes Stadttheater – zur Freude der Einheimischen und der Gäste. Neue Initiativen für Theater, Musik, bildende Kunst, Tanz, Variete und vieles andere mehr sprießen wie Pilze aus dem Boden. All dies ist ein klares Indiz für eine lebendige und selbstbewußte regionale Kultur.

Die innige Beziehung zwischen Landschaft und Kultur im Eifelraum zeigt sich vor allem an den vielen Wegkreuzen, die malerisch in die Umgebung eingepasst sind.

Auf der anderen Seite sind natürlich auch die vielen Anzeichen für den Verlust einer einzigartigen, wenn auch schon immer vielfältigen Kulturlandschaft nicht zu übersehen. Mit dem Strukturwandel in Landwirtschaft und Wirtschaft sind viele kulturelle Traditionen, vor allem im bäuerlichen Bereich, Makulatur geworden. Sie werden häufig bloß noch in Form einer sinnentleerten Folklore für Gäste dargeboten. So sind etwa viele der wiederbelebten Erntedankfeste zu reinen Spaß-Parties mit viel Heu, Essen und Trinken verflacht. Das Gleiche gilt sinngemäß für die Großzahl der religiös motivierten Feste. Mit zunehmender Säkularisierung, die auch vor der traditionell christlichen Eifel nicht halt gemacht hat, sind vielen Menschen die Hintergründe mancher religiöser Feste und Bräuche nicht mehr bewusst: die Heiligen dienen dann nur noch als Kulisse für Tanzveranstaltungen, Festzeltfeiern und Dorffeste. Beide Entwicklungen sind wohl unumkehrbar und hatten auch ihre befreiende Wirkung für viele Menschen; dennoch ist das Fortleben von Traditionen, die auf wirtschaftliche, soziale und religiöse Strukturen aufbauen, immer der Gefahr der kulturellen Verflachung ausgesetzt, wenn die dahinter liegenden Anlässe nicht mehr gegenwärtig sind.

Dazu kommt noch, dass in Anlehnung an die so oft geschmähte postmoderne Beliebigkeit Traditionen und Bräuche in das Eifelleben eingeführt werden, die keinerlei Verwurzelung im Eifeler Raum besitzen. So veranstaltete die Stadt Monschau im Herbst 1999 ein großartiges Halloween-Fest, das viele tausende Besucher anlockt. Diese aus den USA stammende Tradition hat in der Eifel keinen Vorläufer. Selbstverständlich macht es Sinn, auch die kulturellen Gewohnheiten aufzugreifen, die Gastarbeiter, Immigranten oder ausländische Gäste in die Eifel mitbringen. Problematisch wird es aber dann, wenn aus vordergründigen Marketingbestrebungen eine Vermischung von traditionsreichen und in der Eifel verwurzelten Gebräuchen mit beliebigen Volksfesten aus aller Welt stattfindet. Die Zunahme sogenannter „Events", die traditionslos und ohne Bindung an Raum oder Kultur in die Welt gesetzt werden, kann langfristig den Reiz, der von einer einzigartigen Kulturlandschaft ausgeht, für Touristen zerstören. „Events" kann man überall veranstalten.

Vermischung und Beliebigkeit sind auch die Stichworte, die einem bei der Umsetzung von Kultur in Architektur einfallen. Dass es den Eifeler Bürgern heute wirtschaftlich besser geht als jemals zuvor, erkennt man an der Größe und Qualität der Wohnhäuser. Hervorzuheben ist auch der üppige Blumenschmuck und die liebevolle Ausstattung von Vorgärten, die unmissverständlich auf eine veränderte Lebensphilosophie hindeuten. Ästhetische Anliegen werden auch im privaten Bereich um ihrer selbst willen anerkannt, dies war in früheren Zeiten bestenfalls bei Reräsentativ- oder Sakralbauten der Fall. Mit dieser Hinwendung zur ästhetischen Gestaltung und individuellen Ausprägung von Wohnkultur wächst aber auch die Gefahr einer Zersplitterung und Aufweichung traditioneller Wohn- und Lebensformen.

Viele Eifeldörfer haben in der letzten Zeit ihr Gesicht radikal verändert. Anstelle des dominierenden Fachwerkhauses oder des Bruchsteinbaus tritt eine bunte Mischung von Baustilen, die meist dem bisherigen Erscheinungsbild der Eifel fremd sind. In trauter Eintracht stehen Schwarzwaldhäuser, verputzte Bungalows, verklinkerte Reihenhäuser in allen Farbschattierungen und traditionelle Fachwerk- und

Steinhäuser wahllos nebeneinander. Die Einheitlichkeit des Dorf- oder Ortsbildes leidet unter dieser Vielfalt und erschwert auch die ansonsten so gelungene Identifikation der Bewohner mit dem Kulturraum. Positiv anzumerken ist jedoch, dass auch in der Frage der Baustile eine Gegenbewegung eingesetzt hat. Die billige, aber auch häßliche Fassadenverkleidung durch Eternit- oder Kunststoffplatten wird immer weniger bei Renovierungen oder bei Neubauten als Option gewählt. Der Wettbewerb „Unser Dorf soll schöner werden" weist auf die Bedeutung eines geschlossenen Dorfbildes hin und unterstützt Orte, die sich diesem Ziel mit großem Engagement verschrieben haben. So erhielt zum Beispiel das Dorf Höfen bei Monschau auf Bundesebene eine der Goldmedaillen in diesem Wettbewerb.

Eine dritte Gefahr der kulturellen Erosion besteht in der Fragmentierung des kulturellen Vereinslebens. Die traditionellen Vereine, von den Schützen- bis zu den Heimatvereinen, beklagen sich seit einiger Zeit über mangelndes Engagement vor allem der jüngeren Generation und auch über die fehlende Bereitschaft, Ehrenämter zu über-

Blick auf Eifeler Fachwerkhäuser in Blankenheim. Vielerorts droht die alte Bausubstanz zu zerbrechen. Moderne, gesichtslose Bauten treten oft anstelle der gewachsenen Kulturformen. Hier ist aber bereits ein Umdenken im Gange.

nehmen. Gleichzeitig gibt es aber eine Fülle von neuen bürgerschaftlichen Initiativen, wie Theater-, Nachbarschafts- oder Kulturvereinigungen, die sich speziellen Aufgaben widmen und meist nur für einen bestimmten Zeitabschnitt aktiv sind. Dieser Trend zu einem aufgabenbezogenen und zeitbegrenzten Engagement ist in ganz Deutschland zu spüren, hat (inzwischen aber) auch die Eifel erreicht. Gerade die Neubürger fühlen sich bei dieser Form des Engagements eher angesprochen als bei den traditionellen Vereinen. Zweifelsohne haben die neuen Initiativen das Sozial- und Kulturleben in der Eifel weiter befruchtet und bereichert, sie können jedoch die angestammten Vereine mit ihrer langen geschichtlichen Tradition nicht ersetzen. In dieser Situation ist zweierlei zu tun: Zum einen wird es eine wichtige Aufgabe der traditionellen Vereine bleiben, die oft noch verstaubten Strukturen den modernen Anforderungen anzupassen, ohne aber dabei das ursprüngliche Anliegen aus den Augen zu verlieren. Zum anderen erscheint es ratsam, die Vielzahl der neuen Initiativen mit den gewachsenen Vereinsstrukturen im Sinne eines kulturellen Netzwerkes zu verbinden.

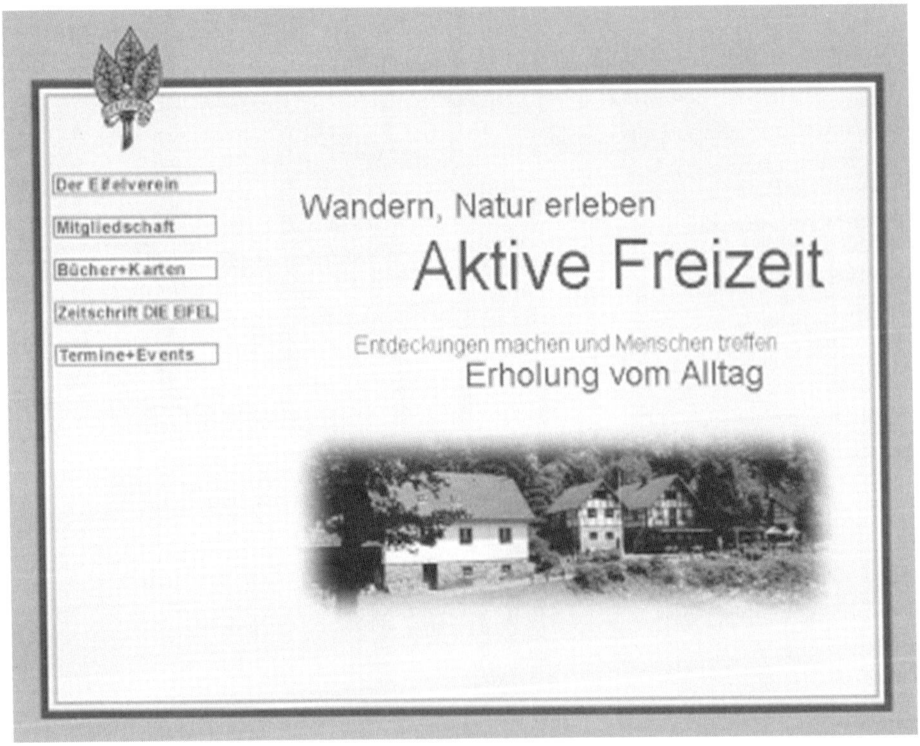

Seit neuestem präsentiert sich der EIFELVEREIN auch im Internet. Das Bild zeigt die so genannte „Home-Page“ des EIFELVEREINS. Unter www.eifelverein.de kann man alles Wissenswerte über die größte Heimatorganisation im Rheinland erfahren.

Unter den traditionellen Vereinen sind v. a. die Geschichtsvereine und der EIFELVEREIN zu nennen, die sich seit vielen Jahrzehnten für die Belange der Eifel einsetzten. Dem EIFELVEREIN obliegt nicht nur die Betreuung von Wanderwegen und die Erschließung von touristischen Attraktionen, er hat sich gerade in letzter Zeit auch aktiv für die Wiederbelebung von Geschichte und Kultur des Eifelraumes eingesetzt. Er gehört zu den besonders engagierten Gruppen in der Eifel, die mit ihre aktiven Natur- und Kulturpflege maßgeblichen Anteil am Wiedererstarken einer Eifeler Identität in einem lebendigen Kulturraum haben. Ein Großteil der neuen Initiativen zur Wiederbelebung des kulturellen Erbes geht auf das direkte und indirekte Einwirken des EIFELVEREINS zurück. Seit Januar 2000 ist der EIFELVEREIN auch im Internet präsent. Unter www.eifelverein.de gibt der EIFELVEREIN Informationen zu den Themen: Wandern, Betreuung von Wanderwegen, Natur- und Landschaftsschutz, Kulturpflege, Jugendarbeit und Herausgabe von Publikationen.

Auch die Geschichts- und Museenvereine pflegen das heimische Brauchtum und helfen in ehrenamtlichem Engagement, die kulturellen Traditionen der jeweiligen Heimatorte zu bewahren und mit neuem Leben zu füllen. Über die Grenzen hinweg ist zum Beispiel der Geschichts- und Museumsverein „Zwischen Venn und Schneifel“ aus dem belgischen St. Vith tätig[159]. Gemeinsam mit dem Geschichtsverein aus Prüm präsentiert er sich auf regionalen Messen und Ausstellungen, führt eine eigene Bibliothek mit heimatgeschichtlich wichtigen Werken, organisiert internationale Zusammenkünfte (etwa mit Auszbildenden aus Berlin) und beteiligt sich an Wanderaustellungen zu Themen der grenzüberschreitenden Historie.

Trotz dieser zahlreichen und vielschichtigen Aktivitäten droht auch den unbestreitbar verdienstvollen Vereinen, wie etwa dem EIFELVEREIN, den Geschichts- oder Heimatvereinen, eine Auszehrung durch den Rückgang der Mitgliederzahlen, vor allem unter den jungen Menschen. Ohne Engagement gerade der jungen Generation können die wichtigen Aufgaben der lokalen und regionalen Vereine aber in Zukunft nicht mehr bewältigt werden.

Die möglichen Gefahren für das kulturelle Erbe des Eifelraumes durch die rasanten Veränderungen im globalen Maßstab stellen also Herausforderungen für die Zukunft dar, für deren Bewältigung, so scheint es wenigstens, am Ende des 20. Jahrhunderts, die Bewohner genügend Kraft und Initiative aufzuweisen haben. Das wichtigste Kennzeichen einer gelungenen kulturellen Identifikation ist Lebendigkeit. Dazu kommen Einheit in der Vielfalt und Besinnung auf das gewachsene Kulturgut. Alle drei Elemente sind in der Eifel in ausreichendem Maße gegeben. Es gilt, diese Potenziale in der Zukunft noch besser zu nutzen.

4.2 Kulturelle Vielfalt- vom Heimatabend bis zur Klassikgala

Wer als Tourist in die Eifel reist oder auch dort wohnt, kann sich über die Vielfalt des kulturellen Angebots nicht beklagen. Für jeden Geschmack, für jede Altersgruppe und für jeden Geldbeutel findet sich ein entsprechendes Angebot. Wie bereits oben erwähnt, werden dabei bewußt alte Traditionen aufgegriffen und mit neuem Leben erfüllt. Daneben sind eine Reihe von Festveranstaltungen auch für Touristen geöffnet worden, die früher ausschließlich im Kreis von Nachbarn, Dorfgemeinschaften oder Ortsansässigen gefeiert wurden.

Unter den kulturellen Höhepunkten der Eifel sind vor allem die Museen hervorzuheben. Dort können die Besucher anhand von ausgewählten Ausstellungsstücken Geschichte und Kunstgeschichte studieren, alte Handwerksarbeiten bewundern, mehr über Wirtschaft und Gewerbe im Verlauf der Zeitgeschichte erfahren oder Landschaft, Geologie, Fauna und Flora besser kennenlernen. Eine Liste der wichtigsten Museen der Eifel (nach Region geordnet) ist in Anhang 1 wiedergegeben. Aus den vielen Museumsangeboten (siehe auch S. 371 ff.) sei an dieser Stelle nur auf zwei hingewiesen. Zunächst das Freilichtmuseum Kommern. Dort sind aus allen Teilen der Eifel und benachbarter Regionen Häuser und Einrichtungsgegenstände gesammelt und erneut aufgebaut worden. Die Besucher erhalten einen authentischen Einblick in die Lebensweise der Menschen vom ausgehenden Mittelalter bis zum Beginn der Industrialisierung. Viele Begleitveranstaltungen machen das Leben der damali-

Blick auf eines der vielen Maare in der Vulkaneifel. Maare sind spezielle vulkanische Kraterformen, die aus einem terrassenförmigen Trichter mit steilen Wänden und flachem Boden bestehen.

gen Bevölkerung für alle Besucher erneut lebendig. Zum zweiten das neu eingerichtete Maarmuseum in Manderscheid. Maare sind spezielle vulkanische Kraterformen, die aus einem terassenförmigen Trichter mit steilen Wänden und flachem Boden bestehen. Sie sind aus der Berührung von flüssigem Magma mit dem Grundwasser entstanden. Die geologischen Schichten in den Maaren geben Auskunft über die Frühgeschichte der Erde und liefern Hinweise auf die vielen klimatischen Veränderungen im Laufe der Zeit. Das Museum in Manderscheid vermittelt nicht nur einen Eindruck von den geophysikalischen und geologischen Erkenntnissen, sondern macht auch die Ästhetik der Landschaft um die Maare herum lebendig.

Neben den Museen sind es auch die historischen Bauwerke von der Römerzeit bis zur Gegenwart, die viele Besucher anlocken. Neben vielen sehenswerten sakralen Bauten wie Kirchen und Klöster, alte Hofanlagen, Wegekreuze und Bildstöcke bietet die Eifel eine Fülle von Burgen und Burgruinen, die schon zu einem gestaltenden Merkmal der Landschaft geworden sind. Allein im Kreis Bitburg-Prüm standen Ende 1997 über 450 Kulturdenkmäler unter Schutz"[160]. Dabei handelt es sich um 230 Bauern- oder Bürgerhäuser, 136 Kirchen oder Kapellen, 19 Schlösser oder Burgen und 68 Wegkreuze und sonstige Feld- und Flurdenkmäler. Die Fachleute von Denkmalschutz und Denkmalpflege beraten nicht nur die Bürger, Handwerker und Architekten, sie verteilen auch Zuschussmittel an Restauratoren. Das Land Rheinland-Pfalz vergab von 1994-1997 Zuschüsse in Höhe von 1.875.000 DM und der Landkreis legte noch einmal 600.000 DM dazu. Zusammen mit dem Denkmalschutz wird auch mit diesen Mitteln das heimische Handwerk gefördert.

Viele historisch wertvolle Bauwerke sind entweder als Museen eingerichtet worden und stehen dem neugierigen Besucher offen. Gleichzeitig dienen Burgen und Schlösser als Kulissen für kulturelle Veranstaltungen. Besonders hervorzuheben sind die Burgfestspiele von Satzvey, Manderscheid und Mayen oder die 1999 wieder ins Leben gerufene Burgfestspiele von Monschau. Selbst Rockfestivals werden unter den schützenden Mauern von mittelalterlichen Burgen und Stadtmauern veranstaltet. Klassische und moderne Konzerte finden in sakralen Bauten und anderen Kulturstätten der Eifel zu allen Jahreszeiten eine Heimstatt. Das Klassik-Festival für Kammermusik im RWE-Industriemuseum in Heimbach ist hier ebenso zu nennen wie die jährlichen Festspiele im Kloster Steinfeld.

Bei der Behandlung des Tourismus wurde schon der Sport als alte und neue Attraktion der Eifel angesprochen. Vom Delta-Fliegen bis zum Kanu-Fahren reicht die Palette des Angebots im Rahmen des Sports. Freunde des motorisierten Sports verbinden mit der Eifel die Rennen auf dem weltweit bekannten Nürburgring. In den Tagen, in denen dort keine Rennen stattfinden, können sich auch Hobby-Rennfahrer auf die Strecke begeben und für einige Minuten das Gefühl des Geschwindigkeitsrausches auskosten. Zu den Rennen selbst kommen stets viele Tausende von Zuschauern, die dabei auch die anderen Attraktionen der Eifel kennen lernen können.

Viele tausende Besucher lassen sich auch von Volksfesten, Karnevalsveranstaltungen und Traditionsumzügen anlocken. Besonders malerisch ist etwa die Säubrennkirmes von Wittlich. Dieses Fest geht auf die Legende zurück, dass die Stadt Wittlich einst von Feinden umlagert war und ein Soldat einen fehlenden Klemmriegel für ein Stadttorschloss durch eine Mohrrübe ersetzt hatte. In der Nacht kam ein hungriges Schwein auf die Idee, die Mohrrübe als spätes Abendessen zu verzehren. Dadurch öffnete sich das Tor, und der Feind konnte ohne Widerstand in die Stadt einziehen. Aus Rache werden an diesem Tage alljährlich ein ganzes Rudel von Artgenossen dieses Schweins zum Gaudi der Besucher und Einheimischen über einem großen Drehgrill gebraten. Wer es etwas gruseliger haben will, dem sei die Geisterfastnacht von Blankenheim empfohlen, die jedes Jahr am Karnevalssamstag stattfindet. Nach so viel Aktivität darf natürlich das leibliche Wohl nicht zu kurz kommen: Für die Genießer von gutem Essen und Trinken sei vor allem auf die vielen Weinfeste an Mosel und Ahr verwiesen.

Auch die Tradition von religiös motivierten Festen ist in der Eifel stark verankert, wenn auch oft in der heutigen Zeit mit säkularen Inhalten gefüllt. Die traditionelle Kirmes wird in den meisten Orten der Eifel am Namensfest des Ortspatronen gefeiert. Auch die St. Martinszüge haben sich in den meisten Teilen der Eifel bis auf den heutigen Tag erhalten. Monschau bietet seinen Besuchern zur Advents- und Weihnachtszeit eine lebende Krippe an; Weihnachtsmärkte sind inzwischen in fast allen größeren Orten der Eifel zu finden.

Es würde den Umfang dieses Buches sprengen, eine Übersicht über die Veranstaltungen, Feste und kulturellen Ereignissen im ganzen Eifelraum zu vermitteln. Da sich Zeiten und Orte auch laufend ändern, ist man ohnehin besser bei aktuellen Auskunftsstellen aufgehoben. Die Fremdenverkehrsämter wie auch die neuen Eifel-Agenturen geben gerne Auskunft über die aktuellen Kulturprogrammen und die Öffnungszeiten von Museen und Baudenkmälern im gesamten Eifelraum.

4.3 Aufbruch zu neuen Ufern: Die Eifel am Scheideweg?

Sieht man sich die Entwicklung der letzten 10 bis 20 Jahre an, dann hat sich die Eifel von einem eher randständigen und wirtschaftlich strukturschwachen Gebiet zu einer kulturell lebendigen, selbstbewußten und farbenfrohen Region gemausert. Die Eifeler Bürger identifizieren sich mit ihrem Raum. Sie haben erfahren, wie viel Wert eine naturnahe Landschaft und ein gewachsener Kulturraum für die Menschen, die dort wohnen, zu bieten haben. Gleichzeitig ist es den Eifeler Bürgern gelungen, die Möglichkeiten des modernen Informationszeitalters zu nutzen und vor allem in Tourismus und Fremdenverkehr zeitgemäß zu investieren.

Wie wird es weitergehen? Man kann sich ein positives und ein negatives Szenario für die Eifel ausdenken. Zunächst zum Negativszenario: Würden alle schlechten Umstände zusammentreffen, dann ist davon auszugehen, dass der Wandel von der Agrarregion zur Dienstleistungsregion nicht gelingen wird. In diesem Falle würden sich die ersten Anzeichen eines dauerhaften wirtschaftlichen Aufschwungs nicht bewahrheiten; hohe Arbeitslosigkeit, geringe Zukunftsaussichten und Geldmangel

Charakteristisches Bild der Eifellandschaft: blühende Ginsterbüsche locken jedes Frühjahr tausende von Besuchern in die Eifel.

für notwendige Infrastrukturmaßnahmen wären die Begleitmusik für einen dann einsetzenden Bevölkerungsschwund, strukturelle Ungleichgewichte und kulturelle Erstarrung. Möglicherweise würde auch der Fremdenverkehr darunter leiden. Nur die großen Zentren würde in großen Mengen Besucher anlocken, die dann in einem Art Eifel-Disney-World Folklore pur genießen könnten. Da diese Besucher alle mit dem Auto anreisen und auch nicht über Nacht bleiben, ist der Einkommenszuwachs für die Hotels und Gaststätten sowie der wirtschaftliche Nutzen für die gesamte Region außerhalb der touristischen Zentren gering, dagegen aber die Umweltbelastung entsprechend groß. Im Endeffekt wäre die Eifel ein zersplittertes Gefüge von hohlen Touristenattraktionen und falschen Hinterwald-Idyllen ohne kulturelle Identität und Lebendigkeit.

Dass dieses Negativszenario Wirklichkeit wird, ist nicht sehr wahrscheinlich. Dennoch ist es ratsam, sich bei allen weiteren Entwicklungsschritten der möglichen Gefahren bewusst zu sein, die hinter diesem Szenario stehen, nämlich: mangelnde Flexibilität und Kreativität, die Vervielfachung sinnentleerter Tourismusrituale und eine mangelnde Kooperation zwischen den einzelnen Teilen der Eifel, das berühmte Kirchturmsdenken. Zur Zeit sieht es danach aus, dass sich die Eifeler Bürger und die politisch verantwortlichen Mandatsträger dieser Gefahren bewusst sind und aktiv gegensteuern wollen. Insofern spricht vieles dafür, dass sich eher das positive Szenario durchsetzen wird. Wie könnte ein solches Szenario aussehen?

Der wirtschaftliche Strukturwandel gelingt dank der Flexibilität, Kreativität und des Fleißes der Eifelbewohner. Gleichzeitig erhalten die Landwirte eine sinnvolle Perspektive, über Ferien auf dem Bauernhof und Direktvermarktung einerseits und sinnvolle Einbindung in den europäischen Markt andererseits eine wirtschaftliche Absicherung zu haben. Dabei können sie gleichzeitig einen konstruktiven Beitrag zu einer kulturgeprägten Landschaftspflege leisten. An diesem wirtschaftlichen Erfolg sind die Touristen in großem Maße beteiligt; sie stützen die heimische Agrarwirtschaft, das Handwerk und die Dienstleistungen im Gastgewerbe und sind gleichzeitig die Garanten dafür, dass ein integrativer Natur- und Landschaftsschutz betrieben wird. Die Bewohner selbst besinnen sich auf die historischen Stärken der Eifelbewohner; sie pflegen das kulturelle Erbe und machen es den Besuchern in angemessener und authentischer Weise zugänglich. Im gleichen Atemzug vertiefen sie die Bindungen zwischen den einzelnen Eifelregionen und über die Grenzen nach Belgien und Luxemburg hinweg, indem sie gemeinsame Projekte durchführen, soziale und kulturelle Veranstaltungen organisieren und gemeinsame Interessen durchsetzen. Diese Initiativen reihen sich ein in die Bestrebungen zur lokalen Agenda-21, die weltweit Resonanz gefunden hat. Mit dieser Anbindung an eine nachhaltige Entwicklung in der Region wird auch das richtige Maß zwischen Globalisierung und Regionalisierung erreicht.

Nicht alles, was in diesem positiven Szenario zum Ausdruck kommt, kann und wird in der Realität eintreffen. Aber die Weichen in der Eifel sind so gestellt, dass der Zug der globalen Entwicklung nicht im Eiltempo durch die Eifel rasen wird. Ebenso wenig wird die Eifel sich im Bummelzug der ewig Gestrigen wiederfinden. Es ist genug an Potential, an historisch gewachsenen Chancen und wirtschaftlichem Wissen in der Eifel vorhanden, um den künftigen Herausforderungen gewachsen zu sein und den globalen Trends ein eigenes Profil einer angepassten Regionalentwicklung entgegensetzen zu können.

Anhang 1: Die Museen in der Eifel

Eifelmuseen NRW

Ort	Name	Sammlungsschwerpunkte
Bad Münstereifel	Hürten- Heimatmuseum im Romanischen Haus (1167)	Bürgerliche Wohnstube (18. Jh.) Fossiliensammlung; Sammlungen aus der Stein-, Kelten- und Römerzeit
	Römische Glashütte	Glasbläserei-Vorführungen im Orchheimer Tor
	Apotheken-Museum	Funktionstüchtige Apotheke des 19. Jhs. mit Labor und Kräuterkabinett u.a.
– Iversheim	Römische Kalkbrennerei	Römische Wirtschaftsgeschichte
– Rupperath	Handwebmuseum	Dokumentation der Geschichte des Spinnens, Spulens und Webens
Blankenheim	Kreismuseum Naturkunde und Kulturgeschichte der Nordwesteifel	Erdgeschichte; Modell der Karsteinhöhle mit Knochenfunden von Mammut und Höhlenbär; Natur und bäuerlicher Alltag um 1900; Bilder des Eifelmalers Fritz von Wille
	Karnevalsmuseum	Dokumentation des Karnevalsbrauchtums, das bis 1613 zurückgeht
	Naturkundliche Ausstellung – Im Hirtentor	Informationen über Baumarten, geschützte und schützenwerte Flächen, Vögel der Eifel
Euskirchen	Stadtmuseum	Wehrturm aus dem 14. Jh.; wechselnde kulturhistorische Ausstellungen
– Flamersheim	Feuerwehrmuseum	3000 Exponate rund um die Feuerwehr seit 1745
Heimbach – Hasenfeld	RWE-Industriemuseum	Jugendstil-Wasserkraftwerk aus dem Jahr 1904; Wechselnde Kunstausstellungen; Klassik-Festival

Ort	Name	Sammlungsschwerpunkte
Hellenthal – Rehscheid	Besucherbergwerk „Grube Wohlfahrt“	Führung durch ein altes Bleierzbergwerk
– Losheim	Krippana	Kirchenkrippen Ausstellung
	Euro Tecnica	Digitale Modelleisenbahnanlagen; Holz-, Stein- und Metallbaukästen
Hürtgenwald – Vossenack	Dokumentation „Hürtgenwald 1944 und im Frieden“	„Allerseelenschlacht“ von 1944: Dokumente und Fotos Militärische Exponate
Langerwehe	Töpfereimuseum	Töpferhandwerk vom Mittelalter bis heute; Museumstöpferei
Mechernich	„Grube Günnersdorf“	Bergbaumuseum und Besucherbergwerk
– Kommern	Rheinisches Freilichtmuseum Kommern	Hausformen und ländliche Wohnkultur; Handwerkliches Arbeitsgerät; Museumspädagogische Projektarbeiten; Sonderveranstaltungen
Merzenich	Heimatmuseum	Bauerngehöft von 1688; bäuerliches, handwerkliches und häusliches Kulturgut aus der Region, Museumsgarten mit histor. Imkerei
Monschau	Rotes Haus Stiftung-Scheibler Museum	Wohnhaus der Tuchmacher Scheibler (um 1760), freischwebene Rokokotreppe u.a.
	Felsenkeller Brauerei-Museum	Felsenkeller von 1847; Brauereigerätschaften und Fotoausstellung
	Glashütte	Glashütte mit Verkauf und Museum, Vorführungen
	Historische Senfmühle	Führungen und Demonstration der Senfproduktion
Nettersheim	Naturschutzzentrum Eifel	Ein Zentrum im Deutsch-Belgischen Naturpark Hohes Venn-Eifel für Naturinformation und außerschulische Umwelterziehung mit Aktivprogrammen, Exkursionen, Fossilienseminaren

Ort	Name	Sammlungsschwerpunkte
Nideggen	Burgenmuseum	Im restauriertem Bergfried der im Jahre 1177 erbauten Landesburg gibt eine Dokumentation Einblick über Entstehen und Bedeutung einer Burg; Romanische Burgkapelle, Burgverlies
Schleiden – Gemünd	Walderlebniszentrum	Ausstellung zur Entwicklung der Eifellandschaft; Waldlehrpfad
Simmerath – Lammersdorf	Bauernmuseum	Bäuerliches Ensemble aus der Zeit um 1900 mit Bauernküche, Wohnstube, Schlafstube, Steinofen u.a.
	Naturkundliche Bildungsstätte Nordeifel	Einblick in die Flora und Fauna der Region
Zülpich	Propsteimuseum mit Römerthermen	Sammlungen zur Vor- und Frühgeschichte; Ausstellungen zur Geschichte der Stadt

Museumstöpferei im Töpfereimuseum, Langerwehe.

Museen in der Vulkaneifel und im Ahr/Rhein/Eifel-Gebiet

Ort	Name	Sammlungsschwerpunkte
Adenau	Eifeler Bauernhausmuseum	Eingerichtetes Bauernhaus von 1850–1900
	Heimat- und Zunftmuseum	Schmiede-, Schuster- und Stellmacherwerkstatt
Daun	Eifel-Vulkanmuseum	Exponate, Computersimulationen geben Einblicke in die Vergangenheit der Vulkaneifel
Gerolstein	Naturkundemuseum	Gesteine, Minerale, Rifflebewesen von vor 380 Millionen Jahren; Handwerk seit der Steinzeit
	„Villa Sarabodis“ und die Erlöserkirche	Römisch-Germanisches Altertumsmuseum; Fossiliensammlung; Erlöserkirche
Jünkerath	Eisenmuseum	Die Eisenindustrie prägte Landschaft und Menschen
Hillesheim	Geologisch-mineralogische Sammlung	Fossilien, Mineralien – Schwerpunkt Vulkaneifel
Himmerod	Zisterzienserkloster Himmerod und die internationale Begegnungsstätte „Alte Mühle“	Ausstellung der Geschichte der Zisterzienser; Emailausstellung
Maifeld-Polch	Heimatmuseum „Christinas Stube“	Wohnkultur ab 1850-1920; altes Spielzeug ab 1890- 1930; 20 Puppenstuben, Küchen und Läden
Mayen	Eifelmuseum in der Genovevaburg	Dioramen über Vulkanismus, Geologie und Volkskunst; 10 vollständig eingerichtete Bauern- und Handwerkerstuben
Manderscheid	Heimatmuseum	Darstellung bäuerlichen Lebens durch die Jahrhunderte
	Maarmuseum	Die Eifel-Maare
	Die Steinkiste	Gesteine, Mineralien und Fossilien der ganzen Welt

Burg Mayen, Eifelmuseum.

Ort	Name	Sammlungsschwerpunkte
Maria Laach-Abtei	Naturkunde-Museum St.Winfried	Heimatliche Flora und Fauna, Tierpräparate; Lebende Schlangen und Reptilien
Mendig	Deutsches Vulkanmuseum	Privates Museum für Vulkanismus und Geologie
	Museumslay	Nachbau eines Grubenkrans, Loren, historische Methoden der Steinbearbeitung u.a.
Nürburg	Erlebniswelt Nürburgring	„Autos, Action & Attraktion“
Laufeld	Puppen- und Spielzeugmuseum	Puppen und Spielsachen aus vergangener Zeit
Immerath	Schulmuseum	Ein Querschnitt durch die Eifeler Schulgeschichte
Ulmen	Schulmuseum	Klassenzimmer aus der Jahrhundertwende
Schalkenmehren	Heimwebereimuseum	Einblick in die Heimweberei
Brockscheid	Eifeler Glockengießerei	In einer Führung wird erklärt, welche Arbeiten zur Herstellung einer Glocke vonnöten sind

Museen im Landkreis Bitburg/Prüm

Ort	Name	Sammlungsschwerpunkte
Bitburg	Kreismuseum Bitburg/Prüm	Zeugnisse der Kulturgeschichte und Dinge des täglichen Lebens in der Eifel
	Haus Beda	Mischung aus Museum und Kulturzentrum mit Ausstellungen
Bleialf	Besucherbergwerk	Der Stollen des Bleierzbergswerks ist zu besichtigen
Bollendorf	Römische Villa	Römische Villa Rustica mit Funden vom 2. bis 5. Jhd. n. Chr.

Ort	Name	Sammlungsschwerpunkte
Heilbach	Bauernhofmuseum	Arbeitstechniken früherer Generationen in der Land- und Forstwirtschaft
Irrel	Westwallmuseum	Erschließung einer weitläufigen, dreigeschossigen Bunkeranlage des Westwalls mit Ausstellung
– Ernzen	Besucherzentrum Teufelsschlucht	Ausstellungen über Geologie Archäologie, Fauna und Flora
Fließem	Römische Villa Otrang	2000 Jahre alter römischer Landsitz, originale Mosaikböden
Mehring	Römische Villa	Großes römisches Herrenhaus mit gut erhaltener Feuerungstelle, Reste von Heizung und Bad
Prüm	Museum Prüm	Entwicklung des Prümer Landes von der Frühzeit bis heute
	Infostätte Mensch und Natur	Darstellung der heimischen Flora und Fauna
Speicher	Töpfereien	Keramikmuseum – Vorführungen

Ausgewählte Museen im belgischen und luxemburgischen Eifel-Ardennenraum

Ort	Name	Sammlungsschwerpunkte
Ameln/Belgien	Heimat- und Wurzelmuseum	Kleines Museum mit Wurzeln, landwirtschaftlichen Geräten um 1900
Binsfeld/Lux.	Musee rural	Lebensart in den Ardennen vom 17. Jh. bis zum Einsatz des Traktors um 1950
Brandenburg/Lux.	„Al Branebuerg“ – Lokalmuseum	Geschichte des Dorfes – Gegenstände aus Haushalt und Landwirtschaft
Clervaux/Lux	Schloß von Clervaux	Fotosammlung: „The Family of Man“ – Modellbauten von Luxemburger Burgen, Schlösser u. a.

Ort	Name	Sammlungsschwerpunkte
Diekirch/Lux	Nationalmuseum der Militärgeschichte	
	Städtisches Museum	Römische Mosaiken
Echternach/Lux.	Abteimuseum	Entwicklung des Benediktinerklosters – Reproduktionen von bekannten mit Gold ausgemalten Evangeliaren
	Museum der Vorgeschichte „Hihof“	Entwicklung der Menschen ab dem Paläolithikum bis zu den ersten landwirtschaftlichen Tätigkeiten
Eupen/Belgien	Stadtmuseum	Zeugnisse der Eupener Region
	Schokoladenmuseum	Werksbesichtigung, Schokoladenhaus
	Naturzentrum Haus Ternell	Waldmuseum, Geopfad
Malmedy/Belgien	Nationales Papiermuseum	Technik der Papierherstellung seit dem 2. Jh. bis heute
Raeren/Belgien	Töpfereimuseum	Steingut aus dem 15. und 17. Jh.; Röm. und rheinl. Keramik
Reuland/Belgien	Burg Reuland	Funde aus archäologischen Ausgrabungen
Robertville/Belgien	Naturparkzentrum Botrange	Programme- Umwelterziehung; organisierte Führungen durch die einzigartige Landschaft des Hohen Venns
Stolzemburg	Museum der alten Kupfergrube	Infos über den Abbau von Erz; Lehrpfad
St. Vith/Belgien	Heimatmuseum	Wohnkultur des 19. Jh.; Mobiliar und Kleidung, Takenplatten; Archäologische Funde
Wilt /Lux.	Handwerks- und Kunstmuseum	Tägliches Leben im ländlichen Raum – Brauereimuseum

Quellen:

Nordeifel: Eifelagentur e.V., Blankenheimer Str. 2-4, 53937 Schleiden, Tel.: 02445/95500, Fax: 02445/955018
Archäologie in Nettersheim, Naturschutzzentrum Eifel, Römerplatz 8-10, 53947 Nettersheim, Tel.: 02486/1246,Fax: 02486/7878
Vulkaneifel: Vulkaneifel Touristik, Mainzerstr. 25a, 54550 Daun, Tel.: 06592/933200, Fax: 06592/933250
Vulkanische Osteifel: Rhein-Mosel-Eifel Touristik, Bahnhofstr. 9, 56068 Koblenz, Tel.: 0261/108419, Fax: 0261/3002797
Südeifel: Touristik-Service Eifel, Trierer Str. 1, 54634 Bitburg, Tel.:06561/15403, Fax: 06561/15416
Ahrtal: Touristik-Service Ahr, Rhein, Eifel e.V., Felix-Rütten-Str. 2, 53474 Bad Neuenahr-Ahrweiler, Tel.: 02641/97730, Fax:02641/977373
Belgien: Verkehrsamt der Ostkantone , Mühlenbachstr. 2 B, 4780 St. Vith, Tel.: (0032) 0 80/227664, Fax: 0032/(0)80/226539
Tourist Info: Marktplatz 7 B, 4700 Eupen, Tel.: 0032 (0) 87 / 553450
Luxemburg: Landesverkehrsamt Luxemburg, Großherzogtum Luxemburg, Kleinod der Kulturen, St.-Paulus-Druckerei A.G., Luxemburg 1999, Tel.: 42828220, Fax: 42828230

Der „alte Haas“, Gouache von Otto Baur, 1965.

ANHANG II

Die Eifeler Künstler, Dichter und andere Persönlichkeiten unserer Zeit

1. Bilder der Eifel

Erst im 19. Jahrhundert wird man auf die Schönheit der Eifellandschaft aufmerksam. Die Entdecker sind namhafte Vertreter der Kunstakademie Düsseldorf, Wilhelm Schirmer († 1863) und Carl Friedrich Lessing (1880).[161] Ihre Eifelbilder werden in Ausstellungen in Düsseldorf und Karlsruhe gezeigt, wo beide später tätig sind. Seitdem bietet die Eifel zahlreichen Malern immer wieder neue Motive. Es dauert aber mehr als 100 Jahre, bis auch den eigenen Bewohnern in einer Kunstausstellung vor Ort die Schönheit ihres Gebirges vor Augen geführt wird.

1956 organisiert der Blankenheimer Maler Curtius Schulten im Auftrag des Eifelvereins eine Ausstellung „Das Bild der Eifel", in der von 22 Malern Motive der Eifel ausgestellt werden. Zwei Jahre darauf berücksichtigt Schulten in einer Ausstellung in Prüm neben der Eifel das gesamte Ardennengebiet. Die 47 Ausstellungsstücke stammen von Künstlern aus Frankreich, Belgien, Luxemburg und dem rheinischen Deutschland. Seit dem ist die Ausstellung in Prüm zur Dauereinrichtung geworden. Große Beachtung findet 1968 in Schleiden eine Ausstellung „Die Eifel im Landschaftsbild von Merian bis zur Gegenwart".

Anläßlich seines 80. Geburtstages (1977) übergibt Professor Werner Peiner dem Hause Beda in Bitburg wertvolle Spätwerke, die nicht die Eifel direkt betreffen, aber aus der Hand eines Eifelmalers stammen. Es sind die 26 Bilder aus dem Zyklus: „Dämonen der Stunde, Totentanz unseres Jahrhunderts", ferner die „ Apokalypse" mit 18 Bildern (1948) und „Das Marienleben", eine Serie von 12 Bildern. Auch von Peiners Kronenburger Meisterschülern sind im Hause Beda etwa 100 Werke zu sehen, z.B. die vollständige Serie der Tuschzeichnungen „Eifeler Bräuche" von Rolf Dettmann. Das Haus Beda besitzt ferner die größte Sammlung von Wille-Bildern.

2. Werner Peiner (1893–1981) – ein Stück Zeitgeschichte[162]

Es ist Werner Peiner zu danken, daß sich der Burgflecken Kronenburg zu einem Künstlerort entwickelt hat. Geboren ist Peiner 1897 (21. 7.) in Düsseldorf, wo er seine Kinder- und Jugendjahre verlebt. Bei Ausbruck des Ersten Weltkrieges meldet sich der Gymnasiast Peiner als 17jähriger freiwillig zum Heeresdienst, holt später in einem Heimaturlaub das Abitur nach. Der Ausgang des verlorenen Krieges trifft den ehemaligen Offizier hart. Seine Seelenlage spiegeln die Bilder wider, die er als Student der Kunstakademie malt: Totentanz, Golgatha, der Geschundene, Christus am Kreuz.

Nach dem Besuch der Akademie kann er sich als freischaffender Künstler durchsetzen. Er entwirft Bildteppiche, die Anklang finden. Eine Kunsthandlung in Köln nimmt gegen einen hohen monatlichen Festbetrag seine Werke ab. So kann sich der Künstler ein eigenes Atelier leisten, seine junge Familie (1923 hat er Resy Lauffs, Tochter eines Bonner Zahnarztes geheiratet) gut versorgen, sich ein Auto kaufen (1928) und Studienreisen finanzieren.

Immer wieder zieht es Werner Peiner in die Eifel, besonders Kronenburg gewinnt seine ganze Sympathie. 1930 packt er zu, als ein altes Haus im Burgbereich neben der Kirche zum Verkaufe steht. Er gestaltet es wohnlich und stattet es mit fließendem Wasser und Heizung aus. Sein Wunsch, „nur noch in der Stille“ seinem künstlerischen Schaffen zu leben, erfüllt sich damals. Er schreibt: „Das Gefühl, in der alten Heimat meiner Väter wieder beheimatet zu sein, macht mich glücklich“ (der Vater stammt aus Satzvey).

Nun will er Landschaften malen, „jedoch nicht abmalen, sondern das Wesentliche erfassen mit der Neigung zum Verschönern“. Eine Ausstellung dieser Landschaftsbilder in Düsseldorf (1932) findet großen Anklang und fast alle Bilder finden einen Käufer. Es folgt eine weitere Ausstellung in Berlin, die Wandgemälde, Mosaiken und Glasfensterentwürfe zeigt.

Bald darauf beginnt der Nationalsozialismus seinen Siegeszug. Werner Peiner stößt die Art ab, wie man mit Gewalt die Menschen einschüchtert und politische Gegner in Haft nimmt. Auch er selbst ist betroffen. Ihm wird vorgeworfen, daß seine Bilder nicht in die neue Zeit passen. Der Kunsthändler in Köln löst den Vertrag mit Peiner; Aufträge bleiben aus. In dieser Notsituation hilft ein guter Freund aus der Düsseldorfer Zeit; es ist Dr. Kruspig. Peiner erhält den Auftrag, für die Deutsche Shell AG, dessen Direktor Kruspig inzwischen geworden ist, ein großes illustriertes Kartenwerk zu erstellen.

Als Peiner 1934 die Berufung zum Professor für Monumentalmalerei an der Kunstakademie Düsseldorf ablehnen will, ermahnt ihn Freund Kruspig, der inzwischen auch nach Kronenburg gezogen ist, eine Absage könne als Widerstand gegen Partei und Staat ausgelegt werden und Unannehmlichkeiten zur Folge haben. Der Künstler folgt diesem Rat. In Düsseldorf zwingt man Peiner, die Residenzpflicht einzuhalten, also von montags früh bis am Samstagmittag dort anwesend zu sein. So fehlt dem Künstler die Muße; kein einziges Bild Peiners aus dem Jahre 1934 liegt vor.

Wieder findet Kruspig einen Ausweg. Der einflußreiche Industriemanager vermittelt Peiner ein Gespräch mit Hermann Göring, damals Ministerpräsident in Preußen und Präsident des Reichstages. Peiners Wunsch, von der Akademie einen längeren Urlaub für eine Studienreise durch Afrika zu erhalten, findet Görings Verständnis.

Die Beurlaubung seitens des Kultusministeriums ist nur noch eine Formsache. Die Afrikareise im Jahre 1935 ist für Peiner ein großes Erlebnis. Ständig ist er bemüht, seine vielen Eindrücke mit Stift oder Pinsel festzuhalten.

Nach seiner Rückkehr ist er nicht mehr gewillt, sich in Düsseldorf einengen zu lassen. Tatsächlich erhält er die Sondergenehmigung, für das Studienjahr 1936/37 seine Klasse – es sind fünf Schüler – in Kronenburg unterrichten zu dürfen. Zugleich bleibt Peiner die Zeit, seine Zeichnungen und Bilder von Afrika zu ordnen und neue Zeichnungen und Bilder anzufertigen. Einen Teil von ihnen veröffentlicht er 1937 in dem Buch „Das Gesicht Ostafrikas".

Göring reist im Frühsommer (1937) eigens nach Kronenburg, um sich die Afrikabilder anzusehen, von denen er sehr begeistert ist. Dem ersten Jäger in Deutschland – er trägt den Titel „Reichsjägermeister" – gefallen besonders vier große Kartons mit dem Titel „Falkenjagd"; sie finden später Aufstellung im Hause der Flieger zu Berlin. Im Gästebuch Peiners vermerkt Göring damals: „Voll Anerkennung und erfüllt von aufrichtiger Bewunderung gelobe ich dem Meister dieser Schule höchste Förderung". Diesem Versprechen folgt die Tat. Da die Akademie der Künste die Erlaubnis entzogen hatte, seine Klasse weiter in Kronenburg zu unterrichten, sprang Göring ein. Seine Reaktion: „Da sie Peiner nicht mehr haben wollen, übernehme ich ihn". Er teilt dem Künstler mit, er würde ihm eine eigene Akademie in Kronenburg errichten und diese unmittelbar dem Preußischen Staatsministerium unterstellen. Peiner ist natürlich überglücklich, zumal sofort mit dem Bau begonnen werden soll. Doch recht bald merkt Peiner spürbar, daß neben den Rosen die Dornen stehen. Diesen Vergleich zieht Peiner selbst. Als seine Gegner erweisen sich

1) die Parteigrößen des Rheinlandes. Der örtliche Zellenleiter der NSDAP, Revierförster in Kronenburg, der mit seiner Familie aus der Kirche ausgetreten ist, hat längst nach oben gemeldet: „Peiner ist kein Parteigenosse, wohnt allsonntäglich dem Gottesdienst bei, grüßt nicht mit „Heil Hitler" und feiert weiterhin eine christliche Weihnacht". Die Parteibonzen mißbilligen, daß Göring einen Mann fördert, dem als überzeugten Christen die Ideologie des Nationalsozialisten fremd ist.
2) Propagandaminister Goebbels, dem die zeitgenössische Kunst untersteht, tobt, weil er sich von Göring in seiner Kompetenz eingeschränkt fühlt. Seinen Unmut bekommt Peiner zu spüren.
3) Die Professoren an der Akademie in Düsseldorf ertragen nur schwer, daß Peiner so stark gefördert wird. Das Verhältnis zu ihrem Kollegen in Kronenburg wird frostig, bei manchen sogar feindlich.

Göring kümmert sich offenkundig nicht um die innere Einstellung Peiners zur NSDAP. Er bewundert Peiners künstlerisches Schaffen und achtet den Menschen Peiner wegen seiner nationalen Einstellung.

Afrika ist für Peiner auch im Jahre 1937 das beherrschende Thema für seine Malerarbeiten. „Seine afrikanischen Landschaften unterscheiden sich im Prinzip nicht von seinen vorangegangenen Eifelbildern, aber (der Maler) geht über das bisherige Schema hinaus, indem nun der Mensch beherrschend in die Bildgestaltung einbezogen wird" (Otto Bauer). Sein Triptychon „Das schwarze Paradies" ist dafür beispielhaft. Peiners Gegner nennen diese Afrikabilder eine „Verherrlichung der schwarzen Rasse". Erst als Hitler das Triptychon für den Kabinettssaal in der Reichskanzlei erwirbt, verstummen die Kritiker.

Nach nur einem Jahr Bauzeit ist die Akademie Kronenburg bezugsfertig, die später „Meisterschule der Malerei Werner Peiner unter der Schirmherrschaft des Reichsmarschalls Hermann Göring" genannt wird. Zur Eröffnung am 8.6.1938 erscheinen viele Persönlichkeiten aus Staat und Partei. Göring selbst hält die Festrede und hebt darin Peiners Leistung lobend hervor.

Die Zahl der Studierenden ist auf 15 begrenzt. Um ihre politische Einstellung kümmert sich Peiner nicht. Später macht die Partei ihm zum Vorwurf, außer einem Studenten sei keiner Parteigenosse. Als sich daraufhin zwei Studenten als Partei-Anwärter melden, werden sie abgewiesen. Wahrscheinlich will man Peiner damit treffen. In der folgenden Zeit sieht sich der Professor immer öfter Anschuldigungen und versteckten Angriffen seitens der Partei ausgesetzt. Göring, der davon erfährt, ernennt den Kronenburger Künstler daraufhin zum „preußischen Staatsrat", um ihn mit diesem hohen Titel aus der Schußlinie der rheinischen Parteifunktionäre herauszunehmen. In seinen Erinnerungen bekennt Peiner: „Ich bin Göring dankbar, daß er mir die Möglichkeit zur Entfaltung meiner künstlerischen Ideen gab, und daß er sich vor mich stellte, als die Gauleiter mich erledigen wollten."

1938 erhält Peiner vom Architekten Albert Speer, dem späteren Rüstungsminister, den Auftrag, für die Neue Reichskanzlei in Berlin acht Wandteppiche zu entwerfen (5,40m hoch, 10,00 m breit). Auf ihnen sollen Schicksalsschlachten des deutschen Volkes dargestellt werden. Als der Künstler nicht nur siegreiche, sondern auch verlorene Schlachten auswählt und zugleich auf jeden ideologischen Hintergedanken verzichtet, sehen manche Nazis und Kollegen wieder eine Gelegenheit, Peiner kritisieren zu können.

Der Ausbruch des 2. Weltkrieges im September 1939 ist ein großer Einschnitt für den Arbeitsablauf in der Meisterschule. Nach und nach werden die Meisterschüler zum Heeresdienst eingezogen; nur wenige von ihnen vollenden die Mindeststudienzeit von drei Jahren. Mit zwei Assistenten und mit Hilfe von Studentinnen werden die Arbeiten an den Gobelins fortgesetzt.

Das Kriegsgeschehen findet in Peiners Werken inhaltlich seinen Niederschlag. Er malt große Tafelbilder, die zwar mythologische und allegorische Themen darstellen, aber in hohem Maße auf die Gegenwart Bezug nehmen. Das Bild „Hagen" z. B. offenbart, wie der nationalbewußte Peiner das Zeitgeschehen miterlebt. Unter dem Eindruck der verlorenen Schlacht von Stalingrad zeigt er auf, wie der Held der Nibelungen auch zu sterben weiß. Unter dem Eindruck der zahlreichen Bombenangriffe seitens der Alliierten steht die Bildfolge der „apokalyptischen Reiter". „Die stechenden Augen des apokalyptischen Reiters hat der Rauch der Bombennächte erzeugt" (J. Friedrich).

Die apokalyptischen Visionen des Malers wurden zunehmend Realität. Die verlustreichen Schlachten der deutschen Truppen 1943 und 1944 führten zu großem Elend. Immer näher rückt die Front. Die Bewohner der Grenzgebiete werden aufgerufen, ihre Orte zu verlassen. Peiner findet mit Ehefrau und Frau Kruspig (sein Freund Kruspig war 1939 bei einem Autounfall gestorben) Zuflucht im Bergischen Land. In Gimborn erlebt er das Kriegsende. Den verlorenen Krieg empfindet Peiner, wie die meisten Deutschen, als Unglück. Er ist national eingestellt, aber nie ein Nationalsozialist gewesen. Als solcher wird Peiner jetzt aber hingestellt, ein Günstling Görings – so folgert man – muß ja der Partei überzeugend angehört haben. Tief enttäuscht vermerkt Peiner: – Alles, was im Dritten Reich Anerkennung gefunden hatte, war nunmehr schlecht und verdammungswürdig. Man braucht den Unliebsamen nur als „Nazi" zu bezeichnen, um ihn zu erledigen". Wegen dieser Anschuldigungen steckt die britische Militärregierung den Künstler in ein Internierungslager, entläßt ihn jedoch schon nach wenigen Monaten als „unbelastet". Auch hat die Militärbehörde nichts gegen seine Rückkehr nach Kronenburg einzuwenden. Doch hier regt sich Widerstand gegen Peiner, dem sich die örtlichen Behörden anschließen. Peiners Vermögen in Kronenburg wird beschlagnahmt und ihm die Wohnerlaubnis entzogen. Auch in Zeitungsartikeln nimmt man Stellung gegen den Künstler. Peiner schreibt in seinen Erinnerungen: „Bitterer als meine Haft war mir diese Entehrung. Nun war ich von meinen eigenen Landsleuten vertrieben. Ich sehe die Dämonen in ihrer ganzen Nacktheit – den Haß, die Bosheit, die Verleumdung und auch die Lüge –, und ihre Gestalten steigen so drangvoll vor mir auf, daß ich sie in meiner ganzen Abscheu in den nächsten Tagen und Wochen Gestalt werden ließ." So geschah es, er malte sich „die Dämonen wahrhaft von der Seele". Zur gleichen Zeit vernimmt Frau Kruspig, die mit der Familie Peiner zusammenlebt, daß ihr schönes Haus in Kronenburg völlig abgebrannt sei, wahrscheinlich durch Brandstiftung.

Ein Entnazifizierungsausschuß in der Kreisstadt Gummersbach befaßt sich ebenfalls mit Peiners Bindung an den nationalsozialistischen Staat, kommt jedoch zu dem Urteil, man könne ihm keine Untat anlasten. Peiner selbst leugnet nicht, daß ihm die persönliche Bindung zu Göring persönliche Vorteile gebracht habe, aber nie habe er unehrenhaft gehandelt, vor allem habe er nicht der Ideologie der Partei zugestimmt, wie auch sein allsonntäglicher Besuch des Gottesdienstes in Kronenburg beweise. Peiners langjähriger Schüler, Rolf Dettmann, äußert sich: „Peiner als einen Nazi-Maler zu bezeichnen, der mit einer ideologisch bestimmten Malweise den Geist des Nationalsozialismus habe verbreiten oder das NS-Regime habe stärken wollen, ist schlicht falsch. Er war Favorit von Göring, jedoch nicht der Partei".[163]

Daß sich der praktizierende Katholik Peiner nach so bitteren Erfahrungen noch stärker seiner Kirche zuwendet, ist verständlich, bringt ihm jedoch von einer „gehässigen Presse" das Schimpfwort „Wendehals" ein. Aber in seinem neuen Wohnort in Gimborn genießt der Maler Achtung und Anerkennung, auch seitens der Behörden. Nach vierjährigem Aufenthalt in Gimborn kann die Familie Peiner zusammen mit Frau Kruspig wieder ein Eigenheim beziehen, das Haus Burg Vorst in Leichlingen. Gelegen ist es in „einer herrlichen Landschaft mit reizendem Blick“ auf das nahe Tal der Wupper und auf die fernen Höhenzüge des Bergischen Landes.

Intensiv nimmt Peiner weiterhin am Weltgeschehen teil. Ihn beunruhigt die Bedrohung seitens der Sowjetunion. Bilder und Gemälde spiegeln diese Aggression aus dem Osten wider (Attila, Dschingis Khan, die reitenden Hunnen, die großen mongolischen Reiter). Der Künstler widmet sich ferner Themen der Antike (Odysseus, Diana) und stellt die von dem griechischen Philosophen Plato genannten Kardinaltugenden dar (Weisheit, Tapferkeit, Besonnenheit und Gerechtigkeit). Auch Landschaftsbilder liegen aus jenen Jahren vor. Doch die meisten Werke sind religiösen Inhalts: Christus, die Gottesmutter, Heilige der Kirche, z.B. St. Georg, Hubertus. 25 Bilder beinhalten die Johannes-Offenbarung. Zahlreich sind Motive und Gestalten aus dem Alten und Neuen Testament: „Rebekka am Brunnen“, „Abrahams Zug nach Kanaa“, „Judith“, „Der verlorene Sohn“, „Es werde Licht“, „Das Gericht“. Anläßlich seines 80. Geburtstages (1977) übergibt Peiner auch als Beweis seiner Anhänglichkeit an die Eifel dem Hause Beda in Bitburg zahlreiche seiner neuesten Werke. Werner Peiner wird 84 Jahre alt. Ein Jahr nach seinem Tode (1981) folgt ihm seine Ehefrau Resy in den Tod, die mit ihrem Mann Höhen und Tiefen durchlebt hat. Die Hausgenossin, Frau Kruspig, ist schon vorher an Krebs gestorben.

Das normale Leben eines Zeitgenossen ist anders verlaufen als das Leben Peiners, das jedoch auch ein Stück unserer Zeitgeschichte darstellt. Einen Ausspruch Peter Paul Rubens bezieht Werner Peiner am Schluß seines Lebens auf sich: „Experti sumus invicem Fortuna et ego. Wir haben unsere Erfahrung miteinander gemacht, das Schicksal und ich“.

3. Weitere namhafte Eifelmaler

Von den vielen Malern, die in unserem Jahrhundert in der Eifel gelebt und hier gemalt haben, erwähnen wir nur vier bedeutende Künstler, die bereits verstorben sind.

<u>Pitt Kreuzberg</u> (1888–1966)[164] enstammt einer seit 300 Jahren in Ahrweiler ansässigen Familie. Im Gymnasium zu Münstereifel legt er das Einjährige ab (Abschluß mit Untersekunda, der 6. Gymnasialklasse), studiert anschließend an den Kunstakademien in Düsseldorf (1907–1911) und München (1911–1913). 1913 zieht er mit seiner Gattin Trude, geb. Boosen aus Düsseldorf, nach Schalkenmehren. Die dortige Landschaft entspricht seinem Wesen. Schon Jahre zuvor hat er dem Vater bei einer gemeinsamen Wanderung spontan erklärt: „Hier möchte ich immer leben“. Den Ersten Weltkrieg verbringt er als Soldat an der West- und Ostfront. In den 20er Jahren – inzwischen hat die Familie zwei Kinder – reicht das Einkommen gerade zu einem einfachen Leben, obwohl der Künstler bereits einen Höhepunkt seiner künstlerischen Laufbahn erreicht hat. Seine Landschaftsbilder sind voller Aussagekraft und finden

Aufnahme in einer Ausstellung der Düsseldorfer Künstlergruppe „Das junge Rheinland“.

Langsam bessern sich die wirtschaftlichen Verhältnisse. Das Ehepaar ist sogar in der Lage, sich am Ufer des Maares ein Häuschen zu bauen. Künstlerisch sind die 30er und 40er Jahre die Zeit der großen Eifeldarstellungen und der vielfältigen Blumen- und Tierbilder. Zum Nationalsozialismus fehlt dem im Grunde unpolitischen Maler das Verhältnis, auch den Zusammenbruch des Deutschen Reiches nach dem Zweiten Weltkrieg nimmt er ziemlich gelassen hin.

Dagegen wühlen ihn auf: der Atomabwurf auf Hiroshima, das Wiederaufrüsten der Bundesrepublik und das Schicksal der Contergankinder. Diese Geschehnisse prägen sein künstlerisches Gestalten. Auch die lange schwere Krankheit seiner Frau und ihr Tod (1958) hinterlassen tiefe Spuren in seinem Leben. Anschließend treten weltanschauliche und religiöse Themen in den Vordergrund seines Schaffens: Kreuzigungsbilder, Weltuntergang, verbrannte Erde, die Geburt des Menschen inmitten von Trümmern. Tod und Leben berühren sich. Er malt auch wieder Landschaften, Blumen und Tiere. Aber diese Bilder strahlen nicht mehr wie früher Freude und Heiterkeit aus.

Einmal gefragt nach der Aufgabe der Kunst, antwortet Pitt Kreuzberg: „Es ist das Seelische. Ich gehe von der Auffassung aus, daß nichts unseelisch tot ist. Alles Seiende hat ein Gesicht, selbst der leblose Stein. Die Offenbarung der Dinge ... erzeugen in mir Intuitionen, die mich mit fanatischer Notwendigkeit zur Darstellung zwingen. Das Mittel ist für mich die Farbe, wie anderen der Ton.“.

Der Maler überlebt seine Ehefrau um acht Jahre. Er stirbt 1966 und findet seine letzte Ruhestätte auf dem Friedhof an der Kirche des Totenmaars. Am offenen Grabe würdigt der Bildhauer Hanns Scherl[165] aus Wittlich den verstorbenen Pitt Kreuzberg mit folgenden Worten: „Er malte mit den Lichtfarben des ersten Schöpfungstages, aber er malte auch das Wetterleuchten und den Zorn der Natur im Gewitter ... Er war still, groß, fromm und demütig.“

Curtius Schulten (1893–1967)[166] stammt aus Elberfeld, besucht dort die Volksschule, Realgymnasium und Kunstgewerbeschule. Anschließend studiert er an der Kunstakademie Karlsruhe (1911–1913) und München (1913–14). Der Ausbruch des Weltkrieges, an dem Schulten zeitweise in einer Propagandaabteilung Dienst tut, verhindert zunächst die weitere Ausbildung, die er später (1922–23) an der graphischen Akademie in Leipzig fortsetzt. Es folgen Aufenthalte in Italien (1924) und Spanien (1925/26). 1927–1929 wohnt Curtius Schulten in Blankenheim, wo er in einem Sommerhaus des Vaters, eines Textilkaufmanns, vorher schon viele Sommermonate verbracht hat. Hier malt er (Ölbilder und Aquarelle) die Landschaften der nahen und weiten Umgebung Blankenheims, aber auch Bilder von Menschen aus der Eifel. Die Jahre 1930–1935 verbringt der Maler, der im Winter wieder in Elberfeld wohnt, viel auf Reisen, in Spanien, auf Ibiza und Teneriffa, in Schweden, Norwegen und Ostpreußen. Er nimmt viele neue Eindrücke auf, die sich vor allem durch

Helligkeit und Leuchtkraft in seinen künftigen Eifelbildern ausdrücken. Curtius Schulten und seine Ehefrau Hilde, mit der er seit 1921 verheiratet ist, verlegen 1938 ihre Winterwohnung von Elberfeld nach Köln. Den Sommer verbringen beide stets in der Eifel. Die Bilder des Malers sind zu dieser Zeit von starkem Naturalismus geprägt.

Es folgen die Kriegsjahre, in denen der Künstler zunächst als Kriegsberichterstatter tätig ist und dann zur Wehrmacht eingezogen wird. Ein schwerer Schlag trifft ihn, als seine Frau im Januar 1945 bei einem Bombenangriff auf Blankenheim tödlich getroffen wird. Die Heirat mit Hedwig Morsbach (eineinhalb Jahre später) gibt seiner Schaffenskraft neuen Auftrieb. Ganzjährig leben beide künftig in Blankenheim.

Die mißlichen wirtschaftlichen Verhältnisse der Nachkriegszeit zwingen den Künstler, das Malen der Landschaften zurückzustellen. „Es waren für uns schwierige Jahre, weil kaum jemand Interesse an Bildern hatte; sie waren ein absoluter Luxus, alles andere war wichtiger", so entnehmen wir den Aufzeichnungen seiner Gattin.[167] Der Ehemann Curtius hält Vorträge über die Eifel, über Spanien, die nordischen Länder und malt Porträts. 1951 und 1952 weilt er jeweils zwei Monate auf Teneriffa; dort erhält er genügend Porträt-Aufträge. In den folgenden Jahren bleibt er in der Eifel, wo er sich Vorträgen widmet, Personen porträtiert und auch Muße für das Malen von Landschaften findet. Organisationstalent beweist Schulten als er für den Eifelverein in Aachen 1956 eine Ausstellung „Das Bild der Eifel" und ein Jahr später in Prüm eine internationale Schau mit Bildern aus Eifel und Ardennen arrangiert.

Auch in den Jahren 1958–1966 verbringt Curtius Schulten jeweils eine Zeitlang im Ausland, in Teneriffa, Ibiza, Spanien, Griechenland, Schottland, Norwegen, Spitzbergen, Island, kehrt aber stets in die Eifel zurück. „Schultens Gemälde sind keine Sinnbilder, es sind Erlebnisbilder: Erlebnisse einer Landschaft bei Wind und Wetter, bei Sturm und Regen, bei Eis und Schnee. Erlebnisbilder auch von Menschen, die mit dieser Landschaft durch ihre tägliche Arbeit verbunden sind, seien es nun die Bauern mit ihrem Ochsengespann, die Bäuerinnen beim Melken oder die Dorfgemeinschaft bei der festlichen Prozession".[168] Die große Politik interessiert den Maler nicht. Die Welt mit ihren Unruhen, ihren Widersprüchen und Problemen berühren ihn innerlich kaum, wie die Ehefrau bemerkt.

Den Menschen Schulten schildert sein Sohn Marius wie folgt: „Mein Vater verbreitete meist eine heitere, gelassene und optimistische Atmosphäre. – Er war ein geselliger, ein humorvoller Mensch, bisweilen ein Schalk."[169] Die Veröffentlichung seiner Bildbände: „Erlebte Eifel – Gesicht einer Landschaft " (1962) und „Das Bild der Eifel" (1966), seine vielen Ausstellungen und die vielen Veröffentlichungen über sein Werk und seine Persönlichkeit empfand Schulten nach den Worten seines Sohnes als Bestätigung und Ermutigung, seinen künstlerischen Weg weiterzugehen.

In seinem letzten Lebensweg erlebt Schulten noch eine hohe Auszeichnung, er erhält den „Kunstpreis der Europäischen Vereinigung Bildender Künstler aus Eifel und Ardennen". Kurz darauf stirbt Curtius Schulten in Blankenheim am 20. November 1967.

Konrad Schaefer (1915–1991) ist in der Eifel geboren (1915 in Euskirchen) und hat fast sein ganzes Leben hier verbracht. Volksschule und Gymnasium absolviert er in seiner Geburtsstadt (1921–1933). An den Werkschulen in Köln erhält er eine gründliche Ausbildung in den verschiedenen künstlerischen und handwerklichen Techniken (Fotografie, Lithographie, Radierung, Schrift, Buchbinden, Graphik, Heraldik). Zwischenzeitlich führen ihn Malreisen durch die Eifel, nach Norddeutschland und mit dem Fahrrad in die Schweiz. Mit 22 Jahren wird er Soldat (1937), nimmt aktiv am Krieg teil und scheidet 1942 nach schwerer Verwundung aus der Wehrmacht. In Köln setzt er seine Ausbildung fort, wird dort ausgebombt und zieht nach Euskirchen, wo er 1946 Kordula Lüssem heiratet. Die technische Ausbildung kommt Schäfer zugute, um sich und seine Familie in den wirtschaftlich schweren Jahren nach dem Kriege durchzubringen. Er entwirft Anzeigen, Firmenwerbungen, Prospekte, Packungen, betätigt sich als Bühnenbildner und entwirft Wappen (1947 Preisträger des Landes NRW beim großen heraldischen Wettbewerb).

In den 50er Jahren bessern sich die Verhältnisse: es ist mehr Geld für die Kunst vorhanden. Schäfer kann sich verstärkt dem Malen zuwenden. 1963 stellt eine Ausstellung in Euskirchen Ölgemälde, Pastellbilder, Aquarelle und Zeichnungen von ihm aus. Das Urteil der Kritiker ist positiv: „Schaefer ist den charakteristischen Eifellandschaften nachgespürt und hat sie mit meisterlicher Hand im Bilde festgehalten... die wolkenverhangene Landschaft, aber auch die sonnenverklärte, die in hellen, ausgewogenen Farbtönen ein bezauberndes Bild mit gewissen expressionistischen Tendenzen darbietet. Die Ölbilder sind von einer außerordentlichen Ausdruckskraft, meisterhaft in der Komposition und bestechend in den Farben.“[170]

1964 verlegt die Familie ihren Wohnsitz nach Bad Münstereifel. Ein jüngerer Künstler würdigt die weitere Entwicklung Konrad Schaefers: „Mit seiner Hinwendung zu sozialen Themen und Visionen Ende der 60er Jahre nuancierte Schaefer auch seinen Stil, paßte ihn dem Inhalt seiner Malerei an, in dem er jetzt nach Herkunft, Dasein und Stellung des Menschen fragte und mahnend auf Wege und Entwicklungen hinwies, die zu Verzweiflung und Vernichtung hinführen. Freilich muß man sich diese Bilder nicht als düstere Warnungen vorstellen... Eine durchaus heitere Farbigkeit hob vieles allzu bedrohliche der Motive wieder auf. Gleichzeitig trat der Mensch in den Vordergrund, den Schaefer in seinen früheren Landschaftsbildnissen nicht berücksichtigt, sondern lediglich in Symbolen dargestellt hatte. Schaefers Veduten-Malerei zeigt oftmals besondere Gebäude, idyllische Winkel, Siedlungen, seltener ist das weite Landschaftspanorama.“[171]

Viele Auszeichnungen sind dem Künstler verliehen worden:
- der Kunstpreis der Europäischen Vereinigung für Eifel-Ardennen (1964)
- der Kaiser Lothar Preis (Prüm 1969)
- das Bundesverdienstkreuz am Bande (1978)
- der Wappenteller des Landes Rheinland-Pfalz (1985)

- der Rheinlandthaler des Landschaftsverbandes Rheinland (1986)
- im gleichen Jahr wird er Offizier im Orden der Eichellaubkrone des Großherzogtums Luxemburg.

Konrad Schaefer stirbt unerwartet 1991 (27. August).

Rolf Dettmann (1915–1992) stammt aus Mönchengladbach, besucht dortige Schulen und beginnt mit 17 Jahren das Studium der Malerei und Grafik an der Kunstakademie in Düsseldorf. Zwei Jahre später siedelt er nach Kronenburg über, wo er als Meisterschüler Professor Peiners seine weitere Ausbildung erhält. 1939 beginnt mit dem 2. Weltkrieg seine Soldatenzeit (1939–1945). Während eines Heimaturlaubs heiratet er 1942 die Kronenburgerin Katharina Brandenburg. Um seine junge Familie durch die wirtschaftlich schwierigen Jahre zu bringen, ist Rolf Dettmann nach Krieg und Gefangenschaft drei Jahre als Landwirtschaftsgehilfe tätig (1945–1948). Für den Künstler ist es keineswegs eine verlorene Zeit, weil er Gelegenheit erhält, Land und Leute besser kennenzulernen. In Tuschzeichnungen und Radierungen hält er die Arbeitsweise der bäuerlichen Bevölkerung und das Brauchtum der Eifel fest. Illustrationen und volkskundliche Beiträge liefert er an Tageszeitungen und Heimatjahrbücher. In fast allen Kalendern des Kreises Schleiden 1952–1972 (Auflösung des Kreises Schleiden 1972) erstellt er Zeichnungen zu angeführten Texten. Öfters entwirft er das Umschlagbild. 11 Jahre lang schmückt er das Kalendarium zu jedem Monat mit verschiedenen Motiven mit Menschen, die bäuerliche Arbeit verrichten (1952–1957), mit Burgen (1958), Kirchen (1959), Rathäusern (1960), sonstigen markanten Gebäuden (1961) aus dem Kreis Schleiden, ferner alte Bauernmöbel (1962). Das Zeichnen ist Dettmanns besondere Stärke, wie schon die ersten Jahre seiner künstlerischen Tätigkeit beweisen. Neben der Tusche greift er auch zu Kohle und Farbstift; daneben malt er in Öl Eifeler Landschaften, in denen meist der Mensch im Mittelpunkt steht. Gelegentlich malt er auch Porträts.

In der Folgezeit geht es dem Künstler wirtschaftlich gut. Er leistet sich in Kronenburg ein eigenes Haus in einer schönen Hanglage, von wo er einen weiten Ausblick genießt. Auslandsreisen führen ihn 1959–1961 nach West- und Südeuropa. Als besondere Anerkennung wird Dettmann 1961 als erstem deutschen Künstler der Kunstpreis der Europäischen Vereinigung für Eifel und Ardennen verliehen. In den 60er Jahren malt Dettmann zahlreiche Aquarelle und Temperabilder über „Land und Leute“ in der Eifel. Mit einfachem oder koloriertem Stift entstehen Landschaften und Linolschnitte.

Aber er wendet sich auch ganz anderen Themen zu, die die tiefliegenden Veränderungen in unserer Gesellschaft reflektieren. 1971 feiert man Dürers 500. Geburtstag, den auch Dettmann zum Anlaß nimmt, sich mit den Bildern des Nürnberger Künstlers eingehend zu befassen. 1974 veröffentlicht er den Zyklus „Dürer – Metamorphosen“ in Schwarz-Weiß-Zeichnungen. Dabei betont er bewußt die Kontraste zwischen den Motiven und den Aussagen der Bilder des Altmeisters vor 500 Jahren. Während z. B. Dürers Bild „Mutter und Kind“ eine Gruppe darstellt, die

Gläubigkeit und Geborgenheit ausstrahlt, deutet Dettmanns Bild Zweifel und Unsicherheit an. Seine Maria sitzt auf einer Bank mit wackeligen Füßen, die von versteckten, seltsamen Maskenträgern umgestoßen werden kann. Der Kronenburger stellt die fromme Welt Dürers für unsere Zeit in Frage.[172] Um sich eine Altersrente zu sichern, betätigt sich Dettmann an der Grund- und Hauptschule Dahlem von 1970 bis 1980 (55–65 Jahre alt) als Kunsterzieher.

Doch der „Ruheständler“ ist auch ab 1980 noch unermüdlich tätig. Von sich selbst sagt er: „Ich warte nicht darauf, bis mich die Muse küßt. In jeder freien Minute zeichne oder male ich.“ Zunächst kämpft er mit Stift und Pinsel leidenschaftlich für den Erhalt des ruhigen, abseits gelegenen Kronenburg. Dort soll nämlich ein Feriendorf mit 130 Bungalows gebaut werden. Der „Kronenburger See“, der viele Fremde anlocken soll, ist bereits im Entstehen.

Dettmann malt in jenen Jahren von seinem geliebten Wohnort so viele Bilder, daß er allein in Kronenburg 1982–1986 damit sechs Ausstellungen füllen kann. In einer Sonderausstellung zeigt er Bilder, die auf den ersten Blick oft nicht sofort deutbar, vor der Öffnung des Ortes durch einen starken Fremdenverkehr warnen. Er zeichnet z. B. das alte Kronenburg, umgibt es seitlich mit einer Schutzhülle aus Glas und läßt es oben von einer Taube abschirmen. Der friedliche Vogel besitzt den Schnabel eines Adlers und kündet damit symbolhaft Widerstand und Kampf an. Auf einem anderen Bild verspeist ein Bürokrat mit verdeckten Augen den Ortskern samt der eigenen Serviette. Um diese Zeit entwirft der Künstler auch einen Glasfensterzyklus für die Brigida-Kapelle in Kronenburg.

Neben Kronenburg ist in jener Zeit ein größeres Gebiet der Südeifel das Betätigungsfeld des Malers. Das Kylltal und die anliegenden Ortschaften bieten ihm zahlreiche Motive. Auch hier hält er nicht nur das Schöne fest, sondern geißelt mit seinen Malwerkzeugen wieder die Zersiedlung und Verschandelung der Landschaft. Aus dem reichen Bildbestand sucht er nach drei Jahren 80 Zeichnungen aus, die in dem Buch „Das Kylltal in der Eifel und seine Umgebung“[173] wiedergegeben sind; den Text dazu erstellt Professor Matthias Weber aus Niederbettingen bei Hillesheim. Beide, der Text- und Bildautor, haben vorher ein ähnlich gestaltetes Buch „Eifelbräuche“ herausgebracht[174], in dem Dettmann 65 Tuschezeichnungen aus dem Eifeler Brauchtum im Jahreskreis und Lebenslauf beigesteuert hat.

Die zahlreichen Bilder Dettmanns sind dem Publikum in mehr als 40 Einzel- und knapp 40 Gruppenausstellungen vorgestellt worden. Museen in Duisburg, Nürnberg und Bitburg besitzen Bilder von Dettmann als Dauergabe.

Um 1990 zeigen die Bilder und Zeichnungen des Kronenburger Bildermachers – so nennt er sich selbst – ein zunehmend pessimistisches Weltbild. Vielleicht spielt seine schwere unheilbare Krankheit bereits eine Rolle. Dettmann ist daran am 7. März 1992 verstorben. Von seinen 76 Lebensjahren ist Kronenburg 56 Jahre sein Wohnsitz gewesen. Kronenburg verdankt Dettmann viel, aber auch für den Maler bedeutete der Burgflecken Heimat. Er will es so belassen, wie er es vorgefunden hat; doch die Zeit ist vorangeschritten.[175]

4. Namhafte Eifeldichter unseres Jahrhunderts

Wir stellen drei Eifeldichter vor, die in der ersten Hälfte unseres Jahrhunderts einen großen Leserkreis aufweisen. Wie die damalige bäuerliche Bevölkerung der Eifel stehen sie treu zur Kirche und bekennen sich als Gegner des Nationalsozialismus. Stefan Andres verläßt in jener Zeit Deutschland, Jakob Kneip bleibt, aber er wird geächtet. Sogar seinen Namen in der Presse zu erwähnen, verbietet schließlich das Reichspropaganda-Ministerium. Ludwig Mathar legt sich politisch größte Zurückhaltung auf. Von ihnen ist nach 1945 nur Jakob Kneip politisch aktiv tätig. Die Werke der drei Dichter sind von tiefer Gläubigkeit geprägt und fanden deshalb zu ihrer Blütezeit zahlreiche Leser. Heute, in einer Zeit des zunehmenden Säkularismus, sind ihre Werke weniger gefragt. Aber es lohnt, sich mit ihnen zu beschäftigen.

Jakob Kneip (1881–1958)[176]: Geboren wird Jakob Kneip 1881 (24. 4.) in dem kleinen Hunsrückdorf Morshausen, gleich über den Moselhöhen gelegen. Hier besucht der Bauernsohn die Volksschule, bewältigt in privatem Unterricht die ersten beiden Gymnasialklassen und wechselt zu einem Gymnasium in Koblenz über, wo er mit 21 Jahren das Abitur ablegt. Es folgt das Studium verschiedener Fachgebiete: ein Semester Theologie – es ist der Wunsch der Mutter –, dann Geschichte und Altphilologie, schließlich die Hinwendung zu den neuen Sprachen (Englisch, Französisch, Deutsch). Das Wissen vermitteln ihm die Universitäten Bonn, London, Berlin, Paris und wieder Bonn, wo er das Examen ablegt (1908).

Nach der pädagogischen Ausbildung an verschiedenen Schulen erhält Kneip die erste Anstellung an der Realschule in Diez (1912). Bei Kriegsausbruch 1914 meldet er sich als Freiwilliger für den Heeresdienst, wird jedoch bald als Dolmetscher eingesetzt. In den Jahren 1919 und 1920 ist er bei der Reichszentrale für den Heimatdienst im besetzten Rheinland tätig.

Die besten Schaffensjahre (40–61 Jahre) verlebt Kneip in Köln, zunächst hauptamtlich als Studienrat (1921–1929), dann als freier Schriftsteller (1929–1942). Sein schönes Haus in Köln-Mauenheim zerstören 1942 Bomben der Alliierten. Erwerben kann Jakob Kneip nun ein Mühlenanwesen in einem Wiesengrund der Gemeinde Pesch bei Münstereifel, wo er das Ende des Krieges erlebt. Als die Amerikaner anrücken, zieht ihnen mit weißer Fahne der englischsprechende Kneip entgegen; der Ort bleibt unversehrt. Dafür schenken die dankbaren Bewohner von Pesch ihrem Neubürger zum 70. Geburtstag (1951) den Berg neben seinem Haus, dem sie vorher seinen Namen gegeben haben. Auf dem Jakob-Kneip-Berg veranstalten Kreis, Amt und Gemeinde fünf Jahre später eine eindrucksvolle Feierstunde zum 75. Geburtstag des Dichters.

Nur noch zwei Jahre sind Jakob Kneip vergönnt, täglich auf seinen Berg zu blicken und auf ihm zu spazieren. Er stirbt 1958 (12. 2.) an den Folgen eines tragischen Eisenbahnunfalls und wird auf dem Friedhof, der an einem Hang des Eifeldorfes liegt, zur letzten Ruhe gebettet.

„Was können wir anderes tun, als unter Leben und unsere Werke am Ende der Tage in Gottes Hand zurückzugeben“, schreibt Kneip in einem Brief kurz vor seinem Tode.[177] Ein tiefer Glaube und die Verwurzelung im Bauerntum spiegeln seine Werke wider; es sind Romane, Erzählungen, Gedichte und politische Essays. Kneips zentrales Werk, an dem er sein ganzes Leben gearbeitet hat, ist die Trilogie „Porta Nigra“ (2. Bd. „Feuer vom Himmel“, 3. Bd. „Der Apostel“). Der erste Teil liegt im Manuskript bereits in Kneips Studienjahren vor (1906; ediert 1932), der dritte und letzte Teil erscheint erst 1955. Lebendig sind Werden und Wirken eines Priesters dargestellt. Das Werk beschreibt, wie dieser mit sich ringt, kämpft, leidet und schließlich triumphiert.

Das erfolgreichste Buch mit weit über 100 000 Exemplaren ist der fröhliche Roman „Hampit der Jäger“ (1927). Spannende Erzählungen enthalten die Bücher „Licht der Finsternis“ (1949) und „Bergweihnacht“. Bekannt wird Jakob Kneip auch durch seine Gedichtbände „Der lebendige Gott“ (1919), „Bauernbrot“, „Fülle des Lebens“, „Gesammelte Gedichte“. Beteiligt ist er an der Herausgabe von Lesebüchern, die auch Beiträge von ihm enthalten („Lebensgut“ 1924–1925); „Der Gefährte“ ab 1924).

Der Dichter ist kein stiller Gelehrter und Gestalter. Er tritt als Rufer und Mahner ins öffentliche Leben und scheut sich nicht, auch Vertreter der Kirche zu kritisieren (so auf der Dichtertagung 1926 in Koblenz). Noch 1933 weist er auf Gefahren des Nationalsozialismus hin, dem das „festgefügte katholische Weltbild gegenüberzustellen“ sei. Wegen der heimatverbundenen Thematik seiner Gedichte und Erzählungen duldet ihn die Partei, aber fördert ihn nicht. 1941 zum 60. Geburtstag Kneips gibt das Reichspropaganda-Ministerium den Presseorganen die Weisung „Von dem Geburtstag dieses Autors darf keine Notiz genommen werden“. Der Dichter ist nun gewarnt und hält sich zurück.

Nach dem Ende der nationalsozialistischen Herrschaft wendet sich Kneip wieder aktiv der Öffentlichkeit zu. Im „preußischen Ungeist“ erblickt er den Urheber des „Dritten Reiches“. Durch Essays, Reden und Rundfunkvorträge sucht er den Wiederaufbau zu unterstützen. Nach seiner Ansicht soll das wahre Deutschland vom Rheinland her erneuert werden. Um diesen Plan zu fördern, bereitet er mit zwei weiteren Personen die Herausgabe einer Zeitschrift „Der Rhein“ vor. Doch schließlich scheitert das Unternehmen. Den Politikern bleibt Kneip weiterhin ein drängender Mahner. Ihnen ruft er zu: „Laßt ab von der Atombombe; vernichtet alle höllischen Vernichtungswaffen und sucht friedliche Verständigung!“

Ein österreichischer Professor schreibt nach Kneips Tode: „Ich habe keinen Menschen von solch innerer Lauterkeit gekannt, ... von solcher Verantwortung ... vor Gott und den Menschen.“[178]

Ludwig Mathar (1882–1958): Als Sohn eines Kaufmanns erblickt Ludwig Mathar 1882 (5.6.) in Monschau das Licht der Welt. Seine schulische Ausbildung erhält er auf der Volksschule und der höheren Knabenschule seiner Heimatstadt. Er verbringt anschließend ein Jahr in dem Alumnat eines Benediktinerklosters in Rom, dem der Bruder der Mutter als Abt vorsteht. Es folgen je zwei Gymnasialjahre in Münstereifel und Aachen, wo er am Kaiser-Karls-Gymnasium das Abitur ablegt (1903).

An den Universitäten Freiburg, München, Paris, London, Bonn studiert Mathar Geschichte und die Sprachen Französisch und Englisch. Dem ersten wissenschaftlichen Staatsexamen folgt in Köln die Pädagogische Ausbildung, der sich eine zweijährige Militärdienstzeit anschließt (1907–1909). Den Dr. phil. erwirbt er in München mit einer Dissertation über einen italienischen Lustspieldichter (Carlo Goldoni), der im 18. Jahrhundert öfter auf deutschen Bühnen aufgeführt worden ist.

Als Studienrat in Münstereifel lernt der Mann aus Monschau ein weiteres Stück Eifel kennen und lieben; als Gymnasiallehrer in Neuss entdeckt er auch die Schönheit der weiten Ebene und geht ihrer Geschichte nach. In einer Reihe von Artikeln unter der Überschrift „Der Niederrhein“ erscheinen seine Studien in der Kölnischen Volkszeitung und finden bei den Lesern große Anerkennung.

Seine Tätigkeit muß der Lehrer und Schriftsteller plötzlich unterbrechen, als der 1. Weltkrieg beginnt und ihn während der ganzen Zeit „in Dienst“ nimmt. Entlassen wird er nach schwerer Verwundung, setzt dann zunächst in Köln seine Tätigkeit in der Schule fort. Letztlich bleibt dem Lehrer wenig Zeit für eine schriftstellerische Betätigung, wozu ihn die Begabung drängt. So faßt er den nicht leichten Entschluß, auf die gesicherte Beamtenstelle zu verzichten und das Wagnis eines freien Schriftstellers auf sich zu nehmen. Die ersten 20er Jahre sind Jahre der wirtschaftlichen Not, die in Mathars Roman „Unter der Geißel“ ihren Niederschlag findet. Da die Abhandlung „Der Niederrhein“ ein so gutes Echo gefunden hat, plant Mathar die Herausgabe einer achtbändigen rheinischen Kultur-Enzyklopädie. Es erscheint allerdings nur der erste Band „Die Mosel“, da die Inflation die wirtschaftliche Grundlage zerstört, um das Werk fortzusetzen. Um Land und Leute unmittelbar und hautnah kennenzulernen und beschreiben zu können, hat der Dichter sogar zwei Jahre (1922–1924) Wohnung in Cochem bezogen. Mathars Italienaufenthalt im jugendlichen Alter wirkt auch später nach. Neben seiner Doktorarbeit sind es sein Franziskusbuch und das Buch „Primavera“, Frühlingsfahrten ins unbekannte Italien.

Besonders bleibt der Dichter seiner Heimatstadt und der Eifel auch von Köln aus eng verbunden. Es erscheint das Werk „Die Monschäuer“, ein Roman über Monschau als Tuchmacherzentrum. Dort schildert er den Beginn, den Höhepunkt und schließlich den Verfall des Tuchmacherhandwerks. „Das Glück der Ölbers“ ist ebenfalls ein rheinischer Tuchmacherroman und schildert die Biographie der Familie Scheibler aus dem 18. Jahrhundert.

Den köstlichen Humor des Dichters spiegeln seine Novellen wider, Moselgeschichten aus drei Jahrhunderten: „Der arme Philibert“, „Fünf Junggesellen und ein Kind“, „Brautfahrt ins Venn“, „Settchens Hut“, „Wir drei“, „Ein voller Herbst“.

Der Doppelroman „Das Schneiderlein vom Hohen Venn“ und „Straße des Schicksals“ sind lebendige Volksgeschichten vom Hohen Venn. Die Krönung der Venn-Prosa ist der Roman „Herr Johannes“; die Hauptfigur, ein Priester, wird als Mann tiefer Frömmigkeit, aber auch in der Schalkhaftigkeit und in seinem neckischen Humor dargestellt. Es ist die dichterisch verklärte Lebensgeschichte Gerhard Arnoldys, der 45 Jahre (1869–1914) als Pfarrer in Kalterherberg weithin bekannt war und den dortigen „Eifeldom“ gebaut hat.

Andere Romane befassen sich mit namhaften Persönlichkeiten und bekannten Heiligen:

- „Der Reichsmarschall“ (Prinz Eugen),
- „Albert der Deutsche“ (Albertus Magnus),
- „Der glorreiche Bettler“ (Franz von Assissi),
- „Herold des Papstes“ (Nikolaus von Cues),
- „Heilige der Heimat“ (verschiedene heilige Personen),
- „Der Frühlingsgarten“, der innig fromme Mariengedichte enthält .

Gegen Ende des Zweiten Weltkrieges wird Mathar in Köln „ausgebombt“ und findet mit Frau Maria und seinen beiden Söhnen freundliche Aufnahme im katholischen Pfarrhaus zu Gymnisch.[179] In den folgenden schweren Jahren (1945–1948) beschäftigt er sich eingehend mit der Geschichte Gymnichs, schreibt darüber in Aufsätzen und Berichten und gibt sogar Latein-Unterricht. 1951 erscheint sein Roman „Wo Liebe, da Heimat“. Nach siebeneinhalb Jahren Gymnich-Aufenthalt zieht es den 70jährigen wieder in seine Heimat nach Monschau, wo der „Ehrenbürger“ seiner Stadt noch sechs Jahre verbringt. Hier stirbt er 1958 (15.4.) und findet seine letzte Ruhestätte auf dem dortigen Friedhof, „dem schönsten Friedhof der Welt“ (so Mathar).[180]

<u>Stefan Andres (1906–1970):</u> Geboren ist Stefan Andres 1906 (29. 6.) in der Breitwiesmühle (Gemeinde Trittenheim), unweit von Trier. Er ist Moselländer, aber fühlt sich der Eifel verbunden, wie seine Werke bezeugen. „Insbesondere die Südeifel zwischen Bitburg und Trier, das große Waldgebiet zwischen Salm und Kyll, der Eifelwinkel zwischen Sauer und Mosel an der luxemburgischen Grenze werden mit ihren bodenständigen Menschen geschildert und dargestellt. Viele Leser und Freunde hat er auch in der Eifel gefunden, ... und in manchem Eifelstädtchen hat er Leseabende geboten und dankbaren Beifall erworben.“[181] Die Werke, in die er seine eigenen Erlebnisse einbringt, sind von besonderer Überzeugungskraft und gefallen wegen ihrer sprachlichen Urwüchsigkeit. Der Vater des Schriftstellers ist Müller und kleiner Landwirt. Es wühlt den Jungen tief auf, als die elterliche Mühle beim Bau der Dhrontalsperre im künftigen See verschwindet. Die Familie siedelt nach Schweich um, wo der Vater bald stirbt. Seine glücklichen Kinderjahre beschreibt der Dichter später (1953) in seinem Werk „Der Knabe im Brunnen“, wobei das Bild des Brunnens für die nie auszuschöpfende Tiefe und die immerfort fließende Quelle steht, die ihm das Bauern- und Winzerdorf am Fluß mitgegeben hat.

Der junge Stefan äußert den Wunsch, Priester zu werden und findet Aufnahme in einem holländischen Kapuzinerkloster. Doch bald martern den heranwachsenden vitalen Jüngling harte Zweifel, ob er für den Klosterberuf geeignet sei. Schließlich ringt sich der junge Novize dazu durch, die Kutte abzulegen und in Frieden mit seinem Herrgott das Kloster zu verlassen. Es folgen Studentenjahre der Germanistik in Köln, Jena und Berlin. Anschließend beschließt Andres, das Wagnis auf sich zu nehmen, freier Schriftsteller zu werden.

Den Stoff für seine ersten beiden Werke entnimmt er dem eigenen Leben. Die selbst durchlebten Nöte finden dort ihren Niederschlag und wirken dadurch besonders glaubwürdig und ursprünglich. Sein Erstlingswerk „Bruder Luzifer" (1932) schildert die Seelenkämpfe eines Kapuziner-Mönches, der schließlich das Kloster verläßt. Diese bedeutende Dichtung wird in Amerika mit einem Preis ausgezeichnet. Der Roman „Die unsichtbare Mauer" (1934) zeigt auf, wie weit sich die moderne Welt, in welcher der studierte Müllersohn lebt, vom einfachen Leben der Müller, Bauern und Winzer entfernt hat; zwischen ihnen hat sich eine geistige Mauer aufgeschichtet. Drei Jahre später erscheinen „Fünf Moselländische Novellen". Auch dieses Werk zeichnet sich durch Religiosität aus. Mit dem Nationalsozialismus kommt der katholische Schriftsteller nicht zurecht. Er zieht die Konsequenzen. Zwölf Jahre (1937–1949) lebt er mit Frau Dorothea und drei Töchtern in einem kleinen Fischerdorf Italiens, in Positano, südlich von Neapel.

In vielen Werken der unmittelbaren Nachkriegszeit übt Stefan Andres leidenschaftliche Zeitkritik, die er hier mit seiner schriftstellerischen Begabung zu vereinigen weiß. Seine Novelle „Wir sind Utopia" hat die Freiheit des Christenmenschen („Wir alle sind Gottes Utopia") zum Inhalt, aber spiegelt am Beispiel des spanischen Bürgerkrieges die Brutalität menschlicher Leidenschaft für Ideologie wider. In der Romanreihe „Die Sintflut" zeichnet er die Dämonie der Diktatur. Die Novelle „El Greco" beschreibt das Abbild eines Großinquisitors.

Nach der Diktatur Hitlers und in den ersten schweren Nachkriegsjahren kehrt die Familie nach Deutschland zurück und wählt Unkel als Wohnsitz (1949–1961). Doch schließlich packt den Schriftsteller die Sehnsucht nach dem sonnigen Süden. Wieder zieht die Familie nach Italien, wo es Stefan Andres vergönnt ist, noch neun Jahre zuzubringen. 1970 (29. 6.) stirbt er in Rom, 64 Jahre alt.

Der Schriftsteller hat viele Werke hinterlassen. Außer den von uns genannten sind folgende Werke besonders bekannt geworden:
- Und Zeus lächelt,
- Der Mann von Asteri,
- Der gefrorene Dionysos,
- Die Liebesschaukel,
- Ritter der Gerechtigkeit,
- Der Mann im Fisch,
- Das Wirtshaus zur weiten Welt,
- Die Hochzeit der Feinde.

Seine Gedichtsbände weisen den Schriftsteller auch als Lyriker aus:
- Der Granatapfel,
- Tanz durchs Labyrinth,

- Die Löwenkanzel,
- Requiem für ein Kind.

Letzterer Band enthält 22 Sonetten auf seine im Alter von 9 Jahren gestorbene Tochter Mechthild.Nicht vergessen darf man die beiden Weinbücher, ein großes und ein kleines, in denen sich der Humor des Dichters niederschlägt. Stefan Andres ist einer der Dichter und Schriftsteller, dessen Werke von tiefer Gläubigkeit geprägt sind.

5. Weitere wichtige Persönlichkeiten aus der Eifel in Kultur, Politik und Wissenschaft

Dr. Willibald Kirfel (1885–1964)
Professor der Indologie

Willibald Kirfel wird 1885 (16.10.) in Reifferscheid in eine Lehrerfamilie geboren. Seine Grundausbildung erhält er in der Volksschule des Heimatortes (1892–1897), an der Rektoratsschule in Schleiden (1897–1900) und am Gymnasium zu Münstereifel (1900–1904). An der Universität Bonn studiert er Theologie, Philosophie und – im Schwerpunkt – orientalische Sprachen (1904–1908). Nach Ablegung der Promotion behält die Universität den vielseitigen Wissenschaftler als Bibliothekar für die Universitätsbücherei. Im Jahre 1920 habilitiert er sich und wird bereits zwei Jahre später Ordinarius für indische Philologie. Zahlreiche Werke hat Professor Kirfel geschrieben:

- „Die Kosmographie der Inder" (1920) gilt auch heute noch als Standardwerk; die wissenschaftliche Buchgesellschaft hat es 1962 als Nachdruck neu herausgebracht.
- „Der Purana Pancalaksana" (1922) Purana bedeutet etwa „Alte Geschichte" oder „Alte Erzählung"
- „Die dreiköpfige Gottheit, Archäologischer Streifzug durch die Ikonographie der Religionen" (1948)
- „Der Rosenkranz" (1949)
- „Das Purana vom Weltgebäude" (1954)
- „Zur Eschatologie von Welt und Leben" (1959)
- „Symbolik des Hinduismus und Jinismus" (1959)
- „Symbolik des Buddhismus" (1959)
- „Kultur der Inder" im Handbuch der Kulturgeschichte (2. Aufl. 1961).

Ein medizinisches Lehrbuch der Inder hat er zusammen mit einem Kollegen übersetzt und bearbeitet. In fast vier Jahrzehnten seiner Lehrtätigkeit hat Kirfel zahlreichen

Studenten die fernöstliche Kultur nahegebracht. Viele von ihnen waren später als Wissenschaftler und Diplomaten in Deutschland und anderen Ländern tätig.

In Bad Godesberg stirbt der emeritierte Professor im 80. Lebensjahr (16.10.1964). Kurz vor seinem Tode hat er noch vier Wochen im Heimatort Reifferscheid verbracht. Der Eifel hat er sich stets besonders verbunden gefühlt.[182]

Dr. Hermann Pünder (1888–1976)
Europaabgeordneter, Staatssekretär, Regierungspräsident, Oberbürgermeister, Oberdirektor der Bizone.[183]

In Trier wurde Hermann Pünder am 1. April 1888 geboren, verlebte hier aber nur sein erstes Lebensjahr, da der Vater 1889 nach Köln versetzt wurde. In der rheinischen Metropole verbrachte er die weiteren Kinderjahre, besucht die Volksschule in der Pfarrei St. Gereon und dann 3 1/2 Jahre „das Gymnasium St. Aposteln", wo auch Adenauer zur Schule gegangen war. Als der Vater im Jahre 1900 nach Berlin versetzt wurde, übergab er seinen Sohn Hermann und den zwei Jahre älteren Sohn Werner dem Erzbischöflichen Konvikt in Münstereifel, wo beide das „Königlich Preußische Gymnasium" besuchten.

Nun folgen Studienjahre in Freiburg, London und Berlin, wo er 1909 das Staatsexamen ablegte. Zwei Jahre später erwarb er in Jena den Doktor der Jurisprudenz. Während eines Kriegsurlaubes 1915 unterzog er sich der zweiten Juristischen Staatsprüfung. (...) Als Offizier bewährte er sich an der West- und Ostfront und erhielt bereits 1916 das Eiserne Kreuz I. Klasse.

Nach dem Kriege wirkte er als Hilfsrichter am Berliner Landgericht, als Assessor im Preußischen Justizministerium und dann als Regierungsrat im Reichsfinanzministerium. Hier erhielt er die Sonderaufgabe, die Vorbereitungen für eine neue Steuer zu treffen; es war die Lohnsteuer, die es bis dahin (1920) – man höre und staune – bei uns noch nicht gab. Die damals von ihm ausgearbeiteten Grundzüge sind bis heute im wesentlichen unverändert geblieben. Nun stieg Hermann Pünder schnell die Amtsleiter empor. Als Ministerialrat leitete er „das Spezialbüro des Ministers" – es war Finanzminister Luther –; er hatte in dieser Eigenschaft 1923 an der Bekämpfung der Inflation und an der Stabilisierung der Reichsmark mitzuwirken. 1925 nahm ihn der neue Reichskanzler Dr. Luther unter Beförderung zum Ministerialdirektor mit in die Reichskanzlei, deren Chef er schon im folgenden Jahre wurde. Er war der weitaus jüngste Staatssekretär, den es im Reich und in Preußen bis dahin gegeben hat. In der „Weimarer Zeit" hat kein Chef der Reichskanzlei dieses Amt so lange innegehabt wie Dr. Pünder. Sechs Jahre lang war er der höchste Ministerialbeamte unter den Reichskanzlern Wilhelm Marx (Zentrum), Hermann Müller (SPD) und Heinrich Brüning (Zentrum).

In seiner Zeit als Staatssekretär in der Reichskanzlei (1926–1932) gehörte Dr. Pünder zugleich der deutschen Delegation für wichtige außenpolitische Aufgaben an.

Als Verbindungsmann zur Reichsregierung, zum Reichspräsidenten und zum Auswärtigen Amt hatte er bei wichtigen Tagungen im Ausland von dort den neuesten Stand der Verhandlungen nach Berlin zu melden. Diese Aufzeichnungen, Telegramme und Briefe füllen ganze Aktenstöße, die sich heute im Bundesstaatsarchiv Koblenz befinden. So berichtete er aus Genf von dem Stand der Verhandlungen für den Eintritt Deutschlands in den Völkerbund und in den späteren Jahren von den dortigen Völkerbundstagungen. Wegen seiner Verdienste um das Zustandekommen eines Konkordates mit dem Päpstlichen Stuhl erhielt er das Großkreuz des Päpstlichen Gregoriusordens. Besonders eng war seine Zusammenarbeit mit Reichskanzler Brüning. Als dieser im Mai 1932 gestürzt wurde, verließ auch Dr. Pünder seinen Arbeitsplatz in der Reichskanzlei.

Einige Monate später wurde er zum Regierungspräsidenten in Münster ernannt. Nur eine kurze Arbeitszeit war ihm hier vergönnt. Schon im Sommer 1933 setzten ihn die Nationalsozialisten ab. Am Rande der Stadt Münster bezog der 45jährige Pensionär einen Bauernhof von knapp zehn Morgen und betätigte sich in dieser kleinen Landwirtschaft als Gemüsebauer und Kleintierhalter. Tapfer stand ihm seine Gattin Magda, geborene Statz aus Düsseldorf zur Seite. Verbindung hielt er damals mit Dr. Brüning, der in einem Klösterchen im nahen Holland Unterkunft gefunden hatte. In enger Beziehung stand er auch zu Münsters Bischof, Graf von Galen, dessen mutige Predigten damals die Welt aufhorchen ließen.

Als der Zweite Weltkrieg 1939 ausbrach, wurde der Reserveoffizier eingezogen. Er tat seinen Dienst beim Wehrkreiskommando Münster zunächst als Hauptmann, dann als Major. In den folgenden Jahren bildete sich gegen Hitler eine Widerstandsbewegung, deren führender Kopf, der ehemalige Leipziger Oberbürgermeister Dr. Carl Gördeler, noch wenige Wochen vor dem 20. Juli 1944 im Hause Dr. Pünders übernachtete. Sofort nach dem gescheiterten Anschlag wurde Dr. Pünder von der Gestapo verhaftet. Für ihn begann nun eine furchtbare Leidenszeit, zunächst in den Gefängnissen Prinz-Albrecht-Straße und Moabit in Berlin. In seinen Lebenserinnerungen „Von Preußen nach Europa“[184] schreibt er von Hunger, Durst, Kälte, Fesseln und schikanösen Verhören. „Wegen Unwürdigkeit“ wurde er aus dem Beamtenverhältnis ohne Pensionsbezüge entlassen und aus der Wehrmacht ausgestoßen. Nur den unermüdlichen Bemühungen seines Bruders, der als Rechtsanwalt in Berlin tätig war, seiner Schwester, Frau Dr. Marianne Pünder, und einer List des damaligen Generalintendanten der Berliner Staatsoper, Heinz Tietjens, ist es zu verdanken, daß er in der Hauptverhandlung nicht zum Tode verurteilt wurde. Aber der Leidensweg ging weiter. Als Häftling saß er im KZ Fürstenberg (Mecklenburg), im Gefängnis Potsdam und in den Konzentrationslagern Buchenwald und Dachau. Die Stunde der Befreiung schlug für ihn in einem Südtiroler Dolomitenstädtchen am 5. Mai 1945. Es dauerte noch fast drei Monate, bis er infolge widriger Umstände und einer schweren Krankheit zu seiner Frau und den vier Kindern zurückkehren konnte.

Nun begann die eigentliche politische Tätigkeit Dr. Pünders. Mit Freunden gründete er im Oktober in Münster die westfälische CDU. Schon im November erfolgte seine Ernennung zum Oberbürgermeister von Köln und die Übersiedlung in die Rheinmetropole. In der durch Bomben am meisten getroffenen Großstadt Deutschlands stand man inmitten von Trümmern vor fast unlösbaren Aufgaben. Pünder packte die Probleme mutig an und übernahm zusätzliche Ämter und Aufgaben. Er wurde Präsident des Vereins der Freunde und Förderer der Universität zu Köln, Präsident des Zentraldombauvereins, des Kölner Männer Gesangvereins und des Deutschen Bühnenvereins; er gründete das Deutsche Volksheimstättenwerk, holte die Arbeitsgemeinschaft der kommunalen Spitzenverbände nach Köln und war maßgebender Mitbegründer des „Deutschen Städtetages", dessen erstes Ehrenmitglied er später wurde.

Als Mitglied des Provinzialrates in Düsseldorf stellte sich Dr. Pünder auch den Aufgaben, die ganz Nordrhein betrafen. Sehr energisch hat er sich für ein gemeinsames Land Nordrhein-Westfalen eingesetzt. Von der ersten Stunde gehörte er dem Landtag an.

Als für die Englische und Amerikanische Zone eine oberste deutsche Behörde geschaffen wurde, bot man Dr. Pünder das Amt des Oberdirektors an. Ein höheres Amt hatte Deutschland damals nicht zu vergeben. Schweren Herzens, aber doch voller Tatkraft ging er als oberster deutscher Amtschef im März 1948 nach Frankfurt.

In den eineinhalb Jahren dieser Tätigkeit liegt die Berliner Blockade, die eine umfangreiche Berlinhilfe nötig machte; sie verschlang mehr als die Hälfte des bizonalen Haushaltes. Der 20. Juni 1948 brachte die Währungsreform; am Vorabend sprach Dr. Pünder über alle deutschen Sender. Zusammen mit Professor Ludwig Erhard wurde die Soziale Marktwirtschaft eingeführt. Ergriffen wurden Maßnahmen zum Flüchtlingsproblem, das Gesetz zum Lastenausgleich wurde verabschiedet, und es gab harte Auseinandersetzungen mit den Siegermächten um den Demontage-Stop.

Inzwischen hatte der Parlamentarische Rat in Bonn das Grundgesetz verabschiedet (Mai 1949), die Bevölkerung den ersten deutschen Bundestag gewählt, und im September hatte sich die Bundesregierung mit Adenauer als Bundeskanzler konstituiert. Damit trat der Frankfurter Verwaltungsrat seine Rechte nach Bonn ab, wobei der größte Teil des Apparates an den Rhein übersiedelte und den Grundstock der neuen Ministerien bildete. Die meisten Direktoren des Verwaltungsrates wurden in Bonn als Minister oder Staatssekretäre übernommen.

Plötzlich stand Dr. Pünder nicht mehr im ersten Glied. Der amerikanische Militär-Befehlshaber in Deutschland, General Clay, telegrafierte an Pünder: „Sie können auf das, was Sie zum Besten des deutschen Volkes geleistet haben, stolz sein". Professor Erhard charakterisierte die Frankfurter Zeit 1976 wie folgt: „Wir alle schulden ihm Dank und Anerkennung, denn vieles, was damals als Grundentscheidungen unserer Politik zu treffen war und sich auch nach der Gründung der Bundesrepublik Deutschland bewährte, zeigt auch die Handschrift Hermann Pünders. Es wird vielleicht erst später voll erkannt werden, wie bedeutsam die politischen

Weichenstellungen der Jahre 1948/49 waren... Ich fühle mich wiederholt verpflichtet um der Wahrheit willen, das Verdienst Dr. Pünders zu rühmen, anstatt das Andenken an diesen Mann dem Vergessen anheim zu geben."[185] Gemeint ist wohl in erster Linie Konrad Adenauer, von dem in seinen „Erinnerungen" die Frankfurter Zeit „nur in einem oder zwei Sätzen abgehandelt worden ist", wie Hermann Pünder enttäuscht feststellte[186].

Seine Erfahrungen brachte Dr. Pünder in den Bundestag ein, dem er von 1949–1957 angehörte. Er wurde in den Vorstand der CDU-Fraktion berufen, erhielt den Vorsitz in zwei Ausschüssen und gehörte zwei weiteren Ausschüssen an. Als die Bundesrepublik 1950 als assoziiertes und dann als volles Mitglied in die Versammlung des Europarates aufgenommen wurde, führte Hermann Pünder die deutsche Delegation in Straßburg an. Das sogenannte „Montan-Parlament" in Luxemburg wählte ihn 1952 zum Vizepräsidenten. Außerdem war er in mehreren europäischen Ausschüssen als Vorsitzender und als Mitglied tätig. Zwischen Bonn, Luxemburg und Straßburg pendelte er hin und her. Mit fast leidenschaftlichem Bemühen kämpfte er darum, die Völker Europas in Freiheit einander näher zu bringen und Europa zu einigen.

Ehrungen blieben nicht aus. Der Bundespräsident verlieh ihm 1953 das Große Bundesverdienstkreuz mit Stern und Schulterband und die juristische Fakultät der Universität Köln verlieh ihm den Ehrendoktorhut und die Würde des Ehrensenators.

Am Ende der 2. Legislaturperiode des Bundestages im Herbst 1957 war Dr. Pünder nahezu 70 Jahre alt. Er entschloß sich, nicht nochmals zu kandidieren. Aber auch nach 1957 war Dr. Pünder noch in vielen Gremien tätig: als Vorsitzender der deutschen Sektion für das internationale Komitee zur Verteidigung der christlichen Kultur, als Vorsitzender des deutschen Volksheimstättenwerkes, als Vorstandsmitglied der Max-Planck-Gesellschaft, als Vorsitzender in der Kölner Gesellschaft für Christlich-Jüdische Zusammenarbeit, als Vorsitzender des Vereins Alter Münstereifeler[187] und in anderen Vereinigungen. Dr. Hermann Pünder verstarb am 3. Oktober 1976; er erreichte das 88. Lebensjahr. Am 8. Oktober wurde er in Köln/Melaten beigesetzt.

In der Predigt beim Pontifikalrequiem im Dom zu Köln hatte der Berliner Domkapitular, Prälat Klausener, Pünders Treue besonders herausgestellt: Treue bis zu den Schranken des Gerichtes, Treue zu Europa, Treue zu seinem christlichen Glauben.

Auch der Eifel galt Pünders Treue. In Münstereifel hat er entscheidende Jugendjahre verlebt. Seit 1945 wohnte er in Köln, aber wählte Münstereifel zu seinem zweiten Wohnsitz. Jahrzehnte gehörte er dem Eifelverein an. Als Staatssekretär, Oberdirektor und Bundestagsabgeordneter hatte er stets ein offenes Ohr für die Nöte und Anliegen der Eifel.

Adolf Weber (1876–1963)
Geheimrat, Professor Dr. jur., Dr. phil.
Adolf Weber ist in der ersten Hälfte unseres Jahrhunderts einer der bedeutendsten Volkswirtschaftler Deutschlands.[188] Manche seiner Ideen haben ihren Niederschlag in der Wirtschaftsordnung unseres Landes gefunden. Etwa 60 Bücher und zahlreiche Aufsätze und Abhandlungen zeugen von seinen großen Wissen in der Volkswirtschaftslehre, Wirtschaftspolitik, Soziallehre, Bankwesen, bis hin zur Weltwirtschaft. Für Adolf Weber stellt die fortwährende Bildung neuen Kapitals das dynamische Element der Volkswirtschaft und die Voraussetzung für sozialen Fortschritt dar. Das Scheitern der Planwirtschaft sowjetischer Prägung hat er schon Jahrzehnte vor ihrem Untergang gesehen. Alle Formen staatlicher Zwangswirtschaft lehnt der Hochschulprofessor ab, deshalb bekämpfen ihn die Nationalsozialisten und die Kommunisten.

In Mechernich wird Adolf Weber als Sohn einer Bauernfamilie 1876 (29.12.) geboren. Dort verbringt er seine ersten elf Lebensjahre. Anschließend ziehen die Eltern nach Bonn, um dem Sohn den Besuch des Gymnasiums (1888–1897) zu ermöglichen. Nach dem Abitur studiert er Recht– und Staatswissenschaften in Bonn, Berlin und Leipzig (1897–1900). Die Ferien benutzt er zu Studienreisen nach England, Frankreich und Italien.

„Die Geldqualität der Banknote“ lautet die Dissertation, mit der er 1900 in Freiburg zum Dr. jur. beider Rechte promoviert wird. Den Dr. phil. verleiht ihm 1902 die Universität Bonn mit der Dissertation „Depositenbanken und Spekulationsbanken“ (seitdem in 4 Auflagen erschienen). Nach seiner Habilitation in Bonn ist er an der dortigen Universität tätig. Ab 1904 ist er für fünf Jahre auch an der dortigen Landwirtschaftlichen Hochschule als Dozent für Nationalökonomie und Finanzwirtschaft (1903–1908) beschäftigt.

31jährig (1908) folgt Weber einem Ruf als ordentlicher Professor an die Handelshochschule der späteren Universität zu Köln. Hier baut er die Hochschule für kommunale und soziale Verwaltung auf, deren Leiter er wird. 1912 lehnt er es ab, als Zentrumsabgeordneter in den preußischen Landtag nach Berlin zu gehen – ebenso schlägt er eine hoch dotierte Stelle bei der Deutschen Bank aus. Dagegen nimmt Weber 1914 ein Ordinariat an der Universität Breslau an, wo er 1917 das Osteuropa-Institut gründet und zu dessen Präsidenten gewählt wird. Dort bleibt er allerdings nur zwei Jahre.

Nach dreijähriger Tätigkeit als Professor an der Universität Frankfurt (1919–1922) erhält der nunmehr 45jährige Weber den angesehenen Lehrstuhl für Ökonomie an der Ludwig-Maximilians-Universität in München und bleibt dort zeitlebens; es ist die erfolgreichste Zeit seiner Forschungs- und Lehrtätigkeit.

In der Zeit des Nationalsozialismus hat Weber manche Widrigkeiten auszuhalten. Da sie ihn „als pädagogische Macht ersten Ranges“ fürchten, bleibt er weitgehend von Nachstellung verschont. Er selbst beschreibt diese Jahre: „Weil ich nie verschwieg, daß ich mich zu einem positiven Christentum bekannte, hatte ich mit den Nationalsozialisten schwerste Kämpfe zu bestehen. Dabei stand der größte Teil der

Studenten, aber auch der Kollegen auf meiner Seite. Deshalb wagte man nicht, mich abzusetzen, obwohl ich mich weigerte, der Partei beizutreten, und auch nicht duldete, daß ein Hitlerbild in meinem Dienstzimmer angebracht wurde.[189]

Was die Nazis nicht fertigbrachten, erfolgt nach dem Kriege, als vorübergehend die Kommunisten in München starken Einfluß haben. Weber ist für sie ein Gegner des Marxismus und des kommunistischen Wirtschaftssystems. Doch diese kommunistische Epoche dauert nur kurze Zeit.

Adolf Weber übernimmt wieder seinen Lehrstuhl. Auch nach seiner Emeritierung (1948) hält er weiter Vorlesungen und leitet weiterhin ein Seminar für Fortgeschrittene.

Die bedeutendsten Werke Adolf Webers sind, abgesehen von seinen beiden Dissertationen:
- „Der Kampf zwischen Kapital und Arbeit" (6 Auflagen, zuerst 1910)
- „Volkswirtschaftslehre", 4 Bände (1928–1933)
- „Geld – Banken – Börsen" (6 Auflagen, zuerst 1939)
- „Marktwirtschaft und Sowjetwirtschaft" (1949)
- „Schein und Wirklichkeit in der Volkswirtschaft" (1961)

Zur Einführung in die Wissenschaft der Ökonomie veröffentlicht der Professor für die Studenten drei Einführungsbücher, und zwar die
- „Kurzgefaßte Volkswirtschaftslehre"
- „Kurzgefaßte Volkswirtschaftspolitik" und das
- „Deutsches Wirtschaftsleben".

Die Schriften Webers, die auch heute noch aktuell sind, zeichnen sich nicht nur durch ihre fundierte Sachkenntnis aus, sondern auch durch ihre einfache, klare und überzeugende Sprache; auch spröden Stoff weiß Weber anschaulich darzubieten. Von manchen Werken Webers gibt es Übersetzungen in englischer, spanischer, japanischer, griechischer und russischer Sprache.

Hohe Ehrungen bleiben bei solch einer wissenschaftlichen Leistung nicht aus: Weber wird Ehrensenator der Universität Breslau (1922), die Regierung in München erteilt ihm den Ehrentitel „Geheimrat" (1922). Drei Hochschulen (Mailand, Bonn, Nürnberg) verleihen ihm den Ehrendoktor. 1952 erhält er das Große Bundesverdienstkreuz.

Neben seinem umfangreichen Wissen schätzen die Studenten an Weber Menschlichkeit und Güte. Sie nennen ihn schließlich „Papa Weber". Tausenden Studenten hat er das Fachwissen vermittelt, hunderte haben bei ihm promoviert, etwa 25 seiner Schüler sind Hochschulprofessor geworden.

Eindringlich weist Weber auf die Verantwortung hin, die der Mensch in der Volkswirtschaft einnimmt. Er schreibt: „Trotz des Häßlichen und der Unruhe, der Widerwärtigkeit und der Unwahrhaftigkeit, die der wirtschaftliche Konkurrenzkampf mit sich bringt, muß im Mittelpunkt des Sozialen der Mensch stehen, mit einem Funken der Gottheit (was du unzerstörbare Seele nennst) als Ebenbild Gottes".[190]

Alfred Weber stirbt 1963 (5. 1.) in seiner Wahlheimat München, nur wenige Tage nach Vollendung seines 86. Lebensjahres. Damals schreibt der Aachener Professor Dr. Burkhard Röper: „Alfred Weber, ein Sohn der Nordeifel, hat als einer der Patriarchen der Wirtschaftswissenschaften höchste Achtung erworben und wird in der Erinnerung seiner Mitwelt noch lange weiterleben".[191]

Der 75jährige Weber sagt von sich, in dem er auf sein Leben zurückblickt: „Der Eifeler Bub kann einigermaßen stolz sein auf das, was er in seinem langen Leben geleistet hat. Aber am meisten stolz bin ich darauf, daß ich stets und in allen Lebenslagen meinem Herrgott treu geblieben bin, so wie ich es einst auf dem Schoße meiner guten Mutter gelernt habe, in Mechernich im Kreise Schleiden".

Erzabt Benedikt Reetz aus Ripsdorf (1897–1964)

Der 1897 (14.3.) in Ripsdorf geborene Johann Reetz, der sich später im Kloster den Namen Benedikt gibt, findet bereits mit 12 Jahren Aufnahme in der belgischen Benediktinerabtei St. André, wo er die Klosterschule mit Französisch als Unterrichtssprache besucht (1909–1914). Bei Ausbruch des Krieges kehrt er zur Eifel zurück, absolviert eine Klasse auf dem Gymnasium in Monschau, wechselt auf die Klosterschule in Seckau (Österreich) und legt 1917 in Graz das Abitur ab. Es folgt der Militärdienst in Nordfrankreich, wo sich der Unteroffizier und Offiziersanwärter Reetz bewährt; übrigens gehört auch der Gefreite Adolf Hitler demselben Regiment an. In den letzten Monaten des Krieges ist Reetz als Dolmetscher eingesetzt.

Nach den Noviziatsjahren studiert der Eifeler in Rom Philosophie und Theologie. Das Studium schließt er 1925 mit dem Doktorgrad ab. Schon ein Jahr zuvor hat er in Ripsdorf die Primiz feiern können und wird dann als Kaplan der Pfarrei St. Matthias zu Trier zugewiesen. 1926 wählen die Mönche in Seckau (Steiermark) Pater Benedikt zu ihrem Abt. Es ist ein ungewöhnlicher Vorgang, einem so jungen Mann (29 Jahre) nach nur 2 1/2 jährlicher Priestertätigkeit ein so hohes und verantwortungsvolles Amt zu übertragen (der Abt steht im Rang eines Bischofs); der Papst muß deshalb dieser Wahl zustimmen.

31 Jahre ist Abt Benedikt Vater der Seckauer Klosterfamilie, eine Zeit, die mit Freude und Erfolgen, aber auch mit Leid und Enttäuschungen ausgefüllt ist. Es gelingt dem Abt, seine Klosterschule zu einem staatlich anerkannten Gymnasium auszubauen. Er selbst übernimmt zunächst die Stelle des Oberstudiendirektors. Die Freude des ersten Abiturs 1938 wird durch die Maßnahme der Geheimen Staatspolizei getrübt; sie beschlagnahmt die Gebäude und richtet dort eine Adolf-Hitler-Schule ein.

Die Klosterbewohner muß der Abt auf verschiedene Niederlassungen der Beuroner Kongregation verteilen; er selbst nimmt Aufenthalt in Beuron, später in Baden-Baden. Als er im September 1945 nach Seckau zurückkehren darf, leben nur noch zwei Drittel der ehemaligen klösterlichen Gemeinschaft. Aber sie alle widmen sich jetzt mit großem Eifer dem Wiederaufbau.

Abt Benedikt ist gerade 60 Jahre alt, als ihn der Konvent in Beuron zum Erzabt kürt. In dieser Zeit entfaltet der umsichtige und unermüdliche Eifeler seine wichtigsten Aktivitäten. Unter ihm entstehen im Klosterbezirk zahlreiche Bauten: ein neues Institutsgebäude, ein Erweiterungsbau der Bibliothek und nach einem Brand die Neuerrichtung des ganzen Wirtschaftskomplexes. Ebenfalls organisiert er die Feierlichkeiten, als das Kloster Beuron 1963 seinen 100jährigen Geburtstag feiert. Damals verleiht ihm die Gemeinde Beuron die Ehrenbürgerschaft; Ehrenbürger seines Heimatdorfes Ripsdorf ist er schon länger. Doch im Vordergrund steht für den Erzabt der Mensch. Den Mitbrüdern ist er väterlicher Freund, den jungen Mitarbeitern umsichtig sorgender Berater. Für die Mitchristen erweist er sich in zahlreichen Radioansprachen als Rufer und Ermunterer zu einem echten und frohen Christentum. 68 seiner im Rundfunk gehaltenen Ansprachen liegen in Buchform vor.[192]

Die in Beuron versammelten Äbte wählen ihn im Juni 1960 zum Präses der Beuroner Kongregation. Das neue Betätigungsfeld bedeutet mehr Verpflichtungen: jährliche Äbtekonferenzen, vorgeschriebene Visitationen der einzelnen Männer- und Frauenabteien, persönlicher Einsatz bei vielen wichtigen Entscheidungen und anderes mehr. Als Präses der Kongregation ist Erzabt Benedikt Mitglied des allgemeinen Konzils. Dem zweiten Vatikanischen Konzil (1962–1965) gehört er mit Sitz und Stimme in der Generalvesammlung an. Hier hat er oft das Wort ergriffen und sich für ein humanes Christentum eingesetzt. Einer der Konzilsväter äußerte einmal: Wir hören ihm gerne auf dem Konzil zu; denn jedes seiner Worte spricht von seiner großen Liebe zur Heiligen Kirche.[193]

Das II. Vaticanum ist noch nicht zu Ende, als der Erzabt das Opfer eines Verkehrsunfalles wird. Auf einem Spaziergang in der Nähe von Beuron erfaßt ihn auf vereister Straße von hinten ein Auto. Johann Reetz erliegt noch am Unfallort seinen schweren Verletzungen. Es ist der 28. Dezember 1964.

Der Papst, zahlreiche Kardinäle und Bischöfe, Bundespräsident, Bundeskanzler, die Landesregierung in Baden-Württemberg und Persönlichkeiten des Auslandes würdigen den Erzabt als aufrichtigen, tatkräftigen und von der Liebe des Christentums beseelten Menschen. Im Totenzettel werden „die schlichte Herzlichkeit, die geduldige Güte, die strahlende Heiterkeit, der aufmunternde Optimismus" des aus der Eifel stammenden Erzabtes herausgestellt.

Der Autor des Bandes hatte vor, noch weitere Persönlichkeiten aus der Eifel in diesem Anhang zu nennen und ihren Lebensgang zu beschreiben. Sein plötzlicher Tod hat diesem Vorhaben ein Ende gesetzt. Aus diesem Grunde sind wichtige Personen aus Kultur, Wissenschaft und Politik hier nicht mehr erfaßt worden.

Kurz vor dem Ende seines Lebens hat der Autor Dr. Heinz Renn sein besonderes Verhältnis zu dem Eifelraum in einem kurzen Essay beschrieben. Dieses Essay zeigt, wie sehr er durch persönliche Erlebnisse mit dem Gegenstand seiner wissenschaftlichen Arbeiten verbunden war. Die Herausgeber waren der Meinung, dieses Essay solle den Lesern des Buches nicht vorenthalten werden, da es Leben und Werk des Autors in Verbindung setzt. Es erscheint auch sinnvoll, dieses Essay an dieser Stelle in das Buch einzufügen, um Dr. Heinz Renn in die von ihm begonnene Liste der besonders verdienstvollen Eifeler Bürgerinnen und Bürger einzureihen. Ein ausführlicher Lebenslauf ist dann im Anhang an das Essay zu lesen.

6. Der Autor: „Mein besonderes Verhältnis zur Eifel"

Der Eifel fühle ich mich besonders verbunden. Meine Eltern stammen aus Baasem (jetzt Gemeinde Dahlem). Der Vater, geboren 1880, geht früh in die Großstadt nach Köln, Düsseldorf, Berlin und schließlich nach Hamburg, wo er sich als Anstreichermeister niederläßt und ein kleines Möbelgeschäft betreibt. 1910 heiratet er seine Baasemer Mitschülerin, damals als Köchin in Düsseldorf angestellt.

Die Ahnen des Vaters meiner Mutter (namens Schmitz) sind in Baasem bis 1550 nachzuweisen. Väterlicherseits leben meine Vorfahren im 18. Jahrhundert in Marmagen, um 1800 in Schmidtheim, und 1830 heiratet mein Urgroßvater (Renn) nach Baasem, wo er den Bauernhof seiner Frau übernimmt. Soweit sich feststellen läßt, stammen alle Angehörige meiner Ahnentafel aus den genannten Ortschaften oder aus sonstigen Dörfern der Hocheifel.

Obwohl ich in Hamburg geboren bin und dort meine ersten zehn Lebensjahre verbrachte, fühle ich mich als Eifeler. Nach schwerer Krankheit meines Vaters, der kurze Zeit später verstarb, kam ich 1921 zu den Großeltern mütterlicherseits nach Baasem. Der Wechsel hat mich stark beeindruckt. Während ich im anonymen Hamburg die Familie im zweiten Stock des Nebenhauses nicht einmal kannte, überschaute ich die 500 Seelengemeinde bald vollständig. Ich kannte jedes der hundert Häuser und nicht minder die dortigen Bewohner, von denen mir die Großeltern erzählten.

Die Großeltern, beide um 1850 geboren, berichteten an den langen Winterabenden – Radio und Fernsehen gab es noch nicht – gerne aus ihrem Leben, und sie hatten an mir einen eifrigen Zuhörer. In ihrer Jugend gab es, wie ich staunend erfuhr, noch keine Wasserleitung, kein elektrisches Licht und in der Eifel noch keine Eisenbahn. Mit 50 Jahren sahen sie das erste Fahrrad, einige Jahre später das erste Auto. Manchmal kamen abends die Nachbarn zum „Uechten". Sie erzählten frühere Begebenheiten und gaben lustige Streiche zum Besten. Aufmerksam speicherte ich alles; die Liebe zur Geschichte wurde damals in mir geweckt.

Meine Großeltern hatten ihren Sohn, der die Landwirtschaft übernehmen sollte, im ersten Weltkrieg verloren. Sie freuten sich, mich, einen Jungen von 10–13 Jahren, in ihrem landwirtschaftlichen Betrieb (50 Morgen Eigen- und 20 Morgen Pachtland) als Hilfskraft einsetzen zu können. Vormittags besuchte ich die Volksschule und hütete im Sommerhalbjahr nachmittags das Vieh, half bei der Heuernte, beim Ernten der Kartoffeln und stand dem Großvater zur Seite, der schon den Beginn des siebten Jahrzehnts erreicht hatte. Im Winter sägten wir mit der Handsäge das Brennholz (4–6 Raummeter), versorgten das Vieh im Stall, und ich trieb die Ochsen im Kreise um den „Göpel", der die Dreschmaschine in Bewegung setzte. Im Sommer 1922 waren die Mutter und meine jüngeren Geschwister auch nach Baasem gezogen. Da schließlich die Schwester das Kühehüten übernahm, der Großvater die Ochsen verkaufte und den landwirtschaftlichen Betrieb verkleinerte, kam man auch ohne mich aus. Ich, inzwischen 13 Jahre alt geworden, wurde zu einem größeren Bauern „verdingt".

Ehe ich morgens die Schule besuchte, hatte ich den Stall, in dem 15 Tiere standen, auszumisten. Zweimal wöchentlich bedeutete das für mich früher aufzustehen, da vor dem Schulbeginn noch die Schulmesse besucht wurde. Auch sonst wurde ich zu Arbeiten in Hof, Stall und Feld eingesetzt. Meine Verbundenheit zur Landwirtschaft stammt aus jenen Jahren.

1926 begann in Baasem das Umlegungsverfahren. Ich bewarb mich als Hilfskraft und wurde dem Vermessungsgeologen zugeteilt, um die Meßwerte einzutragen und auszuwerten. Bei dieser Tätigkeit lernte ich die Gemarkung des Dorfes genau kennen. Das verdiente Geld, Stundenlohn 40 Pfennig, durfte ich behalten und bei der Sparkasse einzahlen. Mit dieser Ersparnis konnte ich die externen Kosten meiner weiteren Ausbildung bestreiten. Endlich bot sich mir die Gelegenheit, meinen Wunsch nach einer vertiefenden Ausbildung nachzukommen und an einer Klosterschule einige Gymnasialklassen im Schnellverfahren zu durchlaufen. Anschließend wechselte ich zum Staatlichen Gymnasium in Münstereifel, wo ich im Konvikt wohnte und ab Obersekunda (11. Gymnasialklasse) durch täglichen Nachhilfeunterricht die laufenden Kosten selbst deckte. Nun lernte ich ein weiteres Stück Eifel kennen.

Nach abgelegter Reifeprüfung (1933) und nach dem in Mechernich abgeleisteten „freiwilligen" Arbeitsdienst konnte ich studieren. An der Universität Bonn wählte ich die Fächer Geschichte, Latein und Griechisch. Am Institut für geschichtliche Landeskunde widmete ich mich vordringlich der Geschichte der Rheinlande, besonders der Eifel. Weil ein großer Teil der Eifel, auch Baasem in der Herrschaft Kronenburg, jahrhundertelang zu Luxemburg gehört hatte, wählte ich ein Thema aus der Geschichte Luxemburgs als Doktorarbeit. Nach abgelegtem Examen folgte eine Tätigkeit als Assistent am Historischen Seminar der Universität Bonn. In dieser Zeit nahm ich meine langjährige Studienkollegin Paula Krumpen zur Frau, die als erstes und einziges Mädchen des Dorfes Baasem ein Gymnasium besucht hatte und mit mir nach Bonn zum Studium gekommen war. Die Flitterwochen waren nur von kurzer Dauer, da ich an die Ostfront abkommandiert wurde, wo ich mit wenigen Unterbrechungen über fünf Jahre einschließlich Gefangenschaft verbrachte.

Dann hatte mich die Eifel wieder. Wir wohnten zehn Jahre (1945–1955) in Schmidtheim. Beruflich war ich Gymnasiallehrer in Köln, dann in Euskirchen, das ich mit der Bahn erreichte. Nebenamtlich wurde ich zweimal in Schmidtheim zum Amtsbürgermeister gewählt. In den sieben Gemeinden des damaligen Amtes Schmidtheim lernte ich die verschiedenen Probleme der Eifeldörfer kennen. Am Rad der Eifelgeschichte durfte ich selbst ein wenig mitdrehen, als Bundeskanzler Adenauer den Amerikanern die Dahlemer Binz als Düsenjägerflugplatz anbot. Ich setzte damals meine ganze Kraft ein, das Vorhaben zu verhindern. Ich gewann als Mitkämpfer die regionalen Abgeordneten des Bundes, des Landes und die Spitze des Kreises Schleiden. Den Durchbruch verhalf mir aber die Unterstützung durch den damaligen Kölner Erzbischof Josef Kardinal Frings und Abt Elsen von der Trappisten-Abtei Mariawald. Beide Herren konnte ich davon überzeugen, daß ein Flughafen mit all seinem Lärm und seiner Geschäftigkeit kein guter Nachbar für das naheliegende Trappistinnenkloster „Maria Frieden“ sein könne. Gestärkt durch Regionalpolitiker und kirchliche Würdenträger konnte ich schließlich den Plan des Bundeskanzlers, einen Düsenjägerflughafen in Dahlem zu errichten, zu Fall bringen.

Durch meine Versetzung nach Münstereifel (Verwaltungsoberstudienrat am St.-Michael- Gymnasium) und unseren Umzug in die Erftstadt mußte ich meine ehrenamtliche Tätigkeit in Schmidtheim aufgeben. In meiner ehemaligen Pennälerstadt wohnten wir (Familie mit vier Kindern) acht Jahre (1955–1963), bis wir die Eifel verließen und nach Jülich wechselten, wo ich als Oberstudiendirektor das dortige Gymnasium leitete.

Ich habe also nach dem Krieg insgesamt 18 Jahre in der Eifel verbracht. Meine Freude an der Eifel hat auch mein Engagement im Eifelverein und weiteren heimatbezogenen Geschichtsvereinen befruchtet. Dem Eifelverein habe ich durch viele Ehrenämter, zuletzt als Hauptkulturwart und Bezirksvorsitzenden gedient.

Nach dem bisher Gesagten ist es nicht verwunderlich, daß ich den Hauptteil meiner vielen Veröffentlichungen der Eifel gewidmet und dem Schrifttum des Eifelvereins anvertraut habe. Im Eifelführer sind in den letzten sechs Auflagen meine Kurzfassung „Geschichte der Eifel“ erschienen. Vier Hefte der Schriftenreihe „Die schöne Eifel“ habe ich maßgeblich mitgestaltet. Weitere Veröffentlichungen im Eifeler Jahrbuch sowie in der Zeitschrift „Die Eifel“ dokumentieren meine Verbundenheit mit der Eifeler Geschichte.

Rückblickend muß ich gestehen: Die Eifel hat mich stets in ihren Bann gezogen. Als Schüler, Student und Lehrer habe ich dort gelebt, und in den verschiedensten Funktionen war ich mit ihr und ihren Menschen verbunden. Es hat mich innerlich beglückt, an der Aufhellung ihrer Geschichte mitarbeiten und mit offenen Augen und Ohren am Geschehen und den Problemen der Gegenwart Anteil nehmen zu dürfen.

Dr. Heinz Renn

Anmerkungen

1 Klaus Grewe, Atlas der römischen Wasserleitungen nach Köln, Köln, 1986.
2 Leo Stausberg, Der Matronenkult im Eifelgebiet, in: Eifelkalender 1953, S. 19ff.
3 Heribert Reiners, Die Kunstdenkmäler von Eupen-Malmedy, Düsseldorf 1935, S. 5. Hubert Jenniges, Zur Situation der Deutschen in Malmedy, in: Germanistische Mitteilungen, Zeitschrift des Belgischen Germanisten- und Deutschlehrerverbandes, Brüssel 1984, Heft 19, S. 65 ff.
4 Heinrich Dittmaier, Eifel, in: Rheinisch-Westfälische Zeitschrift für Volkskunde 1961, Heft 3/4, wo bisherige Erklärungen behandelt und die urkundlichen Hinweise gegeben werden. Es ist, soweit ich sehe, die letzte wissenschaftliche Abhandlung über die Herleitung des Namens Eifel. Dittmaiers Deutung, das Wort Eifel sei entstanden aus Eichen - Feld (Eich-Ville) halte ich allerdings für abwegig.
5 Heinrich Beyer, Urkundenbuch 1, Nr. 91.
6 Heinz Renn, Eine aufschlußreiche Urkunde vom Jahre 867, in: Jülicher Heimatblätter 1967; der Autor hat hier die Urkunde übersetzt und kommentiert.
7 Karl Lamprecht, Deutsches Wirtschaftsleben im Mittelalter, Bd. I, Leipzig 1886, S. 347 ff.
8 Peter Nieveler, Christina von Stommeln, in: Veröffentlichungen des Bischöflichen Diözesanarchivs Aachen, Bd. 34, Mönchengladbach 1975.
9 Heinz Renn, Jülichs Aufstieg im Mittelalter und sein Vorstoß in den Eifelraum, in: 75 Jahre Eifelverein, Ortsgruppe Jülich, 1984, S. 45 ff
10 Heinz Renn, Aufbruch von Baasem um 1150 nach Baaßen (Siebenbürgen), in: Eifel-Jahrbuch 1986, S. 149 ff.
11 Heinz Renn, Die Geschichte des Kronenburger Landes in der Frühzeit und das erste Kronenburger Edelgeschlecht, in: Rheinische Viertelsjahresblätter 1954, Heft 3/4, S. 499 ff., hier S. 537 ff.
12 Rudolf Schieffer, Die Zeit der späten Salier, in: Rheinische Geschichte I 3, S. 179.
13 Erst 400 Jahre später gibt es in der Eifel Franziskanerklöster, in Adenau (1629),in Schleiden (1612), in Wittlich (1642) und erst wieder im 20. Jahrh. St. Thomas (1907) und Vossenack (1967).
14 Hans Josef Schad, Mönchskloster in Eifel und Ardennen in unserer Zeit, in: Eifel-Jahrbuch 1975, S. 36 ff., und 1976, S. 60 ff., hier S. 62.
15 Ernst Hollstein, Jahresringchronologien aus dem Romanischen Haus, in: Jahrbuch der rheinischen Denkmalpflege, Bd. XXV, S. 109 ff.
16 Emil Donkel, siehe Literaturangabe zu Kapitel VIII.
17 Landeshauptarchiv Koblenz, Abt. 29 G, Nr. 434; siehe auch Peter Neu, Die Abtei Prüm im Zeitalter der Reformation und Gegenreformation, in: Rheinische Viertelsjahresblätter 1986, S. 114.
18 Karl Heinz von den Driesch, Kölner Heilige als Missionare der Gegenreformation auf Eifeler Ofenplatten, in: Volkskultur an Rhein und Maas, 6. Jahrg., 1/87.
19 Heinz Renn, Die Geschichte Kronenburgs und der Kronenburger Lande, in: Die schöne Eifel, Heft Kronenburg, 3. Auflage, S. 15.
20 Adolf Kettel, Hexenprozesse in den Grafschaften Blankenheim und Gerolstein, in: Eifel-Jahrbuch 1972, S. 67 ff.

21 H. Dieter Arntz, Hexenwahn wie eine Epidemie, in: Jahrbuch Kreis Euskirchen 1979, S. 71 ff.
22 Heribert Breiden, Der Zauberprozeß gegen den Pfarrer Matthias Hennes aus Wiesbaum, in: Heimatkalender Schleiden, 1954, S. 86 ff.
23 Heinz Renn, Hermann Löher aus Münstereifel, Verfasser eines bedeutenden Werkes gegen die Hexenprozesse, in: Heimatkalender Euskirchen 1963, S. 40 ff.
24 Wilhelm Coxe, Herzog Johann von Marlboroughs Leben und Denkwürdigkeiten, Bd. II, S. 165.
25 K.G.Faber, Der Landkreis Monschau, hier S. 52.
26 Karl Guthausen u.a., Meine Heimat Dahlem/Eifel, Eifelverein Dahlem 1967, S.31.
27 Peter Josef Weiß, Bestseller-Autor aus Steinfeld, Millionenauflage innerhalb von 280 Jahren, in: Eifel-Jahrbuch 1974, S. 122 ff.
28 Papst Clemens XVI. hebt in einem einfachen Breve den Jesuitenorden mit folgenden Worten auf: „Nach reiflicher Überlegung, aus sicherer Kenntnis und aus der Fülle der apostolischen Macht heben wir die genannte Gesellschaft auf, unterdrücken sie, löschen sie aus und schaffen sie ab." Der letzte Jesuitengeneral Ricco stirbt 1775 im Kerker.
29 Heinz Renn (Hrsg.), Baasem, Rückblick und Gegenwart, Geilenkirchen 1990, S. 153.
30 Helmut Bock, Rheinpreußische Arbeiterunruhen und preußisch-deutsche Reflexionen. Zur sozialen Frage in der „Restaurationsperiode" 1815–1830, in: Die Rheinlande in Preußen, Rheinland Verlag, Köln 1990, S. 44 ff.
31 Fischer und Herborn, Rheinische Landwirtschaft um 1820, Köln 1987, S. 83 ff.
32 Das Morgengebet ist abgedruckt in einem in der Eifel eingeführten Lesebuch, das 1837 bereits in der 7. Auflage erschienen ist.
33 Heinz Renn, Baasem, a.a.O., S. 139.
34 Eifel-Jahrbuch 1967, a.a.O., S. 120.
35 Ebda., S. 119.
36 Karl Abel, Der Mechernicher Erzbergbau, in: Heimatkalender Kreis Schleiden 1954, S. 61 ff.
37 M. Bierganz, Wirtschaft und Verkehr, in: Die Eifel, Zum 100jährigen Jubiläum des Eifelvereins, Düren 1988, S. 590.
38 Richard Graafen, Die Aus- und Abwanderung aus der Eifel in den Jahren 1815–1955, Bad Godesberg 1961; ferner: Josef Mergen, Von der Eifel nach Nordamerika, in: Eifel-Jahrbuch 1973, S. 36 ff.
39 J. Heinen, Geschichtliche Mitteilungen, wiedergegeben bei Walter Hanf, Gemeinde Hellenthal 1981, S. 43.
40 Josef Jansen, Eifelnöte und Eifelleid, in : Unsere Heimat, Nr. 2, 1929, S. 17.
41 H. Dieter Arntz, Naturkatastrophen und Notstände in der Eifel, in: Eifel - Jahrbuch 1986, S.126.
42 Heinz Renn, Baasem, a.a.O., S.153.
43 Zitiert bei J. Ruland, in: Heimatkalender Kreis Schleiden 1966, S. 44.
44 Wiedergegeben bei Pejo Weiß, Die Eifel in einem Lexikon von 1834, in: Eifel-Jahrbuch 1984, S. 52.
45 J. Hermes, Wald- und Forstwirtschaft in NRW, Hannover 1958.
46 Sigrid Budde, Waldnutzung im Landkreis Schleiden, in: Jahrbuch Kreis Schleiden 1966, S. 112 – 118.
47 Jörg Kleinen, Die Eifelwälder im Wandel der Geschichte, in: Eifel-Jahrbuch 1965, S. 52 ff.
48 Eifel-Festschrift 1913, S. 332 ff.

49 Bde. I – III, Köln, Aachen, Leipzig 1824 – 1855. Über Schannat u. Bärsch berichten ausführlich: Paul Krämer, dann Herbert Wagner, in: Eifel-Jahrbuch 1966, S. 37 ff. und 1983, S 50 ff.
50 Carl Schorn, Eiflia Sacra, 2 Bde. Bonn 1888–1892. Der Facsimiliedruck der Gesamt-Originalausgabe (Eiflia Illustrata u. Eiflia Sacra) ist mit 5 923 Seiten, 34 Farbtafeln u. 39 Stammtafeln als Neudruck beim Eifelverein in Düren zu beziehen.
51 Franz Josef Heyen, Wilhelm Jansen, Zeugnisse rheinischer Geschichte, 150 Jahre staatliche Archive, Neuss 1982.
52 Otto Baur, Die Entdecker der Eifel, eine Landschaft und ihre Maler, Prüm, Januar 1992.
53 Otto Baur, Fritz von Wille, der Maler der Eifel, Daun 1979. Derselbe, Zwischen Venn und Maaren: Zum 50. Todestag des Eifelmalers Fritz von Wille, in: Jahrbuch Kreis Euskirchen 1991,S. 129 ff.
54 Ebda.,S. 24.
55 Ernst Kratz, Der Archivar des Künstlervereins Malkasten, in: Sechs Künstlergenerationen aus drei Jahrhunderten, S. 7–26.
56 Clara Viebig, Der Eifelmaler Fritz von Wille, in: Eifelvereinsblatt 10, 1909, S. 100. Siehe hierzu neben den Originalen auch: Sophie Lange, Küchen, Kinder, Kirche aus dem Leben der Frauen in der Eifel, Helios-Verlags- und Buchvertriebsgesellschaft Aachen 1992, S.39–58.
57 Heinz Renn, Münstereifel, Kurort und Kneipp-Heilbad, Münstereifel 1962; siehe auch: Bad Münstereifel, in der Reihe: Die schöne Eifel.
58 Der Kreis Monschau zählt 1870: 18 600 Einwohner, 1905: 17 650 Einwohner.
59 Eifel-Festschrift 1913, Verlag Eifelverein, S. 352. Die Zahlen wurden leicht auf- oder abgerundet. Auch die Mehrheit der weiteren Statistiken, hier S. 349, 350.
60 Heinz Renn, Baasem, a.a.O., S. 66 f.
61 S. Waver und W. Steinkemper, Die Geschichte der Baasemer Schule, in: Baasem, a.a.O., S. 137 ff.
62 Heinz Renn, Baasem, a.a.O., S. 59.
63 Ebda., S. 67 f.
64 Sophie Lange, Vaterländische Frauenvereine in Schleiden und Euskirchen, in: Jahrbuch Kreis Euskirchen 1992, S. 20 ff.
65 I.Bauer, Der Glockenfriedhof von Kall-Stürzerhof, in: Kalender Kreis Euskirchen 1986, S. 111 ff.
66 Kurt Fagnoul, Die annullierte Annexion, Aktuell Verlag St. Vith, 1985, S. 38 ff., später S. 79 ff.
67 Heinz Renn, Losheim, in: Handbuch der Historischen Stätten Deutschlands, Bd. III, Nordrhein-Westfalen, 2. Auflage 1970, S. 479 ff.
68 Die Eifel, Zum 100jährigen Jubiläum des Eifelvereins 1988, S.342, Volksfreund Druckerei Trier.
69 Erich Mertes, Notgelder im Kreis Adenau 1923, in: Eifel-Jahrbuch 1985, S.97 ff.; Eifel-Jahrbuch 1986, S. 120 ff.
70 Jahrbuch Kreis Euskirchen 1986, S. 16 ff.
71 Preußische Denkschrift, Berlin 1929, S.4.
72 Die Eifel, Zum 100jährigen Jubiläum des Eifelvereins, a.a.O., S. 343 ff.
73 Preußische Denkschrift, a.a.O. S. 14.
74 Hermann Pünder, Abschied von Mechernich, in: Nachrichtenblatt des Vereins Alter Münstereifeler 1959, Heft 2, S. 11 ff.
75 Jahrbuch Kreis Euskirchen, a.a.O., S. 16 und S. 18.

76 Aufzeichnungen von Jakob Meyer, Stadtkyll.
77 Die Eifel, Zum 100jährigen Jubiläum des Eifelvereins, a.a.O. S.345.
78 H. Dieter Arntz, Ordensburg Vogelsang 1934–1945, Euskirchen 1986.
79 D. Keller, Aus eigener Erinnerung, in: Chronik des Gillenfelder Eifelvereins 1988, darin S. 116 f.
80 H. Dieter Arntz, Judenverfolgung im deutsch-belgischen Grenzgebiet, Euskirchen 1989.
81 Wiedergegeben bei Josef Dreesen, Der Kreis Daun im Dritten Reich, S.299, Warlich Verlag, Meckenheim 1990.
82 Adolf Hohenstein, Wolfgang Trees, Hölle im Hürtgenwald, Aachen 1981.
83 Hajo Knebel, Der Luftkrieg 1944/45 über der Eifel, in:Eifel- Jahrbuch 1972, S. 116 ff.
84 H.J. Wagner, Bomben auf Stadtkyll, in: Arbeitskreis „Ortsgeschichte Stadtkyll", Stadtkyll im 2. Weltkrieg, Stadtkyll 1986, S. 42.
85 Otto von Fisenne, Eifeler Widerstandskämpfer gegen den Nationalsozialismus, in: Eifel-Jahrbuch 1970, S. 90 ff.
86 Heinrich Thorsten, Die Prüfung, Aufbauverlag Berlin 1957. Unter obigen Pseudonym beschreibt Thesens Mitgefangener Willi Bredel den politischen Lebens- und Leidensweg Thesens; siehe auch: Heinz H. Grundhöfer, Mathias Thesen, Reichstagsabgeordneter (1928–1933), in: Ehringer Heimat 1976, Heft 2.
87 Klaus Vielhaber, Willi Graf und die Weiße Rose, eine Dokumentation, Freiburg – Basel – Wien 1964; siehe auch: Jahrbuch Kreis Euskirchen 1984, S. 45.
87b Auf die Judenverfolgung in der Eifel soll hier nicht näher eingegangen werden, da zu diesem Thema eine neue aktuelle Veröffentlichung vorliegt. Vgl. H.-D. Arntz: Judenverfolgung und Fluchthilfe im deutsch-belgischen Grenzgebiet – Kreis Schleiden (Volksblatt Druckerei und Verlag Kümpel: Schleiden 1990).
88 Dr. Felix Gerhardus, Der Kreis Schleiden, gestern, heute und morgen, in: Heimatkalender Kreis Schleiden 1961, S.96 ff.
89 Ich lebte nach fünfjährigem Militätdienst in Rußland und nach Verwundung und Gefangenschaft in diesem Eifeldorf; wir haben später nie mehr so lachen können wie damals. Es war sicher der notwendige Ausgleich zur vorangegangenen schweren Zeit und zur Härte des Alltags.
90 Ulrich Harbecke, Abenteuer Bundesrepublik, Gütersloh 1988, S. 23.
91 Kurt Fagnoul, a.a.O.
92 W.Herbrandt und Th.Brenner, Das sündige Dorf, in: Neues Rheinland, April 1991, S. 13 ff.
93 Dr. Felix Gerhardus, Der Kreis Schleiden, gestern, heute und morgen, in: Heimatkalender Kreis Schleiden 1961, S. 108.
94 Mannesmann Demag, 300 Jahre Jünkerath und das Eisen 1687–1987, 1988.
95 Heinz Renn, Schmidtheim, in der Reihe: Die schöne Eifel, 1983, S. 31.
96 Werner Schwind, Der Eifelwald im Wandel der Jahrhunderte, Eifelverein Düren 1984, S. 177.
97 Albert Hahn, Der Landkreis Schleiden in Zahlen, in: Kalender Kreis Schleiden 1965, S.158 ff.
98 Ludwig Schmitz, Die Rindviehzucht in den letzten Jahrzehnten, in: Kalender Kreis Schleiden 1958, S. 102 und 105.
99 Heinz Renn, Jülichs Aufstieg im Mittelalter und seine Vorstöße in den Eifelraum, in: 75 Jahre Eifelverein Ortsgruppe Jülich, S.45 ff. Die Herzöge von Jülich residierten zwar eine Zeitlang (etwa 1200–1400) in Nideggen, wanderten dann wieder ab in die Ebene.

100 Baasem, a.a.O., S. 154.
101 Persönliche Angaben des Arbeitsamtes Kall.
102 K.H.Bodensiek, Der Glockengießer von Brockscheid, in: Eifel - Jahrbuch 1962, S. 79 ff.
103 Werner Schuhn, 300 Jahre Quinter Hütte, in: Eifel-Jahrbuch 1983, S. 17 ff.
104 Auskunft der Firma Dörries.
105 Auskunft der Firma Junker.
106 Vgl.: Manfred Bierganz, Wirtschaft und Verkehr der Eifel seit 1888, in: Die Eifel, Zum 100jährigen Jubiläum des Eifelvereins, a.a.O. S. 590 ff.
107 Die Informationen und Zahlen aus der Holzindustrie verdanke ich dem Holzingenieur Rolf Krumpen (Firma Krumpen, Hallschlag).
108 Im Kreis Bitburg-Prüm bleiben von 11 700 landwirtschaftlichen Betrieben des Jahres 1949 nach 40 Jahren (bis 1989) noch 4 300 Bauernhöfe, im Kreise Bernkastel-Wittlich im selben Zeitraum von 13 100 noch 4 650 Betriebe; siehe auch H. Kloten, Probleme des ländlichen Eifelraumes,in: Eifel -Jahrbuch 1988, S.23 ff.
109 Auskunft der Firma Milchunion.
110 Friedrich W. Henning, Der Butterberg der EG, in: Dünnbeinig mit krummen Horn, Meckenheim 1986, S. 276.
111 Otto von Fisenne, Gefahren für Boden und Wasser durch moderne Landwirtschaftsformen, in: Eifel-Jahrbuch 1990, S. 192.
112 Baasem, a.a.O., S.88.
113 Karl Gommes, Die Ernährungsweise der Eifelbewohner im 19. Jh. und früher, in: Zwischen Venn und Schneifel, Februar 1992.
114 Deutsch-Luxemburgischer Naturpark, in der Reihe: Die schöne Eifel, 1985, darin Heinz Renn, Geschichtliche Wanderung durch den Deutsch-Luxemburgischen Naturpark, S. 33ff.
115 Felix Gerhardus, Der Deutsch-Belgische Naturpark, Mercator Verlag Duisburg.
116 20 Jahre Naturpark Nordeifel, 1980, darin Heinz Renn, Geschichtlicher Spaziergang durch den Naturpark Nordeifel, S. 9 ff.
117 Inzwischen (1992) ist die Zahl der Hauptschüler besonders auch in der Eifel weiter stark abgesunken.
118 Frankfurter Allgemeine Zeitung vom 8.11.1999. S. B14
119 Statistisches Landesamt NRW, zitiert nach Eifeler Nachrichten vom 5.10.1999
120 Aktuell 2000, Stichwort Wirtschaft (Harenberg: Frankfurt am Main 1999), S. 16
121 ebenda S. 16
122 Unter dem Begriff der Wertschöpfung versteht man die in monetären Größen ausgewiesene Wersteigerung über die Produktionskette hinweg (etwa vom Fällen eines Baumes bis zum fertigen Schreibtisch)
123 Naturfreunde Internationale: Eifel-Ardennnen. Landschaft ohne Grenzen. (J.P. Bachem Verlag: Köln 1993), S. 43
124 Report der Kreisverwaltung Bitburg-Prüm. Amt für Personalwesen, Büro des Landrates. Februar 1999, S. 64f.
125 Lehmann-Brauns. E.: Die Eifelstädte und ihre Kirchen. (Jörg P. Bachem Verlag: Köln 1999), S. 77
126 Kreisreport Bitburg, (Landkreisamt Bitburg: Bitburg 1999), S. 64-65
127 Report der Kreisverwaltung Bitburg-Prüm. Amt für Personalwesen, Büro des Landrates. Februar 1999, S. 61
128 Handwerk: Struktur und Entwicklung (Handwerkskammer Trier: Trier, Mai 1997), S. 12 und 13

129 Brief der Firma „Junker“ vom 11.10.1999 (unterschrieben von Anno Hennerberger)
130 Eifeler Nachrichten vom 13.10.1999, S. 15
131 Brief und Unterlagen der Firma Weiss vom 3.11.1999 (unterschrieben von H.G. Weiss)
132 Pauls, A.: Die Gründung des „Stadt und Landboten“ vor 75 Jahren und sein erster Herausgeber (Buchdruckerei Jacob Weiß: Monschau 1923)
133 Sonderbeilage: Hans Georg Weiss zum 65. Geburtstag. Sonderveröffentlichung der Mitarbeiterinnen und Mitarbeiter des Unternehmens Weiss-Druck und Verlag, 9. Oktober 1992, S. 1
134 Eifeler Nachrichten vom 12.1.2000
135 Eifeler Nachrichten, Sonderbeilage „Das Handwerk hat Zukunft“, 12. 11. 1999, S. 3AB
136 Eifeler Nachrichten, vom 6. 10. 1999, S. 18
137 Eifeler Nachrichten vom 10.11., Lokalteil A2, S. 18 und S. 19; Eifeler Nachrichten vom 12.11.1999, S. 11; Eifeler Nachrichten vom 19.11.1999, Lokalteil A2, S. 16
138 Gewerbe-, Dienstleistungs- und Freizeitzentrum mit Zukunft: Flugplatz Bitburg. Herausgeber: Zweckverband Flughafen Bitburg (Bitburg, ohne Jahresangabe)
139 Braczyk, H.-J.: Regionalisierung (Nomos: Baden-Baden 1997)
140 Radwanderführer Aachen Trier. Radeln mit dem Eifelverein auf der Drei-Länder-Route durch Belgien, Deutschland und Luxemburg, hrsg. von dem Eifelverein e.V., Hans Neumann (Eifelverein: Düren 1999)
141 Die Eifelagentur – Entwicklungschancen im Einklang mit Natur und Kultur. Unterlagen zur Eifel Agentur. Kontakt Adresse: Blankenheimer Straße 2-4, D-53937 Schleiden, Tel. 02445-9550-0, E-mail: merk@eifelagentur.de
142 10 Jahre Eifel-Touristik NRW e. V. 1989-1999, Postfach 1346, 53897 Bad Münstereifel, Tel. 02253-92220; E-mail: infor@eifel-touristik.de, Internet: www.eifel-touristik.de
143 W. Schumacher, Landwirtschaft in der Eifel. Ausarbeitung für die Neuauflage des Buches von H. Renn: Die Eifel (Bonn 1999), S. 2
144 IHK Trier, Jahresbericht 1995, S. 21
145 Geschäftsbericht: Der Ausblick für die Eifel (Eifel Turistik NRW e.V.: Euskirchen 1999), S. 7
146 Die Krimis von Jaques Berndorf beginnen alle mit der Vorsilbe „Eifel“. Sein jüngster Werk heißt „Eifel-Sturm“. Andere Bücher tragen den Titel „Eifel-Gold“ oder „Eifel-Blues“.
147 Knaus, A. und Renn, O. Den Gipfel vor Augen. Unterwegs in eine nachhaltige Zukunft (Metropolis: Marburg 1998)
148 Wenke, M.: Konsumstruktur, Umweltbewußtsein und Umweltpolitik. Eine makroökonomische Analyse des Zusammenhanges in ausgewählten Konsumbereichen. (De Gryter: Berlin 1993), S. 17
149 Bundesumweltministerium, a.a.O., S. 22
150 Shockey, I.: The Experience of Nature in Everyday Life – A Comparative Study. Promotion im Fach Soziologie an der Brandeis University, (Manuskript: Boston 1996)
151 W. Schumacher, Landwirtschaft in der Eifel. Ausarbeitung für die Neuauflage des Buches von H. Renn: Die Eifel (Bonn 1999), S. 1
152 siehe zum Beispiel: Plachter, H.: Der Beitrag des Naturschutzes zu Schutz und Entwicklung der Umwelt. In: K.-H- Erdmann und H.G. Kastenholz (Hrg.): Umwelt- und Naturschutz am Ende des 20. Jahrhunderts. Probleme, Aufgaben. Lösungen (Springer: Berlin 1995), S. 197-254, hier S. 222

153 Einen guten Einblick in die Agrarlandschaft der Eifel gibt der Zustandsbericht des Johann Nepomuk von Schwerz aus dem Jahre 1836, der auf einer Befragung der Landräte im Eifelraum beruht. Der Zustandsbericht ist abgedruckt in: Rheinische Landwirtschaft um 1820. Die Schwerzsche Agrarenquote im Regierungsbezirk Aachen, bearbeitet von G. Fischer und W. Herborn. Beiträge zur Rheinischen Volkskunde, Band 2 (Rheinland-Verlag: Köln 1987)
154 ebenda. S. 1 und 2
155 C. Christians, Von der Agrarlandschaft zur Erholungslandschaft. In: Naturfreunde Internationale: Eifel-Ardennnen. Landschaft ohne Grenzen. (J.P. Bachem Verlag, Köln 1993), S. 34
156 Eifeler Nachrichten, 19.11.1999, S. 19
157 Weitere Auskünfte von: Vennbahn, Bahnhofstraße 70, b-4730 Raeren. Tel. 0032-87-858285; Internet: www.vennbahn.de
158 Brief von Volker C . Gutzeit vom 5.11.1999 über die Trinkwasserlage in der Nordeifel
159 Brief vom 13. Oktober 1999 mit Unterlagen vom Geschichts- und Museumsverein „Zwischen Venn und Schneifel“ (unterschrieben von Guido Leufgen).
160 Report der Kreisverwaltung Bitburg-Prüm. Amt für Personalwesen, Büro des Landrates. Februar 1999, S. 22
161 Otto Baur, Die Entdecker der Eifel, Eine Landschaft und ihre Maler, Prüm 1992.
162 Dieses Kapitel ist deshalb länger, weil es nicht nur den Künstler Werner Peiner würdigt, sondern sich auch mit seinem Lebenslauf eingehender befaßt und sein Lebensschicksal als ein Stück Zeitgeschichte unter den Nationalsozialisten und danach dokumentiert. Die Quellen meiner Darlegung sind: Otto Baur, Werner Peiner und die Meisterschule für Malerei in Kronenburg, in: Festschrift Kronenburg 1977, S. 39 ff. Weitere Feststellungen und Erkenntnisse gewann ich in zahlreichen Gesprächen mit dem Kronenburger Kunsthistoriker Dr. Sommer, der zugleich das Tagebuch der Meisterschule führte. Von meinem Heimatdorf Baasem suchte ich damals in den Ferien oft Kronenburg auf, Entfernung zwei Kilometer.
163 Diese Feststellung machte der Maler in einem Gespräch mit Professor Matthias Weber, in: Rolf Dettmann – 50 Jahre in Kronenburg, Dahlem, 1986, S. 21.
164 Die Zitate und Informationen stammen aus der Schrift: Prof. Dr. Bernhard Kreutzberg, Pitt Kreuzberg – ein Malerleben, Bad Neuenahr-Ahrweiler 1983.
165 Näheres über Scherl von Peter Kremer, Der Bildhauer Hanns Scherl, in: Eifel-Jahrbuch 1975, S. 68 ff.
166 Conrad Peter Joist, Curtius Schulten, in: Eifel-Jahrbuch 1988, S. 33 ff. Derselbe in der Einzelschrift, Curtius Schulten, Maler der Eifel, Eifelverein 1990.
167 Mein Leben mit Curtius Schulten, in: Jahrbuch Kreis Euskirchen 1990, S. 21 ff.
168 Otto Baur, Die Entdecker der Eifel, a.a.O., S.46 ff.
169 M. Schulten, Erinnerungen an meinen Vater, in: Jahrbuch Kreis Euskirchen 1990, S. 26 ff.
170 Die Eifel, Nr. 11/12, 1963, S. 299.
171 Thomas Käding, Kölner-Stadt-Anzeiger vom 29. 8. 1991.
172 Sigrid Theisen, Rolf Dettmann und die Tradition, in: Rolf Dettmann, 50 Jahre Kronenburg, Gemeinde Dahlem, 1986, S. 9 ff.
173 Verlag Bachem, Köln, 1986.
174 Verlag Bachem, Köln, 1981.
175 Sigrid Theisen, Rolf Dettmann, Bildermacher in Kronenburg, in: Eifel-Jahrbuch 1973, S. 87 ff.

176 Joachim Dollwet, Der Schriftsteller Jakob Kneip (1881–1958) in: Eifel-Jahrbuch 1986, S. 107 ff.
177 Professor Dr. Josef Georg Oberkofler (Innsbruck), Dem Dichter Jakob Kneip zum Gedenken, in: Heimatkalender Kreis Euskirchen 1959, S. 44 f.
178 Ebda., S. 45.
179 Matthias Weber, Ein Monschäuer in Gymnich, in: Eifel-Jahrbuch 1980, S. 92 ff.
180 P.J. Weiß, Ludwig Mathar, siebzig Jahre alt, in: Heimatkalender Kreis Schleiden, 1953, S. 61 f.; dann Peter Kremer, Herold der Heimat, Ludwig Mathar, in: Eifel-Jahrbuch 1964, S. 118.
181 Peter Kremer, Stefan Andres zum Gedenken an seinen 10. Sterbetag, in: Eifel-Jahrbuch 1980, S. 80 ff; fast der gleiche Text in: Eifel-Jahrbuch 1971, S. 81 ff.
182 Joh. Walterscheid, Universitätsprofessor Dr. Wüllbald Kirfel in: Heimatkalender Kreis Schleiden 1966, S. 119 ff.
183 Nach dem Tode Pünders 1976 habe ich Pünders erfolgreiches Leben beschrieben, z. B. im Eifel-Jahrbuch 1976. Weil hier Pünders Verbindung mit der Eifel besonders berücksichtigt ist, wird dieser Artikel leicht gekürzt wiedergegeben.
184 Hermann Pünder, Von Preußen nach Europa, Deutsche Verlagsanstalt Stuttgart 1968.
185 Auszüge aus einem Brief Prof. Erhards an Frau Magda Pünder unmittelbar nach dem Tode Dr. Pünders.
186 Hermann Pünder, Von Preußen nach Europa, Deutsche Verlagsanstalt Stuttgart 1968, S. 418.
187 Es ist der Zusammenschluß der Lehrer und ehemaligen Schüler des St.-Michael-Gymnasiums.
188 Burghard Röper, Adolf Weber, in: Eifel-Jahrbuch 1964, S. 122ff.
189 Adolf Weber, Lebenserinnerungen, in: Kalender des Kreises Schleiden 1952, S. 39 ff.
190 Adolf Weber a.a.O., S. 41.
191 Burghard Röper, a.a.O., S. 124 f.
192 Benedikt Reetz, Guten Morgen..., Verlag Herder 1964.
193 Chronik von Beuron 1964/65, S. 8.

Bildnachweis

Aus dem Archiv des Eifelverein Düren stammen die Abbildungen zu den Seiten: 13–37, 40–46, 51–53, 60–67, 70–73, 75–122, 125, 130, 133, 137, 147, 149, 168, 190, 208, 218, 327.

S. 38: Ann Münchow, Aachen.

S. 48: Geschichtlicher Handatlas der Deutschen Länder am Rhein, Karte Nr. 18; Verlag Bachem, Köln 1950.

S. 57: Archiv der Kreisverwaltung Düren.

S. 69: Klaus Tombers, Köln-Seeberg.

S. 74: Stadt Bad Münstereifel.

S. 137, 138, 166, 380: Archiv Dr. Otto Baur.

S. 251: Archiv Kloster Steinfeld.

Von Lina Lerche stammen die Fotografien zu den Seiten: 124, 126, 129, 131, 140–144, 148, 150–164, 172–183, 197–204, 210–214, 219–250, 254–375.

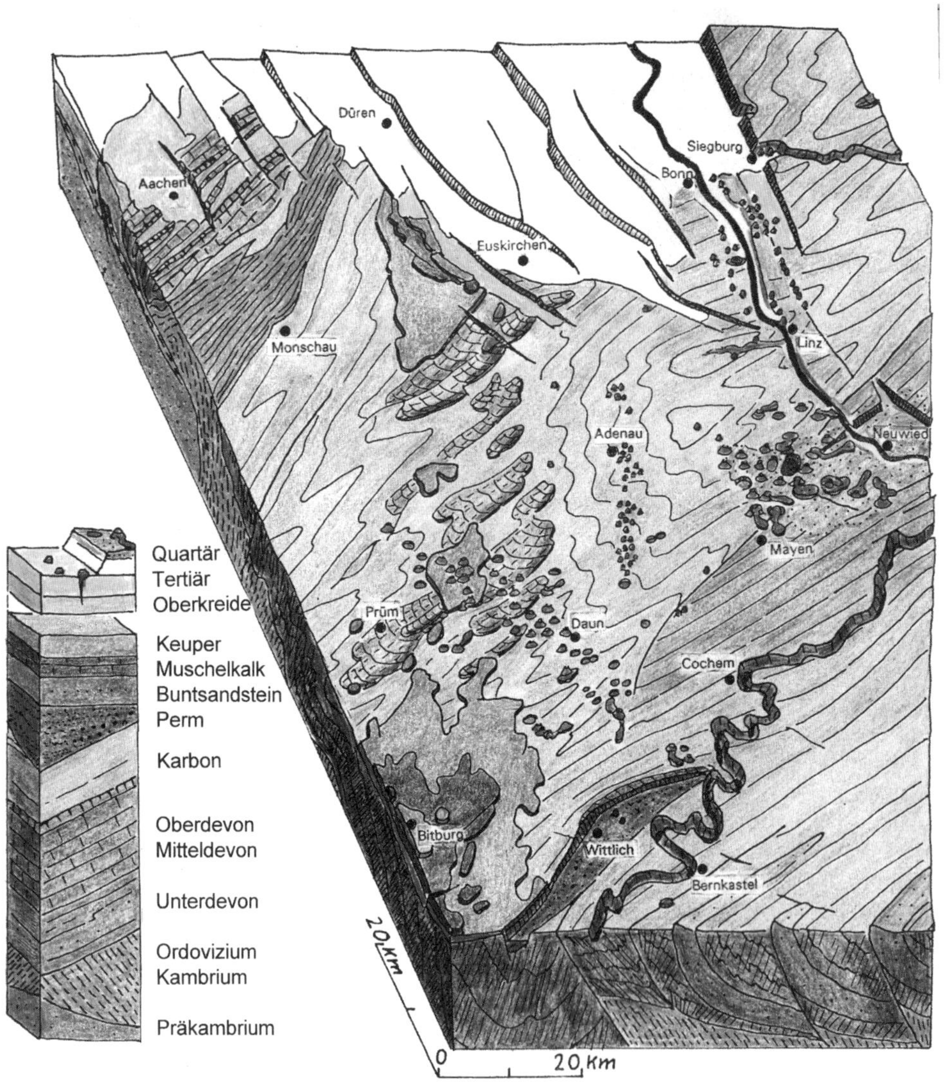

Die Eifel

Blockbild aus: Geologie der Eifel, © Prof. Dr. W. Meyer